Alpwandern in Vorarlberg – Übersicht

Erklärung der verwendeten Symbole

 Für Kinderwagen geeignet

  Leichte Wanderung / Mountainbiketour

  Mittelschwierige Wanderung / Mountainbiketour

 Anspruchsvolle Wanderung / Mountainbiketour

---

Kartenlegende

Hauptwanderroute

Variante oder Ergänzung der Hauptroute

Mountainbikeroute

Rudolf Mayerhofer

Alpwandern in Vorarlberg

Die 93 schönsten Touren

Michael Wagner Verlag

Vorwort

Dieser Führer wendet sich an alle Fans von Vorarlbergs Bergwelt, ob selbst Vorarlberger oder Gast unseres Landes. Er beschreibt erlebnisreiche Wanderungen zu den Alpen des Landes. Dabei kann es sich natürlich nur um eine Auswahl handeln. Trotzdem werden in 93 Kapiteln über 250 Alpen beschrieben, ein Zeugnis für die Vielfalt, die Vorarlberg zu bieten hat.

Die über 500 Alpen des Landes sind Ausdruck einer noch weitgehend intakten Alpwirtschaft. Dabei steht nicht die gastronomische Bewirtung von Gästen, sondern die klassische Alpwirtschaft im Vordergrund. Durch sie werden die Weiden in den Tälern geschont und können zur Einbringung des Heus dienen, das im Winter als Futter dient. Weiters führen die viele Bewegung der Tiere (Jungvieh, Milchkühe, Ziegen und Schafe) auf den Alpweiden und das kräuterreiche Alpingras zusätzlich zu gesunden Tieren und außergewöhnlich guten Milchprodukten, allen voran der Käse. Die hauptsächlich erzeugten Käsesorten sind der Bergkäse und im Montafon der „Sura Kees". Es werden aber auch viele interessante Sorten von Frischkäse erzeugt, die schon von Beginn der Saison an verfügbar sind.

Die Wanderungen sind meist als Rundwanderungen beschrieben, die manchmal auch über einen Pass in ein anderes Tal und über einen weiteren Pass wieder zurück führen. Obwohl diese oft über schmale Weglein führen, sind sie für jeden gesunden Menschen leicht bewältigbar. Weiters werden die direkten Anstiege auf die Alpen beschrieben, die eine Bewirtung von Wanderern anbieten. Diese Anstiege führen meist über Güterwege und eignen sich deshalb auch für Familien mit Kinderwagen.

Durch diese Güterwege ist auch das „Alpbiken" sehr interessant. Die Touren können oft auch noch am Abend bewältigt werden. Biker wählen meist tiefere Ausgangspunkte und tragen zusätzlich oft das Bike über einen Pass, um eine große und anspruchsvolle Rundtour zu erleben. Auch für diese Sportler werden entsprechende Hinweise gegeben.

Zusätzlich zu den Alpwanderungen werden auch die Anstiege auf nahe liegende Gipfel kurz angeführt. Dabei handelt es sich meist um Anstiege, die mit etwa 2 Stunden Zusatzaufwand bewältigt werden können.

Ich wünsche den Leserinnen und Lesern dieses Führers viele erlebnisreiche und unfallfreie Wanderungen in Vorarlbergs Alpwelt.

Rudolf Mayerhofer

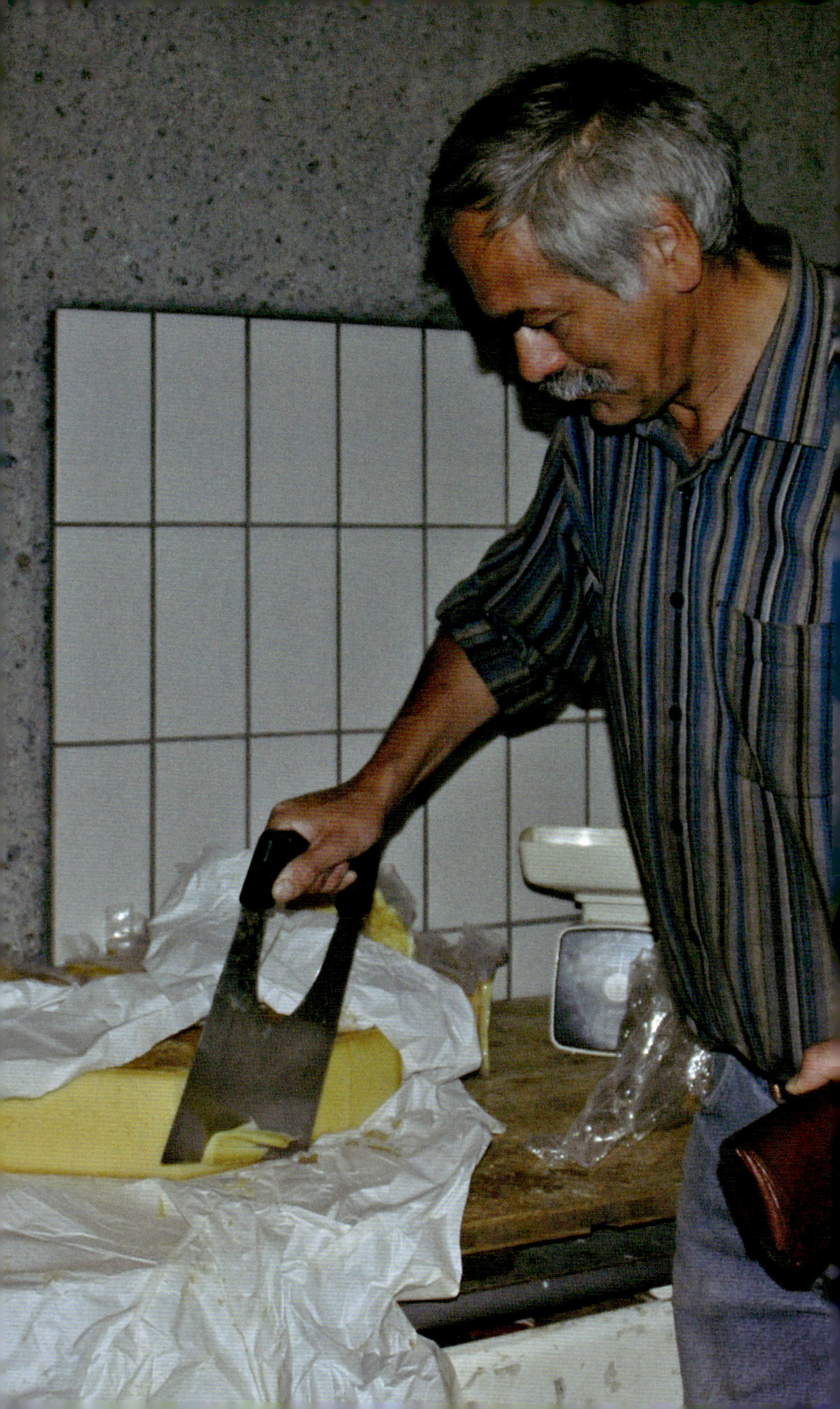

Einführung

Allgemein[1]

55 % (entspricht 53.000 ha) der landwirtschaftlichen Nutzfläche in Vorarlberg werden ausschließlich alpwirtschaftlich genutzt. Daraus ist erkennbar, wie wichtig die Alpwirtschaft für die Vorarlberger Bauern ist. Die Alpwirtschaft erfüllt vielfältige volkswirtschaftlich bedeutungsvolle Aufgaben. Es ist wichtig, deren Weiterbestand für landwirtschaftlich und außerlandwirtschaftliche Funktionen zu sichern.

2006 wurden in Vorarlberg insgesamt 557 Alpen bewirtschaftet. Europaweit außergewöhnlich ist der hohe Anteil der Kuhalpung, speziell der Sennalpen, wo die duftenden Alpenkräuter die Futtergrundlage für die frische Alpmilch bilden. Diese wird auf den Alpen nach traditioneller Art zu würzigem Vorarlberger Alpkäse verarbeitet.

Alpwirtschaft

Die Alpwirtschaft entstand schon im Mittelalter. Zur Schonung der Weiden im Tal wurde das Vieh auf die hohen Weideflächen in die Bergen getrieben. Das Gras der Talweiden konnte in dieser Zeit gemäht und als Heu für den Winter eingelagert werden. Schon früh erkannte man auch den positiven Effekt auf die Gesundheit der Tiere. Beide Gründe zusammengenommen haben dazu geführt, dass die durch die Anstrengungen des Alptriebes zeitweise verminderte Milchleistung der Kühe gerne in Kauf genommen wurde. Mit zunehmender Spezialisierung der Milchwirtschaft und immer leistungsfähigeren, aber auch schwereren Kühen ging die Kuhalpung langsam zurück und es wurde vermehrt nur mehr Jungvieh (Galtvieh) auf die Alpen getrieben. War früher in fast jeder Alpe eine Sennerei untergebracht, so wurden mit der Zeit sehr viele davon stillgelegt. Die modernen Hygienevorschriften erforderten von den verbleibenden Alpen große Investitionen in die Sennereistruktur.

In den letzten Jahren scheint die Alpsennerei wieder an Bedeutung zu gewinnen. Der gut haltbare und würzige Alpkäse erfreut sich steigender Beliebtheit. Die Rivalitäten der beiden Großabnehmer, der Privatkäserei Rupp und der Genossenschaft ALMA, sind durch eine Fusion Anfang 2008 beseitigt und man erwartet sich dadurch auf jeden Fall eine Stärkung der Alpwirtschaft. Die Versorgung der Alpen und der Abtransport des produzierten Käses oder auch nur der Milch stellt durch das hervorragend ausgebaute Güterwegesystem in Vorarlberg kein Problem mehr dar. Die Kühe werden oft auch zur Vermeidung der anstrengungsbedingten Verminderung der Milchleistung mittels Anhänger und LKW-Transport auf die Alpen gebracht. Dass die „Segnungen" der modernen Landwirtschaft nicht spurlos an Vorarlbergs Alpwirtschaft vorübergegangen sind, zeigte 2007 eine hitzige Diskussion, die auch viel über die Medien ausgetragen wurde, über Sinn und Unsinn des Zufütterns von „modernem" Viehfutter.

Neben den Jungvieh- und Kuhalpen, die meist relativ gut zugänglich sind, gibt es auch einige wenige Schafalpen. Die Schafe brauchen wenig Beaufsichtigung und die Alpen liegen meist in sehr hohen Regionen, abseits der üblichen Wanderrouten.

Vereinzelt gab es früher auch Alpen, die praktisch nur der Heubringung dienten. Bekannte Beispiele dafür sind die Heumöser Alpe bei Ebnit und Glong oberhalb von Wald am Arlberg. Der Zustieg zu Glong wäre für einen Viehtrieb viel zu steil und gefährlich gewesen. Deshalb wurde Ende des Sommers das Gras gemäht, getrocknet und in Heuhütten verstaut. Im Winter, nach guter Setzung des Schnees, wurde mühsam ein Schlittenweg in das extrem steile Gelände gegraben. Auf großen Schlitten wurde das Heu in einer sehr anstrengenden und auch gefährlichen Gemeinschaftsaktion ins Tal gebracht. Mitte des 20. Jahrhunderts wurde durch das zunehmende Aufkommen von Tierfutter und den langsamen, aber stetigen Rückgang der klassischen Kleinbauernwirtschaft diese Heubringung unwirtschaftlich und wurde auch angesichts der Gefährlichkeit eingestellt. Im Heimatmuseum von Wald am Arlberg sind entsprechende Dokumente noch einzusehen.

Neben der Viehweide und Käseerzeugung hat die Alpwirtschaft inzwischen auch eine wesentliche Funktion in der Landschaftspflege erhalten. Ohne Alpung verkarsten die Alpwiesen, da ohne Abweiden das Gras lang bleibt und durch Schneerutsche herausgerissen wird. Die dadurch freigelegte Erde wird davongeweht. Die weidenden Tiere sorgen nicht nur für kurzes Gras, sondern es kommt auch zu einer maßvollen Bodenverdichtung und zur Bildung von Miniterrassen, die dem Wasser ein langsames Versickern ermöglichen. Nicht zuletzt locken die Alpen Touristen und Wanderer an, die alle eine intakte Natur schätzen und sich deshalb hoffentlich auch für deren Schutz einsetzen.

Alpbesitzer

Im Laufe der Jahrhunderte haben sich bei vielen Alpen die Besitzverhältnisse gravierend verändert. Einige wenige Alpen sind in Privatbesitz, die meisten anderen werden durch Alpinteressenschaften und Alpgenossenschaften verwaltet. Auch bergferne Gemeinden haben Alpflächen gekauft oder dauerhaft gepachtet. Durch Vererbung und Umzug in andere Gemeinden des Landes ist der Besitz teilweise stark gestreut. Weiters kann man nicht mehr automatisch davon ausgehen, dass Niederalpen mit den gleichnamigen Hochalpen zusammengehören. Die Zusammenhänge sind teilweise sehr unübersichtlich und führen zu komplizierten Viehtrieben.

Viehtrieb auf die Alpen

Wenn Anfang Juni die Alpsaison beginnt, treibt man das Vieh zuerst auf die Voralpen. Diese liegen unter der Waldgrenze. Diese Alpen werden Untere xx-Alpe, xx-Maisäß oder xx-Vorsäß genannt. Das Hüten der Tiere geschieht oft noch vom Tal aus. Die entsprechenden Alphütten werden, sofern es sich nicht um eine Sennalpe handelt, kaum mehr benützt oder an Ruhe suchende Menschen vermietet. Wenn Ende Juni die Hochalpen über der Waldgrenze schneefrei werden, zieht man mit dem Vieh weiter. Eine tägliche Rückkehr der Hirten ins Tal ist trotz des gut ausgebauten Güterwegenetzes nicht mehr sinnvoll.

Der Viehtrieb von den Voralpen bis zu den Hochalpen kann bisweilen sehr aufwendig sein und lange dauern. Die Route von Schuttannen[2] (siehe Tour 5) zur Süns Alpe (siehe Tour 84) beispielsweise führt über 12 Fremdalpen und dauert bis zur Hintermellen Alpe etwa 9–12 Stunden. Pro 20 Stück Vieh wird ein Treiber benötigt. Die Route verläuft von Schuttannen vorbei an der Hinterberg Alpe nach Ebnit. Dann geht es durchs Ebniter Tal bis zur Achrain Alpe. Nun erfolgt der Überstieg ins Mellental über den Bösen Tritt und eine Einsattelung zwischen Binnel Alpe und Alpkopf hinab zur Körbalpe. Dann geht es unterhalb des Freschens und oberhalb der Haslach Alpe weiter zur Lindach Alpe. Ab hier wird es gemütlicher und auf dem Güterweg gelangt man zur Hintermellen Alpe und der darüber befindlichen Süns Alpe. Noch aufwendiger[3] ist der Viehtrieb von der Hasengerach Alpe (siehe Tour 3) oberhalb von Dornbirn zur Wösteralpe im Arlberggebiet bei Lech. Dieser dauert zwei Tage und führt über die Rohr Alpe und den Bregenzerwald zum Nächtigungsplatz in Schoppernau. Am zweiten Tag geht es weiter nach Schröcken und übers Auenfeld gelangt das Vieh zur Täli Alpe im Wöstertal, die eine weitere Voralpe darstellt. Nach einer mehrtägigen Erholung geht es dann hinauf zur sehr hoch gelegen und weitläufigen Wöster Alpe (Obere und Untere Wöster Alpe), die bis auf Tiroler Gebiet reicht.

Alpprodukte

Die Hauptprodukte der Alpen sind Milch, Butter und Käse. Von manchen tiefer gelegenen Alpen wird die Milch regelmäßig in eine

Großmolkerei gebracht, die meisten Kuhalpen haben aber eine eigene Sennerei. Die Bezeichnung „Alpkäse" darf nur verwendet werden, wenn der Käse wirklich auf der Alpe erzeugt worden ist. Als Bergkäse kann auch im Tal nach entsprechender Rezeptur hergestellter Käse bezeichnet werden. Diese Hartkäsesorten zeichnen sich durch exzellente Haltbarkeit aus. Je nach den vorherrschenden Gewürzen des Grases und der Dauer der Lagerung bekommt der Käse einen besonderen Geschmack. Die Bandbreite reicht von mild bis würzig.

Da ein Bergkäse mehrere Monate zur Reifung benötigt, werden für vorbeikommende Wanderer vielfach auch schmackhafte Frischkäse erzeugt. Dazu befinden sich auf einigen Alpen auch Ziegen, denn ein frischer Ziegenkäse auf Tomaten sowie mit Basilikum und Balsamico-Essig klingt zwar fast italienisch, schmeckt aber auf einer Alpe mindestens so gut wie in mediterraner Umgebung.

Im Montafon wird noch sehr viel Sura Kees erzeugt, der seit dem 13. Jahrhundert bekannt ist und dessen Herkunft wahrscheinlich noch viel weiter zurück geht. „Sur" bedeutet sauer und weist darauf hin, dass er aus Sauermilch hergestellt wird. Er ist besonders gesund (cholesterinarm) und bekömmlich. Seine Spezialität ist die Geschmacksveränderung im Laufe der Zeit. Anfangs ist er eher mild, trocken und weiß. Mit zunehmender Reifung wird er immer würziger, gallertartig und hellbraun. In diesem Zustand gibt es nur zwei Möglichkeiten: entweder man liebt ihn oder man hasst ihn – Zwischenabstufungen gibt es nicht. Sehr reifer Sura Kees soll angeblich ein Wundermittel gegen Kater sein.

In den letzten Jahren wurde wieder vermehrt begonnen, Jungschweine auf die Alpen zu bringen. Sie sollen in der frischen Bergluft und durch ausreichende Bewegung zu besonders schmackhaften Alpschweinen heranwachsen. Im Herbst werden sie dann geschlachtet und über die Ländle-Metzgereien und auch Supermärkte vertrieben.

Die „Älpler"

Was wären Alpen ohne Menschen? Die Arbeit auf den Alpen ist und bleibt hart. Auch wenn durch Güterwege die Erreichbarkeit der Alpen meist kein Problem mehr darstellt, erfordert die Beaufsichtigung des Viehs viel Fußarbeit. Jungvieh lässt man frei herumwandern. Mit dem Fernglas werden aber die Bewegungen genau beobachtet und sobald ein Tier zu hoch hinauf kommt, muss ein Hirte oder Hirtenbub los und es wieder zurücktreiben. Auf den Melk- und Sennalpen muss das Vieh täglich zum Melken in den Stall getrieben werden und trotz moderner Melkanlagen ist auch das Melken kein Honiglecken. Das Hantieren am Sennkessel und mit den großen Käslaiben (bis zu 35 kg) erfordert viel Kraft.

Viele Menschen stellen sich „Älpler“ als urige Männer in Lederhosen mit wettergegerbten Gesichtern und Rauschebärten sowie als kernige Frauen in Dirndln und mit Zöpfen vor. Die Hütebuben präsentieren sich in diesen Vorstellungen mit Pausbacken, schräg stehenden Zähnen und herzhaftem Lachen. Solche Klischeebilder bekommt man abgesehen vom Lachen aber kaum zu Gesicht. Die Menschen, die den Sommer mit Vieh auf den Alpen verbringen, sind von einzigartiger Vielfalt. Da die Bauern aber meist zu Hause auf dem Hof genug zu tun haben, übergeben die Alpbesitzer die Aufgaben meist an Angestellte und Pächter. Unter den Hirten und Sennen findet man Nebenerwerbsbauern, Jungbauern, die noch ohne Hof sind, Handwerker, Schiliftangestellte, Schilehrer, Lehrer, Sozialarbeiter und Pensionisten aus allen Berufszweigen. Sogar Saisonarbeiter aus Südamerika sind darunter. Man trifft extrovertierte Unterhalter, die durch Enthusiasmus, Schmäh und eigener Musik Besucher anlocken, man trifft nachdenkliche, zurückgezogene Menschen, mit denen sich tiefschürfende Gespräche führen lassen, und es gibt auch einsiedlerische Menschen, die allein sein wollen – diese bekommt man aber als Wanderer auf markierten Wanderwegen normalerweise nicht zu Gesicht.

Alpen und Tourismus

Die für die Alpwirtschaft notwendigen Güterwege erlauben meist ein sehr einfaches und gemütliches Erreichen der Alpen. Dazwischen gibt es unzählige Wanderwege. Die Alphütten stellen natürliche Rastpunkte in Wanderungen dar. Ein Brunnen mit kaltem fließendem Wasser ermöglicht Abkühlung und hilft den Durst zu löschen. Zum Ausruhen stehen einfache Bänke und Außentische zur Verfügung.

Die Bewirtschaftung einer Alpe bleibt weiterhin eine anspruchsvolle Aufgabe, die den Einsatz von begeisterten Menschen braucht. Der Hauptzweck der Alpen ist und bleibt die Bewirtschaftung mit Vieh. Der Mensch ist zwar als Wanderer auf den Alpen gerne gesehen, steht aber nicht im Mittelpunkt. Die Alphütten dürfen nicht mit Jausestationen verwechselt werden. Bei den Alpen mit Jungvieh kann es häufig vorkommen, dass niemand bei der Hütte anzutreffen ist, da sich die Hirten im Gelände um ihre Schützlinge kümmern müssen. Sennalpen hingegen sind meist durchgehend besetzt.

Gaststuben findet man sehr selten. Die Bewirtung findet auf einfachen Tischen und Bänken vor den Hütten statt. Da Wanderer meist nur bei gutem Wetter auftauchen, ist dies normalerweise kein Problem. Die angebotenen Getränke und auch Jausen sind einfach, aber herzhaft. Bei den Sennalpen werden natürlich Milch, Butter und die hergestellten Käsesorten angeboten. Einige wurden zu Schausennereien ausgebaut, bei denen man bei der Käseherstellung zuschauen kann, und bei einigen gut zugänglichen Alpen wurden moderne Verkaufsräume geschaffen, in denen bäuerliche Produkte vermarktet werden (hoffentlich hat man einen großen Rucksack dabei). Das Angebot wird oft auch durch selbst gemachten Speck ergänzt. Nur wenige Alpen haben sich zu gastronomischen Betrieben gewandelt. Diese befinden sich meist in Straßennähe.

Alpen und Jagd

Da sich die Niederalpen oft in Lichtungen unterhalb der Waldgrenze befinden und die Hochalpen auch das Revier von Gämsen, Steinböcken und Murmeltieren darstellen, sind Alpen und Jagd eng verbunden. Nach Ende der Alpsaison beginnt meist die Jagdsaison. Die Güterwege und Alphütte dienen den Jägern natürlich als Unterstützung. Die Folge sind dann möglicherweise Sperrgebiete, die dem Schutz des Wildes dienen sollen (siehe auch Kapitel über Wegefreiheit).

Zur Verwendung des Führers

Der vorliegende Führer deckt den gesamten Vorarlberger Raum ab. Zur besseren Orientierung wurde eine Gliederung nach Ausgangspunkten gewählt. Dadurch scheinen einige Alpen mehrfach auf, werden aber nur jeweils einmal im Detail beschrieben.

Die Wanderungen sind durchwegs einfach, eine gewisse Grundkondition und ein Grundmaß an Trittsicherheit erhöhen aber den Genuss. Wo es sinnvoll erscheint, wurden auch Hinweise für Mountainbiker aufgenommen, denn die meisten Alpen sind über Güterwege gut erschlossen (siehe auch eigenes Kapitel).

Alpbeschreibungen

Die Beschreibung der Alpen erfolgt auf Basis des Jahres 2007. Die Pächter der Alpen wechseln zwar nicht oft, aber es kann vorkommen. Mit den Pächtern wechselt manchmal auch das Angebot auf den Alpen, während der Grundcharakter (Alpart, Art und Anzahl der Tiere etc.) normalerweise erhalten bleibt. Die Art und Anzahl der Tiere soll zur Charakterisierung dienen und sie ist bei Genossenschaftsalpen durch so genannte Weiderechte klar vorgegeben. Trotzdem gibt es Schwankungen von Jahr zu Jahr.

Tourenbeschreibungen

In den Beschreibungen werden die Ortsnamen auf den Wegweisern verwendet. Die beschriebenen Gipfelanstiege sind kurz gefasst, da diese nicht dem Hauptzweck des Führers entsprechen.

Die Routen sind in Kartenausschnitten dargestellt. Die Hauptrouten sowie Routenergänzungen und Varianten werden durch eine Codierung über die Linienart dargestellt (siehe Kapitel „Schwierigkeitsangaben"). Wanderrouten sind rot, Mountainbikerouten blau gezeichnet. Mit Nummern wird die Zuordnung zur Tour hergestellt. Zusatzbezeichnungen erklären, ob es sich um eine Variante (v) – andere Routenführung – oder Ergänzung (e) – Verlängerungsmöglichkeit – handelt.

Kartenausschnitte

Alle Kartenausschnitte sind im gleichen Maßstab (1:50.000) und lagerichtig dargestellt (Norden oben). Die Gitternetzlinien basieren auf UTM WGS84. Auf jeder Tour sollte aber zusätzlich eine vollständige Karte mitgenommen werden. Sie umfasst auch das Gebiet im weiteren Umfeld der Tour. Weiters kann die angrenzende Karte oder eine Übersichtskarte von Vorteil sein.

Höhenunterschied

Der Höhenunterschied ist die wichtigste Grundlage zur Ermittlung der Anstiegszeiten und zu Beurteilung der zu erwartenden Anstrengung. Die angegebenen Werte wurden mittels der Karte rechnerisch ermittelt und deshalb immer etwas gerundet.

Zeitangaben

Die Angaben zu den Gehzeiten am Kapitelbeginn beziehen sich auf die jeweils erstgenannte Hauptroute. Bei Varianten wird nur die Gesamtzeit für die Tour, bei Ergänzungen der zusätzliche Zeitbedarf angegeben. Die Zeiten entsprechen den im Vorarlberger Wegesystem hinterlegten Zeiten (siehe auch www.vorarlberg.at/wanderwege – Zoomstufe 1:10.000). Diese scheinen auch auf den Wegweisern auf. Allerdings gibt es auf vereinzelten Tafeln Zeitangaben, die nicht erreichbar sind. In diesen Fällen wurden im Führer realistische Angaben gemacht. Die Angaben sind als Richtwerte zu betrachten und beinhalten keine Pausen, nur kurze Stopps für einen Schluck aus der Trinkflasche oder das Verspeisen eines Riegels. Sie setzen eine normale Kondition und gute Verhältnisse voraus.

Vorarlberger Wegweisersystem

Für Anstiege mit dem Mountainbike werden zwar Angaben gemacht, der tatsächliche Zeitbedarf differiert aber ganz erheblich von FahrerIn zu FahrerIn.

Schwierigkeitsangaben

Die Schwierigkeitsangaben basieren auf der in der Übersicht dargestellten Definition. Dabei wurde das Farbsystem des Vorarlberger Wegekonzeptes berücksichtigt. Die Entscheidung, ob die eigenen Fähigkeiten mit dem Anforderungen einer Tour übereinstimmen, obliegt dem Wanderer. Die Schwierigkeitsbezeichnungen dürfen nicht mit den Bezeichnungen der UIAA für Kletterrouten verwechselt werden.

Die angeführten Alpwanderungen sind durchwegs eher einfach. Manche führen aber auch über schmale Wald- und Bergwege und stellen deshalb höhere Ansprüche. Die angeführten Erweiterungen auf Gipfel können durchaus noch höhere Anforderungen stellen.

Orientierung

Die Orientierung wird durch das Vorarlberger Wegmarkierungssystem deutlich erleichtert. Die Wegweiser sind klar erkennbar und weisen an wichtigen Punkten auch Höhenangaben auf. Ein Farbsystem gibt Hinweise zu den zu erwartenden Schwierigkeiten (siehe Kapitel betreffend Schwierigkeitsangaben). In den Tourenbeschreibungen kann

Markierung	Wandern	Mountainbike
leicht	Spazier- und Wanderweg, meist ein Forst- oder Güterweg. Für jedermann begehbar, oft auch kinderwagentauglich.	Asphaltstraßen.
mittel	Markierter und gut erkennbarer Bergwanderweg. Feste Schuhe mit griffiger Sohle empfehlenswert.	Schotterstraße (Forst- oder Güterweg). Für jeden sportlichen Mensch fahrbar.
anspruchsvoll	Markierter alpiner Steig. Meist ausgesetzt oder besonders steil, oft auch mit Seilversicherungen. Bergerfahrung, Trittsicherheit und Schwindelfreiheit erforderlich.	Grober Schotter, steil, meist kurze Schiebestrecken. Vor allem Zähigkeit und Erfahrung erforderlich.

nicht jedes Schild erwähnt und beschrieben werden. Das Erkennen der relevanten Informationen sollte aber immer möglich sein und somit keine Abzweigung verpasst werden. An den Ausgangspunkten ist meist eine Übersichtskarte angebracht. Solche Karten können auch aus dem Internet ausgedruckt werden (www.vorarlberg.at/wanderwege).

GPS-Geräte sind aufgrund des hervorragenden Markierungssystems in Vorarlberg normalerweise nicht erforderlich. Wird trotzdem ein GPS-Gerät mitgenommen, sollte es sich um ein modernes Gerät handeln, bei dem die Vektorkarte „Topo Österreich“ eingespielt werden kann. Handys mit GPS-Funktion sind zwar toll, weisen aber (derzeit noch) nicht die bei Schlechtwetter (Regen und Sturm) nötige Robustheit und Zuverlässigkeit auf.

Wandern mit Kindern und Schülern

Da alle Alpwanderungen eher einfach sind, können sie prinzipiell allen Kindern und Schülern mit gutem Schuhwerk zugemutet werden. Je jünger Kinder sind, desto kürzer, aber auch abwechslungsreicher sollten die Wanderungen sein. Die genaue Einschätzung bleibt aber den Eltern bzw. LehrerInnen überlassen.

Die Verwendung von Kinderwagen ist auf den vielen Güterwegen sehr gut möglich. Allerdings sind manchmal Umwege einzukalkulieren, denn abkürzende Fußwege können nicht benutzt werden. Weiters ist zu beachten, dass nicht jeder Kinderwagen geeignet ist. Generell sollte der Durchmesser der Räder mindestens 20 cm betragen und eine gute Federung den unruhigen Untergrund ausgleichen. Buggies mit sehr kleinen Rädern sind zwar leicht, bleiben aber bei jedem Stein hängen und haben so gut wie keine Federung.

Anreise und öffentliche Verkehrsmittel

Umweltbewusste Wanderer nutzen die hervorragenden öffentlichen Verkehrsmittel. Bei manchen Touren weicht der Ausgangs- und Zielpunkt von einander ab. Hier ist zu empfehlen, dass man entweder ausschließlich mit öffentlichen Verkehrsmitteln unterwegs ist. Wird das Auto zur Anreise gewählt, ist es sinnvoll, es im Bereich des Zielpunktes stehen zu lassen und mit dem Bus zum Ausgangspunkt zu fahren. So lassen sich Wartezeiten vermeiden, die bei umgekehrter Vorgangsweise leicht eintreten können.

Der aktuelle Fahrplan kann im Internet unter www.vmobil.at ermittelt werden.

Essen und Übernachtungen auf Alpen und Hütten

Hauptzweck der Vorarlberger Alpen ist nicht die Bewirtung und Beherbergung von Touristen. Dazu fehlt meist auch das entsprechende Personal. Dementsprechend ist das Angebot an Speisen und Getränken sehr beschränkt. Manchmal kann es auch passieren, dass niemand bei der Alphütte anzutreffen ist. Dann sind die „Älpler“ im Gelände unterwegs, um nach dem Vieh zu schauen. In solchen Fällen hilft nur selbst mitgebrachter Proviant, den Hunger zu stillen. Für den Durst muss der Brunnen der Alpe herhalten.

Nur ganz wenige Alpen sind für Übernachtungen ausgestattet. Diese bieten allerdings unverfälschte Alpstimmung. Die Unterkünfte sind dann einfach, aber tadellos. Einzelzimmer mit Bad kann man keine erwarten.

Verhalten im Gebirge

Der Mensch ist Gast in der Natur. Deshalb sollte er sich auch dementsprechend verhalten. Dazu gehört, dass er den Müll wieder ins Tal mitnimmt, dass er sich ruhig verhält. Die Weidetiere sollte man in Ruhe grasen lassen. Auch Wild soll nicht gestört und Pflanzen sollen nicht geschädigt werden.

Oft stellt sich auch die Frage, inwieweit das Alpvieh für den Wanderer gefährlich werden kann. Übermütig herumtollendes Jungvieh und

Stiere machen vielen Wanderern Angst. Diese ist meist unnötig. Die Tiere sind Menschen gewohnt, sollten allerdings nicht erschreckt werden. Notfalls muss man kurz etwas vom Weg abweichen, um dem Vieh nicht zu nahe zu kommen.

Wegefreiheit und deren Einschränkungen

Die Wegefreiheit ist ein wichtiges Recht für alle Naturliebhaber. Sie besagt, dass der Wald und das alpine Ödland über der Waldgrenze zu Erholungszwecken von jedermann betreten werden dürfen. Durch Forst- und Jagdgesetze kommt es vermehrt zu Einschränkungen dieser Wegefreiheit.

Solange ein Wanderer sich auf ortsüblichen Wegen (Markierung ist keine unbedingte Voraussetzung) bewegt, ist er von diesen Beschränkungen nicht betroffen. Ausnahme bilden lediglich sicherheitsbedingte Sperren bei Holzarbeiten. Leider werden vor allem Jagdliche Sperrgebiete durch Tafeln mit der Aufschrift „Betreten verboten" gekennzeichnet, obwohl es sich lediglich um ein Verbot des Abweichens von den ortsüblichen Wegen – also um ein Wegegebot – handelt.

Angaben zu Anstiegen mit dem Mountainbike

Fahrräder vor Alphütten sind heute keine Seltenheit mehr. Dieser Führer ist zwar kein Mountainbikeführer, es werden aber überall, wo es Sinn macht, Routen für Mountainbiker angeführt. Bei den dargestellten Touren werden die technisch möglichen und vom Tourenverlauf sinnvollen Routen beschrieben. Die Beschreibungen sind eher kurz und zur Orientierung muss der Bergradwanderer manchmal Wegweiser und Karte zu Rate ziehen.

Viele der beschriebenen Routen sind als Mountainbike-Routen durchgehend beschildert und somit leicht zu finden. Auf Fahrverbote konnte nicht exakt Rücksicht genommen werden, denn es werden immer wieder neue Routen freigegeben und bei manchen ist die Erlaubnis bzw. das Verbot der Befahrung nicht leicht erkennbar. Es muss darauf hingewiesen werden, dass prinzipiell jedes Fahrverbot automatisch auch für Fahrräder gilt, auch wenn dies nicht extra vermerkt ist. Somit liegt jede Befahrung in der Eigenverantwortung des Mountainbikers. Die oben erwähnte Wegefreiheit bezieht sich nur auf das Gehen und nicht auf das Fahren.

Mountainbiker sollten unbedingt beachten, dass Wanderer Vorrang haben. Scharfes Anbremsen beim Auffahren auf eine Wanderergruppe erschreckt diese sehr stark und sorgt dafür, dass Mountainbiken in

Verruf kommt. Weiters sollten schmale Wanderwege für Biker tabu sein und nicht als besondere Single-Trail-Herausforderung gesehen werden. Bei der Abfahrt sollten Biker einkalkulieren, dass Autos, Traktoren und eventuell auch LKWs berufsbedingt auf den Forst- und Güterwegen unterwegs sind und man jederzeit in der Lage sein muss, rechtzeitig stehenzubleiben. Weiters sollte jeder Biker ein Licht dabeihaben, denn es wird immer wieder bemängelt, dass Biker in der Dämmerung ohne Beleuchtung die Wege hinabdonnern und es auch schon zu Unfällen gekommen ist.

Nimmt man die durch Tragen oder Schieben des Fahrrades entstehende Zusatzbelastung auf sich, ergeben sich einige interessante Möglichkeiten für großzügige Rundtouren. Biker sollten dabei bedenken, dass sie auch mit wandertauglichen Biker-Schuhen schnell an die Grenzen kommen und das Mitführen von Bergschuhen zu empfehlen ist. Dies gilt vor allem für Wege ab mittlerer Schwierigkeit und bei Nässe.

Systematik in den Beschreibungen

Eine **Variante** bedeutet grundsätzlich eine andere Route, in Ausnahmefällen allerdings „nur" einen anderen Ausgangs- oder/und Zielpunkt. Zeit und Höhenmeter bei Varianten sind Gesamtangaben.

Eine **Ergänzung** beschreibt die Möglichkeit, die Tour zu verlängern, ohne dass wesentliche Abschnitte anders sind. Eine **Gipfelergänzung** ist eine Erweiterung der Tour um einen leicht und rasch erreichbaren Gipfel bei sonst fast völlig gleicher Route. Die Angaben bei Zeit und Höhenmetern sind als zusätzlicher Aufwand zur Hauptroute zu verstehen.

---

[1] vgl. www.vorarlberg.at und www.almwirtschaft.com

[2] Details siehe: Kurt Mathis – Die Hohenemser Alpe (2005) (Kultukreis Hohenems)

[3] Details siehe: Martin Wohlgenannt – Entwicklung der Alpwirtschaft am Dornbirner First (2002) (Vorarlberger Verlagsanstalt)

Vorarlberg im Überblick

Das **Rheintal** und der **Walgau** sind die Hauptsiedlungsbereiche von Vorarlberg. Der Walgau ist zwar schmaler als das Rheintal, trotzdem reiht sich auch hier eine Gemeinde an die nächste. Die Höhe des Talbodens liegt in Bregenz bei 400 m und steigt bis Bludenz auf 550 m. Die beiden Täler sind bis hoch hinauf besiedelt und bieten deshalb komfortabel hoch liegende Ausgangspunkte. In Rankweil mündet das **Laternsertal** in das Rheintal. Es wird als separates Tourengebiet beschrieben.

Entlang des Rheintales und Walgaus locken sehr reizvolle Touren, die teilweise gut für Nachmittage geeignet sind. Das Gebiet rund um Ebnit (Staufen, Hohe Kugel, Freschen, First) ist sogar so vielfältig, dass man fast ein eigenes Buch schreiben könnte.

Am oberen Ende des Walgaues bei Bludenz münden die vier Täler **Montafon**, **Brandnertal**, **Walsertal** und **Klostertal**. In ihnen spielt sich das alpinistische Leben der Region ab. Einige Liftanlagen sind auch im Sommer in Betrieb und erleichtern viele Anstiege. Trotzdem gibt es eine Vielzahl an Wanderungen, die unverfälschte Natur bieten.

Die **Silvretta** schließt mit ihren Gletscherbergen das Montafon nach Südosten ab und ist ein Tummelplatz für erfahrene Bergsteiger. Sie bietet nur wenige Möglichkeiten für einfachere Wanderungen. Die einzige Alpe liegt neben der Hochalpenstraße und wird deshalb in diesem Buch nicht angeführt. Der **Arlberg** als Ostgrenze zu Tirol ist für viele im Sommer sogar attraktiver als im Winter, denn es ist etwas ruhiger.

Der **Bregenzerwald** ist weder ein Wald noch eine Gebirgsgruppe, sondern eine Talschaft. Von oben betrachtet ist er eine hügelige Landschaft, die an einigen Stellen von massiven Bergen durchbrochen ist. Im „Wald“ hat die Alpwirtschaft eine sehr große Bedeutung – so gibt es hier auch die meisten Alpen.

Das kleine Fürstentum **Liechtenstein** ist zwar ein eigener Staat, die meisten Berge dieses kleinen Landes sind aber Grenzberge zu Vorarlberg. Außerdem dauert die Anreise aus dem Rheintal gleich lang wie zu vielen Vorarlberger Zielen. Deshalb besitzt speziell Malbun für Vorarlberger eine starke Anziehungskraft.

Die Alpen im Land sind meist mit Güterwegen gut erschlossen und dementsprechend leicht zu erreichen. Plant man die Überschreitung eines Passes oder wandert man auf einer Talseite hinein und auf der anderen hinaus kann man reizvolle Rundwanderungen erleben, die mehrere Alpen berühren.

Blick über Rankweil

Rheintal

Trotz der relativ niedrigen Höhe bieten die Berge entlang des Rheintals viel Platz für Alpen. Diese beziehen oft auch die Gipfel mit ein. Viele der Alpen sind sehr beliebte Treffpunkte für Wanderer und Biker, vor allem auch an Abenden.

Unterland und Vorderland (Bregenz bis Feldkirch)

Auf einen Blick

Gebirge:	Bregenzerwaldgebirge
Talorte:	Bregenz (397 m), Dornbirn (429 m), Hohenems (415 m), Feldkirch (458 m)
Karten:	ÖK-Blatt 82 + 111 + 141, LKS-Blatt 218 + 228, LKS-Blatt 1096 + 1116, F&B-Blatt 364
Anreise:	Die Talorte sind über die Autobahn erreichbar und entsprechend beschildert. In Bregenz gibt es ausreichend gebührenpflichtige Parkplätze in Zentrumsnähe. In Dornbirn sind die Anfahrten zur Karrenseilbahn, zum Bödele, nach Kehlegg und nach Ebnit (steile, enge Straße) beschildert. Die Parkplätze bei der Karrenseilbahn und am Bödele sind gebührenpflichtig. Die Parkmöglichkeiten am Bödele und in Ebnit (gegenüber dem Alpenheim) sind knapp und entlang der Ebniterstraße gibt es praktisch keine Parkplätze (d.h. besser den Bus benutzen!). Den Sportplatz von Fraxern (Parkplatz gebührenpflichtig) erreicht man über Klaus-Weiler, ist der Parkplatz jedoch voll, muss man das Fahrzeug im Ort stehen lassen. Nach Viktorsberg fährt man ab Röthis hoch, wobei die Parkplätze beschränkt sind.
Bus/Bahn:	Die Talorte sind mit der Bahn erreichbar. Bei den Bahnhöfen starten jeweils die Stadt-, Orts- und Landbusse. In Dornbirn kommt man mit dem Stadtbus Linie 5 und dem Landbus Linie 47 zur Karrenseilbahn, wobei die Linie 47 weiter nach Ebnit fährt, nach Kehlegg fährt der Stadtbus Linie 9 und aufs Bödele fährt der Landbus Linie 38. Von Götzis bringen die Landbuslinien 59 und 60 den Wanderer nach Weiler und anschließend die Linie 62 nach Fraxern bis zur Haltestelle Schufla. Nach Viktorsberg fährt ab dem Bahnhof Klaus die Linie 63. Zu dieser kann man auch von den Linien 59 und 60 in Röthis wechseln. Fraxern und Viktorsberg sind am Samstag ab 13:00 und Sonntag nur auf telefonische Anfrage (Rufbus) erreichbar.

1 Hochälpelewanderung

Alpe Meierei 1.170 m
Alpe Rotenbach 1.290 m

Gebirge:
→ **Bregenzerwaldgebirge**
Talort:
→ **Dornbirn (429 m)**

Bödele

Das Hochälpelegebiet lädt zu ausgedehnten Spaziergängen und Wanderungen für die ganze Familie ein. Unzählige Hütten locken zum Verweilen.

Anforderungen: Wenig anstrengende Rundwanderung mit geringen Höhenunterschieden

Zeiten: 3 Stunden: ↗ 2 Std. ↘ 1 Std.

Ausgangspunkt: Bödele (1.140 m)

Gehzeiten: Bödele – Hochälpele Alpe ¾ Std.; Hochälpele Alpe – Lustenauer Hütte – Hochälpele 1¼ Std.; Hochälpele – Meierei – Bödele 1 Std.

Höhenunterschied: ↗ ↘ je 320 Hm

Karten: ÖK-Blatt 111, LKS-Blatt 218 + 228, F&B-Blatt 364

Besonderheit: Das Bödelegebiet ist *das* Naherholungsgebiet von Dornbirn, Vorarlbergs größter Stadt. Dem Naturliebhaber bieten sich unzählige Wege an. Die vorgeschlagene Runde ist eine der beliebtesten und sehr abwechslungsreich. Alpwiesen, Hochmoor, ein Teich und Brücken über kleine Bäche – all dies bietet diese Runde. Am höchsten Punkt, dem Hochälpele, steht eine kleine und gemütliche Alpenvereinshütte und verlockt zu langem Bleiben.

Alpe Meierei 1.170 m

Die Meierei befindet sich auf den Wiesen des Bödele und ist nicht weit von der Straße entfernt. Sie ist im Sommer und im Winter ein beliebtes Ziel von Ausflüglern. Die Alphütte beinhaltet eine Sennerei und 2 geräumige Gaststuben.

Besitzer: Privat

Alpvieh: 50 Kühe

Alpprodukte: Alpkäse, Butter, Milch

Zeitraum der Bewirtschaftung: Mai bis Ende September, im Winter während dem Schiliftbetrieb auch bewirtet

Ruhetag: Mittwoch

Gaststube: ja

Kontakt: Familie Feldbaumer, Tel. +43/(0)5572/7219

Verpflegung für Wanderer: Eigene Produkte aus der Sennerei und komplette Gastronomiespeisekarte, Kässpätzlepartien auf Anfrage

Direkter Alpanstieg:

Ausgangspunkt: Bödele (1.140 m)

Gehzeit: ↗ 1/4 Std. ↘ 1/4 Std.

Höhenunterschied: 30 Hm

Kinderwagen: durchgehend möglich

Schwierigkeit: leicht

Vom Bödele erreicht man Richtung Lank gehend rasch die Meierei.

In der Nähe des Gschwend Sattels

Alpe Rotenbach 1.290 m

Diese Alpe mit ihrer Schausennerei, ist ein beliebtes Ausflugziel. Wählt man den Start der Wanderung beim Bödele sind nicht sehr viele Höhenmeter zurück zu legen und die Wanderung ist eher ein ausgedehnter Spaziergang. In der Nähe der Alpe befindet sich der Rotenbach Schrofen, von dem man eine sehr gute Aussicht auf Schwarzenberg und Bezau hat.

Besitzer: Privat

Alpvieh: 22 Kühe, 4–6 Kälber, Ziegen, Schweine

Alpprodukte: Bergkäse, Ziegenkäse

Zeitraum der Bewirtschaftung: Mitte Mai bis Mitte September

Kontakt: Familie Zündel, +43 5512 24873, +43 664 312 1030

Verpflegung für Wanderer: Getränke, Jause

Besonderheit: Schausennerei, Termine auf Anfrage beim Tourismusbüro Schwarzenberg, +43/(0)5512/3570

Direkter Alpanstieg:
Ausgangspunkt: Bödele (1.140 m)
Gehzeit: ↗ 1 ¾ Std. ↘ 1 ½ Std.
Höhenunterschied: 200 Hm
Kinderwagen: durchgehend möglich
Schwierigkeit: leicht

Der Anstieg ist identisch mit Wanderroute.

Weitere Alpen der Tour

Hochälpele Alpe 1.250 m
Sie wird von der Gschwend Alpe aus bewirtschaftet (siehe Tour 2). Das stattliche Haus bei der Alpe ist in privater Hand.

Wanderroute: Am Bödele startet man zuerst Richtung Bregenzerwald. Nach wenigen Metern zweigt man rechts bei einem Gatter ab. Nun geht es auf dem Spechtweg gemütlich durch den Wald zur Lustenauer Hütte. Zwischendurch quert man die Schipiste und später geht es leicht bergab zu den Feuchtwiesen bei der Hochälpele Alpe (1.250 m). Eine kleine Kapelle und ein Tümpel locken zum Verweilen. Kurz darauf kommt man durch einen Wald und nach Querung eines Baches zur Lustenauer Hütte (1.250 m).
Von der Hütte kann man quer über ein großes Hochmoor zum Gschwendtsattel (1.285 m) gelangen. Vom Sattel geht es den Kamm entlang und zuletzt auf einem Schotterweg hinauf zum Hochälpele und der daneben liegenden Hochälpele Hütte (1.460 m).
Vom Gipfel wandert man auf einem schmalen Wanderweg flach den Kamm entlang in nördlicher Richtung zum Lank (1.353 m). Nun geht es bergab zum Bödele. Dabei kann man die Schisprungschanze des Bödele sehen und kommt zur Meierei Bödele. Wenige Minuten später ist man wieder am Bödele.

Hochälpele Alpe

Ergänzung (1e):
Zur Rotenbach Alpe 1.290 m
Ausgangspunkt: Lustenauer Hütte (1.250 m)
Gehzeit: + 1 Std.
Höhenunterschied: + 50 Hm
Schwierigkeit: leicht

Von der Lustenauer Hütte wandert man zuerst nach Südosten Richtung Weißenfluh Alpe weiter. Schon bald zweigt nach links der

Weg ab, der ohne viel Höhendifferenz zur Rotenbach Alpe führt. Bei der Alpe kann man noch einen kurzen Abstecher zu einem Aussichtspunkt, den Rotenschrofen, einbinden. Anschließend wandert man wieder gleich zurück zur Lustenauer Hütte und kann die oben beschriebene Wanderung fortsetzen.

Variante:
Nach Schwarzenberg 696 m [1v]

Ausgangspunkt: Bödele (1.140 m)
Zielpunkt: Schwarzenberg (696 m)
Gehzeit: 3 1/4 Stunden
Höhenunterschied: ↗ 200 Hm ↘ 600 Hm
Schwierigkeit: leicht

Vor allem Gäste aus dem Bregenzerwald wählen diese Variante. Dazu fährt man mit dem Bus zum Bödele und wandert wie oben beschrieben über den Spechtweg zur Lustenauer Hütte und wie bei der Ergänzung beschrieben zur Rotenbach Alpe. Von der wandert man auf einem bequemen Güterweg nach Schwarzenberg hinab. Zuerst geht es fast wieder zurück zur Lustenauer Hütte (allerdings auf den Güterweg), dann folgen im Bereich Klausberg 4 Kehren. Der Weg führt langsam in die Tiefe.

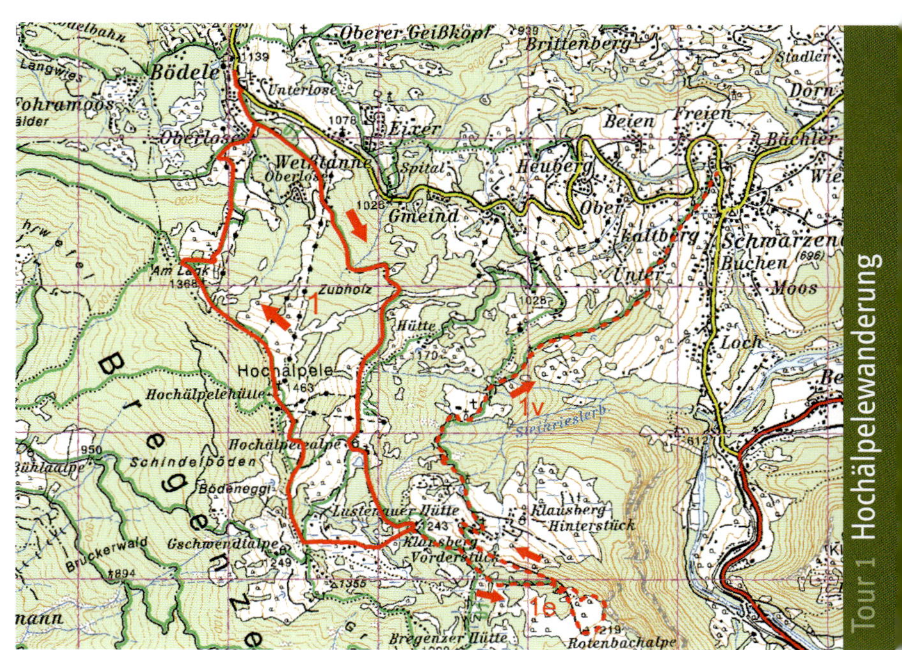

2 Kehlegg-Gütle

Gschwendt Alpe 1.249 m
Weißenfluh Alpe 1.367 m
Kobel Alpe 993 m

Gebirge:
→ **Bregenzerwaldgebirge**
Talort:
→ **Dornbirn (429 m)**

Weißenfluh Alpe

Die Nähe zur Stadt sowie der gewaltige Ausblick zum Bodensee und in die Schweizer Berge prägen diese Tour.

Anforderungen: ausgedehnte Wanderung auf meist breiten Wegen

Zeiten: 5¾ Stunden: ↗ 2¼ Std. ↘ 3½ Std.

Ausgangspunkt: Kehlegg (794 m) (Stadtbus Linie 9)

Zielpunkt: Gütle (532 m)

Gehzeiten: Kehlegg – Gschwend Alpe 1¼ Std.; Gschwend Alpe – Weißenfluh Alpe 1 Std.; Weißenfluh Alpe – Kobel Alpe 1¾ Std.; Kobel Alpe – Gütle 1¾ Std.

Höhenunterschied: ↗ 600 Hm ↘ 870 Hm

Karten: ÖK-Blatt 111, LKS-Blatt 228, F&B-Blatt 364

Kinderwagen: bei Variante zur Ebniter Straße möglich, aber weit

Informationen für Mountainbiker

Start/Ziel: Talstation Karrenseilbahn (475 m)

Höchster Punkt: Weißenfluh Alpe (1.375 m)

Fahrzeiten: ↗ 2 Std. ↘ 1 Std.

Anstieg: ↗ ↘ je 13 km, 950 Hm Fahrt

Besonderheit: Durch den tiefen Start kann man fast von der Stadt weg eine schöne, meist schattige Wanderung unternehmen. Dabei kann man sich auch eine Kombination mit Tour 1 zusammenstellen, die deutlich weniger Anstieg aufweist.

Gschwendt Alpe 1.249 m

Die Alpe liegt hoch oberhalb des Rheintales und bietet einen tollen Ausblick zum Bodensee und zu den Schweizer Bergen. Zu ihr gehört auch die Hochälpele Alpe auf der anderen Seite des Bergkammes. Durch die Nähe zur Stadt kommen sehr viele Wanderer und Biker bei der Alpe vorbei.

Besitzer: Stadt Dornbirn
Alpvieh: 150 Jungvieh, 3 Kühe, 6 Ziegen
Alpprodukte: Frischkäse aus Kuh- und Ziegenmilch
Zeitraum der Bewirtschaftung: Ende Mai bis Mitte September
Verpflegung für Wanderer: Getränke, Jause, eigene Käse
Veranstaltungen, Besonderheit: Alpmesse Ende Juni

Direkter Alpanstieg:
Ausgangspunkt: Kehlegg (794 m)
Gehzeit: ↗ 1¼ Std. ↘ 1 Std.
Höhenunterschied: 450 Hm
Kinderwagen: durchgehend geeignet
Schwierigkeit: leicht

Der Anstieg ist identisch mit der Wanderroute.

Weißenfluh Alpe 1.367 m

Die Alpe liegt besonders schön auf einem Hügel und ist weithin sichtbar. Ihre Lage und die optimale Bewirtung machen sie zu einem sehr beliebten und stark frequentierten Anziehungspunkt für Wanderer und Mountainbiker. Die Wandermöglichkeiten zu dieser Alpe sind sehr vielfältig, deshalb kann hier nur ein Ausschnitt davon beschrieben werden.

Besitzer: Alpgenossenschaft
Alpvieh: 50 Schottische Hochlandrinder
Zeitraum der Bewirtschaftung: Mitte Juni bis Mitte September, Gästebewirtung auch an den Wochenenden fast das ganze Jahres über.
Gaststube: ja
Kontakt: Elisabeth Feuerstein, Tel. +43/(0)664/4152828
Verpflegung für Wanderer: Getränke, Suppen (u.a. Mostsuppe), Brettljausen, Käsplatten, Kuchen

Direkter Alpanstieg:
Ausgangspunkt: Kehlegg (794 m)
Gehzeit: ↗ 2¼ Std. ↘ 2 Std.
Höhenunterschied: 600 Hm
Kinderwagen: durchgehend geeignet
Schwierigkeit: leicht

Der Anstieg ist identisch mit der Wanderroute.

Weitere Alpen der Tour

Kobel Alpe 993 m
siehe Tour 3 (Montag Ruhetag)

Wanderroute: In Kehlegg startet man in östlicher Richtung und bei der nächsten Weggabelung wählt man die linke Straße Richtung Gschwendt Alpe. Bei Pferre (950 m) kann man nach links zum Lank und somit zur Hochälpeletour abzweigen. Geradeaus erreicht man die Gschwendt Alpe (1.249 m). Kurz darauf zweigt man rechts ab. Der Weg wird schmaler und führt durch einen Wald zu einer „Grenzquelle" genannten schattig gelegenen Einsattelung (1.260 m). Nun muss man nur mehr den lichten Hang hoch und erreicht die Weißenfluh Alpe. Von der Weißenfluh geht es den Fahrweg teilweise abkürzend hinab in die Senke des Hottersattels und gerade über eine Wiese, eine Kehre abkürzend, etwas hinauf. Dann folgt man immer dem Fahrweg bergab und erreicht so die Kobel Alpe, die etwas versteckt unterhalb des Weges liegt. Von der Alphütte kann man auf einem schmalen Wanderweg entlang eines Rückens im Wald hinabwandern. Bei Holdereggen (800 m) wendet man sich nach links, überquert die Kobelache und trifft beim „Durchstich" (795 m) auf den Fahrweg von der Ebniter Straße zur Kobel Alpe. Man verlässt diese sofort wieder und durch den Wald geht es gemütlich zu einer wunderschönen Holzbrücke über die Kobelache und weiter hinab ins Gütle.

Variante:
Zur Ebniter Straße 725 m [2v1]

Zielpunkt: Niedere (725 m)
Gehzeit: ↗ ↘ 4 3/4 Std.
Höhenunterschied: ↗ ↘ 600 Hm
Schwierigkeit: leicht

Von der Kobel Alpe kann man auch auf dem Fahrweg zur Ebniter Straße wandern und von dort mit dem Bus Linie 47 nach Dornbirn zurückgelangen. Dieser Weg führt durch eine wunderschöne Schlucht und bietet viele Bademöglichkeiten.

Variante:
Ab Gütle (532 m) [2v2]

Ausgangspunkt: Gütle (532 m)
Gehzeit: ↗ ↘ 7 Std.
Höhenunterschied: ↗ ↘ 830 Hm
Schwierigkeit: leicht

Für konditionsstarke Wanderer bietet sich ein Start im Gütle an. Dazu startet man Richtung Rappenlochschlucht, wählt aber den linken, steilen Weg. Nach etwa einer halben Stunde nimmt man bei Kreuzeggen (670 m) den linken Weg Richtung Rudach und bei der nächsten Gelegenheit Richtung Kehlegg. So kommt man nach Bruggen (894 m) und muss scharf nach rechts abbiegen. Auf diesem Weg erreicht man schließlich die „Grenzquelle" genannte Einsattelung (1.260 m) und somit den oben beschriebenen Weg.

MTB-Route: Diese Tour eignet sich besonders für eine abendliche Spritztour mit einem gemütlichen Hock bei der Alphütte. Sie ähnelt der Wanderroute, wird aber besser in der anderen Richtung befahren. Zuerst fährt man ins Gütle und hier links weiter hinauf Rudach und bei Kreuzeggen Richtung Ebnit weiter. So gelangt durch den Wald zur einer tollen Holzbrücke über den Kobelbach. Kurz nach der Brücke hält man sich rechts und gelangt schließlich zur Straße zur Kobelalpe. Dieser folgt man nun bis in die Nähe der Untersehrenalpe und fährt dann etwas hinab in den Hottersattel (1.249 m). Nun sind noch einige Kehren bis zur Weißenfluh Alpe (1.375 m) zu bewältigen.
Retour fährt man zuerst wieder hinab in den Hottersattel und wendet sich dann nach rechts. Der Weg wird kurz sehr schmal. Bei der Grenzquelle wendet man sich Richtung Kehlegg. Bald trifft man auf den breiten Weg nach Kehlegg und über Steinenbach gelangt man wieder zum Ausgangspunkt.

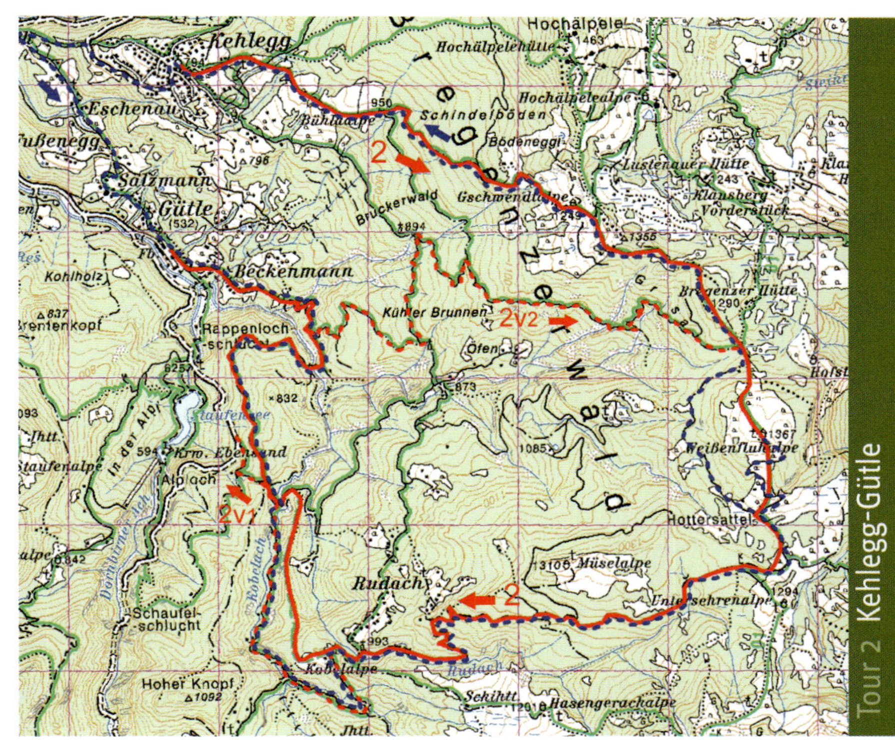

3 Unterm First

Kobel Alpe 993 m
Obersehren Alpe 1.519 m
Untersehren Alpe 1.295 m

Gebirge:
→ Bregenzerwaldgebirge
Talort:
→ Dornbirn (429 m)

Kobel Alpe

Das Firstgebiet bildet mit dem Bödele das Naherholungsgebiet von Dornbirn. Die Wanderung, ideal für heiße Sommertage, bietet am Höhepunkt einen tollen Ausblick zum Bodensee.

Anforderungen: ausgedehnte Wanderung, die gute Kondition fordert

Zeiten: 4¾ Stunden: ↗ 2½ Std. ↘ 2¼ Std.

Ausgangspunkt: Ebniter Straße – Niedere (725 m)

Gehzeiten: Niedere – Kobel Alpe 1 Std.; Kobel Alpe – Hasengerach Alpe ¾ Std.; Hasengerach Alpe – Obersehren Alpe ¾ Std.; Obersehren Alpe – Untersehren Alpe ½ Std.; Untersehren Alpe – Kobel Alpe 1 Std.; Kobel Alpe – Niedere ¾ Std.

Höhenunterschied: ↗↘ je 800 Hm

Karten: ÖK-Blatt 111, LKS-Blatt 228, F&B-Blatt 364

Kinderwagen: bedingt geeignet (kurzes Stück)

Informationen für Mountainbiker

Start/Ziel: Talstation Karrenseilbahn (475 m)

Höchster Punkt: : Obersehren Alpe (1.519 m)

Fahrzeiten: ↗ 2¾ Std. ↘ 1¼ Std.

Anstieg: ↗ 10 km ↘ 13 km, 1050 Hm Fahrt

Besonderheit: Die Tour führt durch das wunderschöne Tal entlang der Kobelache, die viele Bademöglichkeiten bietet. Nach eher flacher Wanderung durchschreitet man eine mächtige Schlucht unterhalb der Kobel Alpe. Im Bereich der Hasengerach Alpe kann man das gesamte Ebnitertal überblicken und vom höchsten Punkt der Wanderung bei der Obersehren Alpe kann man den weißen Punkten, die Segelboote darstellen, auf dem Bodensee zuschauen.

Kobel Alpe 993 m

Die Alpe liegt etwas versteckt in einer Lichtung etwas unterhalb des Güterweges Richtung Weißenfluh. Alptiere kann man nur kurz am Beginn der Alpsaison antreffen, wenn die Tiere zur Obersehren Alpe ziehen. Trotzdem bietet die Alpe für Wanderer während der gesamten Wandersaison eine große Terrasse und eine gemütliche Gaststube.

Besitzer: Alpgenossenschaft
Alpvieh: siehe Obersehren Alpe
Zeitraum der Bewirtschaftung: Gästebewirtung 1. Mai bis 31. Oktober (an den Wochenenden fast das ganze Jahr über), tägl. 14–22 Uhr, Wochenende 10–22 Uhr
Ruhetag: Montag
Gaststube: ja
Kontakt: Edith Wohlgenannt, Tel. +43/(0)664/4022667
Verpflegung für Wanderer: Getränke, Brettljause, Speck- und Käsbrote, Würste. Auf Vorbestellung werden auch Käsknöpflepartien angeboten.

Direkter Alpanstieg:
Ausgangspunkt: Ebniter Straße – Niedere (725 m)
Gehzeit: ↗ 1 Std. ↘ 3/4 Std.
Höhenunterschied: 270 Hm
Kinderwagen: durchgehend geeignet
Schwierigkeit: leicht

Der Anstieg ist identisch mit der Wanderroute.

Obersehren Alpe 1.519 m

Die Alpe liegt am Rand einer Senke unterhalb des Dornbirner Firstes. Vom Kreuz bei der Hütte hat man einen exzellenten Ausblick zum Bodensee. Der Alpauftrieb erfolgt über die Kobel Alpe und weiter über die Hasengerach Alpe, die nur als Durchzugsgebiet dient.

Besitzer: Alpgenossenschaft
Alpvieh: 110 Mutterkühe mit Kälbern, 2 Milchkühe, 9 Ziegen
Alpprodukte: Mischkäsle aus Kuh- und Ziegenmilch
Zeitraum der Bewirtschaftung: Mitte Juli bis Mitte September
Verpflegung für Wanderer: Getränke, Käsle mit Brot
Veranstaltungen, Besonderheit: Alpmesse Anfang Juli (Schulende)

Direkter Alpanstieg:
Ausgangspunkt: Ebniter Straße – Niedere (725 m)
Gehzeit: ↗ 2½ Std. ↘ 2 Std.
Höhenunterschied: 800 Hm
Kinderwagen: bedingt geeignet
Schwierigkeit: **mittel**

Der Anstieg ist identisch mit der Wanderroute.

Weitere Alpen der Tour

Hasengerach Alpe 1.205 m

Die Alpe liegt am oberen Ende eines leicht ausgeprägten Rückens unterhalb der mächtigen Mörzelspitze. Sie ist eine Voralpe zur Wöster Alpe im Arberggebiet und deshalb lediglich kurz besetzt. Dem Wanderer kann sie deshalb außer frischem Wasser leider nichts anbieten. Der Viehtrieb zur Wöster Alpe ist wahrscheinlich der aufwendigste im Lande. Er führt weiter zur Rohr Alpe und durch den Bregenzerwald zum Nächtigungsplatz in Schoppernau. Am zweiten Tag geht es weiter nach Schröcken und übers Auenfeld gelangt das Vieh zur Täli Alpe im Wöstertal, die somit auch eine Voralpe darstellt. Nach einer mehrtägigen Erholung geht es dann weiter zur sehr hoch gelegen und weitläufigen Wöster Alpe (Obere und Untere Wöster Alpe), die teilweise auch auf Tiroler Gebiet reicht.

Untersehren Alpe

Untersehren Alpe 1.295 m

Die Untersehren Alpe ist schon seit etwa 400 Jahren eine eigene Alpe. Sie liegt nordseitig unterhalb des Gunten genannten Kammes zwischen Hangspitze und First und dient etwa 168 Mutterkühen als sommerliche Weide. Durch die Nähe zur Weißenfluh Alpe wird keine Bewirtung für Wanderer angeboten.

Wanderroute: Von der Niedere wandert man auf dem Güterweg zur Kobel Alpe. Dabei folgt man ab dem so genannten „Durchstich“ der Kobelache, welche tolle Badestellen und eine imposante Schlucht bietet. Direkt oberhalb der Kobel Alpe zweigt man nach rechts zum Gütler Schiheim und zur Hasengerach Alpe ab. Bald nach der Abzweigung kommt

man aus dem Wald heraus und kann einen tollen Rundblick genießen. Oberhalb der Hasengerach Alpe geht es auf einem Wanderweg wieder in den Wald hinein. Mit Kinderwagen ist es hier etwas schwierig. Dann trifft man wieder auf einen Güterweg, dem man folgen kann. Mit gutem Schuhwerk kann aber auch steiler und kürzer direkt auf einem Wanderweg zur Obersehren Alpe aufsteigen.
Von der Obersehren Alpe wandert man rechts des Güterweges auf den Kamm und über die Alpwiesen hinab zur Untersehren Alpe. Von der Untersehren Alpe folgt man immer dem Fahrweg. Bei der nächsten Wegteilung hält man sich rechts (nach links ginge es wieder zur Obersehren Alpe hinauf) und trifft bald darauf auf den Güterweg von der Kobel Alpe zur Weißenfluh Alpe. Mit Kinderwagen muss man bei der Obersehren Alpe den Güterweg benutzen und kommt nicht an der Untersehren Alpe, sondern etwas westlich von dieser vorbei zum oben erwähnten Güterweg. Hier wendet man sich nach links und auf dem breiten Weg wandert man hinab zur Kobel Alpe, die etwas versteckt unterhalb des Weges liegt.
Von der Alphütte kann man auf einem schmalen Wanderweg entlang eines Rückens im Wald hinabwandern. Bei Holdereggen (800 m) wendet man sich nach links, überquert die Kobelache und triff beim „Durchstich" (795 m) auf den Fahrweg von der Ebniter Straße zur Kobel Alpe. Diesem folgt man nach rechts hinab zur Ebniter Straße.

Variante:

Ohne Unter- und Obersehren Alpe [3v]

Ausgangspunkt: Ebniter Straße-Niedere (725 m)

Gehzeit: ↗↘ 3 3/4 Std.

Höhenunterschied: 600 Hm

Schwierigkeit: leicht

Lässt man die Unter- und Obersehren Alpe aus, verkürzt sich die Wanderung um etwa 1 Stunde. Dazu bleibt man oberhalb der Hasengerach Alpe einfach auf dem Güterweg, kommt in den Bereich eines Sattels bei der Untersehren Alpe und kann dann gemütlich zur Kobel Alpe zurückwandern.

Kobel Alpe

Gipfelergänzung:
Dornbirner First (1.765 m) [3e]
Ausgangspunkt: Obersehren Alpe (1.519 m)
Gehzeit: + 1 Std
Höhenunterschied: + 250 Hm
Schwierigkeit: mittel

Hat man Zeit und noch ausreichend Kraft, ist der Anstieg auf den First sehr zu empfehen. Der Blick ist um vieles umfassender als von der Obersehren Alpe. Von diese wandert man auf einem klar erkennbaren Weg schräg durch den Hang hinauf auf den First.

MTB-Route: Die Route ist teilweise identisch mit der Route zur Weißenfluh Alpe, beinhaltet aber einen anstrengenden Umweg zur Obersehren Alpe. Zuerst fährt man wie bei Tour 2 zur Kobel Alpe. Hier wendet man sich nach rechts und fährt Richtung Gütler Schiheim und Hasengerach Alpe. Oberhalb der Alpe muss das Rad kurz geschoben werden. Dann trifft man auf einen neuen Güterweg. Diesem folgt man und biegt dann in den Weg zur Obersehren Alpe ein. Von der Alpe geht es hinab zum Hottersattel und somit wieder zur Route von Tour 2. Die Weißenfluh Alpe kann nach den geleisteten Anstrengungen ausgelassen werden.

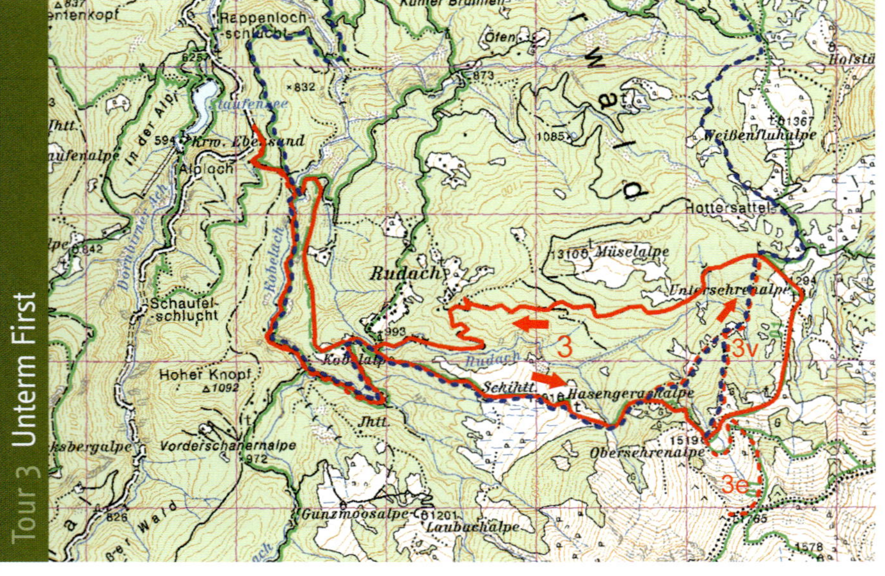

4 Salzbödenkopf

Sattelalpe 1.163 m
Unterfluh Alpe 1.180 m
Altenhof Alpe 1.600 m

Gebirge:
→ **Bregenzerwaldgebirge**
Talort:
→ **Dornbirn (429 m)**

Altenhof Alpe

Diese Runde ist nicht nur eine Alpwanderung, sondern eine echte Bergtour. Dabei wird der Salzbödenkopf überschritten und man schaut direkt auf die Mörzelspitze. Für diese muss man noch etwa eine Stunde opfern, wenn man die Fernsicht am Gipfel genießen will.

Anforderungen: etwas anstrengend, da zwischendurch steil

Zeiten: 3½ Stunden: ↗ 2 Std. ↘ 1½ Std.

Ausgangspunkt: Unterfluh Alpe (1.180 m)

Gehzeiten: Unterfluh Alpe – Fluhlöchle – Altenhof Alpe 1½ Std.; Altenhof Alpe – Salzböden 1 Std.; Salzböden – Unterfluh Alpe 1 Std.

Höhenunterschied: ↗↘ je 600 Hm

Karten: ÖK-Blatt 111, LKS-Blatt 228, F&B-Blatt 364

Informationen für Mountainbiker

Start/Ziel: Talstation Karrenseilbahn (475 m)

Höchster Punkt: Unterfluh Alpe (1.180 m)

Fahrzeiten: ↗ 1¾ Std. ↘ ¾ Std.

Anstieg: ↗↘ je 10 km, 700 Hm Fahrt

Besonderheit: Durch die Möglichkeit, weit in die Berge hinein zu fahren, kann man eine überraschend kurze, aber sehr reizvolle Wanderung unternehmen. Lässt man das Auto schon bei der Abzweigung zur Sattelalpe stehen, kann man diese Alpe auch noch in eine etwas größere Rundwanderung einbinden. Optimal ist die Nutzung eines Mountainbikes zur Anreise.

Unterfluh Alpe 1.180 m Altenhof Alpe 1.600 m

Die Unterfluh Alpe liegt am Ende des Tales des Gunzenbaches unterhalb der steilen Nordflanke des Alpkopfes. Sie ist ein beliebter Ausgangspunkt für Wanderungen im Firstgebiet, da man mit dem Auto bis kurz unterhalb der Alpe fahren kann. Die dazugehörigen Hochalpen sind die Schönenwald Alpe, die Körb Alpe und die Altenhof Alpe.

Die Altenhof Alpe liegt hoch über dem Mellental zwischen dem Salzbödenkopf und dem Alpkopf und bietet eine sehr gute Aussicht auf den Bregenzerwald. Der Viehtrieb erfolgt über den Sattel südlich der Mörzelspitze und dann über den Salzbödenkopf zu den Hochalpen, die abwechselnd abgeweidet werden. Die Hirten wohnen während Bewirtschaftung der Hochalpen in der Altenhof Alpe.

Besitzer: Alpgenossenschaft
Alpvieh: 240 Jungvieh, 5 Kühe, 5–10 Ziegen
Alpprodukte: Ziegenkäse, Kuhmilchkäse, Butter
Zeitraum der Bewirtschaftung: Unterfluh Alpe: 10. Juni bis 20. Juni und Anfang September bis Mitte September; Altenhof Alpe: Ende Juni bis Anfang September
Gaststube: ja
Verpflegung für Wanderer: Getränke, Jause, Ziegenkäse, Milch
Veranstaltungen, Besonderheit: Alpmesse Anfang Juli bei der Altenhof Alpe

Zufahrt/Anstieg zur Unterfluh Alpe: Die Unterfluh Alpe kann man mit dem Auto erreichen. Dazu fährt man in Dornbirn zuerst Richtung Ebnit. Bei Niedere zweigt man nach links ins Kobeltal ab und nach einer engen Schlucht geht rechts der Güterweg entlang der Gunzenach weiter bis zur Alpe.

Direkter Alpanstieg zur Altenhof Alpe:
Ausgangspunkt: Unterfluh Alpe (1.180 m)
Gehzeit: ↗ 1½ Std. ↘ 1 Std.
Höhenunterschied: 450 Hm
Schwierigkeit: **mittel**

Der Anstieg ist identisch mit der Wanderroute.

Sattelalpe 1.163 m

Die Alpe ist weithin sichtbar. Dabei kann man ein großes Kreuz erkennen, das durch den inzwischen verstorbenen langjährigen Pächter Herie Blum errichtet wurde. Seine Frau Lena kümmert sich noch immer zusammen mit den Kindern liebevoll um die Alpe.

Besitzer: Konkurrenzverwaltung Höchst, Fußach und Gaißau
Alpvieh: 3 Milchkühe, 45 Jungvieh, 6 Ziegen
Alpprodukte: Milch, Ziegenkäse
Zeitraum der Bewirtschaftung: Mitte Juni bis Mitte September
Gaststube: ausgebauter Vorraum
Verpflegung für Wanderer: Getränke, eigener Most, Jause, Spezialität Goaskäs mit Essig und Kernöl

Direkter Alpanstieg:
Ausgangspunkt: Ebnit (1.000 m)
Gehzeit: ↗ 1 Std. ↘ 1¼ Std.
Höhenunterschied: 250 Hm
Schwierigkeit: **mittel**

Der Anstieg ist identisch mit der Variante ab Ebnit (4v). Man kann die Sattelalpe auch im Rahmen einer sehr kleinen Rundwanderung besuchen. Diese startet man bei der Abzweigung des Güterweges kurz vor der Unterfluh Alpe. Hier wandert man auf dem rechten Güterweg zur Satttelalpe. Von dort geht es entlang des Hanges in einem großen Bogen zur Unterfluh Alpe. Über den Güterweg kommt man wieder zur Abzweigung.

Wanderroute: Von der Unterfluh Alpe geht es nach Süden zu einem Kar. Durch dieses steigt man in vielen Kehren zum „Fluhlöchle" (1.615 m) auf. Dies ist ein sehr kleiner und scharf eingeschnittener Übergang zwischen dem Ebniter Tal und dem Mellental. Die Altenhof Alpe befindet sich direkt unterhalb dieser Scharte. Nach dem steilen Anstieg blickt man erstaunt über die großzügige, leicht geneigte Alpfläche.
Von der Alpe geht es zuerst flach

Mörzelspitze

weiter, dann kurz steil hinauf zum Salzbödenkopf (1.765 m). Über den grasigen Nordrücken erreicht man bald darauf einen Sattel (1.600 m) unterhalb der Mörzelspitze. Hier wendet man sich nach links und steigt durch die Flanke wieder hinab zur Unterfluh Alpe.

Variante:
Ab Ebnit 1.019 m [4v]
Ausgangspunkt: Ebnit (1.000 m)
Gehzeit: ↗ $2^1/_2$ Std. ↘ $3^1/_4$ Std.
Höhenunterschied: + 300 Hm
Schwierigkeit: mittel

Eine schöne Möglichkeit ist die Wanderung ab Ebnit. Diese führt von der Bushaltestelle beim Alpenheim etwas auf der Straße zurück und dann auf einem Wanderweg rechts hinab zur Ebniter Ache (920 m). Anschließend geht es bergauf zu einem Güterweg. Man quert ihn und es geht weiter im Wald hinauf, bis man schließlich zur Sattelalpe (1.163 m) gelangt. Entlang eines Hanges wandert man in südlicher Richtung in einem großen Bogen unterhalb des Alpkopfes weiter zur Unterfluh Alpe. Zurück wählt man am besten den gleichen Weg.

Altenhof Alpe mit Salzbödenkopf

Gipfelergänzung:
Alpkopf 1.788 m [4e1]
Ausgangspunkt: Fluhlöchle (1.615 m)
Gehzeit: + $^3/_4$ Std
Höhenunterschied: + 170 Hm
Schwierigkeit: mittel

Vom Fluhlöchle bietet sich auch die Besteigung des Alpkopfes an. Er bietet einen wunderbaren Blick auf den Binnelgrat des Freschens. Dazu geht es nach rechts um einen Rücken herum Richtung Binnel Alpe. Kurz darauf zweigt rechts der kurze Anstieg zum Gipfel ab.

Gipfelergänzung:
Mörzelspitze 1.830 m [4e2]
Ausgangspunkt: Sattel Salzböden (1.600 m)
Gehzeit: + 1 Std
Höhenunterschied: + 230 Hm
Schwierigkeit: mittel

Vom Sattel bietet sich die Besteigung der Mörzelspitze an. Der Anstieg erfolgt entlang des Kammes. Die Aussicht vom Gipfel entschädigt für den zusätzlichen Kraftaufwand. Anschließend steigt man wieder zum Sattel ab. Auf der beschriebenen Route kommt man zurück zum Ausgangspunkt.

MTB-Route: Von Dornbirn-Gütle fährt man die teilweise sehr steile Straße Richtung Ebnit hinauf. Bei der Niedere zweigt man links ab und fährt weiter Richtung Kobelalpe. Bei der Gabelung am Ende der Schlucht wendet man sich nach rechts (Valors) und kommt in das abgelegene Tal des Gunzenbaches. Nach der ersten Steilstufe kann man gemütlich bis zur Unterfluh Alpe fahren. Von dort kann man die beschrieben Wanderung unternehmen, ohne umweltbelastend mit dem Auto anzureisen.

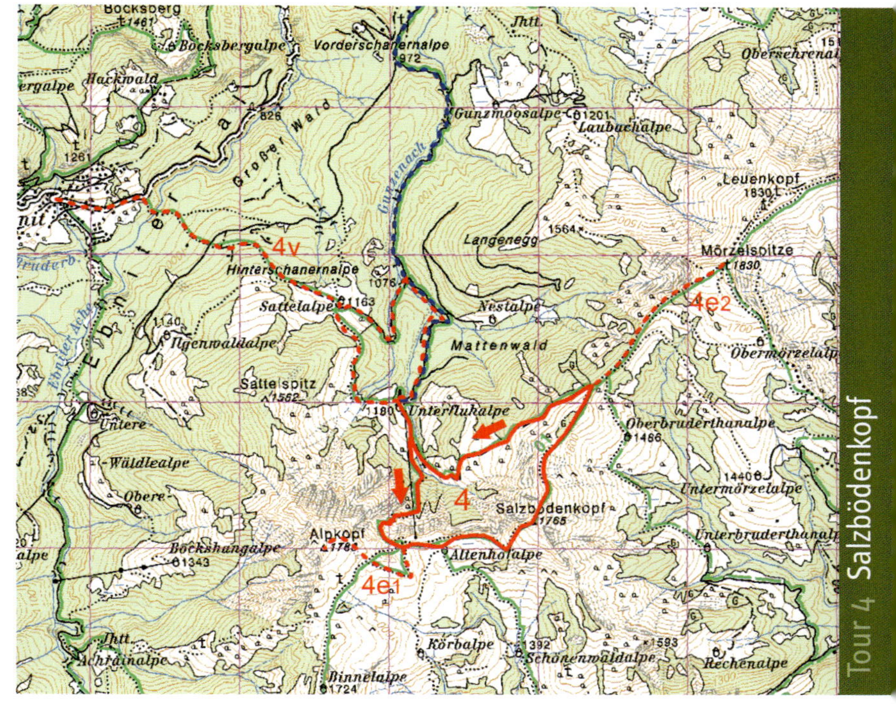

5 Rund um den Staufen

Schuttannen 1.148 m
Staufen Alpe 1.098 m

Gebirge:
→ **Bregenzerwaldgebirge**
Talort:
→ **Dornbirn (429 m)**

Hütebuben auf der Staufen Alpe

Die Auffahrt mit der Panoramaseilbahn auf den Karren ermöglicht eine besonders familiengeeignete Wanderung rund um die markante Dornbirner Pyramide, den Staufen.

Anforderungen: wenig anstrengend, kann zwischendurch aber rutschig sein

Zeiten: ↗↘ 2 ½ Std.

Ausgangspunkt: Bergstation Karrenseilbahn (976 m)

Zielpunkt: Gütle (532 m)

Gehzeiten: Karren – Schuttannen 1¼ Std.; Schuttannen – Staufen Alpe ½ Std.; Staufen Alpe – Karren ¾ Std

Höhenunterschied: ↗↘ je 250 Hm

Karten: ÖK-Blatt 111, LKS-Blatt 228, F&B-Blatt 364

Informationen für Mountainbiker

Start/Ziel: Hohenems (432 m)

Höchster Punkt: Schuttannen (1.148 m)

Fahrzeiten: ↗ 1½ Std. ↘ ¾ Std.

Anstieg: ↗ 7 km ↘ 12 km, 750 Hm Fahrt

Besonderheit: Die Beliebtheit des Gebietes zwischen Karren und Schuttannen rührt daher, dass man einerseits mit dem Auto von Hohenems nach Schuttannen fahren und andererseits mit einer Panoramaseilbahn auf den Karren gelangen kann. Somit kann man ohne viel Anstrengung Alphöhe erreichen. Dadurch ist das Gebiet ein Tummelplatz für Naturgenießer jeder Art. Ob verschwitzte Biker, die sich die steile Straße von Hohenems heraufkämpften, Wanderer, die vom Karren her kommen oder Spaziergänger und Familien mit Kindern, die mit dem Auto hochgefahren sind – sie alle genießen die Höhenluft.

Staufen Alpe 1.098 m

Die Staufen Alpe steht mitten im steilen Ostabhang des Staufens und ist eine kleine Alpe. Aber gerade das macht ihren Charme aus. Das junge Pächterpaar kümmert sich liebevoll um die zahlreichen Gäste, die vielfach auch nur von der Bergstation der Karrenseilbahn her kommen.

Besitzer: Agrargenossenschaft Dornbirn

Alpvieh: 4 Milchkühe, 23 Jungvieh, 2 Pferde

Alpprodukte: Romadurkäse

Zeitraum der Bewirtschaftung: Ende Mai bis Mitte September

Gästebewirtung noch bis Mitte Oktober

Gaststube: ja

Kontakt: Harry Tripolt und Kerstin Kutzer, +43/(0)664 1319615

Verpflegung für Wanderer: Getränke, Brettljause, Käse

Direkter Alpanstieg:

Ausgangspunkt: Bergstation Karrenseilbahn (976 m)

Gehzeit: ↗ 1 Std. ↘ 3/4 Std.

Höhenunterschied: 200 Hm

Kinderwagen: geeignet

Schwierigkeit: leicht

Vom Karren startet man den Rücken entlang Richtung Süden. Bei der nächsten Weggabelung („Kühberg“) wendet sich nach links und steigt über den Güterweg zur Staufen Alpe auf.

Weitere Alpen der Tour

Schuttannen 1.148 m

Die Alpe ist mit dem Auto auf einer steilen Straße ab Hohenems erreichbar und liegt mitten in den Hochflächen von Schuttannen. Sie dient als Voralpe zur Sünser Alpe und ist nur kurz am Beginn und am Ende der Alpsaison bewirtschaftet. Neben der Alpe

Staufen Alpe

liegt das Gasthaus Schuttannen, das alle möglichen Speisen und vor allem auch bekannt gute Kuchen anbietet.

Wanderroute: Vom Karren wandert man nach Süden zu einer Senke mit dem Gh. Kühberg und folgt weiter einem Güterweg. Etwa eine Viertel Stunde später zweigt man links auf einen schönen Wanderweg ab, der im Wald höherführt und dann flach zu einer großen Wiese kommt, an deren Ende Schuttannen liegt.
Hier wählt man den Güterweg rechts am Staufen vorbei. Ohne viel Höhenunterschied führt er nach Norden. Schließlich wird er zu einem Wanderweg und führt hinab zur Staufen Alpe. Kurz vor der Alpe trifft man wieder auf einen Güterweg, der den Wanderer wieder zum Karren bringt. Auf 900 m, bei Wißtanna, muss man sich entscheiden, ob man nach links in etwa 20 Minuten zum Karren wandern oder geradeaus über den steilen Stichweg in etwa 40 Minuten zur Talstation absteigen will.

Variante:
Ab Dornbirn 457 m [5v1]
Ausgangspunkt: Talstation Karrenseilbahn (457 m)
Gehzeit: ↗ ↘ 3½ Std.
Höhenunterschied: 630 Hm
Schwierigkeit: mittel

Man startet rechts der Talstation der Karrenseilbahn bei der Brücke über die Dornbirner Ach. Auf der anderen Seite geht es auf einem Waldweg hoch. Bald darauf trifft man auf ein steiles Schottersträßchen, dem man nun folgen muss. Es führt meist im Wald hinauf. Nach einem Flachstück teilt sich auf 900 m Höhe bei Wißtanne der Weg: Geradeaus geht es direkt zur Staufenalpe, für die vorgeschlagene Wanderung wendet man sich aber nach rechts und gelangt bald darauf zur Schulter beim Kühberg. Hier trifft man auf den Weg vom Karren.
Im Abstieg wandert man bei der oben erwähnten Weggabelung bei Wißtanne wieder über den Anstiegsweg zurück ins Tal.

Variante:
Vom Karren nach Ebnit 1.075 m [5v2]
Ausgangspunkt: Bergstation Karrenseilbahn (976 m)
Zielpunkt: Ebnit Kirche (1.075 m)
Gehzeit: ↗ ↘ 3 Std.
Höhenunterschied: 500 Hm
Schwierigkeit: mittel

Diese Variante ist sehr beliebt. Zuerst geht es wie oben beschrieben nach Schuttannen. Hier wandert man in südwestlicher Richtung weiter und kann bei der ersten richtigen Kehre links abzweigen. Der Weg führt durch den Wald sanft höher und kommt in den Bereich Hinterberg Alpe (siehe Tour 6). Oberhalb dieser (etwa 1.420 m) geht es bergab zur Schönermann Alpe (siehe Tour 6) und in die Einsattelung vor der Emser Hütte. Nach Osten (links) gelangt man dann hinab ins Bergdorf Ebnit, wobei man noch am Pfarrers Älpele (siehe Tour 7) vorbeikommt. In Ebnit angekommen, fährt man mit dem Landbus der Linie 47 wieder nach Dornbirn.

Gipfelergänzung:
Staufen (1.466 m) [5e]
Ausgangspunkt: Schuttannen (1.148 m)
Gehzeit: + 3/4 Std
Höhenunterschied: + 320 Hm
Schwierigkeit: mittel

Von Schuttannen geht es über einen Güterweg nach Norden zu einem Rücken und dann unterhalb von ihm nach rechts auf den Gipfel und auf gleichem Weg wieder zurück.

MTB-Route: Von Hohenems fährt man nach Reute und die teilweise extrem steile Schotterstraße nach Schuttannen. Dann folgt man dem Wanderweg zur Staufen Alpe, wobei man zuletzt ein Stück schieben muss. Von der Staufen Alpe geht es über den Güterweg hinab. Bei Oberbrügle (620 m) hält man sich links und fährt nach Mühlebach ab. Dann hält man sich immer den Berg entlang und kommt auf einem Radweg vorbei am Steinbruch und an Unterklien wieder zurück nach Hohenems.

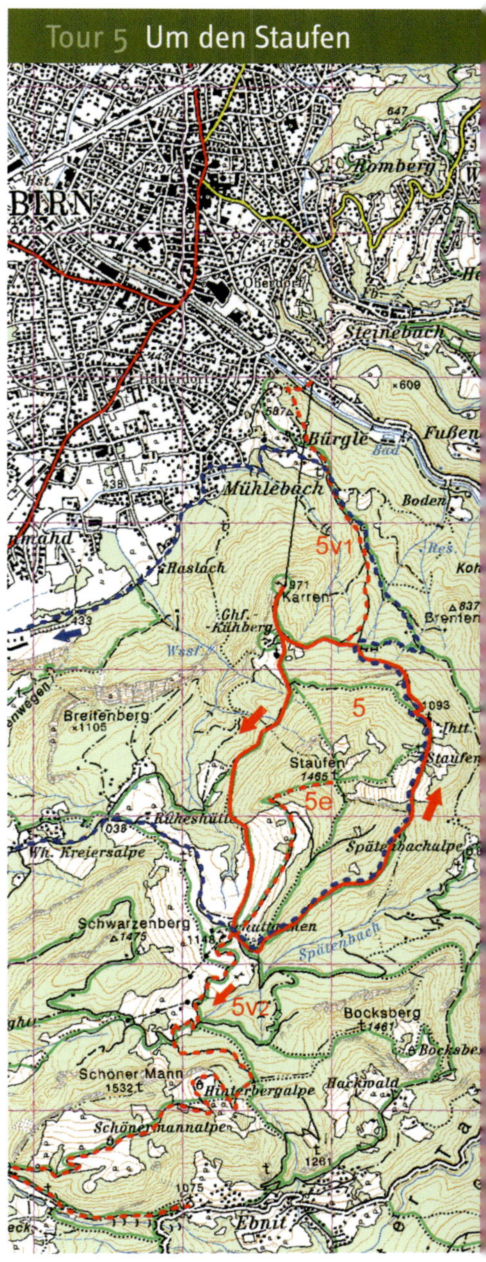

6 Unterm Schöner Mann

Hinterberg Alpe 1.379 m
Schönermann Alpe 1.382 m
Pfarrers Älpele (Fluhereck) 1.210 m

Gebirge:
→ **Bregenzerwaldgebirge**
Talort:
→ **Dornbirn (429 m)**

Hinterberg Alpe

Diese kurze Wanderung ist für Jung und Alt bestens geeignet, da sie nur über gemütliche Güterwege führt. Jede der drei Alpen hat ihren unverwechselbaren Charakter und lockt zum Verweilen.

Anforderungen: wenig anstrengende Wanderung auf Güterwegen

Zeiten: ↗ ↘ 2½ Stunden

Ausgangspunkt: Ebnit Kirche (1.075 m)

Gehzeiten: Ebnit – Hinterberg Alpe 1¼ Std.; Hinterberg Alpe – Schönermann Alpe ½ Std.; Schönermann Alpe – Pfarrers Älpele ½ Std.; Pfarrers Älpele – Ebnit ¼ Std.

Höhenunterschied: ↗ ↘ je 350 Hm

Karten: ÖK-Blatt 111, LKS-Blatt 228, F&B Blatt 364

Kinderwagen: durchgehend geeignet

Informationen für Mountainbiker

Start/Ziel: Ebnit Kirche (1.075 m)

Fahrzeiten: ↗ ↘ 1½ Std.

Anstieg: ↗ ↘ 6,5 km, 400 Hm Fahrt

Besonderheit: Die Wanderung eignet sich als Sonntagsrunde mit der ganzen Familie. Die Steigungen sind sehr moderat und die Route verläuft ausschließlich auf Güterwegen. Bei jeder Alpe kann man einkehren und die Alpwelt genießen.

Hinterberg Alpe 1.379 m

Die Alpe liegt in einer langgezogenen Kurve des Güterweges von Schuttannen nach Ebnit. Durch ihre ostseitige Lage bekommt sie früh Sonne und früh angenehmen Schatten. Viele Besucher behalten die Alpe wegen der stattlichen Noriker-Pferde in Erinnerung, die hier meist auf Sommerfrische sind.

Besitzer: Agrargemeinschaft Ebnit

Alpvieh: 25 Milchkühe, 1 Stier, 7 Noriker Pferde

Alpprodukte: Milch, wird abtransportiert

Zeitraum der Bewirtschaftung: Anfang Juni bis Mitte September, im Winter sporadisch bewirtet

Gaststube: offener Vorraum

Kontakt: Kurt Peter, +43/(0)664 9851481

Verpflegung für Wanderer: Getränke, Brettljause, Speck- und Käsbrote, Würste, Kuchen

Noriker bei der Hinterberg Alpe

Direkter Alpanstieg:

Ausgangspunkt: Ebnit Kirche (1.075 m)

Gehzeit: ↗ 1¼ Std. ↘ 1 Std.

Höhenunterschied: 330 Hm

Kinderwagen: geeignet

Schwierigkeit: leicht

Der Anstieg ist identisch mit der Wanderroute.

Schönermann Alpe 1.382 m

Der Name stammt vom Berg, an dessen Südflanke diese Alpe liegt. Die steile Westwand dieses Berges ähnelt einem versteinerten Mann und wurde schon im 16. Jahrhundert so genannt. Nachdem lange Zeit die Milch der Alpe ins Tal gebracht wurde, haben die Besitzer sie 1998/99 wieder zu einer modernen Sennalpe erweitert. 2008 wird das 200-jährige Bestehen der Alpe gefeiert.

Besitzer: Alpgenossenschaft Lustenau

Alpvieh: 51 Milchkühe, 1 Stier, Alpschweine

Alpprodukte: Bergkäse, Schnittkäse, Frischkäse

Zeitraum der Bewirtschaftung: Mitte Mai bis Anfang September, darüber hinaus Gästebewirtung während des gesamten Winters

Kontakt: Gieslinde Kohler, +43/(0)664 2139041

Verpflegung für Wanderer: Getränke, Brettljause, Käsbrote und Käsplatte

Direkter Alpanstieg:

Ausgangspunkt: Ebnit Kirche (1.075 m)

Gehzeit: ↗ 1 Std. ↘ 3/4 Std.

Höhenunterschied: 310 Hm leicht

Kinderwagen: durchggehend geeignet

Schwierigkeit: leicht

Der Anstieg ist identisch mit der Wanderroute in umgekehrter Richtung. Von der Kirche in Ebnit wandert man auf gutem Güterweg in westlicher Richtung zum Fluereck und dann in östlicher Richtung hinauf zur Alpe.

Weitere Alpen der Tour

Pfarrers Älpele: siehe Tour 7

Wanderroute: Von der Kirche in Ebnit wandert man kurz entlang der Straße bergab, kann aber bald nach links abbiegen. Über einen Güterweg geht es im Wald gemütlich hinauf. Nach etwa einer Stunde gabelt sich der Weg. Geradeaus gelangt man nach Schuttannen, nach links geht es weiter zur Hinterberg Alpe, die in einem großen Bogen erreicht wird. Anschließend muss man auf dem Güterweg noch etwas höher hinauf und um einen Rücken herum. Zuletzt leicht bergab erreicht man die Schönermann Alpe. Anschließende geht es auf dem Güterweg weiter. Man wandert in westlicher Richtung zum Fluereck hinab und erreicht das malerische Pfarrers Älpele. Über den steilen Güterweg kommt man wieder nach Ebnit hinab.

MTB-Route: Die Route dieser kleinen MTB-Runde ist identisch mit der Wanderroute.

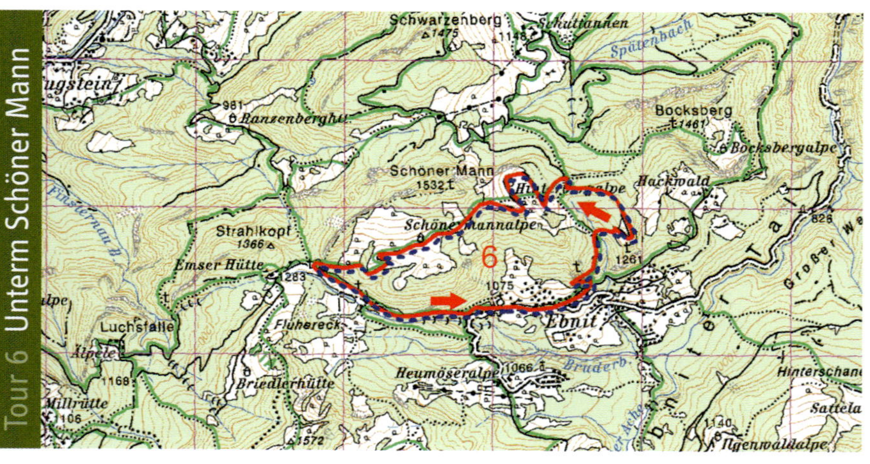

7 Kugelwanderung

Heumöser Alpe 1.073 m
Kugelalpe 1.568 m
Pfarrers Älpele (Fluhereck) 1.210 m

Gebirge:
→ **Bregenzerwaldgebirge**
Talort:
→ **Dornbirn (429 m)**

Pfarrers Älpele

So viele Alpen und noch dazu ein Aussichtsberg der Spitzenklasse erreicht man selten in so kurzer Zeit. Wegen der schmalen Bergwege ist diese Runde aber eine echte Bergtour, wenn auch keine schwierige.

Anforderungen: etwas anstrengend, bei Nässe teilweise rutschig

Zeiten: 3 Stunden

Ausgangspunkt: Ebnit – Kirche (1.075 m)

Gehzeiten: Ebnit – Heumöser Alpe 1/4 Std.; Heumöser Alpe – Schneewald Alpe 3/4 Std.; Schneewald Alpe – Kugelalpe 3/4 Std.; Kugelalpe – Pfarrers Älpele 1 Std.; Pfarrers Älpele – Ebnit 1/4 Std.

Höhenunterschied: ↗ ↘ je 500 Hm

Karten: ÖK-Blatt 111, LKS-Blatt 228, F&B-Blatt 364

Besonderheit: Da man bei dieser Wanderung nur wenige Meter an einen der besten Aussichtspunkte des Landes, die Hohe Kugel, herankommt, ist der Andrang an manchen Tagen sehr groß, bietet doch die „Kugel" einen fantastischen Blick aufs gesamte Rheintal und zum Bodensee. Die Wanderung ist auch umgekehrt praktisch gleich interessant. Aus Gründen der Einkehrmöglichkeiten wurde jedoch die vorgeschlagene Richtung gewählt.

Schneewald Alpe 1.303 m
Kugelalpe 1.568 m

Die Kugelalpe liegt knapp unterhalb des Gipfels der Hohen Kugel. Sie ist im Sommer und im Winter ein sehr beliebtes Wanderziel. Die Schneewald Alpe, die unscheinbar tiefer im Wald liegt, wird nur durch Vieh besetzt, die Hirten bleiben während der gesamten Saison auf der gemütlicheren Kugelalpe. Am Anfang und am Ende der Saison kann es aber deshalb passieren, dass man tags niemand auf der Kugelalpe antrifft. Im Jahr 2007 war Klaus, der langjährige und bekannte Hirte, das letzte Mal auf der Alpe und ab 2008 muss man sich auf ein neues Gesicht einstellen.

Besitzer: Gemeinde Fraxern

Alpvieh: 175 Jungvieh, 4 Kühe, Ziegen, Hühner

Alpprodukte: Butter, Milch, Goaskäsle

Kugelalpe und Hohe Kugel

Zeitraum der Bewirtschaftung: Mitte Juni bis Mitte September, im Winter ist die Kugelalpe an den Wochenenden durch den Skiverein Klaus/Weiler bewirtet

Verpflegung für Wanderer (nur auf der Kugelalpe): Getränke, Jause

Veranstaltungen, Besonderheit: Alpmesse im Juli

Direkter Alpanstieg zur Kugelalpe:

Ausgangspunkt: Ebnit – Kirche (1.075)

Gehzeit: ↗ 1¾ Std. ↘ 1¼ Std.

Höhenunterschied: 500 Hm

Schwierigkeit: **mittel**

Der Anstieg ist identisch mit der Wanderroute.

Pfarrers Älpele 1.210 m

Die Alpe liegt direkt unterhalb des Güterweges am Weg von Ebnit zum Fluhereck. Sie bietet überraschend viele Sitzplätze im Freien unter einem großen Baum, unter einer überdachten Terrasse und in der gemütlichen Gaststube. Durch die „Spaziernähe“ zu Ebnit und durch die urige Atmosphäre ist sie ein sehr beliebtes Ziel. Die eigenen Alpprodukte tragen auch zu ihrem Ruf bei. An den Wochenenden kann man oft Live-Musik durch den Pächter erleben, der die Alpe neben einem Gewerbebetrieb aus purer Begeisterung führt.

Besitzer: Diözese Feldkirch

Alpvieh: 3 Melkkühe, 1 Mutterkuh mit Kalb, 2 Kälber, 8 Ziegen

Alpprodukte: Romadurkäse, Goaskäsele (pur und mit Kräutern), Bergkäse – können direkt gekauft werden

Zeitraum der Bewirtschaftung: 1. Mai bis 31. Oktober (im Mai nur an Wochenenden für Gäste offen)

Gaststube: ja

Kontakt: Reinelde und Josef Köb, +43/(0)5576/75242

Verpflegung für Wanderer: Getränke, warme und kalte Speisen, auf Vorbestellung für Gruppen auch größere Speisen

Veranstaltungen, Besonderheit: Bergmesse jeweils am 15.8.

Direkter Alpanstieg:

Ausgangspunkt: Ebnit – Kirche (1.075 m)

Gehzeit: ↗ ↘ 1/4 Std.

Höhenunterschied: 140 Hm

Kinderwagen: durchgehend geeignet, aber steil

Schwierigkeit: leicht

Die Alpe wird auf dem Güterweg in wenigen Minuten ab Ebnit erreicht.

Weitere Alpen der Tour

Priedler Alpe 1.148 m

Sie liegt nördlich unter der Hohen Kugel und wird zusammen mit der nahen Schönermann Alpe (siehe Tour 6) bewirtschaftet. Meist befindet sich hier das Jungvieh, während die Milchkühe in der Nähe der Sennerei bei der Schönermann Alpe weiden. Der Wohnteil der Alphütte ist privat vermietet.

Heumöser Alpe 1.073 m

Der Name rührt wahrscheinlich daher, dass diese Alpe in alter Zeit vor allem der Heugewinnung diente, da sie sehr nahe beim Dorf Ebnit liegt. Jetzt ist sie eine Voralpe zur Hinterberg Alpe (siehe Tour 6), die nur Anfang Juni und Ende September jeweils für etwa 2 Wochen bewirtschaftet wird. Da sie direkt bei einem Gasthaus liegt, gibt es keine Bewirtung.

Wanderroute: Über die Straße gelangt man von der Ebniter Kirche rasch und flach zur Heumöser Alpe. Dann geht es zuerst über eine Wiese und anschließend links haltend durch den Wald

Kugelalpe

hoch zur Schneewald Alpe und weiter steil hinauf zur Kugelalpe. Von der Kugelalpe wandert man zum Nordkamm der Kugel weiter und über diesen Richtung Norden. Nach einem Flachstück geht es steil hinab zur Emser Hütte (1.283 m). Hier folgt man dem Fahrweg in östlicher Richtung und erreicht kurz darauf Pfarrers Älpele. Anschließend geht es auf dem Güterweg zurück nach Ebnit.

Gipfelergänzung:
Hohe Kugel (1.645 m)

Ausgangspunkt: Kugelalpe (1.568 m)

Gehzeit: + 20 Min.

Höhenunterschied: + 75 Hm

Schwierigkeit: mittel

Durch die einfache Erreichbarkeit und den grandiosen Rundblick übers Rheintal, den Bodensee und weit in den Bregenzerwald hinein ist die „Kugel" einer der populärsten Berge Vorarlbergs. Sie ist ein Vier-Jahreszeiten- und ein Allwetter-Berg. Egal, zu welcher Tages- und Jahreszeit man hinaufwandert, immer trifft man auf Gleichgesinnte. Von der Kugelalpe sind es nur wenige Minuten zum Gipfel und deshalb die „Kugel" fixer Bestandteil praktisch jedes Besuchs der Kugelalpe.

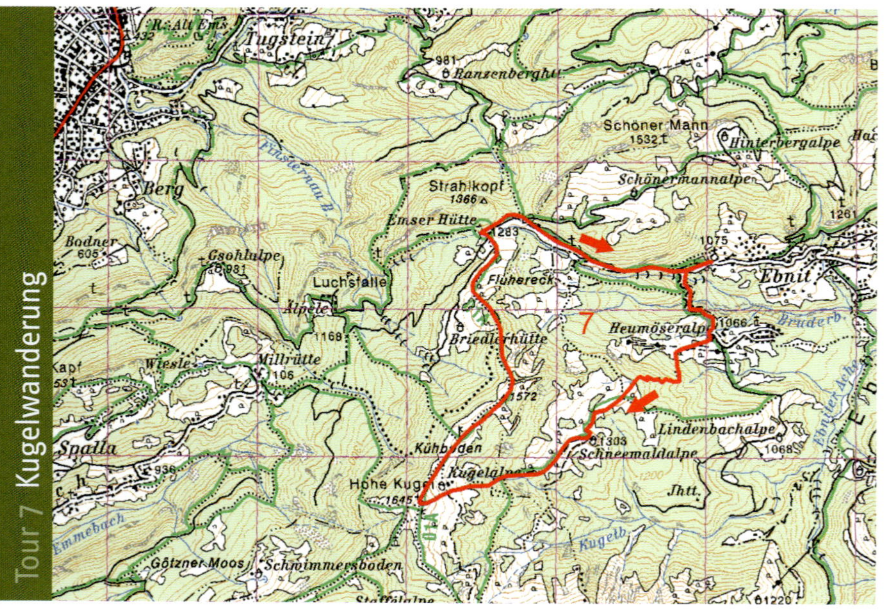

8 Treietwanderung

Maisäßalpe 1.350 m
Staffelalpe 1.490 m

Gebirge:
→ Bregenzerwaldgebirge
Talort:
→ Götzis (433 m)
Klaus (507 m)
Fraxern (817 m)

Tiefblick vom Fraxner Sportplatz

Eine Wanderung zur Maisäßalpe und auf die Hohe Kugel ist einer der absoluten Klassiker des Landes – eine Wanderung, die zurecht einen hervorragenden Ruf genießt.

Anforderungen: mäßig anstrengend

Zeit: ↗ ↘ 2½ Stunden

Ausgangspunkt: Fraxern – Sportplatz Matschels (1.000 m)

Gehzeiten: Sportplatz – Maisäßalpe ¾ Std.; Maisäßalpe – Staffelalpe ¾ Std.; Staffelalpe – Sportplatz 1 Std.

Höhenunterschied: ↗ ↘ je 500 Hm

Karten: ÖK-Blatt 111, LKS-Blatt 228, F&B-Blatt 364

Kinderwagen: geeignet, zwischen Maisäß- und Staffelalpe Umweg über Güterweg

Informationen für Mountainbiker

Start/Ziel: Klaus (475 m)

Höchster Punkt: Staffelalpe (1.490 m)

Fahrzeiten: ↗ 2 Std. ↘ ¾ Std.

Anstieg: ↗ ↘ je 12 km, 1.100 Hm Fahrt

Besonderheit: Durch den relativ hohen Ausgangspunkt kann die Wanderung auch mit Einbeziehung der Hohen Kugel ohne weiters noch am Nachmittag unternommen werden. Dabei kann man auch ausschließlich auf

Güterwegen wandern, allerdings muss man dann etwas mehr Zeit einplanen.

Maisäßalpe 1.350 m
Staffelalpe 1.490 m

Die Maisäßalpe liegt am langgezogenen Südwestrücken der Hohen Kugel, die höhere Staffelalpe direkt am Treietpass, einem Übergang zwischen Rheintal und dem Ebniter Tal. Links und rechts des Passes sind die Hohe Kugel und der First, auch Fraxner First genannt, die rasch bestiegen werden können. Beide Alpen gehören zusammen. Die Pächter ziehen Mitte Juni mit dem Vieh von der Maisäß- zur Staffelalpe höher und zwei Monate später wieder hinab. Betreffend Bewirtung ist dies zu beachten. Welche gerade besetzt ist, erfährt man beim Parkplatz.

Maisäß Alpe

Besitzer: Gemeinde Fraxern

Alpvieh: 90 Milchkühe

Alpprodukte: Die Milch wird in die Sennerei ins Tal geliefert.

Zeitraum der Bewirtschaftung: Maisäßalpe: Ende Mai bis Mitte Juni und Mitte August bis Anfang September, im Winter an Wochenenden durch den Skiverein Fraxern bewirtet; Staffelalpe: Mitte Juni bis Mitte August.

Gaststube: ja

Verpflegung für Wanderer: Getränke, Käs- und Speckplatte

Direkter Alpanstieg Maisäßalpe:

Ausgangspunkt: Fraxern – Sportplatz (1.000 m)

Gehzeit: ↗ 3/4 Std. ↘ 1/2 Std.

Höhenunterschied: 350 Hm

Kinderwagen: durchgehend geeignet

Schwierigkeit: leicht

Zur Maisäßalpe ist der Anstieg mit der Wanderroute identisch, man kann die Alpe auch auf dem Güterweg erreichen. Mit Kinderwagen bleibt man besser immer am Güterweg.

Direkter Alpanstieg Staffelalpe:

Ausgangspunkt: Fraxern – Sportplatz (1.000 m)

Gehzeit: ↗ 1 1/2 Std. ↘ 1 Std.

Höhenunterschied: 500 Hm

Kinderwagen: durchgehend geeignet

Schwierigkeit: leicht

Der direkte Weg zur Staffelalpe führt durchgehend über den Güterweg unter Auslassung der Maisäßalpe.

Wanderroute: Neben der Jausenstation beim Sportplatz beginnt links von der Straße ein Fußweg, der bei einem großen Feldkreuz wieder auf die Straße trifft. Nun folgt man dieser kurz, kann aber bald wieder links abzweigen und steil durch den Wald aufsteigen. Danach trifft man wieder auf die Straße und bleibt nochmals ein Stück auf ihr. Bei Muttaboda (1.190 m) zweigt links ein Wanderweg ab, der direkt zur Maisäßalpe führt. Man kann aber auch auf dem Güterweg bleiben und später nach links zur Alpe abzweigen. Über den „Rotersteinerriesweg“, der bei Nässe kritisch ist, gelangt man den Hang entlang zur Staffelalpe, wobei man kurz vorher auf den Güterweg trifft und diesem noch einige Minuten folgen muss. Von der Staffelalpe kann man direkt den Graben entlang Richtung Tal absteigen, bis man auf den Güterweg trifft, dem man von der Alpe aus auch folgen könnte. Auf diesem wandert man anschließend zurück zum Sportplatz.

Variante:
Von Fraxern (817 m) [8v]

Ausgangspunkt: Fraxern – Ortsmitte (817 m)
Gehzeit: ↗ 2 Std. ↘ 1½ Std.
Höhenunterschied: 530 Hm
Schwierigkeit: leicht

Bei der Kirche in Fraxern wandert man zuerst die Schmalzgasse hoch und dann über einen Wiesenweg schräg nach rechts hinauf zum Sportplatz, dem Beginn der oben beschriebenen Wanderung. Von der Staffelalpe muss man nicht zurück zum Sportplatz, sondern kann immer den Graben entlang auf dem Knitzweg über Fadratza nach Fraxern absteigen.

Gipfelergänzung:
Hohe Kugel (1.645 m) [8e]

Ausgangspunkt: Maisäßalpe (1.350 m) bzw. Staffelalpe (1.490 m)
Gehzeit: + ½ Std
Höhenunterschied: + 150 Hm
Schwierigkeit: mittel

Durch die einfache Erreichbarkeit und den grandiosen Rundblick übers Rheintal, den Bodensee und weit in den Bregenzerwald hinein ist die „Kugel“ einer der populärsten Berge Vorarlbergs. Sie ist ein Vier-Jahreszeiten- und ein Allwetter-Berg. Egal zu welcher Tages- und Jahreszeit man hinaufwandert, immer trifft man auf Gleichgesinnte.
Nach der Maisäßalpe steigt man den Kamm entlang höher und nach einem kurzen flachen Stück im Wald kommt man auf die Rheintalseite und über einen freien Hang zum Gipfel. Entscheidet man sich erst bei der Staffelalpe für die „Kugel“, kann über den

Südost-Rücken rasch den Gipfel erreichen.
Vom Gipfel wandert man etwas zurück zu einer Schulter und folgt dem Südostrücken. Dann geht es etwas steil hinab zum Treietpass und zur Staffelalpe. Man kann aber auch einen Abstecher zur Kugelalpe (siehe Tour 7) machen und über den Güterweg zum Treietpass und somit zur Staffelalpe wandern.

MTB-Route: In Klaus fährt man zuerst zur Kirche, dann nach rechts Richtung Orsanka. Kurz vor diesem Weiler, auf 660 m, zweigt links ein Schotterweg ab, der teilweise steil zum Götzner Moos hochführt. Auf etwa 1.100 m teilt sich der Weg. Der rechte führt etwas bergab zum Fraxner Sportplatz (1.000 m). Ab hier fährt man auf dem Güterweg zum Treietpass.
Zurück kann man einfach auf der Straße nach Fraxern und weiter über Orsanka wieder nach Klaus fahren. Manche tragen das Fahrrad auch zum Fluhereck hinab und fahren dann entweder übers Gsohl oder via Schönermann Alpe und Schuttannen zurück ins Rheintal.

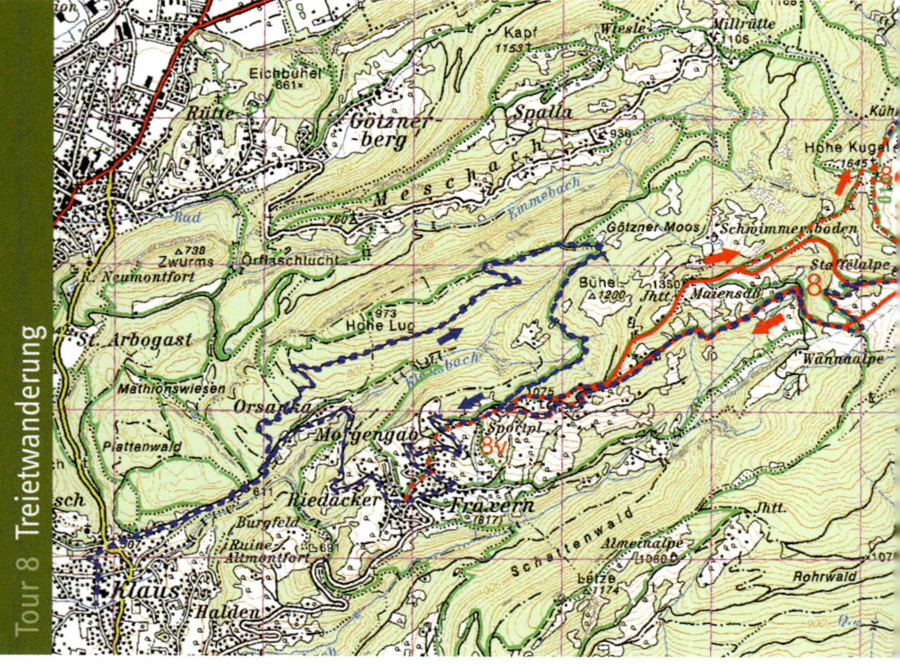

9 Letzewanderung

Almein Alpe 1.080 m

Gebirge:
→ Bregenzerwaldgebirge
Talort:
→ Götzis (433 m)
Klaus (507 m)
Fraxern (817 m)

Almein Alpe

Von der Letze kann man übers Rheintal zum Bodensee und in der anderen Richtung zum Hohen Freschen sehen. Ein besonderes Erlebnis ist die Letzewanderung bei Vollmond.

Anforderungen: wenig anstrengende Kurzwanderung
Zeiten: ↗ ↘ 1¾ Stunden
Ausgangspunkt: Ebnit – Kirche (1.075 m)
Gehzeiten: Viktorsberg (879 m)
Gehzeiten: Viktor – Letze ¾ Std.; Letze – Almein Alpe ¼ Std.; Almein Alpe – Viktorsberg ¾ Std.
Höhenunterschied: ↗ ↘ je 300 Hm
Karten: ÖK-Blatt 111, LKS-Blatt 228, F&B-Blatt 364

Informationen für Mountainbiker
Start/Ziel: Weiler (486 m)
Höchster Punkt: Abzweigung bei Dürrawürt (1.318 m)
Fahrzeiten: ↗ 2 Std. ↘ 1 Std.
Anstieg: ↗ 11 km ↘ 8 km, 1.000 Hm Fahrt

Besonderheit: Die Wanderung auf die Letze ist im Sommer und im Winter beliebt. Durch die sonnige Lage ist die Route auch im Winter oft trocken, ansonsten ist meist eine sehr gute Spur vorhanden.

Almein Alpe 1.080 m

Die Alpe liegt hoch über Frödischtal und bietet einen Ausblick auf den Freschen und weit hinab nach Rankweil und Feldkirch. Die gemütliche Stube lädt auch bei Schlechtwetter zum Verweilen ein.

Besitzer: Gemeinde Viktorsberg

Alpvieh: 35 Jungvieh

Zeitraum der Bewirtschaftung: Ende Mai bis Anfang Oktober, Bewirtung Mitte Mai bis Mitte Oktober, im Winter an Wochenenden durch den Alpobmann bewirtet

Übernachtung: 20 Lager

Gaststube: ja

Verpflegung für Wanderer: Getränke, Brote, Brettljause, Hauswürste, Suppen

Direkter Alpanstieg:

Ausgangspunkt: Viktorsberg (879 m)

Gehzeit: ↗ 1 Std. ↘ 3/4 Std.

Höhenunterschied: 200 Hm

Kinderwagen: durchgehend geeignet

Schwierigkeit: leicht

Über den Fahrweg wandert man zum Sportplatz. Hier geht es über den linken Güterweg zur Alpe weiter.

Wanderroute: Unterhalb des Hotel Viktor gibt es einen kleinen Parkplatz. Besser ist es aber, mit dem Landbus Linie 63 ab Bahnhof Sulz-Röthis oder Röthis – Kirche anzureisen.

Vom Hotel wandert man zuerst auf einem Forstweg, dann über einen Wanderweg durch den Wald auf die Letze (1.174 m) – einem grasigen Rücken mit Ausblick Richtung Bodensee und übers Laternsertal. Wenige Meter danach führt ein steiler Fahrweg zur Almein Alpe hinab. Anschließend wandert man auf dem Güterweg bergab. Man passiert den Sportplatz (900 m) und nach etwa 30 Minuten zweigt bei „Hölzle" (865 m) rechts der Weg zurück ins Dorf ab, wobei man wieder etwas bergauf wandern muss.

Gipfelergänzung:
First (1.646 m) [9e]

Ausgangspunkt: Letze (1.174 m)

Gehzeit: + 2½ Std

Höhenunterschied: + 500 Hm

Schwierigkeit: mittel

Von der Letze geht es immer den Kamm entlang weiter, bis man knapp unterhalb des Firstes steht. In einer kurzen Schleife nach links gelangt man zum Kreuz. Die Aussicht ist zwar nicht ganz so umfassend wie auf der „Kugel", dafür hat man mehr Ruhe. Danach wandert man zuerst durch ein kurzes Waldstück den Kamm entlang leicht aufsteigend in Richtung Vorderhörnle, bis man zum Treietpass (1.489 m) und somit zur Staffelalpe hinab kann. Nun wandert man auf einem Wanderweg in der Nähe des Grabens bis nach Fadraza (910 m), wo einige Hütten stehen. Hier zweigt man links ab und erreicht ohne viel Höhendifferenz durch den Wald wieder Viktorsberg.

MTB-Route: Von Weiler fährt man zuerst zur Klauser Kirche dann nach rechts Richtung Orsanka. Kurz vor diesem Weiler, auf 660 m, zweigt links ein Schotterweg ab, der teilweise steil zum Götzner Moos hochführt. Auf etwa 1.100 m teilt sich der Weg. Der rechte führt etwas bergab zum Fraxner Sportplatz (1.000 m). Nun fährt man auf dem Güterweg weiter, bis nach der Abzweigung zur Maisäßalpe auf etwa 1.320 m rechts der Weg nach Viktorsberg abzweigt. Bergabfahrend passiert man die Wanna Alpe und nach einer kurzen Steigung kommt man zu einer Kehre direkt am Westkamm des First, Obermoosgatter (1.185 m) genannt. Man bleibt am Kamm, bis man nach einem Flachstück einen steilen Fahrweg zur Almein Alpe hinab nehmen kann. Über den Güterweg geht es hinunter zur Straße nach Viktorsberg und über den Steinbruch erreicht man wieder Weiler.

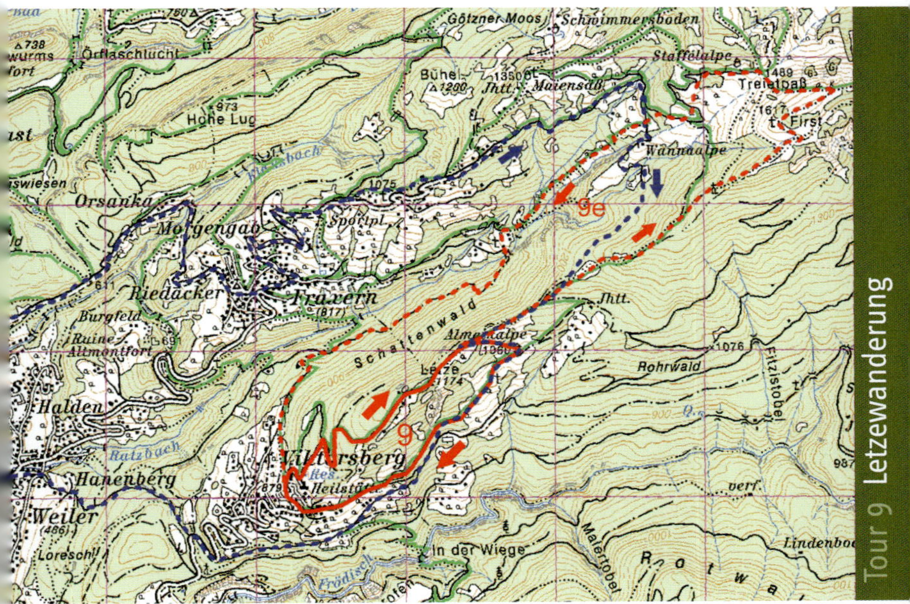

Liechtenstein

Das Fürstentum Liechtenstein weist sehr viele Alpen auf, die teilweise auch auf Vorarlberger Gebiet reichen. Für Wandertouren bieten sich Gaflei und Malbun als Ausgangspunkte an. Gaflei ist eine kleine Hochfläche über dem Rheintal und Ausgangspunkt für den Fürstensteig. Dieser in Fels gearbeitete Steig führt Richtung Drei Schwestern. Malbun ist ein beliebtes, ganzjährig bewohntes Feriendorf in einem abgeschiedenen Tal, das nur durch einen Tunnel erreichbar ist. Das zu Malbun gehörige Steg besteht nur aus wenigen Häusern und liegt direkt beim Tunnel am Beginn des Tales. Hier trifft man auf das Saminatal, das vom Naafkopf im Süden bis zum Walgau im Norden verläuft. Nordwärts ist das Tal eine unwirtliche Schlucht, die nur auf einem abenteuerlichen Wanderweg durchquerbar ist. Nach Süden führt es ziemlich flach weit in die Berge hinein.

Auf einen Blick

Gebirge: Rätikon
Talorte: Vaduz (455 m), Triesen (512 m)
Karten: ÖK-Blatt 140, LKS-Blatt 237 + 238, LKS-Blatt 1136 + 1156, F&B-Blatt 371
Anreise: Aus dem Rheintal benützt man am besten die Schweizer Rheintalautobahn bis zur Abfahrt Sevelen – Vaduz. In Vaduz fährt man beim großen Kreisverkehr nach rechts und gleich darauf zweigt links die Straße zum Triesenberg und Malbun ab. Oberhalb von Triesenberg zweigt links die Straße nach Gaflei ab und gerade geht es weiter nach Steg und Malbun. Es gibt überall ausreichend Parkplätze.
Bus/Bahn: Von Feldkirch gelangt man mit dem Liechtensteinbus Linie 70/71 zuerst nach Schaan und mit Linie 1 nach Vaduz. Weiter geht es mit Linie 10 nach Steg oder Malbun. Nach Gaflei muss man in Triesenberg in die Linie 30 umsteigen. Fahrpläne sind unter *www.lba.li* abrufbar.

10 Fürstensteig

Bargälla Alpe 1.663 m

Gebirge:
→ Rätikon
Talort:
→ Vaduz (455 m)
Triesen (512 m)

Herbstlicher Tiefblick von Triesenberg

Diese Rundwanderung ist keine „normale" Alpwanderung, sondern eine Höhenwanderung der Extraklasse. Der Fürstensteig, hoch über dem Rheintal, gehört zum Schönsten, was man als Wanderer erleben kann.

Anforderungen: besondere Trittsicherheit ist gefordert, Kinder sollten eventuell mit einer Reepschnur gesichert werden

Zeiten: 3 Stunden: ↗ 2¼ Std. ↘ ¾ Std.

Ausgangspunkt: Gaflei (1.483 m)

Gehzeiten: Gaflei – Gafleisattel 1¾ Std.; Gafleisattel – Kamin – Bargälla Alpe 1 Std.; Bargälla Alpe – Gaflei ¼ Std.

Höhenunterschied: ↗ ↘ je 600 Hm

Karten: ÖK-Blatt 140, LKS-Blatt 237 + 238, F&B Blatt 371

Informationen für Mountainbiker

Start/Ziel: Vaduz (470 m) – Sportzentrum am Rhein

Höchster Punkt: Bargälla Sattel (1.742 m)

Fahrzeiten: ↗ 3 Std. ↘ 1 Std.

Anstieg: ↗ 17,5 km ↘ 12 km, 1360 Hm Fahrt

Besonderheit: Bargälla soll der Mittelpunkt von Liechtenstein sein. Das kann mit ein Grund für den Besuch dieser Gegend sein. Die meisten Wanderer werden aber durch den Fürstensteig

angezogen. Er führt hoch über dem Rheintal durch die schroffe Nordwestflanke des Alpspitz. Durch den hohen Ausgangspunkt bleiben die konditionellen Anforderungen eher gering, absolute Trittsicherheit ist aber unbedingt erforderlich. Der Fürstensteig ist zwar mit Stufen und Balken so gut gestaltet, dass er erstaunlich gut begehbar ist. Der Anstieg zum „Kamin“, der in einigen Kehren auf breitem Weg hochzieht, ist für manche trotzdem noch ein Konditionstest.
Diese Wanderung wird oft auch noch am späten Nachmittag unternommen. Wenn die Sonne schon tief steht, ergibt sich eine wundervolle Stimmung.

Bargälla Alpe 1.663 m

Die Alpe liegt wunderschön oberhalb des Fürstentums Liechtenstein und bietet einen großartigen Ausblick aufs Rheintal. Durch die hoch hinauf führende Straße ist die Alpe rasch und einfach als Spaziergang erreichbar. Zur Alpe gehören Weiden auf der Rheintalseite, wo sich die bewohnte Alphütte befindet, und solche auf der Saminatal-Seite des Bergkammes. Die Verbindung stellt der Bargälla Sattel dar. Weiters werden mit einem Teil des Viehs die Weiden von Garsälli unterhalb der Garsellatürme bestoßen. Der Weg dorthin führt über den „Kamin“ genannten Sattel zwischen Alpspitz und Helwangspitz.

Besitzer: Gemeinde Triesenberg
Alpvieh: 100 Jungvieh, 50 Mütterkühe
Alpprodukte: Milch, Käse
Zeitraum der Bewirtschaftung: Anfang Juni bis Mitte September
Verpflegung für Wanderer: Getränke, Käsbrote
Veranstaltungen, Besonderheit: Alpmesse, Termin variiert

Direkter Alpanstieg:
Ausgangspunkt: Gaflei (1.483 m)
Gehzeit: ↗ 1/2 Std. ↘ 20 Min.
Höhenunterschied: 185 Hm
Kinderwagen: durchgehend geeignet
Schwierigkeit: leicht

Der Anstieg beginnt gleich wie die Wanderroute. Allerdings verlässt man den Fahrweg nicht, denn er führt direkt und rasch zur Alpe.

Wanderroute: Vom Parkplatz in Gaflei startet man direkt über die Wiese oberhalb des Platzes zu einem Güterweg. Bei der ersten Kehre des Weges geht es gerade weiter und in Kehren höher. Bald kommt man aus dem Wald heraus und schon ist man im schroffen, felsigen Gelände. Der Weg führt kühn durch die steilen Felsen – zuerst bergan, dann nach einer Schlucht etwas bergab und wieder steil nach oben. Manchmal verhelfen Stahlseile oder Geländer zu mehr Sicherheit, teilweise über-

windet man über Stege schmale Stellen. Der Tiefblick lässt manch zaghafte Natur erschaudern. Blickt man voraus und versucht in den Felsen einen Weg zu erkennen, kann man dies meist nur dadurch, indem man andere Wanderer wie Farbpunkte im scheinbar unnahbaren Felsen erkennt. Trotzdem ist die Begehung des Weges gar nicht so schwierig, wie es von Weitem scheint.
Beim Gafleisattel (1.856 m) ist das Ende des Steiges erreicht und es wird einfacher. Man wendet sich nach rechts und muss zuerst etwas bergab, um dann in mehreren Kehren zum „Kamin" (1.937 m) aufzusteigen. So wird der Sattel zwischen Alpspitz und Helwangspitz genannt. Auf der Südseite geht es schräg den Hang entlang zum Bargälla Sattel (1.742 m) hinab. Von hier führt ein Güterweg, den man zwischendurch auch abkürzen kann, hinab zur Bargälla Alpe (1.663 m). Von der Alpe gelangt man über den Güterweg rasch wieder nach Gaflei.

Profatscheng

Variante:
Zur Malbuner Straße (1.177 m) [10v]

Zielpunkt: Straße Triesenberg – Malbun (1.177 m)

Gehzeit: + 1/2 Std.

Schwierigkeit: leicht

Diese Variante ist vor allem dann interessant, wenn man mit dem Bus nach Gaflei gefahren ist. Beim Abstieg von der Bargälla Alpe zweigt kurz unterhalb der Alpe, auf etwa 1.597 m, ein wunderbarer Höhenweg Richtung Silum-Sücka-Steg ab, der ohne große Höhenunterschiede nach Süden führt. Man wandert durch Wald, über Wiesen und vorbei an den Hütten von Silum. Schließlich erreicht man direkt beim kleinen Tunnel (1.447 m) die alte Malbuner Straße und wandert entlang dieser hinab bis zur neuen Malbuner Straße. Hier kann man mit dem Bus weiter oder auf beliebigen Wegen hinab ins Ortszentrum von Triesenberg.

Gipfelergänzung:
Drei Schwestern (2.053 m) [10e]

Ausgangspunkt: Gafleisattel (1.856 m)

Gehzeit: + 2 1/4 Std

Höhenunterschied: + 300 Hm

Schwierigkeit: anspruchsvoll

Nach dem Fürstensteig geht es beim Gafleisattel geradeaus nach Norden Richtung zur Gafleispitze. Der Weg geht immer ungefähr den Kamm entlang über den höchsten Punkt, den Kühgrat (2.123 m), und dann schroff auf den Garsellakopf (2.105 m). Dahinter führt sogar eine kurze Stiege hinab. Etwas unterhalb des Kammes kommt man zur Großen Schwester, die zuletzt noch felsig und steil „erobert" werden will. Von der Großen Schwester wandert man entlang des Aufstieges wieder zurück bis zum Gafleisattel (1.856 m) und dann auf dem beschriebenen Weg zum „Kamin".

MTB-Route: Zuerst fährt man entlang des Rheins bis nach Triesen und hier durch den Ort Richtung Berg. Über die Lawenastraße beginnt der Anstieg. Der Asphalt geht in Schotter über und in Kehren geht es meist im Wald hoch. Der Weg ist teilweise anspruchsvoll steil. Schließlich trifft man wieder auf Häuser (Triesenberg) und über Nebenstraßen kommt man zur Malbuner Straße (1.160 m). Man quert sie und fährt zu ein paar Alphäusern und dann rechts bergauf. Nun trifft man auf die alte Malbuner Straße, der man bis zum Tunnel folgt. Vor dem Tunnel geht es auf einem wunderbaren Höhenweg nach links weiter. Ohne viel Höhenunterschied fährt man auf einem Panoramaweg in nördlicher Richtung zur Bargälla Alpe. Kurz unterhalb von ihr trifft man auf den Güterweg (die beschriebene Wanderroute) und kann auf ihm bis zum Bargälla Sattel fahren.
Zurück fährt man zuerst auf dem Güterweg nach Gaflei hinab und dann auf der Straße Richtung Triesenberg. In der 4. Kehre (Linkskehre) nach der Einbiegung in die Malbuner Straße bei Masescha (1.234 m) zweigt man rechts ab und fährt zu den Wiesen von Profatscheg (1.110 m). Hier geht es scharf nach links (Süden) und bei Rotaboda (990 m) trifft man auf die Straße, die zum Schloss und nach Vaduz führt. Kurz nach dem Schloss kann man links ab in den Stadtkern und nach Westen zurück zum Ausgangspunkt fahren.

Jagdhütte beim Bergälla Sattel

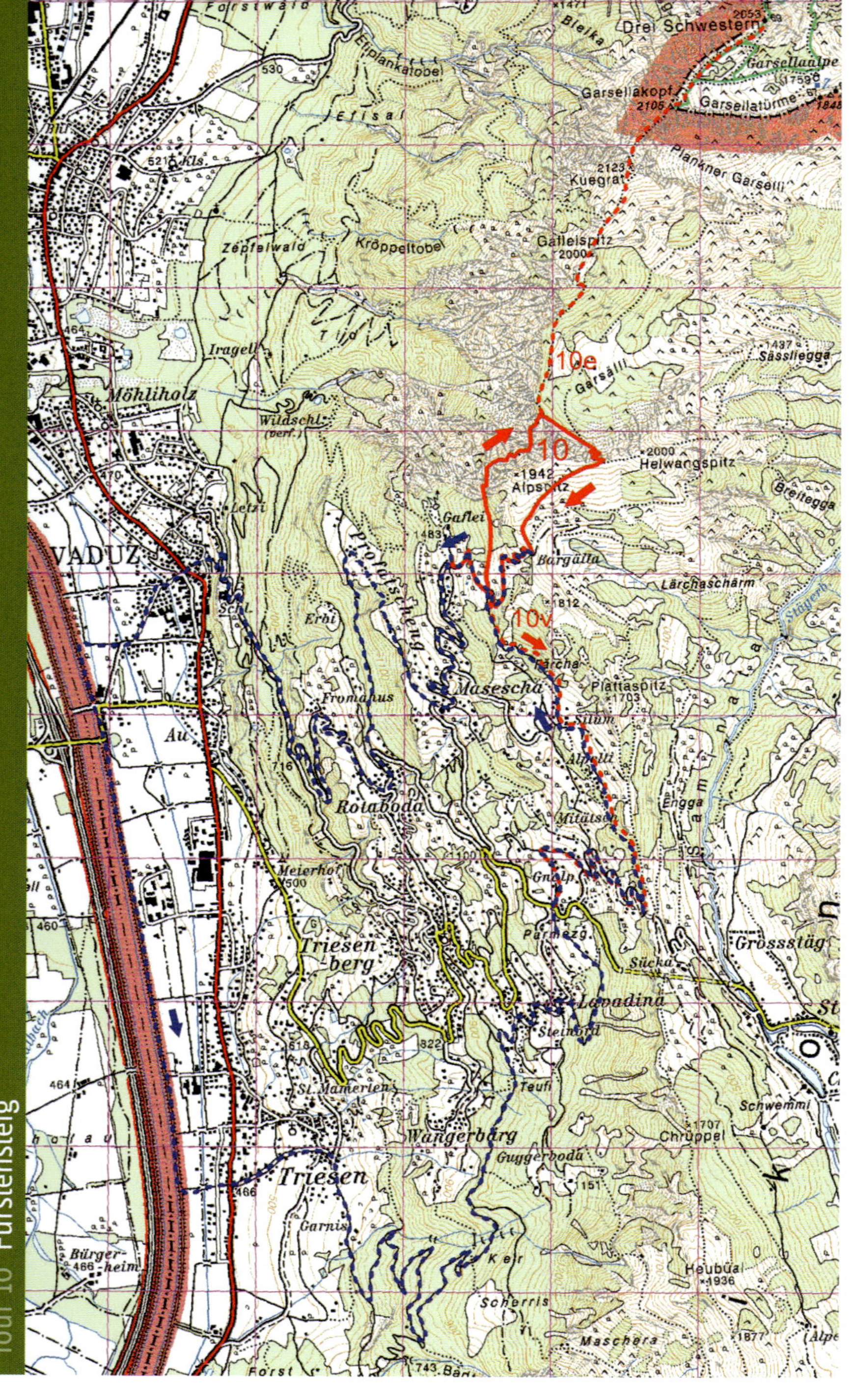

Drei Schwestern
Garsellakopf
Garsellatürme
Kuegrat
Planckner Garselli
Galleispitz
Kröppeltobel
Zepfelwald
Efiplankatobel
Iragell
Möhliholz
10e
Garsälli
Sässliegga
10
Alpspitz
Helwangspitz
Breitegga
Gaflei
Bargälla
Lärchascharm
10v
Masescha
Plattaspitz
Silum
Profatscheng
Fromahus
Rotaboda
VADUZ
Au
Meierhof
Triesen-
berg
Gnalp
Parmezg
Sücka
Grossstäg
Lavadina
Steinord
St. Mamerten
Teufi
Wangerberg
Guggerboda
Schwemmi
Chrüppel
Triesen
Garnis
Bürger-
heim
Heubüal
Scherris
Maschera
Forst

11 Rund um den Schönberg

Guschg Alpe 1.713 m
Guschgfiel Alpe 1.764 m

Gebirge:
→ Rätikon
Talort:
→ Vaduz (455 m)
Triesen (512 m)

Tiefblick vom Schönberg

Der Schönberg entspricht seinem Namen. Die leicht erreichbare Guschg Alpe passt perfekt dazu. Wandert man bis zur Guschgfiel Alpe und zum Galinakopf, erlebt man eine abwechslungsreiche Rundwanderung.

Anforderungen: wenig anstrengend
Zeiten: ↗ ↘ 3 Stunden
Ausgangspunkt: Malbun (1.599 m)
Zielpunkt: Steg (1.303 m)
Gehzeiten: Malbun – Guschg Alpe 1 Std.; Guschg Alpe – Steg 2 Std.
Höhenunterschied: ↗ 300 Hm ↘ 500 Hm
Karten: ÖK-Blatt 140 + 141, LKS-Blatt 238, F&B Blatt 371

Informationen für Mountainbiker
Start/Ziel: Steg (1.303 m)
Höchster Punkt: Sass Fürkele (1.785 m)
Fahrzeiten: ↗ 1 Std. ↘ 1/2 Std.
Anstieg: ↗ 4,5 km ↘ 8,5 km, 500 Hm Fahrt

Besonderheit: Viele wandern „nur“ von Malbun zur Alpe und wieder zurück. Der Weiterweg nach Steg oder eine zusätzliche Besteigung des Schönbergs ist aber sehr zu empfehlen.

Guschg Alpe 1.713 m

Die Alpe liegt schön eingebettet unterhalb des Schönbergs, der den Blick Richtung Süden und Westen begrenzt. Im Norden sieht man den markanten Galinakopf und im Osten steht der schroffe Ochsenkopf. Zur Alpe gehört auch das Gebiet von Sass (1.716 m), welches man bei der Wanderung passiert. Die dort befindliche Hütte wird nicht von der Alpe genutzt.

Besitzer: Alpgenossenschaft
Alpvieh: 25 Milchkühe, 140 Jungvieh
Alpprodukte: Alpkäse, Kräuterkäse, Alpbutter, Joghurt
Zeitraum der Bewirtschaftung: Mitte Juni bis Mitte September
Gaststube: ja
Verpflegung für Wanderer: Getränke, Jause

Direkter Alpanstieg:
Ausgangspunkt: Malbun (1.599 m)
Gehzeit: ↗ 1 Std. ↘ 1 Std.

Galinakopf und Guschgfiel Alpe

Höhenunterschied: 200 Hm
Kinderwagen: durchgehend geeignet
Schwierigkeit: leicht

Der Anstieg ist identisch mit der Wanderroute.

Weitere Alpen der Tour

Guschgfiel Alpe 1.764 m

Diese unter dem Galinakopf gelegene Galtalpe (etwa 180 Stück Jungvieh weiden hier) wird zusammen mit der knapp unter dem Mattajoch (dies ist die Schweizer Bezeichung des Mattlerjoches) befindlichen Matta Alpe bewirtschaftet. Wie bei vielen Galtalpen befindet sich nur ein Hirte auf der Alpe. Dieser muss sehr viel im Gelände unterwegs sein, deshalb ist keine Bewirtung von Wanderern möglich.

Wanderroute: In Malbun wendet man sich zuerst dem kleinen Kirchlein zu. Hier zweigt links ein breiter Wanderweg ab, der sanft steigend nach Norden führt. Bald trifft man auf den Güterweg, der zum Mattajoch führt. Ihm folgt man, überschreitet das Sass Fürkele (1.785 m) und muss auf der anderen Seite wieder etwas hinab. Kurz darauf nimmt man bei der nächsten Weggabelung den linken Weg, der wieder etwas bergauf zur Guschg Alpe führt.

Von der Alpe wandert man auf einem schmalen Weg nach Norden hinab ins Valorschtal. Hier trifft man wieder auf einen Güterweg, der ohne große Höhendifferenzen, immer wieder bergauf und bergab, um den Schönberg herum nach Steg führt. Auf die Westseite des Berges kann man ins wilde Saminatal hinabschauen und gelangt schließlich nach Steg. Der Liechtensteinbus verbindet Ausgangs- und Endpunkt der Wanderung.

Variante: Guschgfiel Alpe (1.764 m) [11v]

Gehzeit: + 1 Std.

Höhenunterschied: + 100 Hm

Schwierigkeit: mittel

Zuerst ist die Route identisch mit der Wanderung zur Guschg Alpe. Bei der Abzweigung zu dieser geht man gerade weiter und wandert in nordöstlicher Richtung auf das Mattlerjoch zu. Kurz unterhalb des Joches teilt sich der Weg und man wählt den linken, flacheren. Auf ihm gelangt man zur Guschgfiel Alpe. Dann wandert man unterhalb des Galinakopfes auf dem noch weiterführenden Güterweg bis zu den „Riethötta". Hier geht es steil über die Alpwiesen hinab zum Valorschbach. Nach der Brücke erreicht man nach kurzem Aufstieg den Güterweg nach Steg und somit die oben beschriebene Wanderroute.

Gipfelergänzung: Schönberg (2.104 m) [11e]

Ausgangspunkt: Sass Fürkele (1.785 m)

Gehzeit: + 1 Std

Höhenunterschied: + 350 Hm

Schwierigkeit: mittel

Der Berg hält, was sein Name verspricht. Die Aussicht ist grandios, der Anstieg sehr abwechslungsreich. Am Sass Fürkele wendet man sich nach links. Nach einer kurzen Wiese geht es flach den Hang entlang bis zu einem Sattel mit einem markanten Felsturm (1.863 m). Nun wandert man steil und etwas felsig unterhalb des Stachlerkopfes und den Drei Kapuziner zum Südgrat des Schönbergs. Diese Passage kann auch leichter rechts durch die Mulde und Wegspuren folgend umgangen werden. Kurz darauf erreicht man den Gipfel. Der Abstieg erfolgt direkter durch die oben erwähnte Mulde und weglos zur Guschg Alpe (1.713 m).

Schönberg

MTB-Route: Zuerst fährt man von Steg auf der Straße Richtung Malbun. Am Ende eines flachen Doppelschleppliftes beginnt links ein Güterweg. Über ihn kommt man ohne große Schwierigkeiten bis zum Mattafürkele (1.840 m). Ab Sass bis zur Guschg Alpe ist der Weg mit dem Wanderweg identisch. Die nächsten 200 Hm muss das Fahrrad abwärts geschoben oder getragen werden, bis man wieder auf einen befahrbaren Güterweg kommt, über den man durchs Valorschtal nach Steg fahren kann.

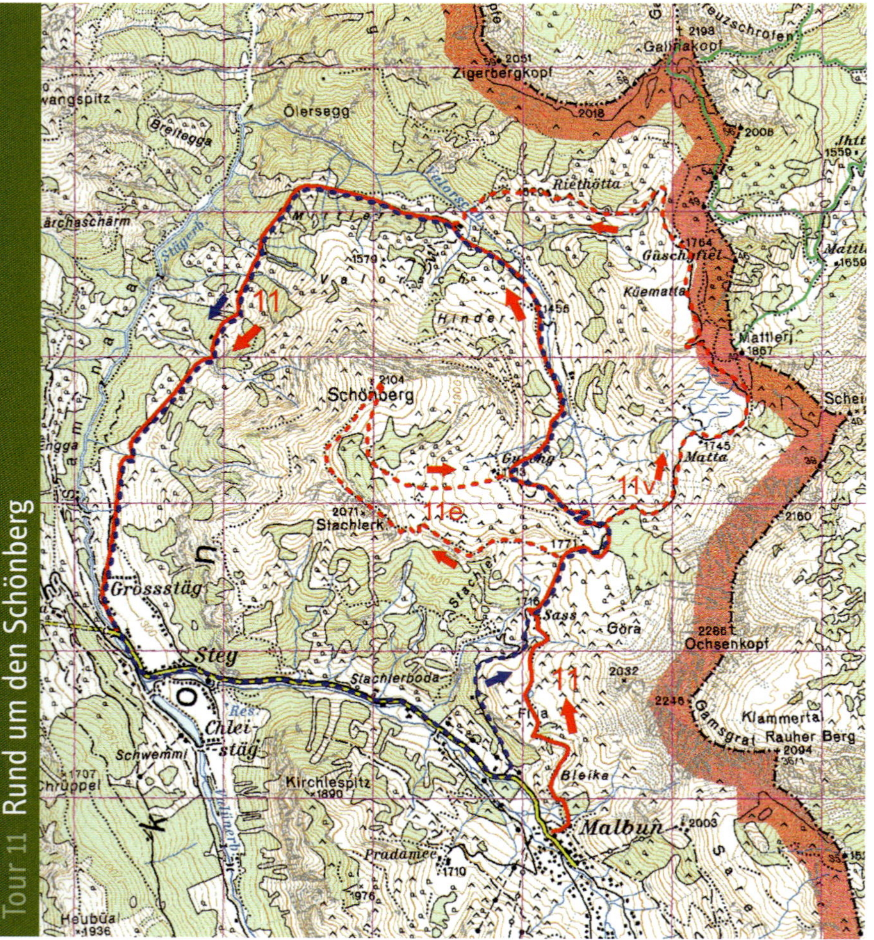

12

Im Bereich des Augstenberges

Gritsch Alpe 1.900 m
Valüna 1.409 m

Gebirge:
→ Rätikon
Talort:
→ Vaduz (455 m)
Triesen (512 m)

Pfälzer Hütte

Der Weg von Malbun zur Pfälzer Hütte ist ein Klassiker unter den Wanderungen in Vorarlberg. Durch den mäßigen Höhenunterschied und die Berghütte am höchsten Punkt ist diese Tour für Jung und Alt geeignet.

Anforderungen: durch den steilen und manchmal rutschigen Anstieg zur Tälihöhe ist etwas Bergerfahrung nötig

Zeiten: 3½–4 Stunden: ↗ 1¾ Std. ↘ 1¾–2¼ Std.

Ausgangspunkt: Malbun (1.599 m)

Zielpunkt: Steg (1.303 m)

Gehzeiten: Malbun – Gritsch Alpe 1¾ Std.; Gritsch Alpe – Valüna Alpe 1–1½ Std.; Valüna – Steg ¾ Std.

Höhenunterschied: ↗ 460 Hm ↘ 750 Hm

Karten: ÖK-Blatt 140 + 141, LKS-Blatt 238, F&B Blatt 371

Informationen für Mountainbiker

Start/Ziel: Steg (1.303 m)

Höchster Punkt: Pfälzer Hütte (2.108 m)

Fahrzeiten: ↗ 2 Std. ↘ ¾ Std.

Anstieg: ↗ ↘ je 8 km, 800 Hm Fahrt

Besonderheit: Die vorgestellte Wanderung stellt eine abwechslungsreiche Rundtour dar. Besonders empfehlenswert ist, einen Umweg über den Augstenberg und die malerische Pfälzer Hütte zu wählen (siehe Variante). Natürlich ist eine höhere Trittsicherheit erforderlich als in der „niederen Etage“, aber für jeden, der die nötigen Voraussetzungen mitbringt, zahlt es sich aus. Nützt man für den ersten Teil des Anstieges die Sesselbahn, verkürzt sich die Wanderung um fast eine Stunde.

Gritsch Alpe 1.900 m

Die Alpe liegt wie auf einem Balkon hoch über dem oberen Saminatal westlich unterhalb des Augstenberges. Da sie etwas unterhalb des Weges von Malbun zur Pfälzer Hütte liegt, passieren sehr viele Wanderer diese Alpe. Nachdem es zur Pfälzer Hütte nicht mehr weit ist (etwa eine halbe Stunde auf einem Güterweg), wird keine Bewirtung angeboten. Sie ist trotzdem ein wichtiger Rastpunkt.

Gritsch Alpe

Besitzer: Alpgenossenschaft Schaan
Alpvieh: 150 Mutterkühe und Jungvieh
Zeitraum der Bewirtschaftung: Mitte Juni bis Mitte September
Veranstaltungen, Besonderheit: Alpmesse

Der Anstieg ist identisch mit der Wanderroute.

Weitere Alpen der Tour

Alpe Turna-Sareis 1.766 m

Die Turna Alpe liegt etwas seitlich der Wanderroute zum Sareiser Joch, oberhalb von Malbun. Auf der anderen Seite des Joches, Richtung Nenzinger Himmel, liegt die dazugehörige Sareis Alpe (1.859 m). Ab Mitte Juni weiden etwa 220 Stück Jungvieh zuerst 3 Wochen auf der Turna Alpe, dann 6 Wochen auf der Sareis Alpe und zum Abschluss wieder etwa 3 Wochen auf der Turna Alpe. Da sich die Alpen in der Nähe der Sesselbahn Sareis und deren Bergrestaurant befinden und nur ein Hirte auf der Alpe ist, wird den Wanderern nichts angeboten.

Valüna (1.409 m) siehe Tour 13

Wanderroute: In Malbun wandert man vom Parkplatz auf die andere Talseite und auf einem Fahrweg entlang eines Liftes steigt man in südlicher Richtung hoch zum malerischem Vaduzer Täli. Am Ende des Tälis geht es kurz auf schmalem Wanderweg steil hinauf zur Tälihöhe (2.056 m), einem kleinen Übergang im Westgrat des Augstenberges. Dahinter wandert man gemütlich leicht bergab zur Gritsch Alpe (1.900 m).
Für den Weiterweg von der Alpe hat man drei sehr unterschiedliche Möglichkeiten:
Entweder wandert man wieder auf dem gleichen Weg zurück. Oder man spaziert auf dem Fahrweg ins Saminatal hinab – dieser macht einen merklichen Umweg Richtung Süden, hat aber ein angenehmes Gefälle und der Talschluss des Saminatales ist sehr schön. Trittsichere Wanderer können auch über einen steilen Wanderweg direkt zur Alpe Valüna absteigen. Ab der Alpe Valüna (1.409 m) folgt man dem Fahrweg durchs relativ flache Saminatal. Etwa 1½ Kilometer nach der Alpe kann man rechts des Baches auf einem Wanderweg oder links des Baches auf dem Fahrweg nach Steg wandern. Mit dem Liechtensteinbus kommt man wieder zurück zum Ausgangspunkt.

Erweiterung:
Zur Pfälzer Hütte (2.108 m) [12e1]

Ausgangspunkt: Tällihöhe (2.056 m)
Gehzeit: + 1 Std.
Höhenunterschied: + 210 Hm
Schwierigkeit: leicht

Kommt man von der Tälihöhe, kann man oberhalb der Alpe bleiben und trifft in einer Kehre auf den Güterweg zur Pfälzer Hütte. Ihm folgt man bis zur Hütte, wobei zuerst ein steileres Stück folgt. Ab der Schulter eines scharfen Grates geht es flach bis zu dieser urtümlichen Hütte, die genau auf dem Bettlerjoch an der Grenze zwischen Vorarlberg und Liechtenstein liegt.
Von der Pfälzer Hütte kann man anschließend auf einem Wanderweg durch das idyllische Naaftal ins Saminatal absteigen. Auf etwa 1.630 m trifft man auf den Güterweg und kann auf diesem zur Alpe Valüna weiterwandern.

Valüna

Variante:
Augstenberg (2.359 m), Pfälzer Hütte (2.108 m) [12v]
Gehzeit: ↗ ↘ 4¾ Std.
Höhenunterschied: 850 Hm
Schwierigkeit: mittel

In Malbun wendet man sich zuerst dem kleinen Kirchlein zu. Hier beginnt ein Güterweg, über den man bequem zur Bergstation der Sareisbahn aufsteigen kann. Nützt man die Sesselbahn, erspart man sich 1 Std. Kurz vor der Station zweigt rechts durch die Lawinengalerien der Wanderweg zum Sareiser Joch (2.000 m) ab. Vom Joch führt der Weg (Fürstin-Gina-Weg) zuerst rechts am Spitz vorbei, dann immer den Kamm entlang. Teilweise wird es etwas felsig und kurz unterhalb des Augstenberges wird es kurz etwas steiler.

Augstenberg

Der Weiterweg geht nach Süden zur Pfälzer Hütte (2.108 m) und ist teilweise steil. Südlich der Hütte führt ein Güterweg um einen Rücken herum und hinab zur Gritsch Alpe. Über die Tälihöhe gelangt man wieder zurück nach Malbun. Man kann aber auch, wie oben beschrieben, nach Steg absteigen (etwa 1¼ Std. länger).

Gipfelergänzung:
Naafkopf (2.570 m) [12e2]
Ausgangspunkt: Pfälzer Hütte (2.108 m)
Gehzeit: + 2½ Std
Höhenunterschied: + 470 Hm
Schwierigkeit: anspruchsvoll

Von der Hütte wandert man entlang des Rückens Richtung Süden weiter. Teilweise muss man in steilem Gelände ostseitig ausweichen. Eine markanten Felsstufe kann man rechts über den Grat überlisten und kommt danach auf ein Karrenfeld. Das Gipfelkreuz wird sichtbar und ist bald erreicht.

MTB-Route: Von Steg fährt man einfach auf dem Güterweg durch das obere Saminatal zur Alpe Valüna und weiter zur Gritsch Alpe. Oberhalb von Gritsch wird der Weg so steil, dass er im Aufstieg nur für wenige Fahrer bewältigbar ist – die meisten schieben hier kurz. Zuletzt rollt man flach zur Pfälzer Hütte.

2071
Stachlerk.
Grossstäg
Steg
Stachlerboda
Sass
Göra
2286
Ochsenkopf
2032
Res.
Chlei-
stäg
Schwemmi
1707
2246
Gamsgrat
Klammerta
Rauher Berg
2094
Flua
Bleika
Kirchlespitz
1890
Malbun
2003
Pradamee
1710
1976
1524
Heubüal
1936
Sareiserjoch
Turna
Süss
1859
1877
Alpelti
2090
Nospitz
Vaduzer Täli
Bärgtäli
12
12v
1738
Wang
Kolme
1993
2186
Spitz
Valüna
1409
2359
Augstenberg
1860
Alpe Stafeld
1867
Gapfall
2308
Gorvion
2222
Lappastein
1557
Waldboda
Gritsch
Güfelalpe
Ober-
süss
1646
12e1
Pfälzer Ht.
2108
Bettlerj.
1922
Vermales
1569
Obersäss
1894
Plasteikopf
2356
Naafta
Rote Wand
2571
Naafkopf
12e2
Demmera
Ruchberg
Jesfürggli
2348
Rot Sand
Wiss Sand
Liechtensteiner Höhenweg
Hinter Grauspitz
2574
Vorder Grauspitz
2599
2290
Barthümelj.
Falknis
Ijes
1942

13 Hoch überm Rheintal

Gapfal Obersäss 1.879 m
Valüna 1.409 m

Gebirge:
→ Rätikon
Talort:
→ Vaduz (455 m)
Triesen (512 m)

Gapfal Obersäß

Diese Gratwanderung ist zwar nicht ganz einfach, dafür aber ausnehmend schön. Zuerst bekommt man einen perfekten Überblick übers Rheintal, dann einen perfekten Einblick in einen gewaltigen Talschluss.

Anforderungen: durch die Länge und den Höhenunterschied etwas anstrengend

Zeiten: 4¾ Stunden: ↗ 3 Std. ↘ 1¾ Std.

Ausgangspunkt: Steg – Parkplatz am See (1.303 m)

Gehzeiten: Steg – Gapfal Obersäss 3 Std.; Gapfal Obersäss – Valüna 1 Std.; Valüna – Steg ¾ Std.

Höhenunterschied: ↗ ↘ je 600 bis 850 Hm

Karten: ÖK-Blatt 140, LKS-Blatt 238, F&B-Blatt 371

Informationen für Mountainbiker

Start/Ziel: Steg – Parkplatz am See (1.303 m)

Höchster Punkt: Gapfal Obersäss (1.879 m)

Fahrzeiten: ↗ 1¼ Std. ↘ ½ Std.

Anstieg: ↗ ↘ je 7,5 km, 570 Hm Fahrt

Besonderheit: Das oberste Saminatal zieht flach nach Süden in die Berge hinein. Den Abschluss des Tales bildet der mächtige Naafkopf, auf dem sich die Grenzen von Österreich, Liechtenstein und der Schweiz treffen. Nach Westen wird das Tal durch den Rappasteinkamm begrenzt. Die vorgestellte Rundwanderung kann auch umgekehrt begangen werden.

Valüna 1.409 m

Die Alpe Valüna liegt tief im Saminatal. Das Alpgebäude ist aus massivem Stein gebaut und strahlt eine besondere Unverwüstlichkeit aus. Durch den leichten Zugang ist sie ein beliebtes Ziel. Viele Spaziergänger wollen die urtümliche Landschaft im Schatten des Naafkopfes genießen.

Besitzer: Alpgenossenschaft Triesen
Alpvieh: 60 Milchkühe, 200 Jungvieh
Alpprodukte: Bergkäse, Frischkäse, Sura Käs, Joghurt
Zeitraum der Bewirtschaftung: Mitte Mai bis Mitte Oktober
Gaststube: ja
Verpflegung für Wanderer: Suppen, Jause, kalte Platten, Getränke

Direkter Alpanstieg:
Ausgangspunkt: Steg – Parkplatz am See (1.303 m)
Gehzeit: ↗ 3/4 Std. ↘ 3/4 Std.
Höhenunterschied: 120 Hm
Kinderwagen: durchgehend geeignet
Schwierigkeit: leicht

Der Anstieg erfolgt auf dem meist flachen Fahrweg ins obere Saminatal und erfordert keine Beschreibung.

Weitere Alpe der Tour

Gapfal Obersäss 1.879 m

Die Alpe liegt unterhalb des Rappasteins und gehört mit der tiefer liegenden Untersäss (1.690 m) zusammen. Auf ihr weiden etwa 120 Mutterkühe mit ihren Kälbern. Da das Betreuen des Viehs viel Aufwand bedeutet, kann keine Bewirtung der Wanderer erfolgen. Bei der vorgeschlagenen Rundtour kommt man aber noch bei der Alpe Valüna vorbei, die für die Bewirtung der Wanderer ausgestattet ist.

Wanderroute: Vom Parkplatz beim See in Steg wandert zuerst dem Schilift entlang hinauf bis zum Güterweg, der von Sücka her kommt. Auf ihm erreicht man gemütlich das Älple (1.623 m), wo man sich entscheiden muss. Geradeaus kann man ohne viel

Am Rappastein: Blick zur Alviergruppe

Höhendifferenz unter den Felsen der Schwarzen Wand vorbei zum Güterweg zur Gapfal Alpe wandern. Auf diesem muss man nur noch kurz bergaufwandern, um die Alpe zu erreichen. Schöner ist es aber, vom Älple nach Südwesten über die Alpflächen zur Wanghöhe (1.884 m) aufzusteigen. Ab hier hat man einen traumhaften Blick auf das Rheintal. Man wandert knapp unterhalb des höchsten Punktes des Kolme (1.993 m) am Grat nach Süden weiter, überschreitet die Goldlochspitze (2.110 m) und gelangt zu einem kleinen Sattel (2.071 m). Hier wendet man sich nach links und erreicht bald darauf die Gapfal Obersäss. Über den Güterweg wandert man dann hinab ins Saminatal und dann nach Norden das Tal hinaus. Dabei passiert man die Alpe Valüna, die zu einer Rast einlädt. Der weitere Weg durch das Tal hinaus ist sehr gemütlich.

Variante:
Gesamter Rappastenkamm [13v]

Ausgangspunkt: Steg – Parkplatz beim Beginn von Steg (1.276 m)

Gehzeit: ↗ 3 Std. ↘ 2 Std.

Höhenunterschied: ↗↘ je 850 Hm

Schwierigkeit: mittel

Hat man Zeit und etwas Bergerfahrung, ist die Wanderung über den ganzen Rappasteinkamm sehr zu empfehlen. Vom Parkplatz bei Steg wandert man Richtung Norden über eine kleine und steile Straße mit vielen engen Kehren nach Sücka und weiter hinauf bis zum alten Tunnel. Hier beginnt der Wanderweg. Er führt fast immer dem Kamm entlang nach Süden bergauf. Man überschreitet den Chrüppel, wo eine Minihütte mit 2 Lagern steht, und kurz darauf kommt man über die Waldgrenze. Nach Überschreiten des Heubüal erreicht man die Wanghöhe und damit den oben beschriebenen Weg.

Gipfelergänzung:
Rappastein (2.222 m) [13e]

Ausgangspunkt: Sattel oberhalb vom Obersäss (2.071 m)

Gehzeit: + 3/4 Std

Höhenunterschied: + 250 Hm

Schwierigkeit: mittel

Vom Sattel oberhalb von Obersäss ist der Gipfel des Rappasteins rasch erreicht. Bei Nässe ist auf dem grasigen Grat aber Vorsicht geboten. Die Aussicht ist noch um einiges besser als am vorherigen Grat.

MTB-Route: Von Steg fährt man auf dem Güterweg durchs obere Saminatal. Etwa 1 Kilometer nach der Alpe Valüna zweigt rechts der Güterweg zur Gapfal Obersäss (1.879 m) ab.

Schönberg
Gaschg
Stachlerk.
Grossstäg
Steg
Stachlerboda
Chlei-stäg
Schwemmi
Kirchlespitz
Chruppel
Wangerbärg
Guggerboda
Pradamee
13v
Heubüal
Scherris
Maschera
Alpelti
Nospitz
Badtobel
Wang
Kolme
13
Hobel
Valüna
Augstenb
Koraspitz
Gapfall
Waldboda
Gritsch
Rappastein
13e
Obersäss
Pfälzer Htt.
Plasteikopf
Naafkopf
Rotspitz
Demmera
Ruchberg
Hinter Grauspitz
Rot Sand
Wiss Sand
Alpelti
Mitätsch
Engga
Gnalp
Parmezg.
Sücka
Lavadina
Steinord
Teufi
Kolme
Tuas
Guschagrat
Unt. Meren
Sass
Fiua
Bleik
Vaduzer Täli
Bärgtälli

Laternsertal

Das Laternsertal ist im Sommer und im Winter ein sehr attraktives Ziel. In Innerlaterns lockt die Sommerrodelbahn viele Besucher an. Zentraler Punkt ist das „Bädle" am Talende an der Straße übers Furkajoch. Das ehemalige Kurbad bietet ausreichend Parkflächen, eine Gastwirtschaft mit Fischteich und ist Ausgangspunkt für viele kleinere und größere Wanderungen für Familien mit Kindern jeden Alters und auch für erfahrene Wanderer. Aufgrund der raschen Erreichbarkeit aus dem Rheintal erfreut sich das Bädle großer Beliebtheit.

Die vorgeschlagenen Alpwanderungen können zu längeren Wanderungen aneinandergereiht werden. Die größte Runde beginnt und endet in Innerlaterns. Die Route verläuft zuerst wie in Tour 14 zum Bad Laterns, dann wie Tour 15 zur Altgerach Alpe und weiter wie Tour 16 zum Freschenhaus und hinab zur Unteren Saluver Alpe. Die letzte Etappe entspricht dann dem zweiten Teil der Tour 17. Dazu braucht man aber etwa 9 Stunden, also ausreichend Kondition und Durchhaltevermögen.

Laterns mit Blick zum Rheintal

Auf einen Blick

Gebirge: Bregenzerwaldgebirge
Talorte: Rankweil (502 m), Laterns (921 m)
Karten: ÖK-Blatt 111, LKS-Blatt 228, F&B-Blatt 364

Anreise: Von Rankweil durchs Laternsertal Richtung Furkajoch. Beim Bad Laterns (Bädle) existieren genügend Parkplätze.
Bus/Bahn: Von Rankweil mit dem Landbus Linie 65 ins Laternsertal. Allerdings fahren nicht alle Busse bis zum Bädle.

14 Im Schatten des Walserkammes

Untere Leuealpe 1.120 m
Untere Propstalpe 1.147 m
Hensler Alpe 1.070 m

Gebirge:
→ **Bregenzerwaldgebirge**
Talort:
→ **Rankweil (502 m)**
Laterns (921 m)

Hütte bei Gerstenböden

Diese Talwanderung ist aufgrund der geringen konditionellen Ansprüche sehr beliebt. Ein großer Gumpen in der Frutz lädt an heißen Tagen zum Baden ein.

Anforderungen: wenig anstrengende Talwanderung

Zeiten: 3 Stunden: ↗ 1½ Std. ↘ 1½ Std.

Ausgangspunkt: Innerlaterns – Parkplatz bei Sesselbahn (1.145 m)

Gehzeiten: Innerlaterns – Leuealpe 1 Std.; Leuealpe – Bad Laterns ½ Std.; Bad Laterns – Innerlaterns 1½ Std.

Höhenunterschied: ↗ ↘ je 300 Hm

Karten: ÖK-Blatt 111 + 141, LKS-Blatt 228, F&B Blatt 364

Informationen für Mountainbiker

Start/Ziel: Rankweil (502 m)

Höchster Punkt: Altenstädterwald (ca. 1.350 m)

Fahrzeiten: ↗ 2½ Std. ↘ 1½ Std.

Anstieg: ↗ 17 km ↘ 20 km, 1000 Hm Fahrt

Besonderheit: Die Wanderung beginnt bei der Sommerrodelbahn. Neben dem Rodeln lockt auch eine Trampolinanlage die

Kinder, sodass es sicher nicht leicht ist, sie zu einem Start zu bewegen. Man kann ja zuerst eine Rodelfahrt unternehmen, dann wandern und zum Schluss nochmals rodeln oder auf den Trampolinen springen. Die Wanderung ins Bädle zahlt sich für alle auf jeden Fall aus.

Untere Leuealpe 1.120 m

Durch den kurzen und flachen Güterweg von Bad Laterns ist die Alpe ein beliebtes Ziel für Spaziergänger. Das Jungvieh der Alpe ist längere Zeit auf der Oberen Leuealpe (1.497 m), die sich nördlich unterhalb der Tälispitze und der Melkspitze befindet. Die Milchkühe bleiben den ganzen Sommer auf der Unteralpe und die Milch wird regelmäßig an die Molkerei geliefert.

Besitzer: Alpinteressenschaft
Alpvieh: 32 Milchkühe, 33 Jungvieh
Alpprodukte: Milch
Zeitraum der Bewirtschaftung: Anfang Juni bis Anfang September
Verpflegung für Wanderer: Getränke, Käs- und Speckbrot

Hütte bei Gerstenböden

Direkter Alpanstieg:
Ausgangspunkt: Bad Laterns (1.147 m)
Gehzeit: ↗ 1/2 Std. ↘ 1/2 Std.
Höhenunterschied: 30 Hm
Kinderwagen: durchgehend geeignet
Schwierigkeit: leicht

Vom Bädle wandert man auf dem Güterweg unterhalb des Gasthauses talauswärts. Der Weg geht zuerst leicht bergab, überquert dann die Frutz und führt flach zur Alpe.

Weitere Alpen der Tour

Untere Propstalpe 1.147 m

Die Alpe liegt etwas oberhalb des Netschelweges und wirkt meist verlassen. Sie dient als Voralpe zur Oberen Propstalpe (1.607 m) und ist deshalb nur kurz besetzt. Die Obere Alpe liegt hoch oben, weit abseits von Wanderwegen, in einer ausgeprägten Mulde unterhalb der Gerenspitze.

Untere Hensleralpe 1.070 m

Sie liegt direkt neben dem Netschelweg und besticht durch ihre schöne Bauart. Auf der Alpe weiden etwa 10 Kühe, deren Milch in den Molkerei geführt wird, und 60 Stück Jungvieh, welches sich vorrangig auf der Oberen Hensleralpe befindet. Die Obere Alpe liegt im Schatten des von der Laternser Seite unnahbaren Hochgerach. Der Viehauftrieb erfolgt über einen versteckten und steilen Waldweg. An der Oberen Hensleralpe führt zwar ein Wanderweg vorbei, der von Laterns über die Bäckenwald Alpe, Hinterjoch Alpe, Obere Hensleralpe, Obere und Untere Wüstealpe zur Leuealpe führt, dieser wird aber kaum begangen.

Wanderroute: Vom Parkplatz bei der Sesselbahn in Innerlaterns startet man in östlicher Richtung (taleinwärts). Bald zweigt man rechts ab und wandert gemütlich bergab zur Straße. Hier befindet sich die Bushaltestelle Gerstenböden (1.150 m) und rechts zweigt ein Fahrweg zu tiefer gelegenen Alphütten ab.

Untere Leuealpe

Auf ihm geht es Richtung Frutz, wobei man nach einer Alphütte, wenn der Weg wieder zu steigen beginnt, rechts tiefer hinab muss. Über die Frutz führt eine Brücke (1.068 m), bei der es einen wunderschönen, schattigen Badeplatz gibt. Anschließend geht es kurz steil hinauf zur Leuealpe. Ab der Alpe folgt man dem gemütlichen Güterweg Richtung Bad Laterns. Man passiert die Propstalpe und gelangt schließlich zum „Bädle“. Von Bad Laterns wandert man kurz entlang der Straße Richtung Furkajoch. Nach wenigen Minuten beginnt links der Güterweg ins Garnitzatal, dem man ganz kurz folgt. Dann zweigt man links ab, überquert auf einer Betonbrücke den Garnitzabach und muss auf einem Güterweg in westlicher Richtung etwas höher steigen. Nach einer Rechtskehre zweigt links ein schmaler Weg Richtung Kühboden ab (ca. 1.330 m). Dieser führt noch bis etwa 1.350 m bergauf, dann geht es den Hang entlang durch den Wald Richtung Ausgangspunkt. Schließlich kommt man auf Weideflächen und Hütten und trifft wieder auf das schon vom Start bekannte Wegstück.

Variante:
Netschelweg [14v]

Ausgangspunkt: Innerlaterns – Kirche (1.048 m)

Gehzeit: ↗ ↘ 3½ Std.

Höhenunterschied: 440 Hm
Schwierigkeit: **mittel**
(2007 war der Weg gefährlich und gesperrt!)

Die Variante über den Netschelweg wäre an sich sehr interessant. Leider wurde der Weg mehrfach durch Unwetter schwer beschädigt und eine komplette Wiederinstandsetzung ist nicht absehbar. Deshalb ist diese Route derzeit gefährlich und kann leider nicht empfohlen werden. Den aktuellen Stand sollte man bei der Gemeinde Laterns erfragen (Tel.: 05526/212-0).
Bei der Kirche startet man Richtung „Netschelweg" hinab in den Talgrund. Bald darauf teilt sich der Weg und man wählt den linken. Nach Überquerung der Frutz (923 m) geht es steil hinauf zum Netschelweg. Auf ihm angelangt, wandert man taleinwärts weiter und bald ist ein mächtiges Tobel zu überwinden (2007 war der Weg hier völlig weggespült). Dann geht es gemütlich weiter und man gelangt zur Unteren Hensleralpe und später zur Unteren Leuealpe. Nun ist der Weg bis zum Parkplatz bei der Sommerrodelbahn identisch mit der oben beschriebenen Route. Kurz vor dem Parkplatz kann man nach links hinab zur Kirche absteigen.

MTB-Route: Für die MTB-Route gilt das gleiche wie für die oben beschriebene Wandervariante. Durch die an mehreren Stellen völlige Zerstörung des Netschelweges ist diese sonst sehr schöne und für Anfänger geeigneten Route bei Drucklegung dieses Führers gesperrt.
In Rankweil fährt man zuerst zum Krankenhaus Valduna. Hier folgt man dem Weg, bis er ganz flach wird. Bei der zweiten Abzweigung wendet man sich nach links und kommt durch den Wald zur Übersaxner Straße. Auf dieser fährt man etwa 800 Meter bergauf und zweigt vor der großen Kehre links ab. Unter der Kehre durch kommt man zum Netschelweg. Ihm folgt man nun bis zum Bad Laterns. Vom Bad Laterns folgt man der Wanderroute bis zum Parkplatz bei der Sesselbahn. Dann fährt man kurz Richtung Gapfohl hoch. Auf etwa 1.270 m zweigt man links ab und kann hoch über dem Tal

talauswärts fahren. Der Weg ist teilweise anspruchsvoll, aber als MTB-Route beschildert. Zwischendurch trifft man bei Schwende wieder kurz auf eine Straße. Dann geht es über die "Stöck" nach Suldis und hinab nach Batschuns. Nun bleibt man am besten auf der Straße und rollt zurück nach Rankweil.

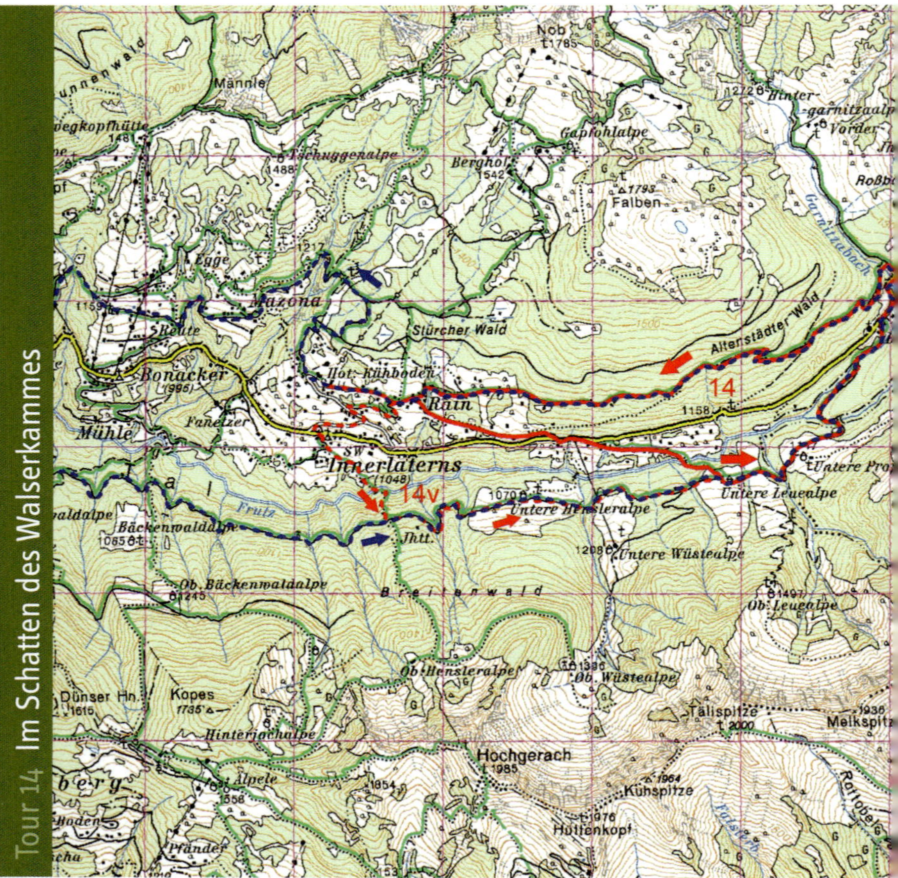

15 Frutzursprung

Sackalpe 1.297 m
Obere Frutzalpe 1.552 m
Gampernest Alpe 1.640 m
Altgerach Alpe 1.664 m

Gebirge:
→ **Bregenzerwaldgebirge**
Talort:
→ **Rankweil (502 m)**
Laterns (921 m)

Blick von der Neugerach Alpe zur Altgerach Alpe

Zwei Alpen pro Stunde schafft man bei keiner anderen Wanderung. Da stört es nicht, wenn nicht auf allen Alpen Getränke und eine Jause angeboten werden.

Anforderungen: etwas anstrengend, oberhalb der Frutzalpe ist Trittsicherheit erforderlich

Zeiten: 3½ Stunden: ↗ 2½ Std. ↘ 1 Std.

Ausgangspunkt: Bad Laterns (1.147 m)

Gehzeiten: Bad Laterns – Agtenwald Alpe – Sackalpe ¾ Std.; Sackalpe – Obere Frutzalpe 1 Std.; Obere Frutzalpe – Gampernest Alpe ¾ Std.; Gampernest Alpe – Agtenwald Alpe – Bad Laterns 1 Std.

Höhenunterschied: ↗ ↘ je 600 Hm

Karten: ÖK-Blatt 111, LKS-Blatt 228, F&B-Blatt 364

Besonderheit: Bei dieser Wanderung im Bereich des Frutzursprunges passiert man sehr viele Alpen. Die Route führt in einem großen Bogen um das Ende des Laternsertales herum. Dabei kann man immer wieder zurückschauen und den bisher geschafften Weg im Überblick betrachten. Die Wanderung lässt sich auch in zwei Stufen erweitern. Die erste Stufe bindet auch die Gerach Alpen und möglicherweise den Gerenfalben mit ein. Die zweite Stufe führt bis auf den Hohen Freschen und wird in Tour 16 beschrieben.

Sackalpe 1.297 m
Gampernest Alpe 1.640 m

Diese beiden Alpen gehören zusammen. Die Sackalpe liegt nahe der Furkajochstraße und ist nur wenige Minuten von der Agtenwald Alpe entfernt im Talboden des Frutzursprunges. Die Gebäude befinden sich in sonniger Lage in einem Südwesthang. Die Gampernest Alpe steht wie auf einem Aussichtsbalkon knapp unter dem Furkajoch. Der kürzeste Weg zwischen den beiden Alpen führt steil neben dem Sacktobel nach oben. Die Alpen sind Melkalpen, deren Milch regelmäßig ins Tal gebracht wird.

Ausblick zum Gerenfalben
im Anstieg zur Oberen Frutzalpe

Besitzer: Agrar Rankweil
Alpvieh: 50 Milchkühe, 25 Mutterkühe mit Kälber
Alpprodukte: Milch
Zeitraum der Bewirtschaftung: Sackalpe: Mitte Juni bis Ende Juni und Ende August bis Mitte September; Gampernest Alpe: Juli und August
Kontakt: Wolfgang Welte, +43/(0)664/4316559
Verpflegung für Wanderer: Getränke
Veranstaltungen, Besonderheit: 15.8. (Maria Himmelfahrt) Alpmesse auf der Gampernest Alpe

Direkter Alpanstieg Sackalpe:
Ausgangspunkt: Bad Laterns (1.147 m)
Gehzeit: ↗ 3/4 Std. ↘ 3/4 Std.
Höhenunterschied: 150 Hm
Kinderwagen: durchgehend geeignet
Schwierigkeit: leicht

Zur Sackalpe gelangt man am einfachsten, indem man kurz auf der Furkajochstraße bergaufgeht, bis bei der ersten Linkskehre rechts der Güterweg abzweigt. Auf diesem geht es flach zur Alpe. Man kann aber auch wie als Wanderroute beschrieben durch den Wald zur Alpe wandern.

Direkter Alpanstieg Gampernest Alpe:
Ausgangspunkt: Furkajoch (1.759 m)
Gehzeit: ↗ 15 Min. ↘ 20 Min.

Höhenunterschied: 120 Hm
Kinderwagen: durchgehend geeignet
Schwierigkeit: leicht

Um zur Gampernest Alpe zu gelangen, startet man am besten beim Furkajoch, denn entlang der Straße gibt es keine Parkplätze. Über die Straße oder auch direkter über die Alpwiesen geht es hinab zur Alpe.

Untere Frutzalpe 1.295 m
Obere Frutzalpe 1.552 m

Die Frutzalpen werden zusammen bewirtschaftet. Als Voralpe dient die weiter entfernte Alpwegkopf Alpe. Das Gebäude der Unteren Frutzalpe schmiegt sich in den Hang der Gerenspitze hinein und wird als Ferienhaus vermietet. Die Obere Frutzalpe liegt in einem wunderbaren Kessel unterhalb der Mutabellaspitze und der Gerenspitze. Die Bewirtschaftung beider Alpen erfolgt von der oberen Alpe. Da der Pächter alleine ist, kann dem Wanderer keine Bewirtung angeboten werden. Im Sommer ist es eher ruhig, obwohl sich die Wiesen der Oberen Frutzalpe wunderbar für forschende Kinder eignen. Im Winter führt hier die sehr beliebte und stark begangene Schitour auf die Gerenspitze vorbei, die durch ihre Schattenlage früh in der Saison und lange guten Schnee verspricht.

Besitzer: Agrar Zwischenwasser
Alpvieh: 130 Jungvieh, 7 Mutterkühe
Zeitraum der Bewirtschaftung: Juli und August

Direkter Alpanstieg:
Ausgangspunkt: Bad Laterns (1.147 m)
Gehzeit: ↗ 1½ Std. ↘ 1¼ Std.
Höhenunterschied: 410 Hm
Kinderwagen: bedingt geeignet
Schwierigkeit: leicht

Der Anstieg ist identisch mit der Wanderroute. Mit Kinderwagen startet man über die Furkajochstraße und nicht über den Waldweg, der beim Frutzsteg beginnt.

Altgerach Alpe 1.664 m

Die Alpe liegt oberhalb der Furkajochstraße. Von unten ist vor allem der große alte Stall sichtbar, während sich das Alpgebäude dahinter versteckt. Früher war sie einmal eine wichtige Melkalpe und der

Ausblick von der Gampernest Alpe zur Oberen Frutzalpe und Gerenspitze

Kessel zur Herstellung des Käses wäre noch vorhanden. Aber nicht jede Alpe kann kostendeckend eine Sennerei betreiben. Jetzt ist sie für Wanderer meist ein Rastplatz auf dem Weg zum Gerenfalben oder zum Freschenhaus. Oberhalb der Alpe locken viele Heidelbeersträucher, die Wanderer zum Naschen verführen.

Besitzer: privat
Alpvieh: 40 Mutterkühe mit Kälbern, 110 Jungvieh
Alpprodukte: Milch
Zeitraum der Bewirtschaftung: Mitte Juni bis Mitte September
Verpflegung für Wanderer: Getränke

Direkter Alpanstieg:
Ausgangspunkt: Furkajochstraße (1.580 m)
Gehzeit: ↗ 20 Min. ↘ 15 Min.
Höhenunterschied: 85 Hm
Kinderwagen: durchgehend geeignet
Schwierigkeit: leicht

Obere Frutzalpe

Von der Straße (Parkmöglichkeiten vorhanden) erreicht man über den Güterweg sehr rasch und einfach die Alpe.

Weitere Alpen der Tour

Agtenwald Alpe (1.261 m), Neugerach Alpe (1.614 m), Gävisalpe (1.746 m), Untere Saluver Alpe (1.565 m), Garnitza Alpen (1.264 m und 1.272 m): siehe Tour 16.

Wanderroute: In Bad Laterns geht man zum Fischteich und überquert etwas unterhalb davon über den „Bädlesteg" (1.120 m) den Garnitzenbach. Dann wandert man auf einem schönen Waldweg hoch. Bald trifft man auf die Furkajochstraße, verlässt sie aber gleich wieder nach rechts. Auf diesem Weg kommt man zur Agtenwald Alpe und kurz darauf zur Sackalpe. Es geht flach weiter in den Talkessel hinein, bis man die Frutz leicht überqueren kann. Nun wandert man auf dem Güterweg zur Oberen Frutzalpe (1.552 m). Hier geht es auf dem Fahrweg weiter leicht bergab in die Senke unterhalb der Mutabellaspitze. Der Weg wendet sich nach Osten und wird zu einem schmalen Wanderweg, der ohne viel Höhenunterschied unterhalb der Löffelspitze vorbeiführt. Wer vom Winter den steilen Schitourenanstieg zur Löffelspitze

kennt, kann sich beim besten Willen nicht vorstellen, wie man hier hinaufkommen soll – im Sommer ist es unmöglich. Man muss zwei tief eingeschnittene Gräben überwinden, in denen der Weg oft durch Unwetter beschädigt ist. Schließlich kommt man auf einem immer besser werdenden Weg zur Gampernest Alpe (1.640 m).
Von der Alpe wandert man etwas unterhalb der Furkajochstraße in westlicher Richtung zum Sacktobel. Oberhalb des Tobels führt ein Weg in kleinen Kehren durch den Wald hinab wieder zur Agtenwald Alpe und weiter zum Bädle.

Gipfelergänzung:
Gerenspitze (1.871 m) [15e1]

Ausgangspunkt: Obere Frutzalpe (1.552 m)

Gehzeit: + 1¾ Std

Höhenunterschied: + 320 Hm

Schwierigkeit: mittel

Die Gerenspitze gewährt einen guten Überblick übers Laternsertal bis zum Säntisgebiet in der Schweiz und übers Großwalsertal. Weiter entfernt kann man auch viele Rätikonberge erkennen.
Hinter der Alphütte der Oberen Frutzalpe geht es noch kurz steil hoch, dann zieht der Weg flacher zum Sattel bei der Mutabellaspitze. Jetzt hat man nur mehr wenige Minuten zum Gipfel.
Danach steigt man zur Oberen Frutzalpe ab und ist wieder auf der beschriebenen Wanderroute.

Ergänzung:
Altgerach Alpe (1.664 m), Neugerach Alpe (1.614 m) [15e2]

Abzweigpunkt: Gampernest Alpe (1.640 m)

Gehzeit: + 1 Std.

Höhenunterschied: + 100 Hm

Zuerst wandert man wie beschrieben über die Frutzalpe zur Gampernest Alpe (1.640 m). Statt gleich bergab geht man zur Furkajochstraße hoch und wandert auf dieser bergab, bis man zur Altgerach Alpe abzweigen kann. Über den Fahrweg erreicht man bald darauf die Alpe. Über saftige Alpwiesen wandert man ohne viel Höhenunterschied zur Neugerach Alpe. Von dieser muss man zuerst hinab zur Furkajochstraße. Diese quert man und kann durch den Wald ziemlich direkt zur Agtenwald Alpe absteigen.

Gipfelergänzung:
Gerenfalben (1.938 m) [15e3]

Ausgangspunkt: Altgerach Alpe (1.664 m)

Gehzeit: + 1 Std

Höhenunterschied: + 200 Hm

Schwierigkeit: mittel

Von der Altgerach Alpe geht es schräg den Hang hoch bis zur Abzweigung Bettlerweg (1.710 m). Hier muss man nach rechts in den

Hang hinein und zuletzt meist ohne sichtbaren Weg gerade hinauf zum Gipfel. Hinab geht es zuerst auf dem gleichen Weg. Bei der Abzweigung wandert man knapp unterhalb des Rückens in Richtung der gut sichtbaren Neugerach Alpe. Man trifft auf einen Fahrweg und gelangt auf diesem zur Alpe. Nun ist man wieder auf der als Variante beschriebenen Route.

Ergänzung:
Freschenhaus (1.840 m) [15e4]
Zielpunkt: Gampernest Alpe (1.640 m)
Gehzeit: + 1¾ Std.
Höhenunterschied: + 250 Hm
Schwierigkeit: **mittel**

Diese Möglichkeit zur Erweiterung der Wanderung entspricht der Tour 16.

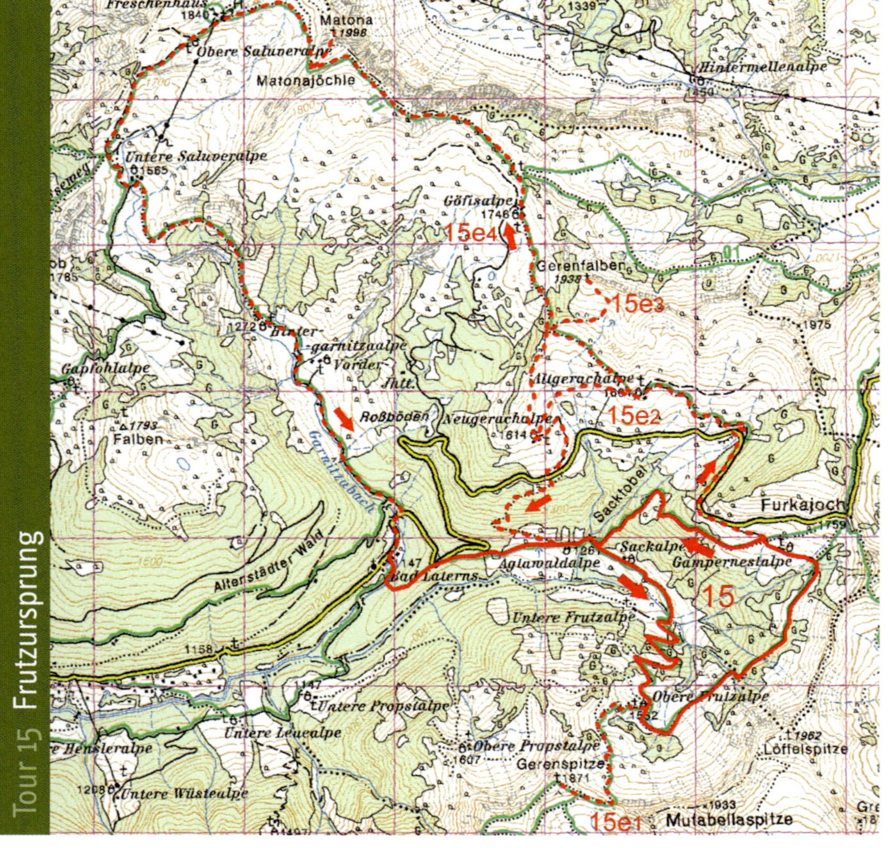

16 Garnitzarundwanderung

Agtenwald Alpe 1.261m
Neugerach Alpe 1.614 m
Gävisalpe 1.746 m
Untere u. Obere Saluver Alpe 1.565 m u. 1.795 m

Gebirge:
→ **Bregenzerwaldgebirge**
Talort:
→ **Rankweil (502 m)**
Laterns (921 m)

Obere Saluver Alpe

Die Wanderung führt so nahe an den Hohen Freschen heran, dass man ihn fast nicht auslassen kann. Die Aussicht vom Gipfel ist kaum zu überbieten. Aber auch ohne diesen Gipfel ist die Tour sehr genussreich.

Anforderungen: wegen der beträchtlichen Strecke etwas anstrengend

Zeiten: 5½ Stunden: ↗ 3½ Std. ↘ 2 Std.

Ausgangspunkt: Bad Laterns (1.147 m)

Gehzeiten: Bad Laterns – Agtenwald Alpe ½ Std.; Agtenwald Alpe – Neugerach Alpe 1 Std.; Neugerach Alpe – Gävisalpe ¾ Std.; Gävisalpe – Freschenhaus 1¼ Std.; Freschenhaus – Untere Saluver Alpe ½ Std.; Untere Saluver Alpe – Hintergarnitza Alpe 1 Std.; Hintergarnitza Alpe – Bad Laterns ½ Std.

Höhenunterschied: ↗ ↘ je 800 Hm

Karten: ÖK-Blatt 111, LKS-Blatt 228, F&B-Blatt 364

Besonderheit: Das Laternsertal hat neben dem Furkajoch noch ein „verstecktes zweites Ende". Das seitlich liegende Garnitzatal gehört zu den schönsten Alptälern Vorarlbergs. Oberhalb des Tales kann man eine großzügige Rundwanderung bewältigen, die schließlich im Tal endet. Dabei kommt man nahe an den Freschen heran.

Agtenwald Alpe 1.261 m
Neugerach Alpe 1.614 m

Die Agtenwald Alpe liegt am Eingang ins oberste Frutztal, nicht weit von der Furkajochstraße entfernt. Die dazugehörige Hochalpe, die Neugerach Alpe, liegt nördlich davon in hervorragender Aussichtslage, etwas oberhalb der Furkajochstraße und unterhalb des Gerenfalbens. Im Sommer ist es hier eher ruhig, im Winter führt eine der beliebtesten und frequentiertesten Schitouren des Landes, jene auf den Gerenfalben, an der Alpe vorbei.

Bach bei der Unteren Saluver Alpe

Besitzer: Agrar Rankweil
Alpvieh: 110 Jungvieh, 6 Pferde
Zeitraum der Bewirtschaftung: Agtenwald Alpe: Mitte bis Ende Juni und Anfang bis Mitte September; Neugerach Alpe: Juli und August
Kontakt: Wolfgang Welte, +43/(0)664/4316559
Verpflegung für Wanderer: Getränke

Direkter Alpanstieg Agtenwald Alpe:
Ausgangspunkt: Bad Laterns (1.147 m)
Gehzeit: ↗ ½ Std. ↘ ½ Std.
Höhenunterschied: 120 Hm
Kinderwagen: durchgehend geeignet
Schwierigkeit: leicht

Zur Agtenwald Alpe wandert man entweder auf der beschriebenen Route durch den Wald (schmaler Wanderweg) oder über die Furkajochstraße (kinderwagentauglich) zur Abzweigung des Güterweges und über diesen zur Alpe.

Direkter Alpanstieg Neugerach Alpe:
Ausgangspunkt: Furkajochstraße (1.537 m)
Gehzeit: ↗ ¼ Std. ↘ ¼ Std.
Höhenunterschied: 80 Hm
Kinderwagen: durchgehend geeignet
Schwierigkeit: leicht

Zur Neugerach Alpe sind es ab der Straße (Parkmöglichkeiten) nur wenige Minuten.

Gävisalpe 1.746 m

Die Gävisalpe oberhalb des Garnitzatales ist sehr weitläufig. Die begrenzenden Berge (Gerenfalben und Hohe Matona) überragen die Alpe nicht sehr viel. Im Süden breitet sich vor den Augen des Wanderers der gesamte Walserkamm aus. Von der Gäviser Höhe oberhalb der Alpe hat man einen sehr guten Ausblick zu den Damülser Bergen. Die Gävisalpe ist eine der großen Melkalpen des Landes. Die dazugehörige Voralpe ist die Satteinser Gulmalpe im Bereich Übersaxen.

Besitzer: Gemeinde Satteins
Alpvieh: 100 Milchkühe, 230 Jungvieh, 3 Pferde
Alpprodukte: Bergkäse, etwas Sura Käs
Zeitraum der Bewirtschaftung: Ende Juni bis Ende August
Verpflegung für Wanderer: Getränke, Käsbrote, Käsplatte
Veranstaltungen, Besonderheit: Alpmesse 2. Wochenende im Juli

Direkter Alpanstieg:
Ausgangspunkt: Furkajochstraße (1.410 m)
Gehzeit: ↗ 1 Std. ↘ 3/4 Std.
Höhenunterschied: 340 Hm
Kinderwagen: durchgehend geeignet
Schwierigkeit: leicht

Auf der Furkajochstraße zweigt mitten im Wald bei Roßböden links ein Güterweg ab. Auf diesem kann man gemütlich zur Alpe hinauf wandern.

Vorder- und Hintergarnitza Alpe 1.264 und 1.272 m

Diese beiden Alpen teilen sich einen wunderschönen kleinen Talkessel, durch den sich der Garnitzabach Richtung Süden schlängelt. Der Bach bietet viele Möglichkeiten für Wasserspiele und Kinder sind kaum mehr zum Weitergehen zu motivieren. Auf der Alpe weiden sowohl Milchkühe als auch Jungvieh, wobei die Milch in die Molkerei geliefert wird. Für Bewirtung von Wanderern fehlt das Personal und die Zeit. Aber durch die Nähe zum Bad

Laterns und der Unteren Saluver Alpe dürfte dies kein Problem darstellen.

Besitzer: Genossenschaft (Vordergarnitza), Agrargenossenschaft Batschuns (Hintergarnitza)

Alpvieh: 45 Kühe (Vordergarnitza) 32 Kühe, 25 Jungvieh (Hintergarnitza)

Alpprodukte: Milch

Zeitraum der Bewirtschaftung: Mitte Juni bis Mitte September

Direkter Alpanstieg:

Ausgangspunkt: Bad Laterns (1.147 m)

Gehzeit: ↗ 1/2 Std. ↘ 1/2 Std.

Höhenunterschied: 130 Hm

Kinderwagen: durchgehend geeignet

Schwierigkeit: leicht

Vom Bad Laterns muss man zuerst kurz die Straße entlang, bis nach links der Güterweg zur Garnitza Alpe (1.272 m) abzweigt. Am nördlichen Ende dieser Alpe führt der Wanderweg zuerst steil dem Bach entlang und anschließend schräg nach links hinauf zur Unteren Saluver Alpe (1.565 m).

Käseverkauf bei der Unteren Saluver Alpe

Weitere Alpen der Tour

Untere Saluver Alpe 1.565 m (siehe Tour 17)

Obere Saluver Alpe 1.795 m

Die Alpe liegt knapp unterhalb des Freschenhauses und unterhalb der Hohen Matona. Sie dient der Weide von Jungvieh und die Weideflächen erstrecken sich bis zum Hohen Freschen. Der Auf- und Abtrieb zur und von der Alpe erfolgt über die Pöpiswies Alpe im obersten Frödischtal. Von dieser geht es auf einem sehr steilen Waldweg hinauf zum Übergang bei der Unteren Saluver Alpe und dann weiter zur Oberen Alpe. Die Alpe ist vielen auch als „Rinderstall" bekannt und bietet wegen des nahen Freschenhauses keine Bewirtung.

Wanderroute: In Bad Laterns geht man zum Fischteich und überquert etwas unterhalb davon über den Bädlesteg (1.120 m) den Garnitzenbach. Dann wandert man auf einem schönen Waldweg hoch. Bald trifft man auf die

Furkajochstraße, verlässt sie aber gleich wieder nach rechts und kommt zur Agtenwald Alpe. Kurz vor der Alpe zweigt ein Wanderweg ab, der steil zur Neugerach Alpe hochführt. So gelangt man zur Furkajochstraße und erreicht über den Güterweg bald darauf die Neugerach Alpe. Hinter der Alpe geht es hinauf auf den Kamm zur Abzweigung Bettlerweg (1.710 m).
Nun hat man den anstrengendsten Anstieg hinter sich, auch wenn noch einige Höhenmeter warten. Unterhalb des Gerenfalben wandert man zur weitläufigen Gävisalpe (1.746 m). Hinter der Alpe geht es zur Gäviser Höhe (1.788 m) hinauf. Hier hat man einen tollen Blick zur Sünserspitze und auf die Damülser Berge. Dann wandert man den Kamm entlang in nordöstlicher Richtung bis zur Südwestschulter der Hohen Matona, dem Matonajöchle (1.925 m). Dahinter verliert man einige Höhenmeter und erreicht in einem Bogen das Freschenhaus unterhalb des gleichnamigen Berges.
Das Freschenhaus ist ein magischer Anziehungspunkte für Wanderer und deshalb sehr gut besucht. Die direkt darunter liegende prächtige Alphütte der Oberen Saluver Alpe, von vielen auch Rinderstall genannt, ist nur für den Hirten gedacht.

Gipfelergänzung:
Gerenfalben (1.938 m) [16e1]

Ausgangspunkt: Abzweigung Bettlerweg (1.710 m)

Gehzeit: + 3/4 Std

Höhenunterschied: + 230 Hm

Schwierigkeit: **mittel**

Bei der Abzweigung Bettlerweg oberhalb der Neugerach Alpe muss man nach rechts in den Hang hinein und zuletzt meist ohne sichtbaren Weg gerade hinauf zum Gipfel. Zurück zur Abzweigung auf dem gleichen Weg.

Gipfelergänzung:
Hohe Matona (1.997 m) [16e2]

Ausgangspunkt: Matonajöchle (1.925 m)

Gehzeit: + 20 Min.

Höhenunterschied: + 72 Hm

Schwierigkeit: **mittel**

Unterhalb der Gävisalpe

Vom Matonajöchle ist man rasch am Gipfel. Man sollte allerdings trittsicher sein, denn der Grat ist ausgesetzt.

Gipfelergänzung:
Hoher Freschen (2.004 m) [16e3]

Ausgangspunkt: Freschenhaus (1.840 m)
Gehzeit: + ¾ Std.
Höhenunterschied: + 170 Hm
Schwierigkeit: mittel

Der Weg zum Gipfel ist einfach. Es geht über ein großes Flachstück zu einer kurzen Stufe und dann kommt man flach zum Gipfel, der an allen anderen Seiten steil abbricht.

17 Nobrundwanderung

Gapfohl Alpe 1.622 m
Untere Saluver Alpe 1.565 m
Tschuggenalpe 1.488 m

Gebirge:
→ Bregenzerwaldgebirge
Talort:
→ Rankweil (502 m)
Laterns (921 m)

1. Mai am Alpwegkopf

Man kann im Reich des Hohen Freschen auch unterwegs sein, ohne ihm zu nahezutreten. Trotzdem muss man nicht auf großartige Ausblicke verzichten.

Anforderungen: durch die Länge etwas anstrengend

Zeiten: 4¼ Stunden: ↗ 2¼ Std. ↘ 2 Std.

Ausgangspunkt: Innerlaterns – Parkplatz bei Sesselbahn (1.145 m)

Gehzeiten: Innerlaterns – Gapfohl Alpe 1½ Std.; Gapfohl Alpe – Untere Saluver Alpe ¾ Std.; Untere Saluver Alpe – Lesegatter ¾ Std.; Lesegatter – Innerlaterns 1¼ Std.

Höhenunterschied: ↗ ↘ je 750 Hm

Karten: ÖK-Blatt 111, LKS-Blatt 228, F&B-Blatt 364

Kinderwagen: geeignet, Retourweg jedoch identisch mit Anstieg

Informationen für Mountainbiker

Start/Ziel: Innerlaterns – Parkplatz bei Sesselbahn (1.145 m)

Umkehrpunkt: Untere Saluver Alpe (1.565 m)

Fahrzeiten: ↗ 1 Std. ↘ ½ Std.

Anstieg: ↗ ↘ je 6 km, 550 Hm Fahrt

Besonderheit: Die Gastfreundschaft auf der Unteren Saluver Alpe entschädigt für die langen Anstieg. Nützt man den Landbus, verkürzt sich die Tour und man kann mit weniger Anstrengung eine wunderbare Höhenwanderung unternehmen, die im Bad Laterns beginnt und in Laterns – Thal endet. Die aufzusteigenden Höhenmeter halten sich dabei in Grenzen.

Gapfohl Alpe 1.622 m

Die Gapfohl Alpe ist eine kleine Melkalpe, deren Milch regelmäßig ins Tal gebracht wird. Sie befindet sich knapp unterhalb des Übergangs zwischen Nob und Falken. Von der Alpe sieht man sehr gut zu den Schweizer Bergen.

Besitzer: Gemeinde Laterns
Alpvieh: 20 Milchkühe, 150 Jungvieh
Alpprodukte: Milch
Zeitraum der Bewirtschaftung: Mitte Juni bis Mitte September
Verpflegung für Wanderer: Getränke, Käs- und Speckbrot (alles aus eigener Herstellung)

Gapfohl Alpe

Direkter Alpanstieg:
Ausgangspunkt: Innerlaterns – Parkplatz bei Sesselbahn (1.145 m)
Gehzeit: ↗ 1½ Std. ↘ 1 Std.
Höhenunterschied: 480 Hm
Kinderwagen: durchgehend geeignet
Schwierigkeit: leicht

Der Anstieg ist identisch mit der Wanderroute.

Untere Saluver Alpe 1.565 m

Die Alpe liegt sanft eingebettet oberhalb des Garnitzatales. Die Aussicht ist etwas eingeschränkt, dafür bietet der Garnitzenbach für Kinder die Möglichkeit, sich stundenlang zu beschäftigen. Die perfekte Bewirtung verleitet dazu, sehr lange sitzenzubleiben. Man kann nur sehr selten bei der Alpe sitzen, ohne einen Bekannten zu treffen. Der auf der Alpe erzeugte Käse heißt „Freschengold" und ist sehr bekannt. Aber nicht nur dieser, sondern auch andere Spezialitäten warten auf den Besucher. Viele Milchprodukte und selbst gemachter Holdersaft sind ein Genuss. Der angebotene Speck wird von den Alppächtern zwar nicht selbst hergestellt, aber sorgfältig ausgesucht.

Besitzer: Alpgenossenschaft
Alpvieh: 95 Milchkühe, 25 Ziegen, 30 Schweine

Alpprodukte: Bergkäse („Freschengold"), Bachensteiner, Ziegenkäse

Zeitraum der Bewirtschaftung: Mitte Juni bis Anfang September

Kontakt: Markus und Andrea Felder, +43/(0)664/1838055

Verpflegung für Wanderer: Getränke (auch selbst gemachter Holdersaft), Joghurt, Käs- und Speckbrote, Brettljause, Älplerplatte, Hirtensalat

Veranstaltungen, Besonderheit: Alpmesse 1. Sonntag im August

Direkter Alpanstieg:

Ausgangspunkt: Innerlaterns – Parkplatz bei Sesselbahn (1.145 m)

Gehzeit: ↗ 2¼ Std. ↘ 1¾ Std.

Höhenunterschied: 650 Hm

Kinderwagen: durchgehend geeignet

Schwierigkeit: leicht

Vom Parkplatz bei der Sesselbahn ist der Anstieg zwar länger als vom Bädle (dieser wird in der Variante beschrieben), dafür ist er aber leichter und auch mit dem Kinderwagen begehbar. Der Anstieg ist mit der Wanderroute identisch.

Weitere Alpe der Tour

Tschuggenalpe 1.488 m

Die Alpe liegt etwas unterhalb des Kammes auf dem Beginn eines südwärts abfallenden Rückens. Viele Wanderer umgehen die Alpe nordseitig, da sie durch die Nähe zum Alpwegkopfhaus keine Bewirtung anbieten kann.

Wanderroute: Prinzipiell folgt die Route dem Güterweg zur Gapfohl und Saluver Alpe. Teilweise kann man etwas abkürzen. Das Abkürzen ist vor allem im Abstieg interessant, wenn man einfach über Wiesen tieferwandert.

Bei der Sommerrodelbahn startet man entweder nach Nordwesten leicht bergab, wo gleich bei der ersten Kehre geradeaus der Güterweg beginnt. Man kann auch rechts vom Gasthaus Kühberg starten und trifft kurz darauf auch auf den Güterweg. Nun geht es gemütlich im Wald bergauf. In der Nähe der Bergstation der Sesselbahn hat man die Waldgrenze erreicht, passiert ein Schiheim und der Weg geht nach rechts auf einen Rücken zu. Hier befindet sich die Gapfohl Alpe (1.622 m). Nach der Alpe geht es noch etwas bergauf, bis man den Sattel zwischen Nob und Falben erreicht (1.678 m). Auf der Ostseite der

Nob führen 3 Kehren hinab und in einem leichten Bogen gelangt man zur Unteren Saluver Alpe (1.565 m).
Ist man mit Kinderwagen unterwegs, wandert man am besten wieder den gleichen Weg zurück. Ansonsten steigt man von der Saluver Alpe noch kurz entlang des Baches Richtung Freschenhaus auf, bis man einen Sattel erreicht (1.606 m). Nun wählt man den Weg, der nördlich unter dem Nob vorbei zum Lesegatter (1.576 m) führt. Er erfordert etwas Trittsicherheit und ist bei Nässe problematisch.
Beim Lesegatter beginnt ein steiler Weg, der durch den Wald hinab führt. Er trifft bald auf einen Bach und bleibt fortan in seiner Nähe. Bei „Stürchersäge" (1.251 m) trifft man auf einen Güterweg. Man überquert ihn und folgt noch einem schmalen Waldweg, bis man wieder auf den vom Anstieg bekannten Güterweg trifft. Entlang dieses Weges kommt man wieder zum Ausgangspunkt.

Variante:
Vom Bad Laterns [17v]
Ausgangspunkt: Bad Laterns (1.147 m)
Zielpunkt: Innerlaterns – Parkplatz bei Sesselbahn (1.145 m)
Gehzeit: ↗ ↘ 3¾ Std.
Höhenunterschied: 500 Hm
Schwierigkeit: **mittel**

Unter Benützung der öffentlichen Verkehrsmittel ist dies die attraktivste Möglichkeit, eine Wanderung im Freschengebiet zu unternehmen. Die Route ist teilweise identisch mit der Tour 16 in umgehrter Richtung. Vom Bad Laterns muss man zuerst kurz die Straße entlangwandern, bis nach links der Güterweg zur Garnitza Alpe (1.272 m) abzweigt. Am nördlichen Ende dieser Alpe führt der Wanderweg zuerst steil dem Bach entlang und anschließend schräg nach links hinauf zur Unteren Saluver Alpe (1.565 m). Nun wandert man wie oben beschrieben übers Lesegatter nach Laterns oder weiter über den Alpwegkopf nach Furx und Laterns – Thal.

Ergänzung:
Zur Tschuggenalpe (1.488 m) und zum Alpwegkopf [17e]
Abzweigpunkt: Lesegatter (1.576 m)
Zielpunkt: Laterns – Thal (921 m)
Gehzeit: + ½ – 1 Std.
Höhenunterschied: keiner
Schwierigkeit: **mittel**

Dieser Umweg ist sehr reizvoll, denn man wandert entlang eines leicht abfallenden Kammes mit permanentem Blick nach Westen zu den Schweizer Bergen. Dazu bleibt man ab dem Lesegatter am Kamm. Bald darauf gabelt sich der Weg. Der linke führt direkt an der Tschuggenalpe vorbei, die etwas vorgelagert an einem Südrü-

cken liegt. Der rechte führt ohne viel Zeitgewinn nördlich der Alpe vorbei. Schließlich gelangt man zum Alpwegkopfhaus (1.481 m), einer privaten Berghütte, die ein beliebter Treffpunkt für Wanderer und Mountainbiker ist. Von der Hütte geht es zuerst kurz am Kamm weiter zur Alpweg Alpe, die nur sehr kurz als Voralpe zu den Frutzalpen bewirtschaftet ist (siehe Tour 5). Dann hat man zwei gleichwertige Möglichkeiten:
[17e1]: Am schönsten ist es, nach Furx zu wandern. Will man es dabei eher schattig, wählt man den rechten Weg, nördlich des Alpwegkopfes, will man mehr Aussicht den linken (südlich) Weg. In Furx kann man entweder in etwa 1 Std. nach Batschuns weiterwandern (Bushaltestelle) oder man wandert vom Gasthaus Peterhof in östlicher Richtung (also taleinwärts) in etwa einer halben Stunden nach Laterns – Thal (Bushaltestelle).
[17e2]: Vom Alpwegkopfhaus kann man auch sehr steil über Wiesen hinab zur Bushaltestelle in Bonacker wandern. Die Linie 65 bringt die müden Wanderer wieder zum Ausgangspunkt zurück.

MTB-Route: Der Fahrtroute zur Unteren Saluver Alpe ist identisch mit der Wanderroute. Zurück muss man auf dem gleichen Weg.

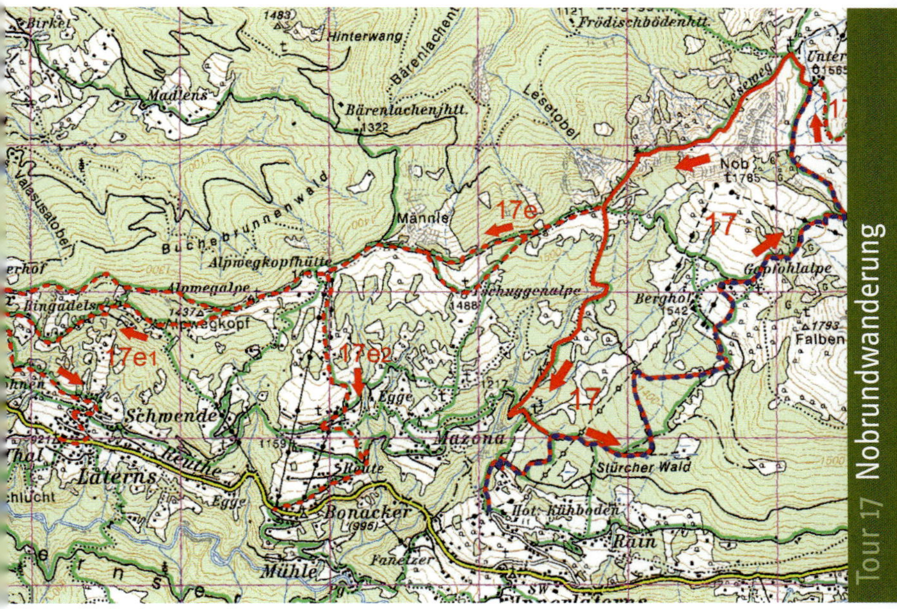

Walgau

Der Walgau ist nach dem Rheintal ein weiterer wichtiger Siedlungs- und Wirtschaftsraum in Vorarlberg. Nordseitig wird er durch den Walserkamm begrenzt. Der Walserkamm ist südseitig mit Gras und Wald bewachsen und ein ideales Alpgebiet. Nordseitig fällt er unbegehbar steil ins Laternsertal ab.
Im Süden trennt der Rätikon Vorarlberg von Liechtenstein und der Schweiz ab. Die Berge des Rätikons sind durchwegs sehr steil und schroff. Am Nordfuß liegen die Orte Frastanz und Nenzing. Sie sind Ausgangspunkte für wunderschöne Alpwanderungen zu sehr unterschiedlichen Alpen.
In Nenzing beginnt das malerische Bergtal des Nenzinger Himmels, auch Gamperdona genannt, das schon sehr lange ein wichtiges Sommerferiendorf ist. Hier lassen sich auch zwei wunderschöne Alpwanderungen unternehmen, wobei eine davon durchaus als Bergwanderung gelten kann.
Das Ende des Walgaus wird durch Bludenz markiert. In der Umgebung der Alpenstadt treffen vier weitere Täler auf den Walgau. Das Brandnertal, Großwalsertal, Klostertal und Montafon stellen eigenständige alpine Regionen dar. Auch Bludenz bietet vom Muttersberg aus eine einfache Alpwanderung zur ruhig gelegenen Elsalpe an.

Auf einen Blick

Gebirge: Rätikon, Bregenzerwaldgebirge
Talorte: Frastanz (509 m), Satteins (495 m), Schlins (502 m), Nenzing (530 m), Bludenz (560 m), Bürs (570 m)
Karten: ÖK-Blatt 141 + 142, LKS-Blatt 228 + 238, LKS-Blatt 1116 + 1136, F&B-Blatt 364 + 371
Anreise: Je nach Ausgangspunkt verlässt man die Walgauautobahn in Frastanz oder Nenzing.
Im Ortszentrum von Frastanz, bei der Kirche, beginnt die kleine Straße nach Amerlügen (kaum Parkplätze) und nach Gurtis (beschilderte Parkplätze im Ort). Noch vor Gurtis zweigt links die Straße nach Nenzing – Latz ab. Kurz nach Latz zweigt bei einem Stadel mit der Aufschrift „n. Gamp" der Weg zum Wanderparkplatz ab. Latz und Gurtis können auch über Nenzing erreicht werden.
Auf der anderen Talseite kann man von Satteins, Schlins und Thüringen nach Schnifis fahren.
Der Nenzinger Himmel ist nur zu Fuß oder mit dem Taxi ab Nenzing erreichbar. Die Zufahrt ist meistens ab Anfang Mai bis Anfang Oktober offen.
Die Anfahrt von der Autobahn zur Muttersbergbahn ist beschildert.
Bus/Bahn: Der Landbus Linie 74 verbindet die Walgauorte. Von Frastanz fährt die Linie 73a nach Amerlügen, nach Schnifis die Linien 75 (ab Satteins) und 75a (ab Schlins). Der Bahnhof in Nenzing ist in die Buslinien eingebunden.
In den Nenzinger Himmel fährt man mit Bahn oder Bus nach Nenzing und mit Wanderbus ans Ziel *(www.wanderbus.at)*.
Die Muttersbergbahn erreicht man vom Bahnhof Bludenz mit dem Stadtbus Linie 1.
Informationen für Mountainbiker: *Die Zufahrt in den Nenzinger Himmel mit dem Mountainbike ist ausdrücklich verboten!*

18 Im Schoß der Drei Schwestern

Amerlug Alpe 1.281 m
Saroja Alpe 1.474 m
Gaudenza Alpe 1.042 m

Gebirge:
→ **Rätikon**
Talort:
→ **Frastanz (509 m)**

Amerlügen – Blick zu den Drei Schwestern

Die Drei Schwestern wachen still über die in ihrem Schoß befindlichen Alpen. Jede davon hat ihren eigenen, unverwechselbaren Charakter.

Anforderungen: etwas anstrengend, teilweise steil

Zeiten: 4¼ Stunden: ↗ 2¼ Std. ↘ 2 Std.

Ausgangspunkt: Frastanz - Amerlügen (763 m)

Gehzeiten: Amerlügen - Amerlug Alpe 1½ Std.; Amerlug Alpe - Saroja Alpe ¾ Std.; Saroja Alpe - Gaudenza Alpe 1 Std.; Gaudenza Alpe - Amerlügen 1 Std.

Höhenunterschied: ↗ ↘ je 700 Hm

Karten: ÖK-Blatt 141, LKS-Blatt 228 + 238, F&B-Blatt 371

Kinderwagen: bedingt geeignet (entlang der MTB-Route)

Informationen für Mountainbiker

Start/Ziel: Frastanz - Kirche (508 m)

Höchster Punkt: Saroja Alpe (1.474 m)

Fahrzeiten: ↗ 2½ Std. ↘ 1 Std.

Anstieg: ↗ ↘ je 11 km, 1000 Hm Fahrt

Besonderheit: Viele nennen die Amerlug Alpe Vorderälpele und die Saroja Alpe Hinterälpele. Das Vorderälpele ist durch den Fernsehturm im gesamten Rheintal zu erkennen und dementsprechend ist die Aussicht aus dem Bereich dieser Alpe. Bei dieser Wanderung werden viele verführt, „noch schnell" auf die Drei Schwestern aufzusteigen. Diese wollen aber erobert werden und verlangen bergsteigerisches Können.

Amerlug Alpe 1.281 m
Saroja Alpe 1.474

Die Amerlug Alpe liegt auf einem Rücken, von dem aus der gesamte Walgau überblickt werden kann. Nahe der Alpe, etwas tiefer, liegt die Feldkircher Hütte der Naturfreunde. Hier können sich müde und durstige Wanderer stärken. Bei der Saroja Alpe steht man ganz im Banne der Drei Schwestern, die steil im Süden aufragen. Im Hochsommer, wenn diese Alpe bewirtschaftet ist, kann man sich auf eine gute Jause und selbst gemachten Ziegenkäse mit Tomaten, Basilikum und Kürbiskernöl freuen.

Besitzer: Alpgenossenschaft Frastanz

Alpvieh: 160 Jungvieh, 2 Kühe, 4 Ziegen, 2 Schweine, Hühner

Alpprodukte: Ziegenkäse

Zeitraum der Bewirtschaftung: Amerlug Alpe: Anfang Juni bis Anfang Juli und Ende August bis Mitte September; Saroja Alpe: Anfang Juli bis Ende August

Kontakt: Gerhard Egender, +43/(0)664/5205928

Verpflegung für Wanderer: Bei der Amerlug Alpe gibt es keine Gästebewirtung, denn die Feldkircher Hütte ist nur 10 Minuten entfernt und erwartet die Wanderer; bei der Saroja Alpe: Getränke, Milch, Käseteller, Speckbrote

Direkter Alpanstieg Amerlug Alpe:

Ausgangspunkt: Frastanz – Amerlügen (763 m)

Gehzeit: ↗ 1½ Std. ↘ 1 Std.

Höhenunterschied: 520 Hm

Kinderwagen: durchgehend geeignet

Schwierigkeit: leicht

Der Anstieg ist identisch mit der Wanderroute. Mit Kinderwagen muss man den als MTB-Route beschriebenen Güterweg aufs Älpele wählen.

Direkter Alpanstieg Saroja Alpe:

Ausgangspunkt: Frastanz – Amerlügen (763 m)

Gehzeit: ↗ 2¼ Std. ↘ 1½ Std.

Höhenunterschied: 750 Hm

Kinderwagen: durchgehend geeignet

Schwierigkeit: leicht

Der Anstieg ist identisch mit der Wanderroute. Mit Kinderwagen muss man den als MTB-Route beschriebenen Güterweg wählen.

Gaudenza Alpe 1.042 m

Die Alpe liegt etwas versteckt in einer großen Lichtung unterhalb der Saroja Alpe. Die Alphütte wurde 2007 erneuert und erstrahlt nun in neuem Glanz. Die Pächter der Alpe fahren täglich zum Melken der Kühe zur Alpe und dann wieder hinab. Nur an Sonntagen bleiben sie den ganzen Tag dort und können Wanderer bewirten. Eine sonntägliche Wanderung von Amerlügen zur Gaudenza Alpe ähnelt mehr einem Spaziergang, denn es ist kein großer Höhenunterschied zu bewältigen.

Besitzer: Alpgenossenschaft Frastanz
Alpvieh: 16 Kühe, 25 Jungvieh
Alpprodukte: Milch, Sura Käs, Frischkäse
Zeitraum der Bewirtschaftung: Mitte Juni bis Ende Juni, Ende August bis Mitte September; Gästebewirtung nur am Sonntag
Verpflegung für Wanderer: Getränke, Jause mit Speck, Sura Käs und Frischkäsle

Blick zur Saroja Alpe

Direkter Alpanstieg:
Ausgangspunkt: Frastanz – Amerlügen (763 m)
Gehzeit: ↗ 1½ Std. ↘ 1 Std.
Höhenunterschied: 250 Hm
Kinderwagen: durchgehend geeignet
Schwierigkeit: leicht

Von Amerlügen kann die Alpe leicht über einen durchgehenden Güterweg, den Herrenweg, erreicht werden. In der Senke südlich des Dorfkerns, bei einer Kapelle, kann man sowohl den Weg nach rechts als auch den nach links (nicht aber den flachen ganz links) wählen, die beiden treffen etwa 10 Minuten später zusammen.

Weitere Alpe der Tour

Garsella Alpe 1.759 m

Die südlich unter den Drei Schwestern liegende Alpe ist die Sommerweide für Schafe. Eine Bewirtung ist nicht möglich, da der Proviant von den Hirten persönlich hochgetragen werden müsste, denn es gibt keine fahrbare Verbindung zum Tal.

Wanderroute: Wer mit Kinderwagen aufs Älpele zur Amerlug Alpe und Feldkircher Hütte wandern willl, muss über den Güterweg aufsteigen. Diese Route wird unten als MTB-Route beschrieben. Bergtüchtige Wanderer folgen in

Amerlügen den Wegweisern zur Feldkircher Hütte. Zuerst wandert man auf einem Sträßchen zum Waldrand. Hier zweigt rechts ein steiler Waldweg ab, der zur Feldkircher Hütte (1.204 m) hinaufführt. Anschließend folgt man dem bequemen Güterweg. Etwa 15 Minuten später ist die Amerlug Alpe erreicht und dann geht es immer den Kamm entlang oder auf der Ostseite knapp darunter zur Saroja Alpe.
Von der Saroja Alpe wandert man noch einige Minuten Richtung der Drei Schwestern. Dann geht es nach links zuerst über die Wiese, dann einen steilen Güterweg hinab Richtung Saminatal. Bei einer Jagdhütte, der Plätzle Hütte (1.078 m), trifft man auf den so genannten Herrenweg. Nach rechts erreicht man in etwa 20 Minuten die Gaudenza Alpe. Von ihr wandert man wieder zur Plätzle Hütte zurück und auf dem Herrenweg bis nach Amerlügen. Erfahrene Bergwanderer können von der Gaudenza Alpe auch direkt auf einem steilen Weg ins Saminatal absteigen und durchs Tal nach Amerlügen wandern.

Variante: Diese Wanderung ist umgekehrt genau so interessant. Beim Abstieg entlang des Rückens von der Saroja Alpe zur Amerlug Alpe schaut man immer in den Walgau hinab und hat einen tollen Ausblick ins Rheintal.

Variante:
Ab Maria Ebene (574 m) [18v]
Ausgangspunkt: Ebene (574 m), hierher mit dem Stadtbus Feldkirch Linie 7.
Gehzeit: ↗ ↘ 5¼ Std.
Höhenunterschied: 900 Hm
Schwierigkeit: mittel

Von Maria Ebene führt ein steiler Weg durch den Wald zur Feldkircher Hütte.

Gipfelergänzung:
Drei Schwestern (2.053 m) [18e]
Ausgangspunkt: Saroja Alpe (1.474 m)
Gehzeit: + 2½ Std
Höhenunterschied: + 580 Hm
Schwierigkeit: anspruchsvoll

Von der Saroja Alpe wandert man direkt auf die Drei Schwestern zu. Der Güterweg geht bald in einen Wanderweg über, der zum Sarojasattel (1.628 m) führt. Dieser Sattel ermöglicht den Übergang nach Liechtenstein zur Gafadura Hütte und hinab nach Planken. Etwas oberhalb des Sattels startet der Drei-Schwestern-Steig, der durch ein Felsentor betreten wird. Steil und felsig geht es hinauf zum Gipfel der Großen Schwester. Teilweise erleichtern Leitern und Trittstufen den Anstieg.
Zurück kann man den gleichen Weg wählen. Leichter und schöner ist es, nach Süden und dann Osten zur Garsella Alpe (1.759 m) absteigen. Von dort führt ein Wanderweg unter den Schwes-

tern vorbei zurück zum Sarojasattel und damit zum Aufstiegsweg.

MTB-Route: Von der Frastanzer Kirche fährt man auf der Straße nach Amerlügen (763 m) (man kann auch erst dort beginnen). Hier wendet man sich nach rechts und fährt durch das Dörflein bis in eine Senke. Hier geht es flach nach Westen weiter und man gelangt zu einem Güterweg, der in angenehmer Steigung zum Fernsehturm bei der Amerlug Alpe führt. Die weitere Fahrt zur Saroja Alpe ist teils flach, hat aber auch steile Passagen.
Weiter fährt/schiebt man den teils sehr steilen Weg hinab Richtung Saminatal, der knapp hinter der Saroja Alpe beginnt. Der Weg ist mit dem Wanderweg identisch.

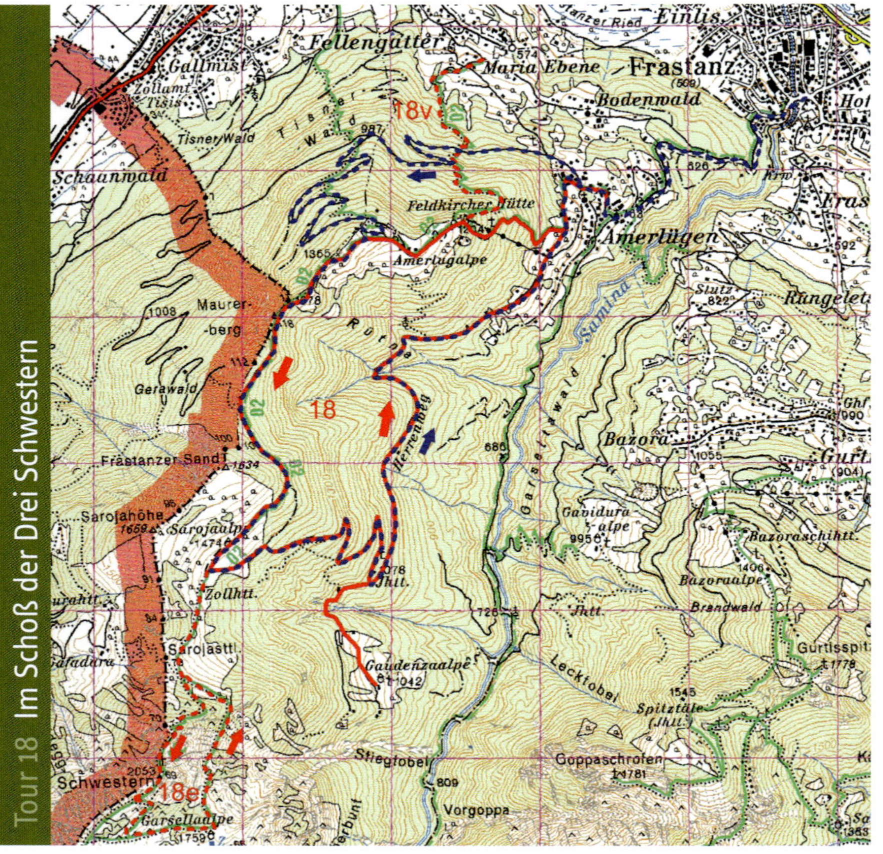

19 Gurtisspitzrunde

Bazora Alpe 1.406 m
Sattelalpe 1.383 m
Galina Alpe 1.566 m

Gebirge:
→ Rätikon
Talort:
→ Frastanz (509 m)

Anstieg bei Gurtis

Die Gurtisspitze gleicht einem Wachturm über dem Eingang des Walgaus. Der Anstieg ist steil, aber es lohnt sich.

Anforderungen: anstrengend und steil
Zeiten: 4½ Stunden: ↗ 2½ Std. ↘ 2 Std.
Ausgangspunkt: Gurtis (904 m)
Gehzeiten: Gurtis – Bazora Alpe 1½ Std.; Bazora Alpe – Gurtisspitze 1 Std.; Gurtisspitze – Sattelalpe 1 Std.; Sattelalpe – Gurtis 1 Std.
Höhenunterschied: ↗ ↘ je 900 Hm
Karten: ÖK-Blatt 141, LKS-Blatt 238, F&B-Blatt 371

Besonderheit: Die Tour ist als Rundtour mit Gipfel ausgelegt. Der Höhenunterschied ist beträchtlich und der steile Anstieg zur Gurtisspitze erfordert Trittsicherheit. Trotzdem erfreut sie sich hoher Beliebtheit bei Alt und Jung. Diese Wanderung wird sehr häufig erst zu Mittag gestartet. Die Gurtisspitze ist schon von Beginn der Wanderung sichtbar, aber noch völlig unscheinbar. Im Laufe der Tour kann man wunderschöne Tiefblicke in den Walgau und ins Rheintal genießen und bekommt immer mehr Respekt vor dem Berg. Am Gipfel hat man einen gigantischen Ausblick übers Rheintal und den Walgau.

Sattelalpe 1.383 m
Galina Alpe 1.566 m

Die Sattelalpe liegt versteckt unterhalb der schroffen Hohen Köpfen. Die dazugehörige Galina Alpe liegt im Süden dieser Köpfe unterhalb des ebenfalls sehr schroffen Galinakopfes. Nach etwa 1 Monat auf der Sattelalpe zieht das Vieh für 3 Wochen zur Galina Alpe und anschließend wieder heraus. Der Hirte wohnt normalerweise auf der Sattelalpe, wodurch hier fast immer etwas los ist. An Wochenenden kann die kleine Terrasse vor der Hütte durchaus übervoll sein.

Besitzer: Agrar Nenzing
Alpvieh: 65 Jungvieh
Zeitraum der Bewirtschaftung: Mitte Juni bis Mitte September
Verpflegung für Wanderer: Getränke, Jause

Sattelalpe

Direkter Alpanstieg:
Ausgangspunkt: Gurtis (904 m)
Gehzeit: ↗ 1½ Std. ↘ 1¼ Std.
Höhenunterschied: 480 Hm
Schwierigkeit: mittel

Von Gurtis wandert man zur Wassertrete und dann schräg den Hang hoch. Man könnte auch dem Güterweg folgen, der Wanderweg kürzt diesen aber ab. Schließlich sind die Kehren des Güterweges vorbei und man folgt ihm in südlicher Richtung. Nach etwa einen Kilometer zweigt rechts ein Wanderweg ab. Er überquert noch einen Graben, bevor man die Hütte erreicht.

Weitere Alpe der Tour

Bazora Alpe 1.406 m

Die Bazora Alpe erstreckt sich entlang des Schleppliftes von Bazora. Die Alphütte liegt etwas versteckt und es führt kein Wanderweg vorbei. Die malerisch gelgegene Hütte in der Nähe der Bergstation des Schiliftes ist eine Jagdhütte.

Wanderroute: In Gurtis startet man in westlicher Richtung. Bei der ersten Kurve verlässt man die Straße und folgt einem steilen Wiesenweg, der zwischendurch einen Fahrweg kreuzt. Über Wiesen und ein kurzes Waldstück kommt man zum Bazoralift. Nun folgt der Weg in Kehren diesem sehr steilen Schlepplift. Bei der Bergstation wird es kurz flacher und man kommt zu einer malerischen Jagdhütte (1.408 m). Der Weg führt nun in den Wald hinein und durch diesen sehr steil und etwas rutschig hoch. Schließlich werden Felsen sichtbar, die man nach rechts umgeht, und kurz darauf ist man bei einer Einsattelung (ca. 1.750 m). Von hier ist man in wenigen Minuten am Gipfel der Gurtisspitze. Der Tiefblick in Walgau, Rheintal, Walsertal und Montafon ist berauschend. Auch die mächtigen Rätikonberge Zimba und Schesaplana sind sichtbar. Nun muss man in südwestlicher Richtung um die „Zäwas Bergheil-Spitze" herum zum Spitzwiesle (1.700 m). Dann geht es links hinab. Der Weg führt in südöstlicher Richtung unter schroffen Bergen zur Sattelalpe. Bei der Alpe wendet der Weg nach Norden und bald erreicht man einen Forstweg, der nach Gurtis führt. Man folgt ihm aber nur etwa 1 Kilometer und wandert dann in gerader Richtung über Wiesen und durch Waldstücke nach Gurtis zurück. Zuletzt passiert man noch eine Wassertrete, in der man die heißgelaufenen Füße kühlen kann.

Variante: Die Wanderung kann auch in umgekehrter Richtung begangen werden. Dies hat aber den Nachteil, dass man schon im Aufstieg bei der Sattelalpe hängenbleiben kann und dass man die steilen und oft etwas rutschigen Passagen zwischen Gipfel und Bazora Alpe im Abstieg bewältigen muss.

Ergänzung:
Hohe Köpfe (2.066 m)
Galina Alpe (1.566 m) [19e]

Ausgangspunkt: Spitzwiesle (1.700 m)
Gehzeit: + 3 Std
Höhenunterschied: + 350 Hm
Schwierigkeit: **anspruchsvoll**

Vom Spitzwiesle kann man auf felsigem und schwierigem Steig zu den Hohen Köpfen wandern und dann zur wunderschön nördlich unter dem Galinakopf gelegenen Galina Alpe (1.566 m) absteigen. Von dort kann man dem Hang entlang zur Sattelalpe und weiter nach Gurtis wandern.

Jagdhütte bei Bazora Alpe

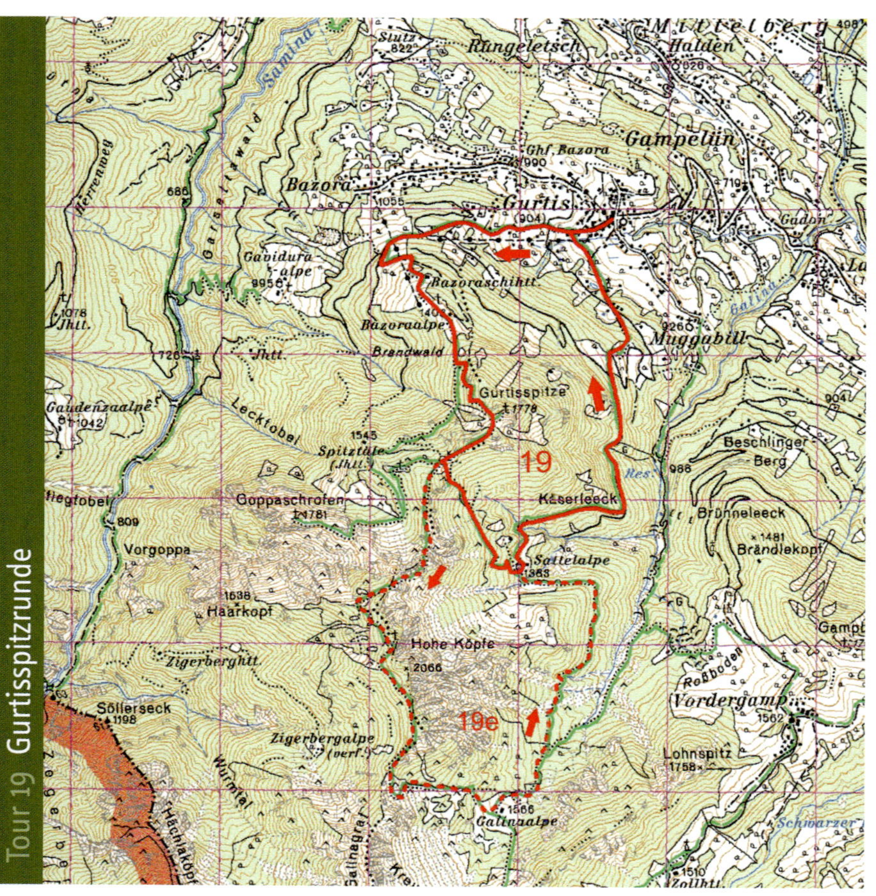

Mittelberg
Halden
Stutz
822
Rüngeletsch
Gampelün
Ghf. Bazora
990
Bazora
1055
Gurtis
(904)
Gadon
Gavidura-alpe
995
Bazoraschihtt.
Bazoraalpe
Brandwald
Muggabill
Gurtisspitze
1778
19
Lecktobel
1545
Spitztäle (Jhtt.)
Goppaschrofen
1781
Käserleeck
Beschlinger Berg
986
Brünneleeck
1481
Brändlekopf
Vorgoppa
809
Sattelalpe
1363
1538
Haarkopf
Hohe Köpfe
2066
Zigerberghtt.
Söllerseck
1198
19e
Zigerbergalpe (verf.)
Roßboden
Vordergamp
1562
Lohnspitz
1758
1566
Gallinaalpe
Wurmtal
Gallina
Herrenweg
Gaudenzaalpe
1042
1078
Jhtt.
726
686
Samina
Schwarzer
1510
Zollhtt.

20 Gampwanderung

Vordergamp Alpe 1.562 m
Innergamp Alpe 1.503 m

Gebirge:
→ **Rätikon**
Talort:
→ **Frastanz (509 m)**
Nenzing (530 m)

Vordergamp

Gamp ist fast jedem Vorarlberger ein Begriff. Die einfache Wanderung und das gemütliche Berghaus Mattajoch bei der Vordergamp Alpe locken sehr viele Bergfreunde.

Anforderungen: etwas anstrengend

Zeiten: 4 1/2 Stunden: ↗ 2 1/2 Std. ↘ 2 Std.

Ausgangspunkt: Nenzing – Latz (710 m) oder Wanderparkplatz oberhalb Nenzing – Latz (1.036 m)

Gehzeiten: Latz – Vordergamp Alpe 2 1/2 Std.; Vordergamp Alpe – Latz 2 Std.

Höhenunterschied: ↗ ↘ je 850 Hm

Karten: ÖK-Blatt 141, LKS-Blatt 238, F&B-Blatt 371

Kinderwagen: geeignet entlang des Güterweges, am besten ab dem Wanderparkplatz

Informationen für Mountainbiker

Start/Ziel: : Nenzing – Beschling Dorfbrunnen (534 m)

Höchster Punkt: Vordergamp Alpe (1.503 m)

Fahrzeiten: ↗ 2 Std. ↘ 3/4 Std.

Anstieg: ↗ ↘ je 10 km, 1000 Hm Fahrt

Besonderheit: Ein Wanderparkplatz oberhalb Nenzing – Latz auf 1.036 m kann den Anstieg noch deutlich verkürzen (etwa 1 Stunde im Aufstieg). Allerdings muss man dann auf eine Rundtour verzichten und wieder den gleichen Weg zurück.

Die Tour ist auch als kurze Bike-Tour am Abend sehr beliebt. Die schnellsten Fahrzeiten ab Beschling, die beim jährlichen Gampbike für diese 10 Kilometer und 1.000 Höhenmeter erreicht werden, liegen unter 1 Stunde! Die MTB-Fahrt zur Vordergamp Alpe ist zuletzt in Diskussion gekommen, da sich die Alpbesitzer gegen gefährlich und spät abfahrende Biker, die den notwendigen Autoverkehr zur Alpe gefährdeten, gewehrt haben.
Zwischen der Vordergamp Alpe und der Innergamp Alpe trifft man auf eine geologische Besonderheit – die Felspyramiden Gamp. Sie sind eine so genannte „Reliefumkehr". Dabei wurden in der Urzeit Karstschächte mit Blöcken gefüllt. Bei der späteren Erosion zeigten sich diese Blöcke widerstandsfähiger als die Umgebung und blieben als Türme übrig.

Kapelle von Vordergamp

Vordergamp Alpe 1.562 m
Innergamp Alpe 1.503 m

Die Vordergamp Alpe liegt malerisch in einem Sattel zwischen dem Gampberg im Norden und den Ausläufern des Galinakopfes im Süden. Etliche Hütten bei der Alpe werden als Ferienwohnungen genutzt. Daneben steht das sehr beliebte Berghaus Mattajoch. Die Vordergamp Alpe ist eine Sennalpe. Neben der Alphütte steht auch eine kleine Kapelle, die man im Anstieg schon sehr früh sehen kann. Die Innergamp Alpe (auch Hintergamp Alpe genannt) liegt weiter im Süden das Tal hinein und sogar einige Höhenmeter tiefer als die Vordergamp Alpe. Sie wird separat bewirtschaftet, gehört aber der gleichen Genossenschaft.

Besitzer: Agrargenossenschaft Beschling – Latz

Alpvieh: Vordergamp: 50 Kühe, 100 Jungvieh; Innergamp: 180 Jungvieh, 20 Pferde, 70 Schafe

Alpprodukte: Milch, Butter, Bergkäse, Schnittkäse, Frischkäse

Zeitraum der Bewirtschaftung: Mitte Juni bis Mitte September (Vordergamp 1 Woche früher)

Gaststube: bei Vordergamp, daneben liegt das Berghaus Mattajoch

Verpflegung für Wanderer: Getränke, Jause; das Berghaus Mattajoch bietet eine komplette Speisekarte

Veranstaltungen, Besonderheit: bei der Kapelle Vordergamp findet fast jeden Sonntag ein Wortgottesdienst statt.

Direkter Alpanstieg Vordergamp Alpe:

Ausgangspunkt: Wanderparkplatz oberhalb Nenzing – Latz (1.036 m)

Gehzeit: ↗ 1½ Std. ↘ 1 Std.

Höhenunterschied: 530 Hm

Kinderwagen: durchgehend geeignet

Schwierigkeit: leicht

Direkter Alpanstieg Innergamp Alpe:

Ausgangspunkt: Wanderparkplatz oberhalb Nenzing – Latz (1.036 m)

Gehzeit: ↗ 2¼ Std. ↘ 1¾ Std.

Höhenunterschied: 530 Hm

Kinderwagen: durchgehend geeignet

Schwierigkeit: leicht

Der Anstieg zu diesen Alpen ist identisch mit der Wanderroute und der beschriebenen Ergänzung.

Blick von Vordergamp zum Schillerkopf

Weitere Alpe der Tour

Die auf halbem Weg zwischen Innergamp und Mattlerjoch in der Karte eingezeichnete Mattler Alpe (1.659 m) ist keine eigenständige Alpe mehr, sondern gehört zu Innergamp.

Wanderroute: Von Nenzing – Latz wandert man auf dem Wanderweg entlang einer Wiese und später im Wald über die alte Gampstraße bergauf. Auf etwa 820 m geht man gerade weiter und gelangt hinab zum Galinabach und zu einer kleinen Brücke. Diese überquert man nicht, denn dieser Weg führt nach Gurtis. Also wandert man den Bach entlang das urtümliche Tal hinein, direkt auf den mächtigen Galinakopf zu. Startet man vom Wanderparkplatz, folgt man dem Schild nach Gurtis und gelangt nach Westen leicht absteigend auch zum Wanderweg entlang des Galinabaches. Etwa 45 Minuten später kann man links abbiegen und auf dem Herrenweg steil zu den Roßböden ansteigen. Hier

kann man schon die Kapelle von Gamp erkennen und trifft auf den Güterweg, dem man die letzte Strecke noch folgen muss.
Bei der Vordergamp Alpe wandert man kurz auf dem Güterweg, der am Berghaus Mattajoch vorbeiführt, Richtung Osten. Schon bald muss man nach rechts über eine Wiese hinab und durch den Wald kommt man zu einem Güterweg, der zum „Triegel" hinabführt.
Bei einer Jagdhütte ändert sich die Hauptgehrichtung auf Norden und man wandert hoch über der Mengschlucht zum Schilift Tschardun. Über die Zufahrtsstraße zum Lift erreicht man die Straße von Nenzing nach Latz, auf der man nach links zurück zum Ausgangspunkt gelangt.

Blumenwiese bei Latz

Variante:
Ab Garfrenga (904 m) [20v1]
Ausgangspunkt: Campingplatz Garfrenga (664 m)
Gehzeit: ↗↘ 5 Std.
Höhenunterschied: 900 Hm
Schwierigkeit: mittel

Wanderer, die beim Campingplatz in Garfrenga starten, wandern am besten auf der Straße Richtung Latz. Kurz nach Beginn dieser Hochfläche beginnt nach links der Güterweg nach Gamp, dem man so lange folgt, bis man in einer scharfen Kehre (ca. 950 m) auf den alten Gampweg trifft, den man nun weitergeht. Nur wenige Minuten später wählt man den rechten Weg und gelangt zum Galinabach und dem oben beschriebenen Weg.
Am Rückweg zweigt man bei Tschardun rechts ab und erreicht so wieder den Campingplatz.

Variante:
Ab Gurtis (904 m) [20v2]
Ausgangspunkt: Gurtis (904 m)
Gehzeit: ↗↘ 4½ Std.
Höhenunterschied: 800 Hm
Schwierigkeit: mittel

In Gurtis startet man bei der Kirche in südöstlicher Richtung ins Galinatobel und trifft bald auf den oben beschriebenen Weg. Zurück muss man wieder den gleichen Weg.

Ergänzung:

Zur Innergamp Alpe (1.503 m) [20e1]

Ausgangspunkt: Innergamp Alpe (1.503 m)

Gehzeit: + 1½ Std.

Höhenunterschied: + 60 Hm

Schwierigkeit: leicht

Von der Vordergamp Alpe wandert man auf dem Güterweg weiter. Dabei geht es leicht bergab Richtung Südwesten ins Tal des Gampbaches. Beim Weitergehen passiert man die Felspyramiden von Gamp und kommt nach etwa 45 Minuten zur Innergamp Alpe. Wer einen Blick zu den Liechtensteiner Berge werfen will, wandert noch bis zum Mattlerjoch weiter (+ 3 Std. ab Vordergamp). Auf halbem Weg ab Innergamp könnte man bei der Hütte der zu Vordergamp gehörenden Mattler Alpe nach rechts zum Guschgfieljoch und zum Galinakopf aufsteigen (+ 5 Std. ab Vordergamp).

Fahrt nach Gamp

Gipfelergänzung :

Gampberg (1.708 m) [20e2]

Ausgangspunkt: Vordergamp Alpe (1.503 m)

Gehzeit: + 1 Std

Höhenunterschied: + 200 Hm

Schwierigkeit: mittel

Von der Vordergamp Alpe geht es über Alpwiesen leicht zum Gampberg.

MTB-Route: Von Beschling fährt man auf einer schmalen Straße nach Nenzing – Latz hinauf. Dann geht es es in angenehmer Steigung auf einem Güterweg bis zur Vordergamp Alpe weiter. Kurz vor der Alpe wird der Weg so steil, dass man jeden Meter zum Ziel zählt. Bergab startet man wie bei der Wanderroute auf dem Weg nach Osten und dann nach rechts über die Wiese bergab. Nach einer Schiebepassage durch den Wald kommt man auf einen Güterweg, der teils sehr steil hinab wieder nach Nenzing Latz führt. Auf der Straße kommt man wieder nach Beschling.

Frommengärsch
Gampelün
Ghf. Bazora
990
Gurtis
(904)
719
Gadon
Krm.
Rabenstein
750
Latz
(710)
Beschling
(534)
Bazoraschihtt.
20v2
Galina
Muggabill
926
1406
Gurtisspitze
1778
Bazulwald
Bazul
20v1
Hocheck
747
904
Beschlinger Berg
986
Res.
Tschardun
Käserleeck
867
Brunneleeck
1481
Brändlekopf
982
Meng
799
Sattelalpe
1383
20
20e1
Gampberg
1708
Hohe Köpfe
2066
Roßboden
20
Vordergamp
1562
Triegel
1144
Lohnspitz
1758
Gampbach
1866
Galinaalpe
Schwarzer Brunnen
1510
Zollhtt.
Kreuzschrofen
Eckskopf
1563
Jochhtt.
1937
Innergampalpe
20e1
2006
Jochgrat
Garfretschentobel
Jhtt.
1550
Schneeböden
Äußerer Alpelek
2063
Schneckenstamm
Garfretschenwald
Mattleralpe
1659
Schmalzbergjhtt.
1533
Innerer Alpelek
2122
Mattlerj.
1867
Großtal
Scheienkopf
Tour 20 Gampwanderung

21 Nenzinger Berg

Feldkircher Alpe (Nenzingerberg Alpe) 1.240 m
Valscherina Alpe 1.460 m

Gebirge:
→ Rätikon
Talort:
→ Nenzing (530 m)

Nenzinger Berg

Diese Wanderung führt über saftige Wiesen, dichte Wälder, sonnige Alpwiesen und durch ein tiefes Tal. Sie zählt somit zu den besonders vielfältigen Wanderungen.

Anforderungen: wenig angstrengend

Zeiten: 4½ Stunden: ↗ 2¼ Std. ↘ 2¼ Std.

Ausgangspunkt: Nenzing – Ortsmitte (530 m)

Gehzeiten: Nenzing – Nenzinger Berg 2¼ Std.; Nenzinger Berg – Innerster Hof 1 Std.; Innerster Hof – Kühbruck ½ Std.; Kühbruck – Stellveder Std.; Stellveder – Nenzing ¾ Std.

Höhenunterschied: ↗↘ je 460 Hm

Karten: ÖK-Blatt 141, LKS-Blatt 238, F&B-Blatt 371

Kinderwagen: ab Stellveder geeignet, aber immer am Güterweg

Informationen für Mountainbiker

Start/Ziel: Nenzing – Ortsmitte (530 m)

Höchster Punkt: Klampera Sätteli (1.715 m)

Fahrzeiten: ↗ 3 Std. ↘ 1 Std.

Anstieg: ↗ 15 km ↘ je 23 km, 1200 Hm Fahrt

Besonderheit: Am Nenzinger Berg befand sich früher eine weitläufige Streusiedlung, die noch bis ins 20. Jahrhunderts ständig bewohnt war. Der so genannte „Innerste Hof" zeugt noch davon, dass dies der am weitesten entfernte Hof

war. 1900 lebten dort auf neun Höfen noch 37 Menschen. Die Kinder wurden in einer Stube eines Bauernhauses unterrichtet. Nach dem ersten Weltkrieg gaben die Bewohner aufgrund der Abgelegenheit diese Siedlung aber auf und das Gebiet wurde in eine Alpe umgewandelt. Heute zeugt nur mehr das Nenzinger Berg-Kirchle von dieser vergangenen Zeit.
Am Beginn des Nenzinger Berges liegt Stellveder. Der Name ist auf ein römisches Kastell zurückzuführen, dessen Überreste ausgegraben wurden und nun Zeugnis von längst vergangener Zeit ablegen. Hier beginnt die lange Straße in den Nenzinger Himmel (Gamperdona), die nur für Einheimische und Hüttenbesitzer gegen Maut benützbar ist. Ein größerer Parkplatz erlaubt es, auch von hier zu Wanderungen zu starten.
Der Weg zwischen Stellveder und Kühbruck wird auch Bibelweg genannt. An 9 Stationen sind Tafeln mit Bibelversen aufgestellt, die zum Nachdenken anregen sollen. Während der Wanderung auf diesem Weg hat man auch einen tollen Tiefblick in die Mengschlucht und zu einem wunderschönen Wasserfall.
Bei Kühbruck steht eine kleine Wallfahrtskirche, die der Muttergottes geweiht ist und zu der im Frühsommer immer eine Prozession stattfindet, bei der um eine unfallfreie Alpsaison gebetet wird. In der Kirche befindet sich eine Gedenktafel, die an die letzte erfolgreiche Bärenjagd im Gamperdonatal im Jahr 1782 erinnert.

Feldkircher Alpe (Nenzingerberg Alpe) 1.240 m Valscherina Alpe 1.460 m

Der Nenzinger Berg ist ein eher sanft ansteigender Rücken, der auf einem Kopf nördlich der Mondspitze endet. Von der Alpe hat man einen traumhaften Blick auf das Rheintal. Die beiden Alpen bilden, zusammen mit der auf der Bürserberger Seite des Klampera Sätteli (1.715 m) befindlichen Furkla Alpe (1.619 m), eine Einheit. Ab Mitte Juni wird in Schritten von etwa 2 Wochen das Vieh höhergetrieben und Mitte August beginnt wieder der schrittweise Rückzug. Bei der Valscherina Alpe befindet sich eine Hütte des Nenzinger Alpenvereins, auf der man an Wochenenden oft Bergfreunde antrifft.

Besitzer: Stadt Feldkirch
Alpvieh: 110 Mutterkühe
Zeitraum der Bewirtschaftung: Feldkircher Alpe: Mitte bis Ende Juni und Anfang bis Mitte September; Valscherina Alpe: Anfang bis Mitte Juli und Mitte bis Ende August
Verpflegung für Wanderer: Getränke und Jause

Direkter Alpanstieg Feldkircher Alpe:
Ausgangspunkt: Stellveder (784 m)
Gehzeit: ↗ 2½ Std. ↘ 2 Std.
Höhenunterschied: 460 Hm
Kinderwagen: durchgehend geeignet
Schwierigkeit: leicht

Direkter Alpanstieg Valscherina Alpe:
Ausgangspunkt: Stellveder (784 m)
Gehzeit: ↗ 3½ Std. ↘ 2½ Std.
Höhenunterschied: 680 Hm
Kinderwagen: durchgehend geeignet
Schwierigkeit: leicht

Zum Ausgangspunkt Stellveder fährt man vom Ortskern von Nenzing Richtung Nenzinger Himmel. Hier beginnt bei einem größeren Parkplatz das Fahrverbot.
Direkt hinter dem Mauthäuschen beginnt ein Wanderweg, der ziemlich direkt bergauf führt. Schließlich kommt man beim Nenzinger Berg-Kirchle auf die Alpflächen und ist bald darauf bei der Alpe. Mit dem Kinderwagen muss man auf dem Güterweg bleiben und hat einen etwas längeren Anstieg.

Weitere Alpe der Tour

Innerster Hof 1.078 m

Der Innerste Hof wird nur ganz kurz bestoßen. Oberhalb von ihm befindet sich versteckt die Alpila Alpe, wo unterhalb des Alpilakopfes Schafe weiden.

Wanderroute: In Nenzing wandert man links der Meng entlang auf der Straße in Richtung Stellveder und Nenzinger Himmel. Nach der Ortstafel bei der zweiten Rechtskehre zweigt man nach links ab. Nun wandert man zuerst über Wiesen nach Osten und dann Richtung Westen durch den Wald hoch. Dabei passiert man einige noch ursprüngliche Heustadel. Der Weg kreuzt immer wieder den Güterweg zum Innersten Hof und zum Klampera Sätteli und führt konstant bergauf. Plötzlich steht man beim kleinen Nenzinger Berg-Kirchle (1.102 m), das direkt am Waldesrand steht. Nun ist es nicht mehr weit bis zur Nenzingerberg Alpe (1.240 m).
Von der Alpe wandert man auf dem Güterweg etwas bergab. Nach einigen kurz hintereinander folgenden Kehren kann man nach links auf den Güterweg zum Innersten Hof abzweigen. Er führt etwa 150 m über dem Talgrund

Abfahrt am Nenzinger Berg

relativ flach nach Süden. Nach dem Innersten Hof (1.078 m) geht es nach Überquerung eines mächtigen Grabens hinab nach Kühbruck (937 m). Hier trifft man auf die Gamperdonastraße und wandert auf dieser das Tal hinaus nach Stellveder. Auf dem zuletzt steilen Fahrweg erreicht man wieder den Ortskern von Nenzing.

Ergänzung:
Valscherina Alpe (1.460 m) [21e]

Ausgangspunkt: Nenzingerberg Alpe (1.240 m)
Gehzeit: + 1¼ Std
Höhenunterschied: + 220 Hm
Schwierigkeit: mittel

Von der Nenzingerberg Alpe kann man auf dem Güterweg weiter Richtung Mondspitze aufsteigen. Man verlässt ihn aber bald auf der rechten Seite und kann ziemlich direkt zur Alpe aufsteigen. Der Rückweg ist mit dem Anstieg identisch.

Variante:
Ab Stellveder über den Güterweg [21v]

Ausgangspunkt: Stellveder (784 m)
Gehzeit: ↗↘ 4 Std.
Höhenunterschied: 460 Hm
Kinderwagen: durchgehend geeignet
Schwierigkeit: leicht

Gerade mit dem Kinderwagen ist es sinnvoll, in Stellveder zu starten. Zuerst wandert man am Mauthäuschen vorbei auf der Straße noch etwas Richtung Nenzinger Himmel, dann zweigt links der Güterweg zum Innersten Hof ab. Ihm folgt man in sanfter Steigung durch den Wald hinauf. Schließlich kommt man auf die Alpflächen und in einigen sehr scharfen Kehren zur Alpe. Der weitere Weg ist identisch mit der Hauptroute.

MTB-Route: In Nenzing fährt man über die Meng und ostwärts bis zum Gh. Gemsle. Hier beginnt nach rechts und dann gleich wieder nach links der Güterweg, der schattig im Wald dem Berg entlang Richtung Osten zur Ronaalpe (1.236 m) hochführt (siehe Tour 38). Diese Alpe ist für ihr Joghurt und ihren Käse berühmt.
Danach fährt man auf dem Weg zum Parpfienzsattel (Richtung Südwest) weiter. Bei einem Flachstück auf etwa 1.550 m muss man nach rechts, um auf den Güterweg von Brand zu kommen (kurze Schiebepassage – dann schöner Wiesenweg). Nun rollt man flach zur Furkla Alpe (1.619 m) und muss sich noch zum Klampera Sätteli (1.715 m) hochkämpfen. Anschließend geht es nur mehr bergab. Auf einem guten Schotterweg fährt man an der Valscherina Alpe und an der Nenzingerberg Alpe vorbei zurück nach Nenzing.

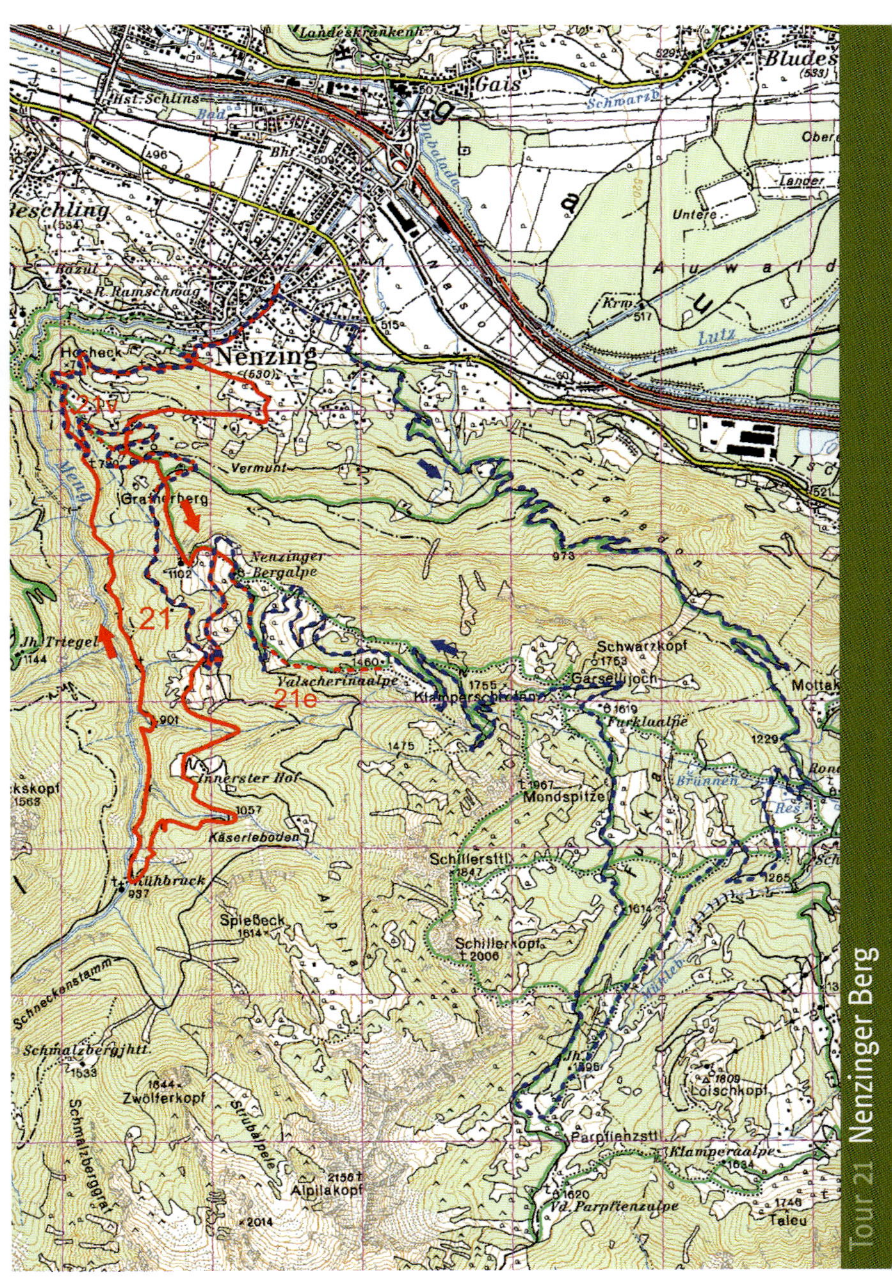

Tour 21 Nenzinger Berg

22 Gamperdonarunde

Gamperdona Alpe 1.339 m
Setsch Alpe 1.722 m
Panüel Alpe 1.780 m

Gebirge:
→ **Rätikon**
Talort:
→ **Frastanz (509 m)**

Kapelle im Nenzinger Himmel

Diese Tour beginnt bei der größten Melkalpe des Landes und führt unter mächtigen Bergen vorbei zum malerischen Hirschsee.

Anforderungen: wenig angstrengend

Zeiten: 3¾ Stunden: ↗ 2¾ Std. ↘ 1 Std.

Ausgangspunkt: Nenzinger Himmel (1.370 m)

Gehzeiten: Nenzinger Himmel – Setsch Alpe 1½ Std.; Setsch Alpe – Panüel Alpe 1¼ Std.; Panüel Alpe – Nenzinger Himmel 1 Std.

Höhenunterschied: ↗ ↘ je 500 Hm

Karten: ÖK-Blatt 141, LKS-Blatt 238, F&B-Blatt 371

Kinderwagen: geeignet, Route führt über den Güterweg (siehe direkten Alpanstieg).

Informationen für Mountainbiker

Die Zufahrt mit dem Mountainbike in den Nenzinger Himmel ist ausdrücklich verboten!

Besonderheit: Der Nenzinger Himmel, auch Gamperdona genannt, ist ein abgeschiedenes Alptal auf 1.370 m. Der Name stammt aus der Römerzeit und leitet sich „campus rotundus“ = „rundes Feld“ ab. Das Gamperdonatal wurde schon in der Bronzezeit als Weidefläche genutzt und entwickelte sich Ende des

19. Jahrhunderts zu einem Feriendorf. Die Hütten sind alle in Privatbesitz und meist Jahre voraus ausgebucht. Zusätzlich gibt es ein urtümliches Gasthaus, das zu einer Einkehr einlädt. Nicht weit davon befindet sich ein altes, mit Wasserkraft angetriebenes Sägewerk. Das Kirchlein am inneren Ende des Feriendorfes stammt aus dem 17. Jahrhundert und ist dem Pestheiligen St. Rochus geweiht. Die Gamperdona Alpe befindet sich an der östlichen Talseite am Beginn des Feriendorfes. Die anderen Alpen befinden sich höher an den Berghängen.
Die Gamperdona dient als Erholungsgebiet der Extraklasse. Neben einfachen Spaziergängen im Talboden und leichten Wanderungen zu den Alpen bieten sich auch anspruchsvollere Bergfahrten an. Den absoluten Höhepunkt stellt dabei eine Bergtour auf den Panüeler dar, der absolut trittsichere Bergsteiger sowie viel Zeit und Kondition erfordert.

Gamperdona Alpe 1.339 m

Die Alpe befindet sich auf der Ostseite des Tales gleich am Beginn des Feriendorfes. Sie ist die größte Melkalpe des Landes. Dem Besucher bietet sie einen großzügigen Verkaufsraum für bäuerliche Produkte und eine Milchtrinkstube, die auch zu längerem Verweilen verlockt. In einem alten Stall wurde eine Ausstellung über die Alparbeit der letzten Jahre eingerichtet.

Besitzer: Agrar Nenzing

Alpvieh: 130 Milchkühe, Schweine

Alpprodukte: Milch, Käse (Alpkäse, Romadur, Bachsteiner, Sura Käs), Butter, Joghurt

Zeitraum der Bewirtschaftung: Anfang Juni bis Anfang September

Gaststube: Verkaufsraum und Milchtrinkstube

Verpflegung für Wanderer: Getränke, Jause, auf Vorbestellung auch Käsknöpfle

Direkter Alpanstieg:

Die Alpe liegt direkt am Beginn des Feriendorfes und der Weg dahin ist somit ein kurzer Spaziergang.

Setsch Alpe 1.722 m
Panüel Alpe 1.780 m

Die Setsch Alpe liegt westlich unter dem „Pfannaknächtle“, einem felsigen Gipfel in der Kette vom

Hirschsee

Amatschonjoch bis zum Panüeler. Viele Wanderer kommen hier vorbei, wenn sie in Brand gestartet sind und übers Amatschonjoch in den „Himmel“ wandern. Die Panüel Alpe liegt etwas oberhalb des Hirschsees. Der kleine See unterhalb des gewaltigen Panüelers ist ein beliebtes Ausflugsziel aus dem Nenzinger Himmel, denn Kinder können hier stundenlang spielen. Der Viehtrieb geht von der Vals Alpe (1.151 m) in der Mitte des langen Gamperdonatales in den Nenzinger Himmel und weiter zur Setsch Alpe. Die Hochalpe von Panüel wird nur wenige Wochen lang beweidet.

Besitzer: Agrar Nenzing
Alpvieh: 230 Jungvieh
Zeitraum der Bewirtschaftung: Setsch Alpe: Anfang bis Mitte Juli und Mitte bis Ende August; Panüel Alpe: Mitte Juli bis Mitte August
Verpflegung für Wanderer: Getränke, Jause

Direkter Alpanstieg Setsch Alpe:
Ausgangspunkt: Nenzinger Himmel (1.370 m)
Gehzeit: ↗ 2 Std. ↘ 1½ Std.
Höhenunterschied: 350 Hm
Kinderwagen: durchgehend geeignet
Schwierigkeit: leicht

Direkter Alpanstieg Panüel Alpe:
Ausgangspunkt: Nenzinger Himmel (1.370 m)
Gehzeit: ↗ 1¾ Std. ↘ 1¼ Std.
Höhenunterschied: 410 Hm
Kinderwagen: durchgehend geeignet
Schwierigkeit: leicht

Aus dem Nenzinger Himmel führt am inneren Ende des Feriendorfes ein Güterweg entlang eines Baches in Richtung des mächtigen Panüeler hinauf. Auf 1.686 m teilt sich dieser. Nach links geht es um einen Bergrücken herum zur Setsch Alpe und nach rechts zur Senke des Hirschsees und der etwas höher liegenden Panüel Alpe.

Wanderroute: Im Nenzinger Himmel wandert man zum östlichen Teil des Feriendorfes auf der östlichen Bachseite. Hier beginnt in nördlicher Richtung ein Wanderweg. Er führt zuerst über die Wiesen leicht bergauf, bis er sich nach Osten wendet und steiler wird. Entlang eines Baches kommt man bald zur Alpfläche der Setsch Alpe und kann die

Setsch Alpe

Hütte, die oberhalb eines Güterweges liegt, schon erkennen. Über den Güterweg geht es von der Setsch Alpe leicht bergab in südlicher Richtung weiter und um einen Bergrücken herum. Zwischen den Bäumen kann man den mächtigen Panüeler erkennen. Nach etwa einer ¾ Stunde teilt sich der Weg. Nach rechts kann man schon wieder in den den Nenzinger Himmel zurück, geradeaus geht es weiter zur Panüel Alpe. Nach links zweigt ein Fußweg ab, der zum nahe gelegenen Hirschsee führt. Nachdem man am See vorbeigegangen ist, kommt man wieder zum Güterweg, der in mehreren Kehren hinauf zur Panüel Alpe führt. Anschließend geht es wieder zurück zur Abzweigung vor dem See (man kann dabei auf dem Güterweg bleiben oder nochmals eine Schleife zum See machen) und hier nach links hinab. Die Kehren des Güterweges kann man dabei abkürzen und gelangt so wieder zum Ausgangspunkt.

Variante: Die Wanderung ist umgekehrt praktisch gleich interessant. Allerdings kann man Kinder nach dem Spielen beim Hirschsee kaum mehr zu einer weiteren Wanderung bewegen.

Ergänzung:
Rund um die Hornspitze [22e]
Ausgangspunkt: Panüel Alpe (1.780 m)
Gehzeit: + 2½ Std
Höhenunterschied: + 600 Hm
Schwierigkeit: **mittel** / **anspruchsvoll**

Will man eine echte Bergwanderung machen, kann man von der Panüel Alpe zuerst in westlicher Richtung ansteigen. Dann geht es in Richtung Südwesten unterhalb des Strahlecks und der markanten Hornspitze ein Kar hinauf zum Nordwestgrat der Hornspitze und über einen steilen Hang hinüber zum Hochjoch (Große Furka) (2.358 m). Hier wendet man sich nach links (Osten). Der Weg geht etwas bergab und dann in einigen Kehren hinauf zum Salarueljoch (Kleine Furka) (2.246 m). Nun sieht man schon zum Hirschsee hinab. Durch das schottrige Kar unterhalb des Panüeler geht es wieder hinab zur Alprundwanderung.

Blick von Setsch Alpe zum Amatschonjoch

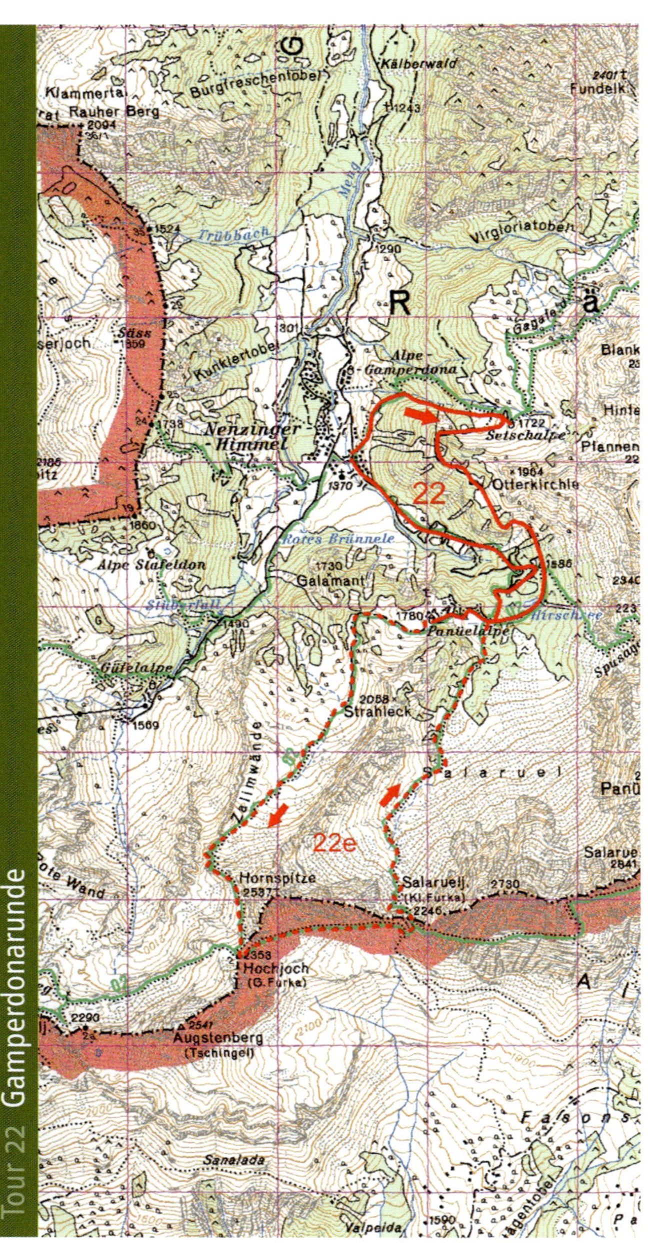
Kälberwald
Burgfreschentobel
Klammerta
Rauher Berg
2094
Fundelk
Trübbach
Virgloriatobel
1290
R
ä
Süss
1859
Kunkiertobel
Alpe Gamperdona
Blank
Hinte
1722
Setschalpe
Pfannen
Nenzinger Himmel
1370
1964
Otterkirchle
22
1860
Rotes Brünnele
Alpe Stafeldon
1730
Galamant
1586
2340
Stüberfall
1490
1780
Panüelalpe
Hirschsee
Güfelalpe
1569
2058
Strahleck
Zalimwände
Salaruel
Panü
22e
Salarue
2841
Rote Wand
Hornspitze
2537
Salaruelj.
(Kl. Furka)
2246
2730
2353
Hochjoch
(G. Furka)
A
2290
2541
Augstenberg
(Tschingel)
Falons
Sanalada
Valpeida
1590

23 Augstenberg

Sareis Alpe 1.859 m
Güfel Alpe 1.569 m

Gebirge:
→ Rätikon
Talort:
→ Nenzing (530 m)

Pfälzer Hütte

Eine besonders reizvolle Höhenwanderung hoch über dem Nenzinger Himmel führt über den Augstenberg.

Anforderungen: angstrengend

Zeiten: 5½ Stunden: ↗ 4 Std. ↘ 1½ Std.

Ausgangspunkt: Nenzinger Himmel (1.370 m)

Gehzeiten: Nenzinger Himmel – Sareiser Joch 2 Std.; Sareiser Joch – Augstenberg 1¼ Std.; Augstenberg – Pfälzer Hütte ¾ Std.; Pfälzer Hütte – Nenzinger Himmel 1½ Std.

Höhenunterschied: ↗ ↘ je 1000 Hm

Karten: ÖK-Blatt 141, LKS-Blatt 238, F&B-Blatt 371

Informationen für Mountainbiker

Die Zufahrt mit dem Mountainbike in den Nenzinger Himmel ist ausdrücklich verboten!

Besonderheit: Diese Tour ist nicht nur eine Alpwanderung, sondern auch eine abwechslungsreiche Höhenwanderung zu einer idyllisch gelegenen Hütte. Vom Sareiser Joch bis zur Pfälzer Hütte wird man durch Wanderer, die von Liechtenstein her aufgestiegen sind, begleitet. Im Bereich der Vermales Alpe pfeifen Murmeltiere um die Wette.

Güfel Alpe 1.569 m

Die Stafeldon Alpe, Vermales und die Güfel Alpe werden nacheinander mit trächtigen Kühen bestoßen. Der Viehzug geht vom Nenzinger Himmel zuerst zur Stafeldon Alpe (1.716 m), die östlich unterhalb des Gorfion liegt und bei der kein Wanderweg vorbeiführt. Nach etwa 14 Tagen geht es weiter zur Güfel Alpe, die im Grund im Hochtales liegt, das zuletzt sehr steil zum Barthümeljoch hochzieht. Hier bleibt das Vieh etwa 10 Tage, bevor es zur Hochalpe Vermales (1.922 m) hinaufgeht, die knapp unterhalb des Bettlerjoches und der dort befindlichen Pfälzer Hütte liegt. Die Alphütte von Vermales liegt abseits des Wanderweges zur Pfälzer Hütte. Der Weg führt aber über die Weideflächen der Alpe. Nach wiederum etwa 14 Tagen ziehen das Vieh und die Hirten langsam wieder über die gleiche Route zurück.
Da die Alpen jeweils nur sehr kurz bewirtschaftet sind, trifft man dort kaum einmal jemanden an und muss selbst für Proviant sorgen. Trotzdem zahlt sich ein Besuch aus, denn das Hochtal mit dem Bach ist sehr interessant. Am Weg dorthin passiert man den wilden Stüber Wasserfall.

Besitzer: Agrar Nenzing
Alpvieh: 230 trächtige Kühe
Alpprodukte: Milch
Zeitraum der Bewirtschaftung: Juli und August
Verpflegung für Wanderer: Getränke und Jause

Direkter Alpanstieg:
Ausgangspunkt: Nenzinger Himmel (1.370 m)
Gehzeit: ↗ 1 Std. ↘ 3/4 Std.
Höhenunterschied: 220 Hm
Kinderwagen: durchgehend geeignet
Schwierigkeit: leicht

Am südlichen Ende des Feriendorfes führt ein Güterweg entlang eines tosenden Bergbaches zur Güfelalpe hinauf. Dabei passiert man den mächtigen Stüber Wasserfall.

Weitere Alpe der Tour

Sareis Alpe 1.859 m
Bei dieser Alpe ist das Prinzip gebrochen, dass sich Landesgrenzen an Gewässern und Bergkämmen orientieren. Die Alpe liegt zwar auf der östlichen Seite des Kammes, ist also dem österreichischen Nenzinger Himmel zugekehrt, befindet sich aber schon auf Liechtensteiner Boden. Sie liegt in einer Senke knapp unterhalb des Sareiser Joches, und wer ihre Lage betrachtet, kann verstehen, dass sie schon vor urdenklicher Zeit von Malbun aus bestoßen wurde. Von der Alpe hat man einen wunderbaren Tief-

blick in den „Himmel“ und den dahinter mächtig aufragenden Panüeler. Sie wird zusammen mit der oberhalb von Malbun befindlichen Alpe Turna bewirtschaftet (siehe Tour 12).

Wanderroute: Zuerst wandert man auf der „Hauptstraße“ des Nenzinger Himmels zum inneren Ende des Feriendorfes. Hier biegt man rechts ab und steigt in westlicher Richtung zuerst über einen Rücken, dann durch den Wald hoch. Nach etwa 1½ Stunden überschreitet man die Grenze zu Liechtenstein und kommt in den Bereich der Sareis Alpe (1.859 m). Nun wird es noch kurz steil, bevor man das Sareiser Joch (2.000 m) erreicht.
Vom Joch führt der „Fürstin Gina Weg“ zuerst rechts am Spitz vorbei, dann immer den Kamm entlang. Teilweise wird es etwas felsig, kurz unterhalb des Augstenberges wird es etwas steiler.
Der Weg geht nach Süden zur Pfälzer Hütte (2.108 m), die sich am Bettlerjoch befindet, hinab und ist zeitweise steil. Von der Hütte gelangt man über die Alpflächen von Vermales unterhalb des Gorfion zur Güfelalpe. Nun wandert man über den Güterweg wieder in den „Himmel“, wobei man noch am Stüber Wasserfall vorbeikommt, der die Gewalt von Wasser erahnen lässt.

Variante: Die Wanderung ist umgekehrt praktisch gleich interessant. Bei der geschilderten Richtung geht es nach der Rast bei der Pfälzer Hütte nur mehr bergab, was die meisten Wanderer als angenehmer empfinden.

Gipfelergänzung :
Naafkopf (2.570 m) [23e1]
Ausgangspunkt: Pfälzer Hütte (2.108 m)
Gehzeit: + 2½ Std
Höhenunterschied: + 470 Hm
Schwierigkeit: mittel / anspruchsvoll

Von der Hütte wandert man entlang des Rückens weiter. Teilweise muss man in steilem Gelände ostseitig ausweichen. Eine markanten Felsstufe kann man rechts über den Grat überlisten und kommt dann auf ein Karrenfeld. Das Gipfelkreuz wird sichtbar und ist bald erreicht.

Tiefblick vom Sareiser Joch in den Nenzinger Himmel

Ergänzung: Liechtensteiner Höhenweg zum Hochjoch [23e2]

Ausgangspunkt: Pfälzer Hütte (2.108 m)
Gehzeit: + 1½ Std
Höhenunterschied: + 300 Hm
Schwierigkeit: mittel / anspruchsvoll

Von der Hütte wandert man kurz Richtung Naafkopf. Kurz oberhalb der Hütte zweigt links der Liechtensteiner Höhenweg ab. Er führt zuerst ohne viel Höhenunterschied in einem großen Bogen über karstiges Gebiet nach Südosten. Dann geht es etwas hinauf, unterhalb des Barthümeljoches wandert man wieder relativ flach unterhalb des Tschingels weiter und nach kurzem Anstieg steht man am Hochjoch (Große Furka) (2.358 m). Nun wendet man sich nach Noden und durch die steile Westflanke der Hornspitze kommt man in ein Kar, das zur Panüel Alpe hinabführt. Auf dem Güterweg und später teilweise direkt gelangt man wieder in den Nenzinger Himmel (vergleiche auch Ergänzung der Tour 22).

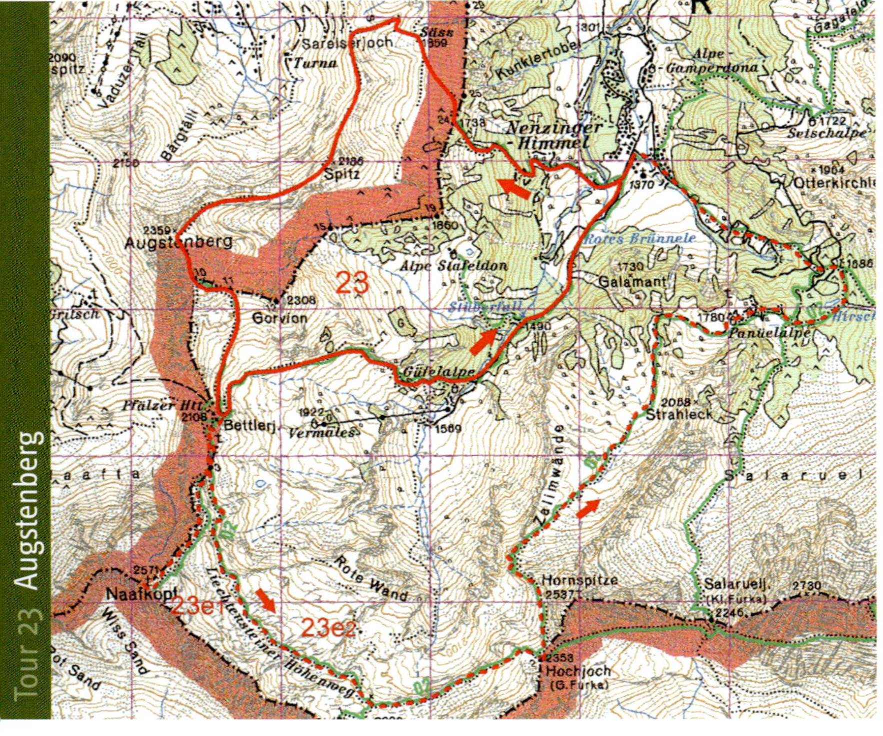

24 Schnifner Sagenwanderung

Äußere Alpila Alpe 1.531 m
Dünser Älpele 1.558 m
Innere Alpila Alpe 1.562 m

Gebirge:
→ **Bregenzerwaldgebirge**
Talort:
→ **Satteins (495 m)**
Schlins (502 m)
Bludesch (533 m)
Thüringen (573 m

Eggalpe

Diese kleine Rundwanderung führt entlang von liebevoll gestalteten Märchentafeln von der Schnifner Bergbahn zum Dünser Älpele und wieder zurück.

Anforderungen: wenig angstrengend

Zeiten: ↗↘ 2 Stunden

Ausgangspunkt: Bergstation Schnifner Bergbahn (1.334 m)

Gehzeiten: Bergstation Seilbahn – Alpila Alpe ¾ Std.; Alpila Alpe – Dünser Älpele ¾ Std.; Dünser Älpele – Bergstation Seilbahn ½ Std.

Höhenunterschied: ↗↘ je 300 Hm

Karten: ÖK-Blatt 141, LKS-Blatt 228, LKS 1116, F&B-Blatt 364

Informationen für Mountainbiker

Start/Ziel: Satteins/Kirche (495 m)

Höchster Punkt: Dünser Älpele (1.558 m)

Fahrzeiten: ↗ 2 ½ Std. ↘ 1½ Std.

Anstieg: ↗ 12 km ↘ 14 km, 1080 Hm Fahrt

Besonderheit: Das Dünser Älpele liegt wie auf einem Sonnenbalkon hoch über dem Walgau, neben einem markanten Fernseh-

turm. Die Aussicht zu den Rätikonbergen und bis in die Silvretta ist gewaltig. Durch die leichte Erreichbarkeit ist die Alpe einer der wichtigsten Treffpunkte der Umgebung. Besonders schön ist es am Abend. Viele Biker nützen dies und strampeln nach Beendigung der Arbeit noch „schnell" hoch.
Da im Sommer der Landbus Linie 75a von Nenzing bis zum Dünser Älpele fährt, bietet es sich an, hier zu starten und zuerst zur Bergstation der Bergbahn hinabzuwandern. Dann folgt man dem oben beschriebenen Weg wieder zurück zum Ausgangspunkt. Entlang dieser Wanderrunde laden 13 liebevoll gestaltete Märchentafeln zum Stehenbleiben und Vorlesen ein. Dies und der geringe Höhenunterschied machen diese Runde vor allem mit kleinen Kindern interessant.

Dünser Älpele bei einer Winteralpwanderung

Äußere Alpila Alpe 1.531 m

Die Alpe liegt auf einem sonnigen Rücken, der vom Kopf westlich des Hochgerach herabzieht. Der Sagenwanderweg führt direkt bei der Alpe vorbei. Früher war sie eine Kuhalpe, jetzt ist sie mit Jungvieh besetzt.

Besitzer: Agrar Schnifis
Alpvieh: 70 Jungvieh
Zeitraum der Bewirtschaftung: Mitte Juni bis Mitte September
Verpflegung für Wanderer: Getränke, Jause

Direkter Alpanstieg:
Ausgangspunkt: Bergstation Bergbahn (1.334 m)
Gehzeit: ↗ 3/4 Std. ↘ 1/2 Std.
Höhenunterschied: 200 Hm
Kinderwagen: durchgehend geeignet

Von der Bergstation der Schnifner Bergbahn führt ein gemütlicher Güterweg bis zur Alpe.

Innere Alpila Alpe 1.562 m

Die auch Thüringerberger Alpila genannte Alpe liegt in bester Lage unter dem Hüttenkopf. Die Aussicht reicht von den Schweizer Bergen über den Rätikon bis in die Silvretta. Die Alpe wird als Bioalpe geführt.

Besitzer: Agrar Thüringerberg
Alpvieh: 50 Kühe, 12 Jungvieh

Alpprodukte: Milch, Butter, Alpkäse
Zeitraum der Bewirtschaftung: Anfang Juni bis Anfang September
Verpflegung für Wanderer: Getränke, Jause
Veranstaltungen, Besonderheit: Alpmesse im August

Direkter Alpanstieg:
Ausgangspunkt: Thüringerberg (877 m)
Gehzeit: ↗ 2¼ Std. ↘ 1¾ Std.
Höhenunterschied: 700 Hm
Kinderwagen: durchgehend geeignet
Schwierigkeit: leicht

Am westlichen Ortsende von Thüringerberg, direkt westlich des Falsterbachgrabens, beginnt der Güterweg, der bis zur Alpe führt. Diesem folgt man in Kehren bis knapp unterhalb der Alpe. Die letzten 100 Höhenmeter kann man direkt über die Alpwiesen aufsteigen.

Dünser Älpele 1.558 m

Neben der tollen Aussicht begeistert die Schnifner Käspressknödelsuppe die Besucher der Alpe. Wer dieses Wort nicht aussprechen kann, muss halt mit dem Finger auf der Speisekarte seinen Wunsch äußern.

Besitzer: Gemeinde Düns
Alpvieh: 35 Jungvieh, 14 Milchkühe
Zeitraum der Bewirtschaftung: Anfang Juni bis Mitte September, Bewirtung Pfingsten bis Ende Oktober (Montag Ruhetag)
Gaststube: ja
Kontakt: Reinhard und Pauline Burtscher
Verpflegung für Wanderer: Getränke, Milch, Brote, Kuchen; Besonderheit: Schnifner Käspressknödelsuppe
Veranstaltungen, Besonderheit: Käsknöpfle auf Vorbestellung auch am Abend

Direkter Alpanstieg:
Ausgangspunkt: Wanderparkplatz (1.340 m)
Gehzeit: ↗ ¾ Std. ↘ ½ Std.
Höhenunterschied: 200 Hm
Kinderwagen: durchgehend geeignet
Schwierigkeit: leicht

Im Sommer fährt der Landbus Linie 75a von Nenzing über Dünserberg bis zur Alpe. Mit privatem PKW kann man von Schnifis über Dünserberg zu einem kleinen Parkplatz hochfahren. Über den weiterführenden Güterweg gelangt man gemütlich durch den Wald höher und dann entlang von Alpwiesen zum Älpele.

Wanderroute: Dieser Rundweg für Familien mit kleinen Kindern beginnt bei der Bergstation der Bergbahn und führt zuerst über einen Güterweg zur Äußeren Alpila Alpe. Dann geht es ohne viel Höhenunterschied im Wald Richtung Westen zum Fernsehturm beim Dünser Älpele weiter.

Von hier gelangt man über schöne Alpwiesen zurück zur Seilbahn.

Variante:
Thüringerberger Alpila Alpe (1.562 m) [24v]
Ausgangspunkt: Thüringerberg (877 m)
Gehzeit: 5½ Stunden: ↗ 3¼ Std. ↘ 2¼ Std.
Höhenunterschied: 700 Hm
Schwierigkeit: **mittel**

Diese Variante ist eher als Alternative zu bezeichnen, die sich anbietet, wenn man es ruhiger haben will. Der Anstieg beginnt in Thüringerberg und führt über den Güterweg, der am westlichen Dorfende beginnt (siehe oben). Zur Äußeren Alpila Alpe zu wandern erfordert aber einen weiteren Anstieg von etwa 300 Höhenmetern auf den Goppes (1.845 m). Nimmt man das auf sich, stattet man am besten dem Hochgerach noch einen Besuch ab, denn dafür braucht man von hier nur mehr 20 Minuten.
Früher gab es eine direkte Verbindung zwischen der Inneren und der Äußeren Alpila Alpe. Dieser Weg ist aber nur mehr für Ortskenner auffindbar. Derzeit wird über eine Wiedererrichtung nachgedacht.

Gipfelergänzung:
Hoch Gerach (1.985 m) [24e]
Ausgangspunkt: Äußere Alpila Alpe (1.531 m)
Gehzeit: + 2 Std
Höhenunterschied: + 450 Hm

Der „Gerach“ bietet einen Rundblick vom Bodensee über Laternsertal, Rheintal, Walgau und ins Montafon. Kurz vor der Alpe beginnt der Wanderweg, der zuerst nach Norden ins Alpkar und dann nach rechts auf eine Schulter beim Goppeskopf (1.845 m) führt. Entlang eines Rückens erreicht man zuletzt etwas felsig das Gipfelkreuz. Dann geht es ohne viel Höhenunterschied nach Nordwesten zum Laternser Kreuz.
Von hier muss man etwa 200 Höhenmeter den Grat entlang steil hinab. Dann wird der Grat sehr ausgesetzt und sehr anspruchsvoll (alpine, ungesicherte Variante). Leichter ist die Umgehung auf der linken Seite, wobei man dadurch etwas zu tief gerät und wieder ein paar Meter zu einer Schulter aufsteigen muss. Hier treffen sich die beiden Wege wieder und durch ein kleines Kar gelangt man zum Hinterjoch (1.614 m), das einen Übergang ins Laternsertal darstellt. Nun geht es auf einem Güterweg zum Fernsehturm und damit zum oben beschriebenen Weg.

MTB-Route: In Satteins geht es ostseitig der Kirche Richtung Berg hoch. Bald erreicht man den Waldrand und wählt den rechten Weg. Dieser geht kurz darauf in einen Schotterweg über und führt zur Dünser Straße hoch. Auf dieser geht es rechts Richtung Düns weiter. Bei Futsch zweigt man links ab und auf gutem Güterweg erreicht man das Dünser Älpele. Ab hier muss man das Rad schieben. Der Weg führt zuerst flach nach Osten, dann steil hinab zur Bergstation der Schnifner Bergbahn. Nun rollt man auf Asphalt hinab nach Düns-Bassig. Kurz danach kann man links weg und über einen rauem Ziehweg direkt nach Schnifis fahren. Im Ort fährt man Richtung Westen. Bei der Kreuzung nach Düns zweigt man links ab und fährt ein Stück fast parallel zur Hauptstraße weiter. Dann geht es nach links zu einem großen Hof und durch Wiesen zu einem Wald. Hier beginnt ein Forstweg, der nach Schlins hinabführt. Über den Walgau-Radweg kommt man wieder zurück nach Satteins.

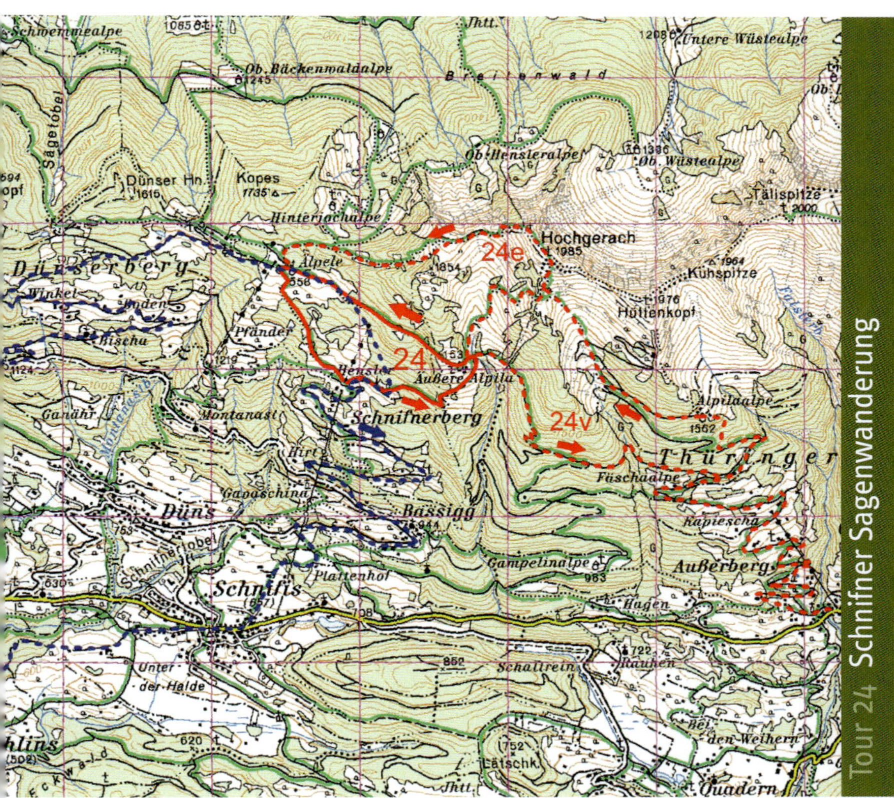

25 Im Banne der Elser

Elsalpe 1.594 m
Tiefensee Alpe 1.457 m
Klesi Alpe 1.765 m

Gebirge:
→ **Lechquellengebirge**
Talort:
→ **Bludenz (560 m)**

Tiefblick nach Bludenz

Die Muttersbergbahn bringt die Wanderer schon hoch hinauf. Dann folgt eine sehr gemütliche Wanderung, die aber ihre Zeit braucht.

Anforderungen: wenig angstrengend
Zeiten: 3½ Stunden: ↗ 2 Std. ↘ 1½ Std.
Ausgangspunkt: Bludenz – Bergstation Muttersbergbahn (1.402 m)
Gehzeiten: Muttersberg – Elsalpe 2 Std.; Elsalpe – Muttersberg 1½ Std.
Höhenunterschied: ↗ ↘ je 200 Hm
Karten: ÖK-Blatt 141 + 142, LKS-Blatt 238, F&B-Blatt 371
Kinderwagen: durchgehend geeignet

Informationen für Mountainbiker
Start/Ziel: Bludenz, Talstation Muttersbergbahn (660 m)
Höchster Punkt: Elsalpe (1.594 m)
Fahrzeiten: ↗ 2¼ Std. ↘ 1 Std.
Anstieg: ↗ ↘ je 11 km, 1000 Hm Fahrt

Besonderheit: Da die Wanderung vollständig auf einem Güterweg bewältigbar ist, kann hier jeder die Bergwelt genießen. Auch Mountainbiker fahren gerne zur Elsalpe, da die langen Flachstücke die Vorteile eines Fahrrades zur Geltung bringen. Will man nicht mehr den gleichen Weg zurück, kann man über die Furkla Alpen bis nach Bludenz absteigen. Viele Besucher wählen auch den Umweg über den Hohen Frassen, der wegen seiner Aussicht sehr beliebt ist.

Elsalpe 1.594 m

Die Alpe liegt auf der Walsertaler Seite des Kammes, der vom Hohen Frassen bis zum Arlberg das Klostertal vom Walsertal trennt. Das Alpgebiet breitet sich unterhalb der schroffen Elsspitze und der Gamsfreiheit aus. Nach Süden bricht das Alpgebiet steil zum Klostertal hin ab. Der gemütliche Zustieg macht die Alpe zu einem beliebten Ausflugsziel für Jung und Alt.

Besitzer: Gemeinde Röns
Alpvieh: 26 Kühe, 70 Jungvieh
Alpprodukte: Butter, Käse
Zeitraum der Bewirtschaftung: Mitte Juni bis Mitte September
Übernachtung: 15 Lager
Gaststube: für Übernachtungsgäste
Verpflegung für Wanderer: Jause (selbstgemachte Alpprodukte), Getränke
Veranstaltungen, Besonderheit: Alpmesse im Juni

Direkter Alpanstieg:
Ausgangspunkt: Bludenz – Bergstation Muttersbergbahn (1.402 m)
Gehzeit: ↗ 2 Std. ↘ 1½ Std.
Höhenunterschied: 200 Hm
Kinderwagen: durchgehend geeignet
Schwierigkeit: leicht

Der Anstieg ist identisch mit der Wanderroute.

Weitere Alpen der Tour

Tiefensee Alpe 1.457 m
Klesi Alpe 1.765 m
Diesen Alpen wurden 1907 von Liechtensteinern gekauft. Inzwischen werden sie wieder an Vorarlberger verpachtet und dienen etwa 70 Rindern als Sommerweide. Die Tiefensee Alpe liegt etwas versteckt nordseitig unterhalb des Tiefenseesattels. Vom Weg zwischen dem Sattel und der Elsalpe kann man die bei der Alpe gelegene Jagdhütte erkennen. Die dazugehörige Oberalpe, die Klesi Alpe, liegt in einer wunderschönen Senke östlich unter dem Gipfel des Hohen Frassen.

Elsalpe

Obere und Untere Furkla Alpe 1.100 und 1.480 m
Auf diesen beiden Alpen weiden teilweise Haflinger und Schafe. Weiters sind sie Heualpen, deren Gras gemäht und getrocknet wird.

Wanderroute: Von der Muttersbergbahn spaziert man auf einem Güterweg leicht bergab Richtung Osten, bis man einen Graben (1.445 m) erreicht. Nun kann man die Kehren dieses Weges abkürzen und ziemlich gerade zum Tiefenseesattel (1.562 m) aufsteigen oder auf dem gemütlichen Güterweg bleiben. Ab dem Sattel geht es auf jeden Fall auf dem Güterweg weiter und flach um das Breithorn herum zur Elsalpe (1.594 m).

Gipfelergänzung:
Hoher Frassen (1.979 m) [25e1, 25e2]
Ausgangspunkt: Muttersberg (1.402 m)
Gehzeit: + 2 Std
Höhenunterschied: + 400 Hm
Schwierigkeit: **mittel**

Der Frassen ist einfach zu besteigen und durch seine exponierte Lage ein hervorragender Aussichtsberg über die gesamte Alpenregion Bludenz. Um ihn zu besteigen, zweigt man schon in der Senke unterhalb des Muttersberges ab und wandert steil zwischen Bäumen und Latschen zur Frassen Hütte (1.725 m) hinauf. Der weitere Anstieg über eine Bergwiese ist rasch absolviert. Vom Gipfel startet man in Richtung Osten und hat gleich zwischen 2 Möglichkeiten, die beide ihre Reize haben:

[25e1]: Der kürzere Weg, der Rappaschrofaweg, zeigt rechts nach Süden hin ab. Nach etwa 120 Höhenmetern Abstieg wendet sich der Weg Richtung Osten und führt direkt zum Tiefenseesattel (1.562 m) hinab. Er bietet die ganze Strecke einen schönen Ausblick in den Rätikon.
[25e2]: Der längere Weg geht nordseitig hinab zur Klesi Alpe. Von ihr geht es weiter zur Tiefensee Alpe (1.45 m). Dann geht es hinauf zum Tiefenseesattel. Dieser Weg ist dem Walsertal zugewandt und man kann hier vor allem den Walserkamm überblicken.

Gipfelergänzung:
Gamsfreiheit (2.211 m) [25e3]
Ausgangspunkt: Elsalpe (1.594 m)
Gehzeit: + 3¾ Std
Höhenunterschied: + 620 Hm
Schwierigkeit: **mittel**

Von der Elsalpe wandert man zum Kreuz oberhalb der Alphütte und kann wählen: Entweder geht man auf dem markierten Weg in einem etwas größeren, flachen Bogen oder auf einem nicht markierten Steig durch eine Rinne hoch. Ab der Zusammenkunft beider Wege wird es zum Gipfel hin etwas felsig und schwieriger.

Ergänzung
Abstieg nach Bludenz über die Furkla Alpen [25e4]

Zielpunkt: Talstation Muttersbergbahn (660 m)
Gehzeit: ↘ + 2 Std.
Höhenunterschied: ↘ + 750 Hm
Schwierigkeit: mittel

Im Flachstück oberhalb der Elsalpe kann man nach Westen zum Elser Fürkele (1.810 m) aufsteigen. So gelangt zur Obere Furkla (1.480 m) hinter den Katzenköpfen und über die Untere Furkla (etwa 1.100 m) kommt man direkt zur Talstation der Muttersbergbahn.

MTB-Route: Von der Talstation der Muttersbergbahn fährt man zuerst auf einer schmalen Straße nach Latz zum Gh. Schönblick. Nun geht es über einen Panoramaweg unterm Muttersberg herum und in ein paar Kehren zur Senke (1.310 m) hinter dem Muttersberg hinauf. Anschließend geht es nach Osten auf dem Güterweg zum Tiefenseesattel (1.562 m) und flach zur Elsalpe (1.594 m).
Zurück fährt man auf dem gleichen Weg.

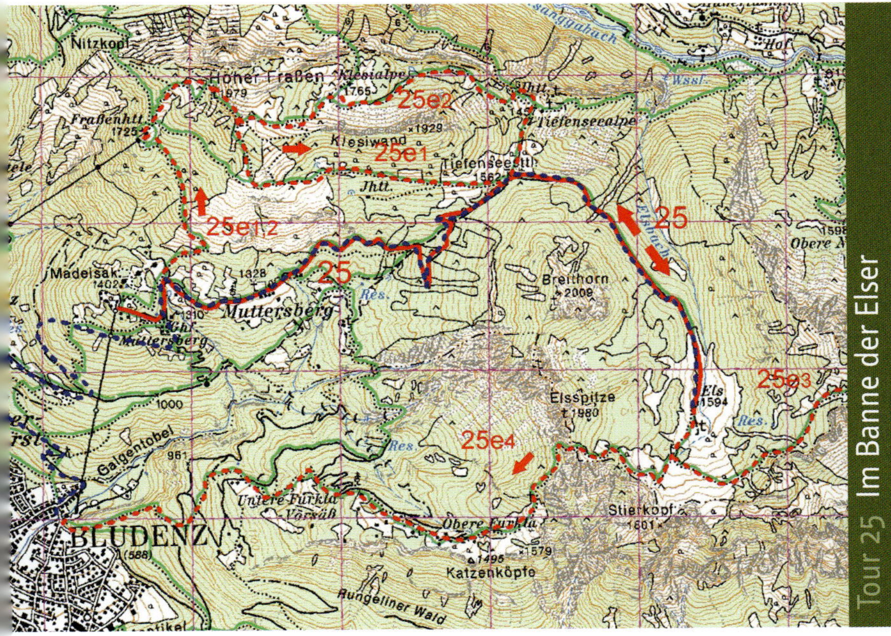

Fontanella

Biosphärenpark Großwalsertal

Das Großwalsertal beginnt zwischen Thüringen und Ludesch. Früher wurde es oft dadurch charakterisiert, dass es ein „von Tobeln durchtobeltes Tobel“ sei. Da „Tobel“ gleichbedeutend mit „Schlucht“ ist, deutet dies auf steile Hänge, wilde Kare und unwirtliche Umgebung hin. Im vorderen Bereich des Tales trennt die tief eingeschnitte Lutz das Tal. Raggal und Marul liegen etwas versteckt unterhalb des Hohen Frassens, die anderen Ortschaften zieren die Südflanke des Walserkammes. Die Anfahrt ins Tal ist trotz tadelloser Straßen zeitaufwendig und verhindert somit einen Massenansturm.

Die Walser stammen ursprünglich aus der Schweiz. Im 14. Jahrhundert wanderten sie auf der Suche nach Wohngebieten aus und ließen sich auf großen Höhen im Groß- und Kleinwalsertal sowie im Brandnertal und am Arlberg nieder. Die raue Umgebung hat die Menschen sehr geprägt.
Die Abgeschiedenheit des Tales wurde als Chance für die Entwicklung eines sanften, naturverbundenen Tourismus ohne spektakuläre Vollerschließung durch Bergbahnen genutzt. Das Tal wurde als Biosphärenreservat erkannt und im Rahmen eines UNESCO-Programms weiterentwickelt. Ziel dieses Programms ist es, dass Mensch und Natur in Einklang leben.
Die Ortschaften des vorderen Großwalsertales sind die Ausgangspunkte zu einfachen Alpwanderungen am Walserkamm. Je weiter man in das Tal hineinkommt, desto höher ragen die Berge auf. Zitterklapfen, Hochkünzelspitze, Braunarlspitze und Rote Wand gehören zu den bergsteigerisch anspruchsvollsten Bergen in Vorarlberg. Unterhalb dieser Berge verstecken sich einige wunderschöne Alpen.
Der Heimatpflegeverein des Tales hat sehr viele Informationen über die Alpen des Tales gesammelt. Dieses Wissen wird dem Wanderer auf an den Alphäusern angebrachten Tafeln nähergebracht. Es kann auch unter *www.grosseswalsertal.at/heimatpflegeverein* nachgelesen werden.

Vorderes Walsertal

(St. Gerold, Blons, Raggal, Marul)

Das Kloster St. Gerold ist weit über die Grenzen als Stätte der Begegnung und Einkehr bekannt. Auf Blons wurde die Welt aufmerksam, als im Jänner 1954 durch gewaltige Lawinen viele Menschenleben ausgelöscht wurden. Die Falvkopflawine war eine der schlimmsten davon. Die Ortschaften St. Gerold und Blons sind gute Ausgangspunkte zu mehreren sonnigen Alpwanderungen am Walserkamm.
Marul liegt etwas versteckt am Beginn eines langen Seitentales des Großwalsertales, das bei der malerisch gelegenen Laguz Alpe endet. Laguz ist Ausgangspunkt von drei sehr unterschiedlichen Touren. Eine führt durch ein Naturschutzgebiet und zwei umrunden sehr markante Berge.

Raggal und Marul

Auf einen Blick

Gebirge:	Bregenzerwaldgebirge und Lechquellengebirge
Talorte:	St. Gerold (917 m), Blons (903 m), Sonntag (888 m), Fontanella (1.145 m), Faschina (1.486 m), Raggal (1.015 m)
Karten:	ÖK-Blatt 112 + 142, LKS-Blatt 228, F&B-Blatt 364
Anreise:	Aus dem Walgau fährt man von Thüringen das Walsertal hinein bis zum jeweiligen Ausgangspunkt. Nach Marul fährt man von Ludesch nach Raggal und weiter bis zum Parkplatz am Beginn des Ortes.
Bus/Bahn:	Von Thüringen gelangt man mit dem Landbus Linie 77 bis zum jeweiligen Ausgangspunkt. Nach Buchboden muss man in Sonntag auf die Linie 77a umsteigen. Nach Marul fährt von Thüringen der Landbus Linie 78. Im Sommer kann man in Marul auf die Linie 79 umsteigen und bis Laguz fahren.

26 Unterm Walserkamm

Gaßner Alpe 1.560 m
Plansott Alpe 1.558 m
Sentum Alpe 1.610 m

Gebirge:
→ **Bregenzerwaldgebirge**
Talort:
→ **St. Gerold (917 m)**
Blons (903 m)

Gaßner Alpe, Blick zur Zimba

Unterm Walserkamm kann man ohne große Höhenunterschiede von Alpe zu Alpe wandern. Dabei muss man drei Tobel überwinden und kann so den Charakter des Großwalsertales erfühlen. Gipfelabstecher sind leicht in diese Wanderung integrierbar.

Anforderungen: anfangs etwas anstrengend, dann gemütliche Höhenwanderung

Zeiten: ↗ ↘ 5½ Stunden

Ausgangspunkt: St. Gerold – Geroldshus (917 m)

Zielpunkt: Blons (903 m), zurück mit Landbus Linie 77

Gehzeiten: St. Gerold – Gaßner Alpe 2 Std.; Gaßner Alpe – Plansott Alpe 1 Std.; Plansott Alpe – Sentum Alpe 1 Std.; Sentum Alpe – Blons 1½ Std.

Höhenunterschied: ↗ ↘ je 850 Hm

Karten: ÖK-Blatt 141 + 142 + 112, LKS-Blatt 228, F&B-Blatt 364

Informationen für Mountainbiker

Start/Ziel: Geroldshus (917 m)

Höchster Punkt: Gaßner Alpe (1.562 m)

Fahrzeiten: ↗ 1½ Std. ↘ ½ Std.

Anstieg: ↗ ↘ je 5,5 km, 650 Hm Fahrt

Besonderheit: Auf der Südseite des Walserkammes führen einfache Wanderungen über schöne Alpen und zu einzelnen Gipfeln des Kammes. Die Aussicht von den Wanderungen reicht von den Schweizer Bergen bis in die Silvretta. Am Kamm erweitert sich der Blick bis in den Bregenzerwald.
Einmal pro Woche fährt während der Alpzeit ein Wanderbus zur Gaßner Alpe und zur Sentum Alpe. Dadurch wird die beschriebene Wanderung in beiden Richtungen besonders kraftschonend, ohne dass viel vom Erlebniswert verlorengeht.
Wenn im Herbst auf den hohen Bergen der Schnee die Wege unpassierbar macht, ist es am Walserkamm besonders schön. Leider sind dann die Alpen wieder geschlossen. Trotzdem trifft man dann noch viele gleichgesinnte Wanderer.

Gaßner Alpe 1.560 m

Die Gaßner Alpe ist eine Sennalpe und befindet sich auf einem flacheren Abschnitt des sonst steilen Südrückes der Melkspitze. Die Lage auf einem Rücken ist typisch für mehrere Alpen des Walsertales. Beidseitig der Alpe geht es in wilde Tobel hinab. Bei der Gaßner Alpe sind es das Rottobel und das Hölltobel. Die Alpe wird sehr häufig besucht, denn die Aussicht und die Speisekarte sind verlockend.

Besitzer: Interessengemeinschaft
Alpvieh: 70 Kühe, 50 Jungvieh
Alpprodukte: Bergkäse, Butter
Zeitraum der Bewirtschaftung: Mitte Juni bis Mitte September; Bewirtung: bis Ende September
Gaststube: ja
Kontakt: Eugen Müller, +43/(0)5550/2133
Verpflegung für Wanderer: Getränke, Jause, Suppen, Omelett, Kaiserschmarren
Veranstaltungen, Besonderheit: am Sonntag bei Sonnwende Gipfelmesse auf der Tälispitze

Direkter Alpanstieg:
Ausgangspunkt: St. Gerold – Ortseingang (900 m)
Gehzeit: ↗ 2¼ Std. ↘ 1¾ Std.
Höhenunterschied: 640 Hm
Kinderwagen: durchgehend geeignet
Schwierigkeit: leicht

Der Anstieg ist identisch mit der Wanderroute. Einmal pro Woche fährt während der Alpzeit ein Wanderbus zur Gaßner Alpe.

Sentum Alpe

Plansott Alpe 1.558 m

Die Plansott Alpe liegt unterhalb der Kreuzspitze und wird durchs Hölltobel und das Rüfitobel begrenzt. „Rüfi“ bedeutet „Geröll“, also steht „Rüfitobel“ für „Geröllltobel“, was auf die Schroffheit hinweist, und auch „Hölltobel“ klingt nicht vertrauenerweckender. Aber über den Güterweg von St. Gerold und die Höhenwege von der Sentum und Gaßner Alpe ist sie ohne besondere Schwierigkeiten erreichbar.

Besitzer: Agrar St. Gerold
Alpvieh: 25 Kühe, 100 Jungvieh
Alpprodukte: Milch (wird ins Tal gebracht)
Zeitraum der Bewirtschaftung: Mitte Juni bis Mitte September
Verpflegung für Wanderer: Getränke, Jause
Veranstaltungen, Besonderheit: Alpmesse Ende Juni

Blick von der Plansott Alpe zur Gaßner Alpe

Direkter Alpanstieg:
Ausgangspunkt: St. Gerold – Geroldshus (917 m)
Gehzeit: ↗ 2 Std. ↘ 1½ Std.
Höhenunterschied: 640 Hm
Kinderwagen: durchgehend geeignet
Schwierigkeit: leicht

Von St. Gerold führt ein Güterweg ohne übertriebene Steigung, aber in vielen Kehren über den Plankenberg hinauf zur Alpe.

Sentum Alpe 1.610 m

Im Gegensatz zu den beiden anderen Alpen der Wanderung liegt die Sentum Alpe in einer Mulde am Ende eines im Vergleich zu den Tobeln der Umgebung sanften, grabenartigen Tales. Die nördliche Umrahmung der Alpe bilden die Mutabella Spitze und die Löffelspitze. Letztere ist von der Alpe aus relativ einfach zu besteigen und bietet einen tollen Ausblick ins Laternsertal, nach Damüls und auf viele Bregenzerwälder Berge.
Die Alpe gleicht einer kleinen Haufensiedlung mit mehreren Häusern. Der Name Sen(n)tum bedeutet Sennerei. Früher hieß sie Schgansünien, was soviel wie Auskäserei bedeutet. Für die Wanderer ist die Sennerei interessant, denn dort gibt es zu essen und zu trinken und auch Käse zu kaufen.

Besitzer: Agrargenossenschaft
Alpvieh: 70 Kühe, 25 Jungvieh
Alpprodukte: Butter, Bergkäse
Zeitraum der Bewirtschaftung: Anfang Juni bis Mitte September
Verpflegung für Wanderer: Getränke, Jause
Veranstaltungen, Besonderheit: Alpmesse Mitte bis Ende Juni

Direkter Alpanstieg:
Ausgangspunkt: Wanderparkplatz Valentschina (1.290 m)
Gehzeit: ↗ 1¾ Std. ↘ 1½ Std.
Höhenunterschied: 320 Hm
Kinderwagen: durchgehend geeignet
Schwierigkeit: leicht

Vom Blonser Ortsteil Esch (908 m), an der Straße von Blons nach Sonntag, führt ein mautpflichtiger Güterweg zu einem hochgelegenen Parkplatz. Vom Parkplatz wandert man auf dem Güterweg in westlicher Richtung weiter. Er führt konstant bergauf. Dabei hält man sich bei Weggabelungen immer links. Man passiert die beiden Hütten der Hüggen Alpe und wandert um den Südrücken des Mont Calv herum und in nördlicher Richtung bis unter die Alpe. Nun macht der Weg noch eine große Schleife nach links, bevor man flach zur Alpe gelangt. Einmal pro Woche fährt während der Alpzeit ein Wanderbus zur Sentum Alpe.

Weitere Alpe der Tour

Hüggen Alpe 1.488 m

Diese Alpe wird nicht extra bewirtschaftet. Teilweise werden die Wiesen vom Vieh der Sentum Alpe abgeweidet, teilweise werden sie gemäht und das Alpgras zu wertvollem Heu getrocknet. Eine der beiden Hütten ist eine Jagdhütte, die andere eine Privathütte.

Wanderroute: Vom Geroldshus in St. Gerold wandert man auf einer Güterstraße bis etwa 1.260 m den Plankenberg hoch. Am Waldrand beginnt ein Wanderweg, der durchs Hölltobel zum Gaßnerberg führt. Hier trifft man auf den Güterweg, der vom Ortseingang von St. Gerold zur Gaßner Alpe führt und dem man bis dorthin folgt. Von der Gaßner Alpe geht es leicht ansteigend nach Norden wieder zum Hölltobel und dann ziemlich flach unterhalb der Kreuzspitze in südöstlicher Richtung zur Plansott Alpe, die genau am Südrücken dieser Spitze liegt. Anschließend wandert man ohne viel Höhenunterschied in nördlicher Richtung zum Ende des nächsten Tobels, des Rüfitobels. Hier liegt die verfallene Schäfis Alpe. Dann führt der Weg auf der anderen Seite wieder aus dem Tobel heraus. Hinter dem nächsten Rücken liegt die Sentum Alpe. Von ihr folgt man dem Güterweg Richtung Hüggen. Nach etwa einer halben Stunde am Südrücken des Mont Calv zweigt rechts ein steiler Wanderweg ab, der nach Gant und weiter nach Oberblons hinabführt. Nun folgt man der Straße hinab zur Blonser Kirche. Kurz vor dem Ort kann man nochmals rechts abzweigen und direkt ins Dorf absteigen.

[26v1]: Bei der ersten Linkskehre nach der Sentum Alpe kann man auch auf einem nicht markierten, schwierigeren Weg durchs Rüffitobel zurück nach St. Gerold absteigen und sich so den Bus sparen.

Variante:
Gerenspitze (1.871 m) [26v2]

Ausgangspunkt: Gaßner Alpe (1.540 m)
Zielpunkt: Sentum Alpe (1.610 m)
Gehzeit: + 1 Std.
Höhenunterschied: + 200 Hm
Schwierigkeit: mittel

Gaßner Alpe, Blick zum Hohen Frassen & Rätikon

Von der Gaßner Alpe geht es leicht ansteigend nach Norden wieder zum Hölltobel. Hier steigt man nach Norden zum Bärenjoch (1.766 m) auf, das einen alten Übergang zwischen Walsertal und Laternsertal darstellt, der heute nicht mehr benützt wird. Der Weiterweg führt nördlich der Kreuzspitze über den Bergkamm zur unscheinbaren Gerenspitze (1.871 m), die zum Schluss eher absteigend erreicht wird. Über Alpwiesen wandert man hinab zur verfallenen Schäfis Alpe und um den Südrücken der Mutabella Spitze herum kommt man zur Sentum Alpe (1.610 m).

Gipfelergänzung:
Tälispitze (2.000 m) [26e1]

Ausgangspunkt: Gaßner Alpe (1.540 m)
Gehzeit: + 2 Std
Höhenunterschied: + 450 Hm
Schwierigkeit: mittel

Von der Gaßner Alpe gelangt man einfach über die Alpflächen zum höchsten Gipfel des Walserkammes.

Gipfelergänzung:
Kreuzspitze (1.944 m) [26e2]

Ausgangspunkt: Gaßner Alpe (1.540 m)
Gehzeit: + 1½ Std
Höhenunterschied: + 400 Hm
Schwierigkeit: anspruchsvoll

Von der Gaßner Alpe geht es leicht ansteigend nach Norden

wieder zum Tobel und schließlich gelangt man über die Alpwiesen zum Bärenjoch (1.766 m). Von hier kann man über den scharfen Nordgrat schwierig zu diesem markanten Gipfel aufsteigen. Der Abstieg erfolgt über den ebenfalls anspruchsvollen Südgrat direkt zur Plansott Alpe hinab.

Gipfelergänzung:
Löffelspitze (1.962 m) [26e2]
Ausgangspunkt: Sentum Alpe (1.610 m)
Gehzeit: + 1½ Std
Höhenunterschied: + 350 Hm
Schwierigkeit: leicht

Von der Sentum Alpe erreicht man über Alpwiesen rasch die Löffelspitze.

MTB-Route: Vom Geroldshus in St. Gerold fährt man etwas talauswärts. Nach dem ersten Tobel zweigt rechts der Güterweg ab, der zur Gaßner Alpe hochführt. Schiebefreudige Biker folgen anschließend der Wanderroute bis zur Plansott Alpe oder gar zur Sentum Alpe. Von diesen Alpen führt jeweils ein Güterweg wieder ins Tal.

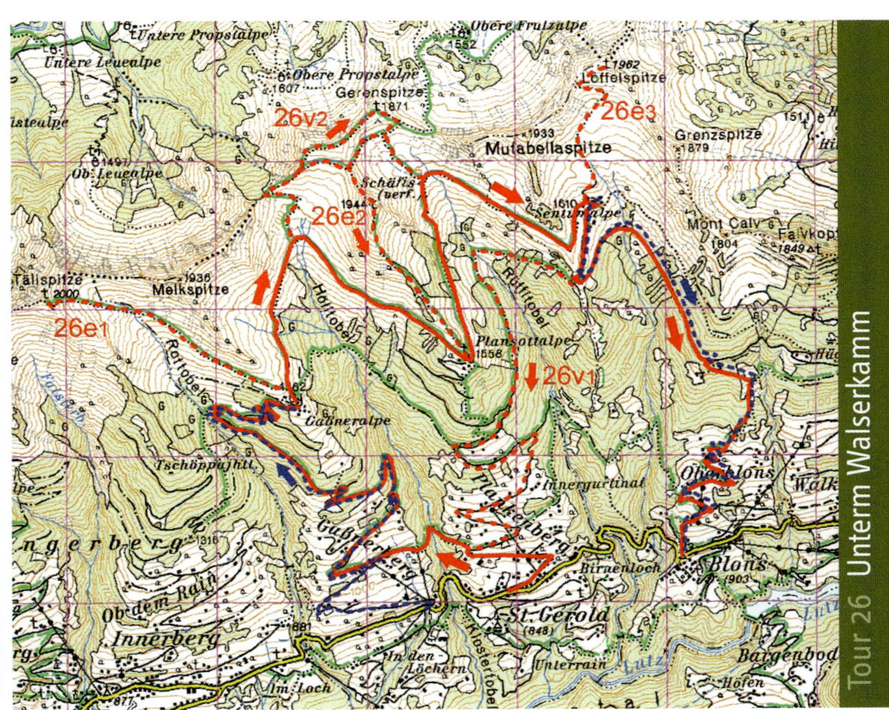

27 Zur Sera Alpe

Vorderkamm Alpe 1.460 m
Hinterkamm Alpe 1.511 m
Sera Alpe 1.552 m

Gebirge:
→ Bregenzerwaldgebirge
Talort:
→ St. Gerold (917 m)
Blons (903 m)

Sera Alpe

Die Sera Alpe liegt ist einem abgeschiedenen botanischen Zauberland mit weitläufiger Aussicht. Diese Umstände und die geringen konditionellen Anforderungen machen diese Wanderung empfehlenswert.

Anforderungen: wenig anstrengend

Zeiten: 3¾ Stunden: ↗ 2 Std. ↘ 1¾ Std.

Ausgangspunkt: Wanderparkplatz Valentschina 1.290 m (Maut)

Gehzeiten: Parkplatz – Vorderkamm Alpe ¼ Std.; Vorderkamm Alpe – Hinterkamm Alpe 1 Std.; Hinterkamm Alpe – Sera Alpe ¾ Std.; Sera Alpe – Vorderkamm Alpe 1½ Std.; Vorderkamm Alpe – Parkplatz ¼ Std.

Höhenunterschied: ↗ ↘ je 280 Hm

Karten: ÖK-Blatt 142 + 112, LKS-Blatt 228, F&B-Blatt 364

Kinderwagen: durchgehend geeignet

Informationen für Mountainbiker

Start/Ziel: Blons – Ortsmitte (903 m)

Höchster Punkt: Sera Alpe (1.552 m)

Fahrzeiten: ↗ 1¾ Std. ↘ 1 Std.

Anstieg: ↗ ↘ je 11 km, 700 Hm Fahrt

Besonderheit: Von Blons ist die Wanderung relativ weit. Startet man beim Wanderparkplatz, wird sie zu einem einfachen Spaziergang für die ganze Familie. Dabei wandert man am östlichen Ende des Walserkammes entlang und kann bis zu den Damülser Bergen sehen. Tief unten fließt unnahbar der Ladritschbach.
Einmal pro Woche fährt während der Alpzeit ein Wanderbus zur Sera Alpe. Dadurch kann man sehr einfach in die Alplandschaft gelangen und ohne große Anstrengung zum Serajöchle aufsteigen, um einen Blick ins Laternsertal und nach Damüls zu werfen. Anschließend bietet sich eine gemütliche Bergabwanderung nach Blons an.

Vorderkamm Alpe 1.460 m

Sie ist die erste Alpe der Wanderung, an der man direkt vorbeikommt. Sie ist von Ende Mai bis Ende September von 24 Kühen und einem Bauern bewohnt. Die Milch wird regelmäßig ins Tal gebracht. Es wird keine Bewirtung angeboten.

Hinterkamm Alpe

Hinterkamm Alpe 1.511 m

Sie ist die zweite Alpe, die man bei dieser Wanderung passiert. Trotz der Namensverwandtschaft mit der Vorderkamm Alpe ist sie eine eigenständige Alpe. Sie liegt genau unter der Grenzspitze, das Alpgebiet erstreckt sich auf die Osthänge zwischen Grenzspitze, Mont Calv und Falvkopf. Unterhalb der Alpe geht es unbegehbar steil hinab zum Ladritschbach. Die Milch der Alpe wird zur Sennerei in Thüringerberg gebracht.

Besitzer: Genossenschaft mit 4 Besitzern
Alpvieh: 28 Kühe, 29 Jungvieh
Alpprodukte: Milch
Zeitraum der Bewirtschaftung: Mitte Juni bis Mitte September
Verpflegung für Wanderer: Getränke, Jause

Direkter Alpanstieg:
Ausgangspunkt: Parkplatz Valentschina (1.290 m)
Gehzeit: ↗ 1½ Std. ↘ 1¾ Std.
Höhenunterschied: 240 Hm
Kinderwagen: durchgehend geeignet
Schwierigkeit: leicht

Der Anstieg ist identisch mit der Wanderroute.

Sera Alpe 1.552 m

Die Sera Alpe liegt direkt am steilen Südrücken des Pfrondhornes. Sie wird durch die Grenzspitze, die Löffelspitze und das Pfrondhorn (auch manchmal Serner Falben genannt) begrenzt. Von der Hinterkamm Alpe aus gesehen steht die Alpe direkt am Horizont und hebt sich dementsprechend gut ab. Im Alpbereich gibt es eine ganz besondere Flora mit vielen seltenen Alpblumen. Die Alpe ist eine Bio-Alpe, auf der nur Vieh von anerkannten Biobauernhöfen weidet. Im Hochsommer befindet sich das Vieh etwa 6 Wochen lang auf der Oberalpe, die sich knapp unter dem Serajöchle befindet. Die Milch wird in die Sennerei der tiefer gelegenen Alpe gebracht, die immer besetzt ist.
Einmal pro Woche fährt ein Wanderbus zur Alpe, um auch Menschen mit weniger Kondition das Alperlebnis zu ermöglichen. Der Alpmeister führt die Interessierten durch die Alpe und erklärt das Alpwesen.

Besitzer: Alpgemeinschaft
Alpvieh: 84 Kühe, 40 Jungvieh
Alpprodukte: Bio-Bergkäse
Zeitraum der Bewirtschaftung: Mitte Juni bis Mitte September
Verpflegung für Wanderer: Getränke, Jause

Direkter Alpanstieg:
Ausgangspunkt: Parkplatz Valentschina (1.290 m)
Gehzeit: ↗ 2¼ Std. ↘ 1¾ Std.
Höhenunterschied: 260 Hm
Kinderwagen: durchgehend geeignet
Schwierigkeit: leicht

Der Anstieg ist identisch mit der Wanderroute.

Wanderroute: Vom Blonser Ortsteil Esch (908 m), an der Straße von Blons nach Sonntag, führt ein mautpflichtiger Güterweg zu einem hoch gelegenen Parkplatz, der die Wanderung merklich abkürzt. Vom Parkplatz wandert man auf dem Güterweg in westlicher Richtung weiter. Bald kann man rechts abbiegen und direkt zur Vorderkamm Alpe aufsteigen. Mit Kinderwagen bleibt man auf dem Güterweg und braucht deshalb etwas länger.
Nun geht es sehr gemütlich ohne viel Höhenunterschied weiter zur Hinterkamm Alpe, die hinter dem Falvkopf und östlich unter der Grenzspitze liegt. In der Ferne sieht man Richtung Norden die Sera Alpe, die sehr markant am Südostrücken des Pfrondhornes liegt. Am Horizont dahinter schaut die Damülser Mittagsspitze heraus. Von der Hinterkamm Alpe geht es gemtülich auf dem Güterweg weiter bis zur Sera Alpe.

Variante:
Ab Blons Ortsmitte (903 m) [27v]
Ausgangspunkt: Blons Ortsmitte (903 m)
Gehzeit: ↗ 3½ Std. ↘ 2¾ Std.
Höhenunterschied: ↗ ↘ je 670 Hm
Schwierigkeit: leicht

Direkt gegenüber vom Dorfzentrum in Blons beginnt ein Weg, der nach Oberblons führt. Zuerst beginnt er als steiles Sträßchen, dann ist er kurz ein Wanderweg und trifft wieder auf eine Straße. Dieser folgt man bis Oberblons. Dann geht es auf einem Wanderweg weiter bis nach Gant (1.335 m). Hier trifft man auf den Güterweg zur Sentum Alpe und zur Sera Alpe, den man etwas oberhalb des Wanderparkplatzes betritt. Nun ist der Weg identisch mit der beschriebenen Wanderroute.

Gipfelergänzung:
Falvkopf (1.849 m) [27e1]
Ausgangspunkt: Vorderkamm Alpe (1.460 m)
Gehzeit: + 2 Std
Höhenunterschied: + 400 Hm
Schwierigkeit: mittel

Der Falvkopf war der Ausgangspunkt verheerender Lawinen, die in Blons 1954 18 Höfe mit einem Großteil der Bewohner vernichteten. Die gefährlichen Hänge wurden in Folge massiv verbaut. Kurz vor der Vorderkamm Alpe bei einer Güterwegkreuzung wendet man sich nach links in Richtung Sentum Alpe. Kurz darauf im Bereich der Hüggen Alpe wählt man den rechten Weg und wandert unterhalb des Berges höher. Bei den Baracken der Wildbachverbauung beginnt ein Rundweg, der zum Gipfel und wieder zurück führt. Man startet nach links (Westen) zum Gipfel und östlich wieder hinab zum Güterweg.

Gipfelergänzung:
Pfrondhorn (1.948 m) [27e2]
Ausgangspunkt: Sera Alpe (1.552 m)
Gehzeit: + 2 Std
Höhenunterschied: + 400 Hm
Schwierigkeit: mittel

Das Pfrondhorn bietet einen gewaltigen Ausblick auf Laternsertal, Walsertal und Damüls. Um es zu besteigen, wandert man bei der Sera Alpe auf dem Güterweg weiter bis zu den höher gelegenen Hütten der Oberalpe. Auf einem Wanderweg gelangt man über Alpwiesen zum Serajöchle und kann zum Furkajoch hinabschauen. Entlang des steilen Grates erreicht man den Gipfel.

MTB-Route: Von der Kirche in Blons fährt man zuerst auf der Straße Richtung Sonntag. Nach etwa einem Kilometer, im Ortsteil Esch (908 m), zweigt links ein Güterweg ab, der an den Alpen vorbei zur

Sera Alpe führt. Bergab fährt man wieder auf dem gleichen Weg. Topfahrer starten im Raum Feldkirch und fahren durchs Walsertal zur Sera Alpe. Dann tragen sie das Bike übers Serajöchle zum Furkajoch und durchs Laternsertal rollen sie wieder zurück zum Ausgangspunkt.

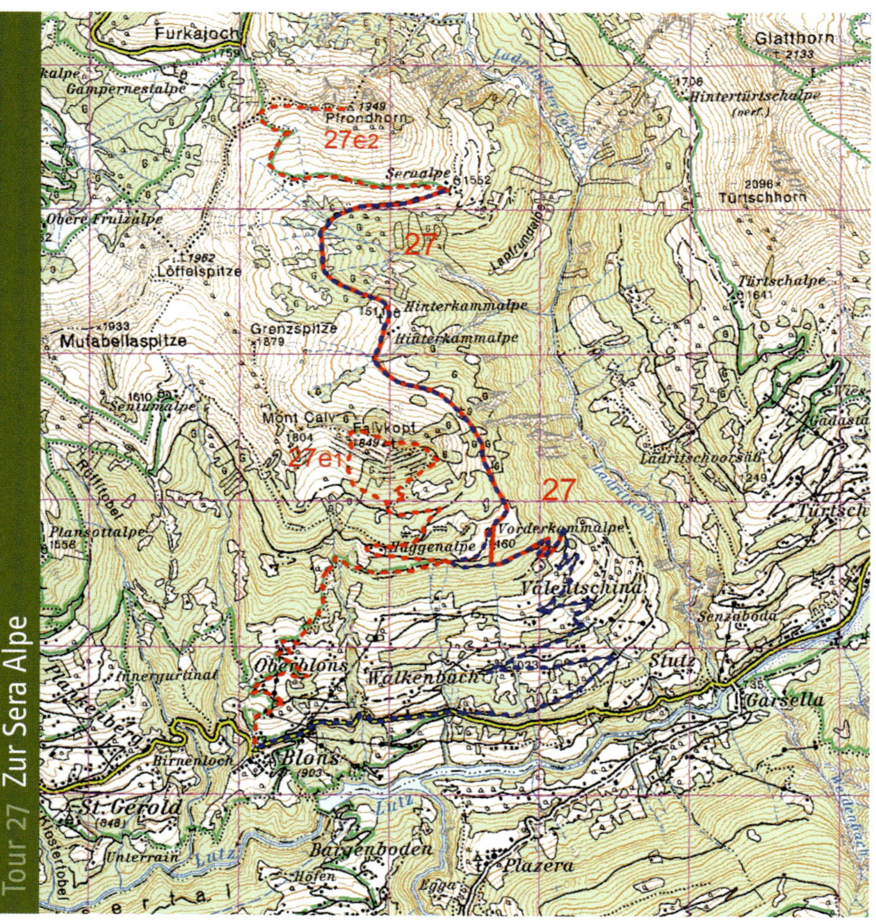

28 Naturschutzgebiet Faludriga

Laguz Alpe 1.584 m
Faludriga Alpe 1.715 m
Alpe Fuchswald 1.125 m

Gebirge:
→ **Bregenzerwaldgebirge**
Talort:
→ **Raggal (1.015 m)**
Sonntag (888 m)

Laguz Alpe

Das Faludrigatal ist ein besonderes Naturjuwel und steht unter Naturschutz. Auf dem Wanderweg steht das Tal jedem umweltbewussten Wanderer offen und die Chancen, Wildtiere beobachten zu können, stehen gut.

Anforderungen: anstrengend
Zeiten: 5½ Stunden: ↗ 3¼ Std. ↘ 2¼ Std.
Ausgangspunkt: Laguz Alpe (1.584 m)
Zielpunkt: Marul (976 m)
Gehzeiten: Laguz – Oberlaguz ¾ Std.; Oberlaguz – Faludriga Alpe 2½ Std.; Faludriga Alpe – Fuchswald Alpe 1¼ Std.; Fuchswald Alpe – Marul 1 Std.

Höhenunterschied: ↗ 620 Hm ↘ 1280 Hm
Karten: ÖK-Blatt 142, LKS-Blatt 228 + 238, F&B Blatt 371

Besonderheit: Das Gebiet Faludriga-Nova ist ein Naturschutzgebiet. In diesem etwa 1.000 Hektar großen Alpgebiet sollen vor allem heimisches Großwild wie Rothirsch und Gams sowie Birk- und Schneehühner einen weitgehend störungsarmen Lebensraum vorfinden. Durch das Wegegebot soll das Wild möglichst ungestört bleiben. Dadurch haben Wanderer auch die Chance, ungestörte Wildtiere zu beobachten. Gleichzeitig soll in diesem Seitental die Alpwirtschaft als positiver Landschaftsgestalter und Biotoperhalter erhalten bleiben. Dabei wird besonders auf den Einklang von Alpwirtschaft und Jagdwirtschaft geachtet.

Alpe Fuchswald 1.125 m

Die Bioalpe liegt etwas oberhalb der Straße nach Laguz auf der Sonnenseite des Tales. Sie ist laut Pächter klein, aber fein und bietet köstliche Alpprodukte an.

Besitzer: privat
Alpvieh: 20 Kühe

Am Gipfel der Gamsfreiheit: Blick zur Faludriga Alpe

Alpprodukte: Bio-Bergkäse, Buttermilch, Milch, Jause, alles rein biologisch und hausgemacht
Zeitraum der Bewirtschaftung: Mitte Juni bis Mitte September
Verpflegung für Wanderer: Getränke und Jause mit den Alpprodukten

Direkter Alpanstieg:
Ausgangspunkt: Marul (976 m)
Gehzeit: ↗ 1 Std. ↘ 1 Std.
Höhenunterschied: 200 Hm
Kinderwagen: durchgehend geeignet
Schwierigkeit: leicht

Der Weg zur Alpe führt über die Laguzstraße.

Untere Nova Alpe 1.074 m
Obere Nova Alpe 1.598 m
Faludriga Alpe 1.715 m

Diese drei Alpen im Naturschutzgebiet werden in der angeführten Reihenfolge bewirtschaftet. Die beiden Novaalpen werden nur etwa je 2 Wochen beweidet. Die Rückkehr ins Tal geschieht nicht wie bei den meisten mehrstufigen Alpen in umgekehrter Reihenfolge, sondern erfolgt über das Faludrigatal direkt hinaus nach Marul. Da die Hirten sich meist um das Vieh kümmern müssen, kann den Wanderern keine Bewirtung angeboten werden. Die Untere Nova Alpe beginnt direkt am Marulbach. Die Alpe kann auch im Rahmen einer Miniwanderung erreicht werden. Diese wird separat als Variante beschrieben.

Besitzer: privat

Alpvieh: 80 Jungvieh

Zeitraum der Bewirtschaftung: Mitte Juni bis Mitte September

Direkter Alpanstieg zur Faludriga Alpe:

Ausgangspunkt: Marul (976 m)

Gehzeit: ↗ 2¾ Std. ↘ 2¼ Std.

Höhenunterschied: 800 Hm

Kinderwagen: bedingt geeignet, anstrengend

Schwierigkeit: leicht

Von Marul wandert man auf der Laguzstraße in östlicher Richtung das Tal bis in den Bereich der Alpe Fuchswald hinein. Hier zweigt man nach rechts ab und gelangt in das klar erkennbare Faludrigatal. Nach einem engen Taleingang unterhalb der Novaspitze wird das Tal wieder breiter und Richtung Südosten geht es in vielen Kehren zur Alpe hoch.

Weitere Alpe der Tour

Laguz Alpe 1.584 m (siehe Tour 29)

Wanderroute: In Laguz startet man die Wanderung Richtung Südosten. Man steigt eine erste Stufe hoch und trifft auf den Güterweg, der oberhalb eines Baches zur Oberen Laguz Alpe (1.854 m) führt. Hier beginnt der Wanderweg über die Lange Furka zum Formarinsee. Noch bevor man den höchsten Punkt der Langen Furka erreicht, zweigt „In der Enge" (1.878 m) rechts der etwas anstrengende und der Sonne ausgesetzte Wanderweg zur Schwarzen Furka (2.199 m) ab. Diese Furka trennt die Berge mit den Namen Lusgrind und Hanflender. Auf der Westseite der Furka geht es über Schotterhalden hinab zu den Alpflächen der Faludriga Alpe. Von der Alpe wandert man auf dem teilweise steilen Fahrweg hinab ins tief eingeschnittene Faludrigatal, das nach Norden hinausführt. Dort, wo sich das Tal langsam weitet und ins Tal des Marulbaches übergeht, hat man die Möglichkeit, nach links abzuzweigen und anfangs oberhalb, später nahe dem Marulbach zur Unteren Nova Alpe und weiter nach Marul zu wandern. Unser

Tiefblick zur Alpe Fuchswald am Anstieg zur Laguz Alpe

Weg wechselt auf die andere Seite des Faludrigabaches. Man kommt bei einer Wildfütterung vorbei und leicht bergauf trifft man bei der Fuchswald Alpe auf die Laguzstraße. Entlang dieser Straße wandert man abschließend gemütlich nach Marul, wobei es zum Schluss noch etwas bergaufgeht.

Kleine Variante: Marul – Untere Nova Alpe – Marul [28v1]

Ausgangspunkt: Marul - Parkplatz am Ortseingang (976 m)

Gehzeit: ↗ ↘ 1½ Std.

Höhenunterschied: 50 Hm

Schwierigkeit: mittel

Diese kleine Runde führt vom Parkplatz hinab zum Marulbach und diesem entlang in den Bereich der Nova Alpe. Hier kann man über eine Brücke auf die andere Talseite und hinauf zur Laguzstraße gelangen. Auf der Straße geht es sonnig und gemütlich wieder ins Dorf zurück.

Große Variante: Marul – Faludriga – Marul [28v2]

Ausgangspunkt: Marul - Parkplatz am Ortseingang (976 m)

Gehzeit: ↗ ↘ 6¼ Std.

Höhenunterschied: 1.050 Hm

Schwierigkeit: mittel

Vom Parkplatz am Ortseingang wandert man auf einem Kiesweg taleinwärts hinab zum Marulbach. Man überquert ihn und wandert im tiefen Tal weiter, bis man in den Bereich der Unteren Nova Alpe kommt. Nun zweigt man rechts ab. Über die Alpwiesen geht es zum Waldrand und dann im Wald teilweise steil in Kehren hinauf zur Oberen Nova Alpe (1.598 m), die unterhalb der steilen Nordabhänge der Gamsfreiheit liegt. Dann wandert man in östlicher Richtung hinauf zum Fürkele (1.937 m), einem Sattel zwischen Novakopf und Novaspitz. Auf der anderen Seite geht es etwas bergab, dann eher flach unterm Weißen Rössle weiter bis zur Faludriga Alpe. Direkt unter dem Weißen Rössle zweigt rechts der Weg zur Gamsfreiheit ab (siehe Gipfelergänzung).

Von der Faludriga Alpe (1.715 m) wandert man wie oben beschrieben das Faludrigatal hinab und nach Marul.

Gipfelergänzung: Gamsfreiheit (2.211 m) [28e]

Ausgangspunkt: Faludriga Alpe (1.715 m)

Gehzeit: + 2½ Std
Höhenunterschied: + 500 Hm
Schwierigkeit: **mittel**

Von der Faludriga Alpe wandert man sanft bergauf Richtung Westen. Der Weg führt unter dem Weißen Rössle durch (Abzweigung zum Fürkele) und führt zu einer großen Alpfläche. Etwas links haltend gelangt man auf einen breiten Sattel. Hier hat man eine großartige Sicht auf die Rätikonberge. Nach einen steilen Gipfelhang geht es flach zum Gipfelkreuz. Der Rückweg ist identisch mit dem Anstieg. Man kann aber auch nach Westen zur Elsalpe absteigen. Über den Tiefenseesattel kann man auch so wieder nach Marul zurückkehren.

Tour 28 Naturschutzgebiet Faludriga

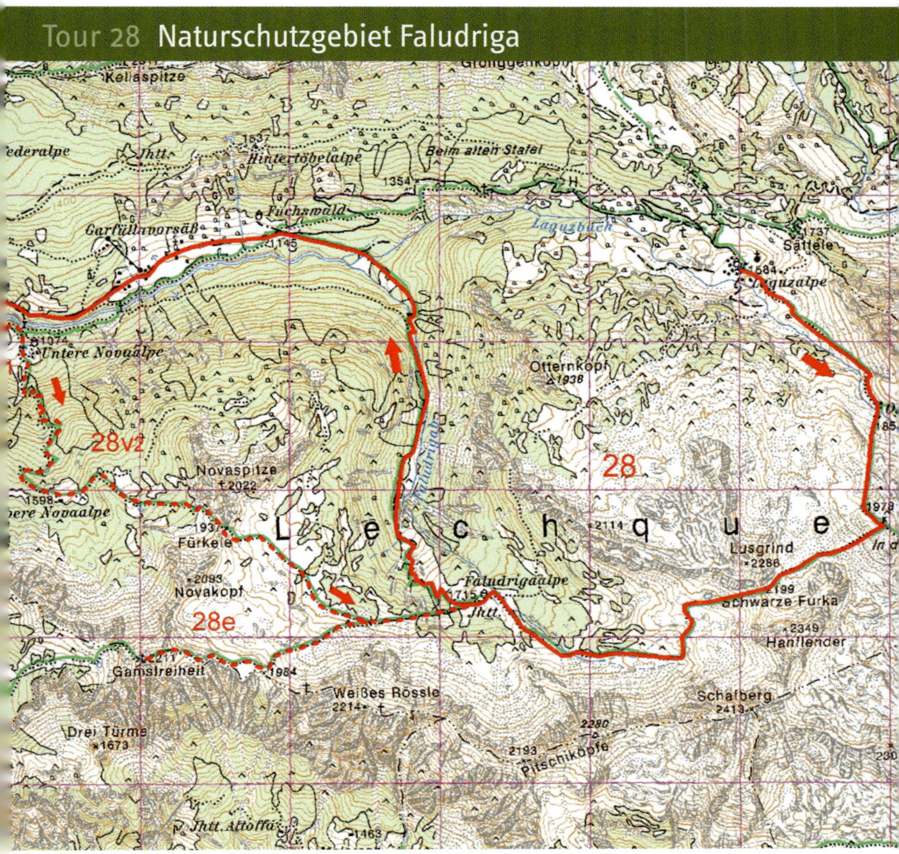

29 Rund um die Rote Wand

Laguz Alpe 1.584 m
Klesenza Alpe 1.589 m
Formarin Alpe 1.871 m

Gebirge:
→ **Bregenzerwaldgebirge**
Talort:
→ **Raggal (1.015 m)**
Sonntag (888 m)

Laguz Alpe

Rund um die Rote Wand – eine großartige und ganz besondere Tour. Die Vielfältigkeit der Wanderung ist kaum zu überbieten: gewaltige Berge, liebliche Täler und ein funkelnder See.

Anforderungen: anstrengend, 3 Anstiege

Zeiten: ↗ ↘ 7 Stunden

Ausgangspunkt: Laguz Alpe (1.584 m)
Gehzeiten: Laguz – Klesenza Alpe 1¼ Std.; Klesenza Alpe – Formarin Alpe 3½ Std.; Formarin Alpe – Laguz 2¼ Std.

Höhenunterschied: ↗ ↘ je 850 Hm

Karten: ÖK-Blatt 142, LKS-Blatt 228 + 238, F&B Blatt 371

Besonderheit: Die Rote Wand ist eines der alpinen Wahrzeichen Vorarlbergs. Die Ersteigung dieses Kolosses ist nicht leicht zu bewerkstelligen. Um ihn herum wandern kann hingegen jeder. Diese Rundtour besticht durch besondere Vielfältigkeit.
Die Wanderung kann auch bei der Klesenza Alpe und bei der Formarin Alpe begonnen werden. Auch die Begehung in umgekehrter Richtung ist gut möglich.

Laguz Alpe 1.584 m

Die Laguz liegt auf einem alten Seeboden und ist ein richtiges kleines Alpdorf mit mehreren Alphütten. Die Hütten gehören den Alpbesitzern und sind in den Sommerferien meist bewohnt. Die Alpe liegt an einem alten Salzweg, der vom Arlberggebiet über die Formarin Alpe, die Laguz Alpe und die Partnom Alpen nach Sonntag führte. Im Hochsommer wird das Vieh für einige Wochen nach Oberlaguz getrieben. Dazu wurde dort auch ein Melkstand errichtet, damit auch die Kühe in den Genuss der Hochalpe kommen.
Viele Besucher bezeichnen sie als die schönste Alpe in Vorarlberg. Sie ist deshalb ein sehr beliebter Treffpunkt für Ausflügler, Familien und Wanderer. Viele nützen sie auch als Ausgangspunkt für eine Besteigung der Roten Wand.

Besitzer: Alpgenossenschaft mit 7 Besitzern

Alpvieh: 93 Kühe, 81 Jungvieh, Schweine

Alpprodukte: Alpbutter, Bergkäse

Zeitraum der Bewirtschaftung: Mitte Juni bis Mitte September, Imbissstube Anfang Juni bis Ende September

Gaststube: ja

Kontakt: Sabine Zerlauth, +43/(0)664/3871737

Verpflegung für Wanderer: Speisekarte mit gutbürgerlichen Gerichten, an Wochenenden zusätzlich ein Menü

Veranstaltungen, Besonderheit: Alpfest („Kapellenfest") am 3. Sonntag im Juni

Die Alpe kann im Sommer direkt mit einem Linienbus erreicht werden. Außerhalb der Betriebszeiten des Linienbusses kann man nach Voranmeldung (+43/(0)664/3388443) mit einem Taxibus nach Laguz fahren.
Die Wanderung von Marul zur Laguz Alpe wird bei Tour 30 beschrieben.

Weitere Alpen der Tour

Klesenza Alpe 1.589 m (siehe Tour 32)
Formarin Alpe 1.871 m (siehe Tour 49)

Wanderroute: In Laguz wandert man zuerst nach Norden zum Parkplatz. Hier wählt man den rechten Güterweg, der Richtung Oberpartnom Alpe führt. Kurz darauf zweigt rechts ein weiterer

Garmil Sattel: Rückblick zur Klesenza Alpe und Roter Wand

Güterweg ab, der in östlicher Richtung zum Sätteli hinaufführt. Er geht bald in einen Wanderweg über und wird steiler. Vom Sätteli (1.737 m) geht es teilweise steil hinab ins Hutlatal. Schon bald wendet sich der Weg nach rechts und führt entlang des Hanges hinab in den Talgrund. Nach Überquerung des Baches erreicht man ansteigend die Klesenza Alpe (1.589 m).
Von der Alpe wandert man unterhalb der steilen Felsabbrüche der Klesenzahörner, der Gadnerköpfe, des Misthaufens und der Hirschenspitze das Tal langsam bergauf. Rechts steht die Rote Wand mächtig über dem Tal. Kurz nach dem höchsten Punkt (ca. 2.136 m) wendet der Weg Richtung Südosten. Nach links geht es auf schwierigem Weg zur Göppinger Hütte, nach rechts führt der wunderschöne Höhenweg hinab ins Tal des jungen Lech zur Formarin Alpe (1.871 m) und zum malerischen Formarinsee.
Von der Formarin Alpe geht die Wanderung auf dem Fahrweg zur Freiburger Hütte nördlich des Sees weiter. Ein Abstecher zur Freiburger Hütte (siehe Ergänzung) ist reizvoll, denn von dort kann man die lange Südwand der Roten Wand besser überblicken. Am westlichen Ende des Sees beginnt nach rechts der sanfte Anstieg zur Langen Furka (2.008 m), einem sehr flachen Übergang unterhalb des Rothornes. Nach diesem Übergang wendet sich der Weg nach Norden und man gelangt zur Oberlaguz Alpe. Über den Güterweg wandert man gemütlich zurück nach Laguz.

Breithorn, Gronggenkopf, Garimlsattel, Sättele

Ergänzung:
Zur Freiburger Hütte (1.918 m) [29e]
Gehzeit: + ½ Std.
Höhenunterschied: + 80 Hm
Schwierigkeit: leicht

Die Freiburger Hütte steht südlich oberhalb des Formarinsees und bietet einen perfekten Blick auf die lange Südwand der Roten Wand. Der Umweg ist kurz und die Speisekarte umfassend, so lohnt sich dieser Abstecher durchaus. Dazu bleibt man einfach am Güterweg entlang des Sees. Man kann auch vom Parkplatz auf einem etwas schwierigeren Weg, dafür rascher, ostseitig des Sees zur Hütte gelangen.

Rindereralpe
Matonakopf
2019
Gadenalpe
Wildes Loch
1647
Hutlaspitze
2034
Unterhutlaalpe
Bettlersp.
2272
Gadnergschröf
Klesenzahörner
2276
Gadnerköpfe
2271
Oisnergschröf
Misthaufen
2436
Schwarze Wand
2524
Hirschenspitze
2501
1589
Klesenzaalpe
Klesenzatal
1754
Spitzegga
1737
Sattele
1584
Laguzalpe
Madratsch
2287
Jungfernspitze
2212
Rothorn
2357
Schönbühel
2152
Unt.
2055
Obergschröf
Ob. Laguzalpe
1654
Rote Wand
2704
2306
Rothorn
2481
1978
Lusgrind
2286
In der Enge
2199
Schwarze Furka
Lange Furka
29
In den Bänken
1780
2349
Hanflender
2111
Formarinalpe
Schafberg
2413
Geißköpfe
2303
2183
Formarinsee
2292
Formaletsch
2074
1918
Freiburger Htt.
Rauhes Joch
29e
1827
Rauher Staffel
Gwurfjoch
2170
2144
Roßköpfe
Ganahlskopf
2314
2195
2329
Fensterlewand
Großtobel
2284
Roggelskopf
Mustrinalpe
1350
2056
Heubergalpe
2230
Saladinasp.

30 Rund ums Breithorn

Laguz Alpe 1.584 m
Oberpartnom Alpe 1.679 m
Sterisalpe 1.441 m
Stafelfeder Alpe 1.472 m

Gebirge:
→ **Bregenzerwaldgebirge**
Talort:
→ **Raggal (1.015 m)**
Sonntag (888 m)

Sterisalpe

Die nur mäßig anstrengende Rundwanderung hoch über dem Walsertal besticht durch exzellente Aussichten und viele gemütliche Alpen.

Anforderungen: mäßig anstrengend
Zeiten: 4¾ Stunden: ↗ 1¼ Std. ↘ 3½ Std.
Ausgangspunkt: Laguz Alpe (1.584 m)
Gehzeiten: Laguz – Oberpartnom Alpe 1½ Std.; Oberpartnom – Sterisalpe 1¼ Std.; Sterisalpe – Marul 2 Std.
Höhenunterschied: ↗ 350 Hm ↘ 750 Hm
Karten: ÖK-Blatt 142, LKS-Blatt 228 + 238, F&B Blatt 371

Informationen für Mountainbiker
Start/Ziel: Marul (976 m)
Höchster Punkt: Garmilsattel (1.810 m)
Fahrzeiten: ↗ 2 Std. ↘ 2 Std.
Anstieg: ↗ 11 km ↘ 20 km, 1400 Hm Fahrt

Besonderheit: Der Ausgangspunkt kann mit dem Wanderbus erreicht werden und deshalb ist es möglich, ohne hohe Konditionsanforderungen eine sehr vielfältige Wanderung zu unternehmen. Drei Schroffe Berge (Gronggenkopf, Breithorn und Kellaspitze) werden dabei umrundet. Die beiden erstgenannten sind für Wanderer nicht, die Kellaspitze nur auf einem schwierigen Steig zugänglich, der viel Erfahrung und Trittsicherheit fordert. Die Kellaspitze soll zudem den Mittelpunkt von Vorarlberg darstellen.

Sterisalpe 1.441 m

Die Alpe liegt, schön eingebettet in eine große Senke, unterhalb des Breithornes und der Kellaspitze. Sie wurde schon 1356 urkundlich erwähnt und ist somit eine besonders alte Alpe. In früheren Zeiten musste der Alpzins in Form von Käse an die Lehnsherrn abgeführt werden. Die Alpe Steris ist die größte Walseralpe und besteht aus mehreren Hütten und einer neu errichteten Kapelle.
In der Sennerei werden die produzierten Alpprodukte zum Verkauf angeboten. Jeden Mittwoch gibt es auf der Alpe ein Älplerfrühstück (Anmeldung erforderlich, Bustransfer). Beim Älplerfrühstück werden von Andrea nur Produkte angeboten, die für Alpen typisch sind. Dies sind selbstgemachtes Brot, Butter, Käse, Marmelade, Riebel, Speck usw.

Oberpartnom Alpe

Besitzer: Gemeinschaftsalpe
Alpvieh: 100 Kühe, 60 Jungvieh, Schweine
Alpprodukte: Bergkäse, Frischkäse, Butter
Zeitraum der Bewirtschaftung: Anfang Juni bis Mitte September
Gaststube: ja
Kontakt: Andrea Schwarzmann, +43/(0)664/4724012, +43/(0)664/6349253
Verpflegung für Wanderer: Getränke, verschiedene Jausen mit typischen bäuerlichen Produkten, viel Selbstgemachtes, Kuchen; Käsknöpfle und Älplerfrühstück auf Voranmeldung
Veranstaltungen, Besonderheit: im Sommer 2008 wird die neue Kapelle eingeweiht.

Direkter Alpanstieg:
Ausgangspunkt: Sonntag – Talstation Seilbahn Sonntag – Stein (888 m)
Gehzeit: ↗ 3 Std. ↘ 2¼ Std.
Höhenunterschied: 750 Hm
Kinderwagen: entlang von Güterweg geeignet, anstrengend
Schwierigkeit: leicht

Von der Talstation der Seilbahn muss man zuerst hinab zur Lutz, die man über die Steinbrücke

(785 m) überquert. Dann geht es auf dem Güterweg im Wald meist gemütlich bergauf. In einer Kehre auf 1.238 m kann man auf einen Wanderweg abzweigen und direkt zur Alpe aufsteigen. Man kann aber auch auf dem Güterweg bleiben, benötigt dann aber etwas mehr Zeit. Beim Rückweg ist der Wiederanstieg von der Steinbrücke ins Dorf zu berücksichtigen. Durch Benützung der Seilbahn nach Sonntag – Stein kann der Anstieg um etwa eine Stunde verkürzt werden. Etwas oberhalb der Bergstation der Seilbahn beginnt ein Wanderweg, der ohne viel Höhenunterschied am oberen Ende des Steintobels nach Westen führt. Unterhalb der Wangspitze trifft man auf den Güterweg und ist bald darauf bei der Alpe.
Der kürzeste Anstieg ohne Seilbahnhilfe dauert etwa 2 Stunden und beginnt bei der Garsellabrücke. Garsella liegt zwischen Blons und Sonntag, etwa 2,5 Kilometer vor Sonntag. Der Weg führt durch den Wald, teilweise steil bergauf. Zuletzt wandert man über die Alpwiesen zu den Alphütten.

Oberpartnom Alpe

Stafelfeder Alpe 1.472 m

Die kleine Alpe liegt knapp unterhalb des Güggernülli und der Kellaspitze. Sie bietet eine wunderbare Aussicht bis ins Rheintal. Die Milch dieser Bioalpe wird zu den Sulzberger Käserebellen geliefert, die unter anderem einen ganz fantastischen Weichkäse herstellen, der neben jedem französischen Weichkäse bestehen kann. Bei Voranmeldung nehmen sich die Pächter gerne Zeit, die Alpe und das Alpwesen zu erklären.

Besitzer: Agrar Schnifis-Berg
Alpvieh: 23 Kühe, 43 Jungvieh
Alpprodukte: Milch
Zeitraum der Bewirtschaftung: Anfang Juni bis Mitte September
Kontakt: Albert Zech, +43/(0)664/1301093
Verpflegung für Wanderer: Getränke, Jause
Veranstaltungen, Besonderheit: Alpmesse

Direkter Alpanstieg:
Ausgangspunkt: Marul (976 m)
Gehzeit: ↗ $1\frac{3}{4}$ Std. ↘ 1 Std.
Höhenunterschied: 550 Hm
Kinderwagen: durchgehend geeignet
Schwierigkeit: leicht

Der Güterweg zur Alpe beginnt bei der Kirche und führt in Kehren hinauf bis zur Alpe. Als Wanderer kann man diesen Weg teilweise über Wiesen abkürzen. Mit dem Kinderwagen dauert der Anstieg etwas länger, da man durchgehend auf dem Güterweg bleiben muss.

Weitere Alpen der Tour

Fuchswald Alpe 1.200 m und Untere Nova Alpe 1.074 m (siehe Tour 28)
Laguz Alpe 1.584 m (siehe Tour 29)
Oberpartnom Alpe 1.679 m (siehe Tour 31)

Wanderroute: Von Laguz startet man nach Norden auf dem rechten Güterweg, der in nordwestlicher Richtung zum Garmilsattel (1.810 m) hinaufführt. Hier sollte man nochmals zurückschauen und die gewaltige Rote Wand bewundern. Auf der anderen Seite des Sattels führt der Weg steil in Kehren hinab zur Oberpartnom Alpe (1.679 m). Die oberste Hütte, Breithornhütte genannt, ist als Jausenstation eingerichtet. Danach muss man noch etwas hinab zu den anderen Alphütten. Hier zweigt nach Westen (links) ein Wanderweg ab. Er führt über die Alpwiesen unterhalb des schroffen Breithorns und der Wangspitze herum zur Sterisalpe (1.441 m). Von Steris wandert man auf dem Güterweg in westlicher Richtung leicht bergauf um den Westrücken des Guggernülli herum. Bevor man ganz herum ist, zweigt rechts ein Weg ab, der etwas tiefer als der Güterweg durch den Wald um das letzte Stück des Berges herumführt. Dann geht es zuerst über Wiesen, dann entlang eines Sträßchens in Kehren hinab nach Marul.

Ergänzung:
Ab Marul (976 m) [30e1]
Ausgangspunkt: Marul (976 m)
Gehzeit: + 2½ Std.
Höhenunterschied: + 600 Hm
Schwierigkeit: mittel

Bei der Kirche von Marul wandert man zuerst hinab zum Marulbach und ihm entlang etwa 3 Kilometer ins Tal hinein. Dann führt der Weg zur Straße hoch, die man im Bereich der Fuchswald Alpe betritt. Nun geht es auf

dem alten Laguzweg zur Laguz Alpe (1.584 m) weiter. Dieser Weg kürzt die Kehren des Fahrweges ab. Zwischendurch muss man doch ein Stück die Straße benützen. Dabei passiert man das Naturdenkmal Trübbachhöhle. Sie ist, mit erforschten 423 Metern, die größte Gipshöhle im ganzen Alpenraum. Jährlich werden etwa 500 m³ gelöster Gips aus dem Berg herausgeschwemmt. Vor einer Begehung wird aber wegen der Unberechenbarkeit und Gefährlichkeit ausdrücklich gewarnt. Ab Laguz ist der Weg mit dem oben beschriebenen identisch.

Ergänzung:
Stafelfeder Alpe (1.472 m) [30e2]

Abzweigpunkt: nördlich unterm Guggernülli (1.580 m)

Gehzeit: + 1/4 Std

Höhenunterschied: +20 Hm

Schwierigkeit: leicht

Wiesen oberhalb von Marul

Um zur Stafelfeder zu gelangen, bleibt man nach der Sterisalpe immer am Güterweg, der bald den höchsten Punkt erreicht. Dann geht es nur mehr bergab. Die Alpe befindet sich bei einer markanten Rechtskehre. Von der Alpe kann man anschließend die ersten Kehren des Güterweges abkürzen, dann folgt man ihm bis ins Dorf.

MTB-Route: Von Marul fährt man auf der Straße nach Laguz (1.584 m). Auf einem Güterweg gelangt man in nordwestlicher Richtung zum Garmilsattel (1.810 m). Die folgende Abfahrt führt vorbei an der Oberpartnom und Unterpartnom Alpe zur Seilbahnstation Stein (1.306 m). Dann geht es noch weiter hinab und unter der Seilbahn durch. Auf etwa 1.080 m zweigt im Wald links der Güterweg zur Sterisalpe (1.441 m) ab. In angenehmer Steigung erreicht man die Alpe. Dann geht es noch etwas bergauf und um die Kellaspitze herum gelangt man zur Stafelfeder Alpe (1.472 m) und hinab nach Marul.

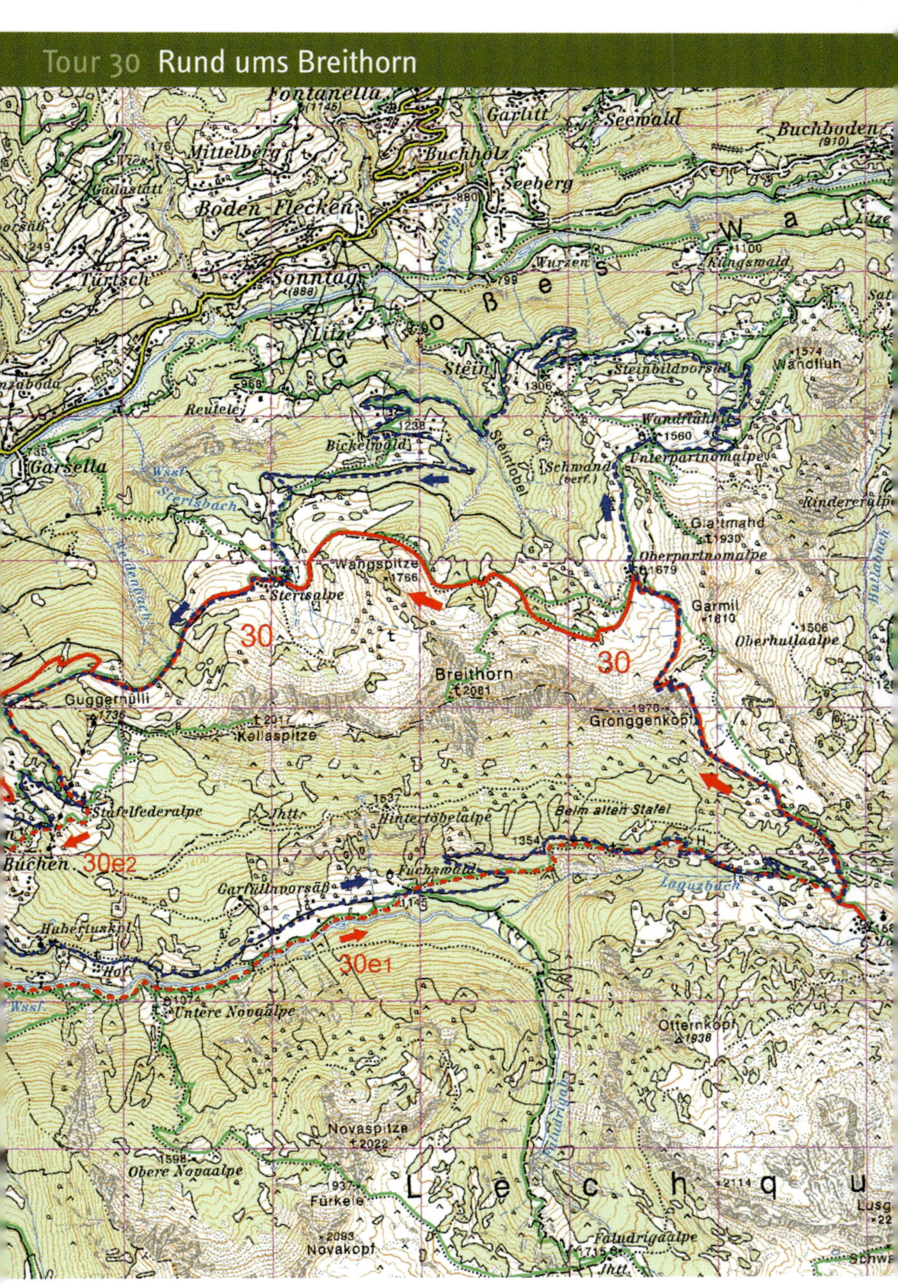
Fontanella
Garlitt
Seewald
Buchboden
Mittelberg
Buchholz
Seeberg
Boden
Flecken
Türtsch
Sonntag
Wurzen
Kungsmald
Litze
Stein
1306
Steinbildvorsäß
Wandfluh
Reutele
Garsella
Bickelwald
Steintobel
Unterpartnomalpe
Schwand
Rindereralpe
Sterisbach
Glattmahd
Oberpartnomalpe
Wangspitze
1766
Stertsalpe
Garmil
1810
Oberhutlaalpe
30
Breithorn
2081
Guggernülli
1736
2017
Kellaspitze
Gronggenkopf
Stafelfederalpe
Hintertöbelalpe
Beim alten Stafel
1354
Buchen
30e2
Garfüllavorsäß
Fuchswald
Laguzbach
Hubertuskapf
Hof
30e1
Untere Novaalpe
Otternkopf
1938
Novaspitze
2022
Obere Novaalpe
Fürkele
Novakopf
2093
2114
Faludrigaalpe
L e c h q u
Großes Wal

Hinteres Walsertal

(Sonntag, Buchboden, Fontanella, Faschina)

Sonntag ist der Hauptort des Großwalsertales und liegt hoch über dem Talgrund. Am oberen Ortsende überspannt eine kühne Seilbahn das tief eingeschnittene Tal und erschließt dem Wanderer das Gebiet von Stein, wo man eine einfache und schöne Alpwanderung unternehmen kann. Buchboden stellt das „Ende“ des Großwalsertales dar. Es ist der Ausgangspunkt von grandiosen Bergtouren wie Braunarlspitze und Hochkünzelspitze. Aber auch die Alpwanderungen haben es hier in sich.

Keine ist wirklich leicht, eine sogar sehr anspruchsvoll.

Fontanella liegt oberhalb von Sonntag. Neben der Aussicht auf Sonntag – Stein und dem dahinter aufragenden Breithorn bietet Faschina einen ganz besonderen Bergsee – den Seewaldsee. Er liegt malerisch eingebettet in einen Bergrücken – ein ganz besonderes Phänomen – unterhalb des Zafernhornes und lädt im Sommer nach Bergtouren zum Baden ein.

Faschina liegt am Übergang vom Walsertal in den Bregenzerwald. Seit es die Straße über dieses Joch gibt, wurde Faschina aus seiner Einsamkeit erlöst und bietet eine wunderbare Rundwanderung an. Dabei fällt der Blick ständig auf Damüls, dessen Wandermöglichkeiten in einem anderen Kapitel beschrieben werden.

Auf einen Blick

Gebirge:	Bregenzerwaldgebirge und Lechquellengebirge
Talorte:	Sonntag (888 m), Fontanella (1.145 m), Faschina (1.486 m)
Karten:	ÖK-Blatt 112 + 142, LKS-Blatt 228, F&B-Blatt 364
Anreise:	Aus dem Walgau fährt man von Thüringen das Walsertal hinein bis zum jeweiligen Ausgangspunkt.
Bus/Bahn:	Von Thüringen gelangt man mit dem Landbus Linie 77 bis zum jeweiligen Ausgangspunkt. Nach Buchboden muss man in Sonntag auf die Linie 77a umsteigen.

31 Sonntag – Stein

Unterpartnom Alpe 1.560 m
Oberpartnom Alpe 1.679 m
Sterisalpe 1.441 m

Gebirge:
→ Bregenzerwaldgebirge
Talort:
→ Sonntag (888 m)

Oberpartnom Alpe

Das abgelegene Gebiet von Sonntag – Stein ist fast nur mit der Seilbahn erreichbar und dementsprechend ruhig. Hier kann man sowohl kleine als auch größere Spaziergänge und Wanderungen unternehmen.

Anforderungen: wenig anstrengend

Zeiten: 3½ Stunden: ↗ 1 Std. ↘ 2½ Std.

Ausgangspunkt: Sonntag – Stein (1.306 m)

Gehzeiten: Stein – Unterpartnom ¾ Std.; Unterpartnom – Oberpartnom ¼ Std.; Oberpartnom – Sterisalpe 1¼ Std.; Sterisalpe – Stein 1¼ Std.

Höhenunterschied: ↗ ↘ je 400 Hm

Karten: ÖK-Blatt 142, LKS-Blatt 228, F&B-Blatt 364

Informationen für Mountainbiker

Start/Ziel: Sonntag (888 m)

Höchster Punkt: Unterpartnom Alpe (1.560 m)

Fahrzeiten: ↗ 2 Std. ↘ 1½ Std.

Anstieg: ↗ ↘ je 10.5 km, 900 Hm Fahrt

Besonderheit: Mit der luftigen Seilbahn schwebt man über das tiefe Tal nach Sonntag – Stein. Ab der Bergstation ist man abseits jeder Hektik. Die beschriebene Runde führt über drei Alpen. Im Süden wird der Blick durch schroffe Berge begrenzt. In die anderen Richtungen überblickt man das ganze Walsertal.

Unterpartnom Alpe 1.560 m

Die Alpe liegt oberhalb der Bergstation der Seilbahn auf einem großen, sanft geneigten Hang und besteht aus mehreren Hütten und einer eigenen Sennerei. Über ihr steht der Glattmar, der gar nicht weit entfernt ist und einen wunderbaren Rundumblick gewährt. Da sich im Winter hier ein kleines, aber feines Schigebiet befindet, gibt es natürlich auch einen Gastbetrieb, der Wanderer verwöhnt.

Besitzer: Gemeinschaftsalpe
Alpvieh: 60 Kühe
Alpprodukte: Alpkäse, Alpbutter
Zeitraum der Bewirtschaftung: Mitte Juni bis Mitte September

Direkter Alpanstieg:
Ausgangspunkt: Sonntag – Stein (1.306 m)
Gehzeit: ↗ 3/4 Std. ↘ 1/2 Std.
Höhenunterschied: 230 Hm
Kinderwagen: durchgehend geeignet
Schwierigkeit: leicht

Der Anstieg ist identisch mit der Wanderroute. Mit dem Kinderwagen muss man aber über den Güterweg nach Osten zum Steinbild Grillplatz und dann nach Südwesten hinauf nach Unterpartnom. Dieser Weg dauert etwa eine halbe Stunde länger.

Oberpartnom Alpe 1.679 m

Die Alpe liegt hoch über dem Walsertal unterhalb des düsteren Grongenkopfes. Sie besteht aus 8 Hütten. Eine davon ist die Sennerei, die oberste, die „Breithornhütte“, ist für den Wanderer geöffnet und stellt ein beliebtes Ziel dar. Da man hier übernachten kann, ist die Oberpartnom Alpe ein optimaler Zwischenstopp bei größeren Durchquerungen. Wenn am Abend die Sonne untergeht und der Walserkamm auf der gegenüberliegenden Talseite langsam in die Dämmerung versinkt, möchte man nie mehr weiterziehen.

Besitzer: Alpgemeinschaft
Alpvieh: 60 Kühe, 40 Jungvieh, Schweine, Haflinger, Noriker, Ziegen

Sennerei Unterpartnom Alpe

Alpprodukte: Bergkäse, Joghurt, Frischkäse

Zeitraum der Bewirtschaftung: Mitte Juni bis Mitte September

Übernachtung: 30 Lager verteilt auf mehrere Hütten

Gaststube: ja

Kontakt: Martha Bickel, +43/(0)5554/5601

Verpflegung für Wanderer: Getränke, Käse, Kuchen, Spezialität: Mostbröckle mit Kren und Senf; Käsknöpfle auf Anfrage

Veranstaltungen, Besonderheit: Alpmesse am Sonntag nach dem 15.8.

Direkter Alpanstieg:

Ausgangspunkt: Sonntag – Stein (1.306 m)

Gehzeit: ↗ 1 Std. ↘ 3/4 Std.

Höhenunterschied: 380 Hm

Kinderwagen: durchgehend geeignet

Schwierigkeit: leicht

Der Anstieg ist identisch mit der Wanderroute und der Erklärung betreffend Kinderwagen beim Anstieg zur Unterpartnom Alpe. Zwischen Unter- und Oberpartnom kann man nicht vom Güterweg abweichen.

Unterpartnom Alpe

Weitere Alpe der Tour

Sterisalpe 1.441 m (siehe Tour 30)

Wanderroute: Von der Bergstation der Seilbahn Sonntag – Stein wandert man über die Alpwiesen hinauf zur Unterpartnom Alpe. Dann geht es auf dem Güterweg zur Oberpartnom Alpe weiter. Die oberste Hütte, Breithornhütte genannt, ist als Jausenstation eingerichtet. Danach muss man wieder etwas hinab zu den anderen Alphütten. Hier zweigt nach Westen (links) ein Wanderweg ab. Er führt über die Alpwiesen unterhalb des schroffen Breithornes und der Wangspitze herum zur Sterisalpe. Von der Sterisalpe wandert man kurz auf dem Güterweg Richtung Sonntag. Schon bald zweigt rechts ein Weg ab, der durch den Wald nach Stein zurückführt. Dabei wandert man etwa 200 Höhenmeter tiefer als vorher von Oberpartnom her und hat mehrere Gräben zu überwinden.

Gipfelergänzung:
Wandfluh (1.574 m) [31e1]

Ausgangspunkt: Unterpartnom Alpe (1.560 m)

Gehzeit: + 1/2 Std.

Höhenunterschied: + 50 Hm

Schwierigkeit: mittel

Von der Unterpartnom Alpe kann man flach in östlicher Richtung zu diesem wunderbaren Aussichtspunkt gelangen.

Gipfelergänzung: Glattmar (1.930 m) [31e2] mittel

Ausgangspunkt: Unterpartnom Alpe (1.560 m)

Zielpunkt: Oberpartnom Alpe (1.679 m)

Gehzeit: + 1 Std

Höhenunterschied: + 250 Hm

Schwierigkeit: mittel

Von der Unterpartnom Alpe geht es zuerst direkt auf den Berg zu. Dann schwenkt der Weg nach rechts zum Kamm und führt ihm entlang zum Gipfel. Zum Abstieg wandert man einfach über die Alpwiesen hinab zur Oberpartnom Alpe.

MTB-Route: Von Sonntag fährt man zuerst ins Tal zum Sportplatz (782 m) hinab. Nach der Brücke über die Lutz geht es auf asphaltierter Straße nach Stein hinauf. Anschließend fährt man auf einer Schotterstraße in einer großen Schleife zur Unterpartnom Alpe (1.560 m) und weiter zur Oberpartnom Alpe (1.679 m). Für den Rückweg hat man 2 Möglichkeiten. Entweder fährt man den gleichen Weg zurück oder man schiebt das Fahrrad entlang des oben beschriebenen Wanderweges zur Sterisalpe und fährt von dort wieder zurück nach Sonntag. Auf jeden Fall muss man berücksichtigen, dass man vom Talgrund ins Dorf hinauf noch einige Höhenmeter zu überwinden hat.

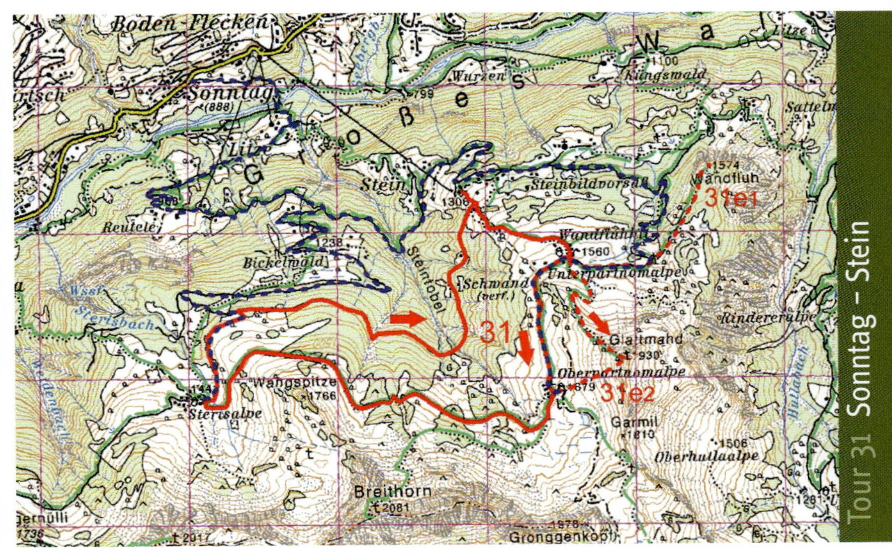

32 Garmilrunde

Klesenza Alpe 1.589 m
Laguz Alpe 1.584 m
Unter- u. Oberpartnom Alpe 1.560 m u. 1.679 m

Gebirge:
→ **Bregenzerwaldgebirge**
Talort:
→ **Sonntag (888 m)**

Klesenza Alpe

Die gewaltige Rote Wand beherrscht den größten Teil dieser Wanderung. Die Alpen auf der Route laden zu gemütlichem Verweilen ein. Zuletzt kommt man bei der Wandfluh auch Felswänden sehr nahe.

Anforderungen: wegen der längeren Strecke etwas anstrengend

Zeiten: 4½ Stunden: ↗ 2 Std. ↘ 2½ Std.

Ausgangspunkt: Klesenza Alpe (1.589 m), hierher mit Wanderbus ab Sonntag

Zielpunkt: Buchboden (910 m)

Gehzeiten: Klesenza Alpe – Laguz 1 Std.; Laguz – Oberpartnom 1¼ Std.; Oberpartnom – Unterpartnom ¼ Std.; Unterpartnom – Buchboden 2 Std.

Höhenunterschied: ↗ 450 Hm ↘ 1130 Hm

Karten: ÖK-Blatt 142, LKS-Blatt 228, F&B Blatt 364

Informationen für Mountainbiker

Start/Ziel: Sonntag (888 m)

Höchster Punkt: Garmilsattel (1.810 m)

Fahrzeiten: ↗ 3 Std. ↘ 1 Std.; Gehzeit 1 Std.

Anstieg: ↗ 12.5 km ↘ 14.5 km, 1100 Hm Fahrt

Besonderheit: Durch die Annehmlichkeiten des Wanderbusses kommt man ohne übertriebene Anstrengung zu einer wunderbaren (Fast-)Rundwanderung. Dabei durchschreitet man vielfältige Landschaften und kann die mächtige Rote Wand bewundern. Verschmäht man den Wanderbus, wird die Wanderung zeitaufwendiger und verlangt natürlich bessere Kondition. Dafür erlebt man das Hutlatal umso intensiver.

Unterhutla Alpe 1.281

Die Alpe liegt etwa in der Hälfte des Weges zur Klesenza Alpe. Im Süden begrenzt eine steile Geländestufe die Alpe und darüber ragt die Rote Wand heraus. Die auf der Alpe tätige Familie kümmert sich nun schon seit etwa 30 Jahren um die Alpe. Auf der dazugehörigen Oberhutla Alpe, unterhalb des Garmil, weiden noch etwa 65 Jungtiere.

Besitzer: Agrar Schnifis
Alpvieh: 48 Kühe
Alpprodukte: Alpkäse
Zeitraum der Bewirtschaftung: Mitte Juni bis Mitte September
Verpflegung für Wanderer: Getränke, Jause

Die Alpe ist im Sommer mit dem Landbus Linie 77a, der dreimal pro Tag von Sonntag zur Klesenza Alpe fährt, erreichtbar.

Klesenza Alpe 1.589 m

Die Alpe liegt nördlich der riesig aufragenden Roten Wand. Nach Osten zieht ein langes Tal, das in den Bereich des Formarinsees führt. Im Nordosten begrenzen schroffe und von dieser Seite unzugängliche Berge den Blick. Nach Westen markiert ein Sattel den Übergang nach Laguz. Oberhalb der Klesenza Alpe liegt die malerische und markante Alpe Spitzegga. Die Häuser der Alpe sind zum Schutz gegen Lawinen in einer Reihe untereinander zusammengebaut. Ein Besuch dieser Alpe lohnt sich auch wegen der von dort weitläufigeren Aussicht.

Besitzer: Genossenschaft
Alpvieh: 60 Kühe, 40 Jungvieh
Alpprodukte: Milch, Butter, Käse
Zeitraum der Bewirtschaftung: Anfang Juni bis Anfang September, Bewirtung noch bis Ende September
Übernachtung: 15 Lager
Verpflegung für Wanderer: Getränke, Jause

Unterhutla Alpe

Die Alpe wird im Sommer vom Landbus Linie 77a dreimal pro Tag ab Sonntag angefahren.

Weitere Alpen der Tour

Rinderer Alpe 1.242 m
Auf dieser kleinen Privatalpe sind nur wenige Tiere anzutreffen und die Alphütte ist privat an eine Familie vermietet. Bei dieser Alpe zweigt der Wanderweg zur Wangspitze ab (siehe Tour 33).

Oberpartnom Alpe 1.679 m und Unterpartnom Alpe 1.560 m (siehe Tour 31)
Laguz Alpe 1.584 m (siehe Tour 29)

Wanderroute: Von der Klesenza Alpe wandert man hinab zur großen Talsohle. Ab der Brücke über den Bach beginnt der Wanderweg hinauf zum Sättele (1.737 m). Zuerst steigt er noch leicht, dann wird er steil und bei Nässe etwas rutschig. Vom Sättele kann man direkt über die Alpwiesen oder auf einem kurz unterhalb des höchsten Punktes beginnenden Güterweg in einer größeren Schleife zur Laguz Alpe absteigen, die wunderschön eingebettet in einer großen Senke liegt.
Von der Laguz Alpe wandert man auf dem durchgehenden Güterweg in nördlicher Richtung auf den schroffen Gronggenkopf zu. Rechts von ihm überschreitet man den Garmilsattel (1.810 m). Hier sollte man unbedingt nochmals zur mächtigen Roten Wand zurückschauen. Nun geht es in steilen Kehren hinab zur Oberpartnom Alpe. Von Oberpartnom wandert man auf dem Güterweg weiter zur Unterpartnom Alpe. Nun wandert man auf dem Güterweg nach rechts bergab zum Steinbild Grillplatz. Hier wählt man den Güterweg nach rechts zu den Hütten beim Hinteren Steinbild. Oberhalb der Hütten steht in Richtung der Felswand der Wandfluh eine Plattform mit der Beschriftung „Echo Wand". Zwei dort befindliche Ruftrichter verleiten jeden Wanderer, laut Richtung Wand zu rufen und sich vom Echo überraschen zu lassen. Nach Buchboden bleibt man am Güterweg und kommt zu den Häusern des Hinteren Steinbildes. Hier muss man eine Wegentscheidung treffen. Die „wildere" der beiden Möglichkeiten führt nach rechts über die Wiese hinab. Am rechten Rand der steilen Wiese beginnt ein sehr steiler und schmaler Weg, der unterhalb der Wandfluh hinab ins Hutlatal leitet. Kurz vor Erreichen der Talsohle wendet man sich nach links und über einen schwach ausgeprägten Sattel gelangt man nach Buchboden.

Variante:
Nach Sonntag – Stein (1.306 m) [32v1]
Abzweigpunkt: Unterpartnom Alpe (1.560 m)
Zielpunkt: Sonntag - Stein (1.306 m)
Gehzeit: ↗ ↘ 3 Std.
Höhenunterschied: ↗ 450 Hm ↘ 740 Hm
Schwierigkeit: **mittel**

Von Unterpartnom wandert man entweder über die Wiesen direkt hinab zur Seilbahn Sonntag – Stein. Oder man bleibt zuerst bis zur „Echo Wand" auf der Route nach Buchboden. Wenn man genug vom Echo hat, wendet man sich wieder westwärts und kann durch den Wald über das so genannte „Martiniloch" in etwa 40 Minuten nach Stein wandern.

Variante:
Ab Buchboden (910 m) [32v2]
Ausgangs- und Zielpunkt: Buchboden (910 m)
Gehzeit: ↗ ↘ 8½ Std.
Höhenunterschied: ↗ ↘ je 1.130 Hm
Schwierigkeit: **mittel**

Der Anstieg durchs Hutlatal ist zwar lang, aber auch sehr schön. Von Buchboden wandert man kurz leicht bergab Richtung Osten. Dann zweigt rechts der Güterweg zur Klesenza Alpe ab. Er führt über die Postelbrücke (860 m) und dann auf der östlichen Talseite ständig bergauf bis zur Klesenza Alpe. Wenn im Bereich der Unterhutla Alpe die Rote Wand mächtig über dem Talende steht, ist jeder Wanderer beeindruckt.

Gipfelergänzung:
Glattmar (1.930 m) [32e]
Ausgangspunkt: Oberpartnom Alpe (1.679 m)
Zielpunkt: Unterpartnom Alpe (1.560 m)
Gehzeit: + 1 Std
Höhenunterschied: + 250 Hm
Schwierigkeit: **mittel**

Von der Oberpartnom Alpe kann man über die Alpwiesen direkt auf den Glattmar aufsteigen. Von ihm bietet sich ein wunderbarer Ausblick. Dann geht es nordseitig entlang des Kammes hinab zur Unterpartnom Alpe.

MTB-Route: Von Sonntag fährt man auf der Straße nach Buchboden und hier noch kurz leicht bergab Richtung Osten. Dann zweigt rechts der Güterweg zur Klesenza Alpe ab. Bei der Klesenza Alpe kann man noch in die Talsohle hinabfahren, dann beginnt der sehr anstrengende Anstieg aufs Sättele, wobei das Rad teilweise getragen werden muss. Auf der Westseite dieses Überganges muss man noch ein Stück schieben, bevor man wieder aufsteigen und auf dem beginnenden Güterweg zur Laguz Alpe abfahren kann. Nun geht es, wie als Wanderroute beschrieben, zum Garmil Sattel und hinab zur Unterpartnom Alpe. Hier bleibt man am Güterweg und in einer großen Schleife nach Osten gelangt man nach Sonntag – Stein. Dann geht es auf einem guten Sträßchen hinab nach Sonntag. Dabei muss man berücksichtigen, dass man vom Talgrund ins Dorf hinauf noch einige Höhenmeter zu überwinden hat.

33 Wangspitze

Rinderer Alpe 1.242 m
Matona Alpe 1.673 m
Gadenalpe 1.317 m

Gebirge:
Lechquellengebirge
Talort:
Sonntag (888 m)

Bad Rotenbrunnen

Bei dieser Rundtour kann man die Wildheit des Walsertales richtig spüren. Diese Bergwanderung führt in ein ganz besonderes Naturjuwel, das Gadental, und das historische Bad Rotenbrunnen.

Anforderungen: anstrengend, teils steil

Zeiten: 4¾ Stunden: ↗ 1¾ Std. ↘ 3 Std.

Ausgangspunkt: Rinderer Alpe (1.242 m), hierher mit Bus Linie 77a

Gehzeiten: Rinderer Alpe – Sattel – Matona Alpe 1¾ Std.; Matona Alpe – Gadenalpe 1 Std.; Gadenalpe – Rotenbrunnen 1 Std.; Rotenbrunnen – Buchboden 1 Std.

Höhenunterschied: ↗ 550 Hm ↘ 950 Hm

Karten: ÖK-Blatt 142, LKS-Blatt 228, F&B-Blatt 364

Besonderheit: Das Gadental ist ein besonderes Naturjuwel. Am Beginn des Tales liegt das historische Kurbad Rotenbrunnen. Die Heilkraft der Quelle Rotenbrunnen war schon im 14. Jahrhundert bekannt und es wurden 2 Badehäuser errichtet (Männer und Frauen getrennt). Ende des 19. Jahrhunderts ging die Bedeutung als Heilbad zurück. Im 20. Jahrhundert war das Bad jahrzehntelang als Jagdhaus der Öffentlichkeit nicht zugänglich.

Ab 1954 wurde das Bad als Gastronomiebetrieb geführt. Mit Besitzerwechsel im Jahr 2005 kam neuer Schwung in diese historische Stätte und nun ist sie ein perfekter Ort, eine Tour ausklingen zu lassen.
Durch die Möglichkeit, mit dem Landbus Linie 77a bis zur Rinderer Alpe zu fahren, bietet sich an, bei dieser Alpe zu starten. Dadurch erfordert die Wanderung weniger Höhenmeter im Anstieg und man kann die Tour im Bad Rotenbrunnen ausklingen lassen, denn von dort ist es nicht mehr weit zurück nach Buchboden.

Gadenalpe 1.317 m
Matona Alpe 1.673 m

Die beiden Alpen liegen in einem ganz versteckten Seitental, fernab jeder Besiedelung. Die Gadenalpe befindet sich ein einem engen Talkessel. Im Süden wird dieser durch die gewaltigen Felsabbrüche des Gadner- und Disnergschröf und links und rechts durch sehr steile Hänge begrenzt. Die Matona Alpe liegt auf einer Art Balkon, westlich oberhalb der Gadenalpe. Der Aus- und Tiefblick von der Matona ist berauschend. Östlich oberhalb der Gadenalpe befindet sich unterhalb des Feuersteins die private Disnerberg Alpe.

Besitzer: Agrargenossenschaft Sonntag/Buchboden
Alpvieh: 70 Jungvieh
Zeitraum der Bewirtschaftung: Gadenalpe: Anfang bis Ende Juni und Anfang bis Mitte September; Matona Alpe: Juli und August

Direkter Alpanstieg Gadenalpe:
Ausgangspunkt: Buchboden – Parkplatz Rotenbrunnen (884 m)
Gehzeit: ↗ 2½ Std. ↘ 2 Std.
Höhenunterschied: 460 Hm
Kinderwagen: bedingt geeignet
Schwierigkeit: leicht

Direkter Alpanstieg Matona Alpe:
Ausgangspunkt: Buchboden – Parkplatz Rotenbrunnen (884 m)
Gehzeit: ↗ 4 Std. ↘ 3 Std.
Höhenunterschied: 820 Hm
Kinderwagen: bedingt geeignet, weit
Schwierigkeit: leicht

Vom Parkplatz führt ein sehr guter Weg in etwa 10 Minuten direkt am rauschenden Bach entlang hoch zum Gasthaus Rotenbrunnen. Dann geht es auf einem breiten Weg das Tal hinein. Zuerst gewinnt man schnell Höhe, dann verläuft der Weg eine Zeit lang flach und man kommt zu einem Wasserfall. Neben diesem geht es in steilen Kehren hinauf ins obere Tal. Zum Schluss wandert man flach zur Alpe, die in der Mitte des Talkessels etwas erhöht steht.

Der Weiterweg zur Matona Alpe beginnt etwas unterhalb der Gadenalpe. Man quert den Bach und über einen breiten Weg geht es in vielen steilen Kehren hinauf zur Matona Alpe.

Weitere Alpe der Tour

Rinderer Alpe 1.242 m
Auf dieser kleinen Privatalpe sind nur wenige Tiere anzutreffen und die Alphütte ist privat an eine Familie vermietet.

Wanderroute: Bei der Rinderer Alpe wandert man nach Osten über die Alpwiesen auf den Wald zu. Im Wald geht es südlich einer Bachrinne ständig bergauf, bis man bei der verfallenen Wangalpe (ca. 1.650 m) auf die Hochalpflächen gelangt. Hier steigt man kurz nach Südosten weiter. Dann geht es ziemlich gerade auf den Sattel (1.791 m) zu, der nördlich des Matonakopfes sichtbar ist. Links des Sattels führt ein sanft ansteigender Rücken zur nahen Wangspitze. Vom Sattel geht es steil hinab zur Matona Alpe (1.673 m), von der man zuerst nur die Dächer der beiden Hütten sieht.
Von der Alphütte führt ein breiter Weg in vielen Kehren hinab zur Gadenalpe (1.317 m). Um zur Alphütte zu gelangen, muss man einige Meter vom Weg abweichen. Auf dem breiten Weg wandert man anschließend nach Norden. Schon bald geht er in steilen Spitzkehren östlich eines Wasserfalls hinab. Nach Überwindung eines Grabens kann man wieder gemütlich flach weiterwandern. Doch bald geht es wieder bergab und man erreicht das Bad Rotenbrunnen. Die wunderbar gelegene Gastwirtschaft hilft, Durst (der ist meist sehr groß) und Hunger zu stillen. Vom Bad wandert man auf dem Fahrweg hinab ins Metzgertobeltal und zum Schluss in westlicher Richtung etwas bergauf zur Kirche von Buchboden.

Variante:
Ab Buchboden (910 m) [33v]
Endpunkt: Buchboden (910 m)
Gehzeit: ↗↘ 6¾ Std.
Höhenunterschied: ↗↘ 950 Hm
Schwierigkeit: **mittel**

Der Anstieg durchs Hutlatal ist zwar lang, aber auch sehr schön. Von Buchboden wandert man

Tiefblick von der Wangspitze zur Matona Alpe

kurz leicht bergab Richtung Osten. Dann zweigt rechts der Güterweg zur Klesenza Alpe ab. Er führt über die Postelbrücke (860 m) und dann auf der östlichen Talseite ständig bergauf bis zur Alpe, die kaum erkennbar im Bereich von 3 Kehren liegt.

Gipfelergänzung: Wangspitze (1.873 m) [33e]

Ausgangspunkt: Sattel (1.791 m)

Gehzeit: + 1/2 Std

Höhenunterschied: + 80 Hm

Schwierigkeit: mittel

Vom Sattel ist man in wenigen Minuten über den Kamm am Gipfel.

34 Rund um den Feuerstein

Gadenalpe 1.317 m
Obere Alpschella Alpe 1.682 m
Metzgertobel Alpe 1.205 m

Gebirge:
Lechquellengebirge
Talort:
Sonntag (888 m)

Ende des Großwalsertales: Metzgertobel Alpe

Diese Wanderung von Alpe zu Alpe ist eine grandiose Bergtour über ein hoch gelegenes Joch. Dabei lernt man zwei gewaltige Bergkessel und sehr unterschiedliche Alpen kennen. Für den Genuss ist aber eine sehr gute Kondition erforderlich.

Anforderungen: sehr anstrengend
Zeiten: 8½ Stunden: ↗ 4½ Std. ↘ 4 Std.
Ausgangspunkt: Buchboden (910 m)
Gehzeiten: Buchboden – Gadenalpe 2½ Std.; Gadenalpe – Disnerberg Alpe ¾ Std.; Disnerberg Alpe – Muttawangjoch 1¼ Std.; Muttawangjoch – Obere Alpschella Alpe 1 Std.; Obere Alpschella Alpe – Metzgertobel Alpe 1 Std.; Metzgertobel Alpe – Buchboden 2 Std.

Höhenunterschied: ↗ ↘ je 1200 Hm
Karten: ÖK-Blatt 142, LKS-Blatt 228, F&B-Blatt 364

Besonderheit: Dies ist eine der anstrengendsten Touren dieses Buches. Das größte Problem bei der Wanderung in der beschriebenen Richtung ist, dass man bald nach dem Start beim Bad Rotenbrunnen vorbeikommt und wegen der dort erlebten Gemütlichkeit

nicht mehr weiterkommt. Man kann aber am Rückweg nochmals einen Abstecher hierher machen. Die reine Gehzeit für diesen Abstecher beträgt nur etwa 15 Minuten. Trotzdem empfiehlt sich diese Gehrichtung, denn dann hat man die steilsten Passagen im Aufstieg zu bewältigen. Außerdem ist dieser Anstieg durch die Ausrichtung nach Westen am Vormittag schattiger.
Zuerst wandert man zum versteckten Talkessel der Gadenalpe, der an Gewaltigkeit seinesgleichen sucht. Ab dem höchsten Punkt der Wanderung, dem Muttawangjoch (2.025 m), kommt man in eine andere, nicht weniger wilde Umgebung. Nach Süden öffnen sich die Schrofenlandschaft der Bratschenwand und die Steilabstürze des Karstgebietes unterhalb der Hochlichtspitze. Zum Schluss wandert man entlang der Lutz das lange Metzgertobeltal hinaus. Kurz vor der Einmündung des Gadentals mit dem Matonabach durchfließt die Lutz eine wunderschöne kleine Klamm, die Kessischlucht. Hier wurde in eiszeitlicher Vergangenheit eine tiefe Klamm mit ausgewaschenen „Kesseln“ in den Kalkfelsen eingeschnitten.

Bei der Oberen Alpschella Alpe

Metzgertobel Alpe 1.205 m

Die Alpe liegt am Ende des langen Tales, das das Ende des Walsertales darstellt. Der Name der Alpe rührt daher, dass in weit zurückliegender Vergangenheit ein Metzger aus Feldkirch hier Rinder und Ochsen auf „Sommerfrische“ schickte. Die Alpe gehört zu den kleinen Alpen, besitzt aber eine eigenen Sennerei, deren Produkte die Besucher probieren und kaufen können.
Über der Alpe ragen die schroffen Berge des Braunarlstockes und der Feuerstein auf. Würden hier keine Alphütten stehen, glaubte man, es wäre das Ende der Welt. Die junge Lutz, die durch die Alpe fließt, vertrocknet im Sommer manchmal. Wenn aber starker Regen kommt, kann das Alpgebiet auch überschwemmt werden. Zuletzt wurde im August 2005 das Metzgertobeltal fast zur Gänze in eine Schotterwüste verwandelt.

Besitzer: privat

Alpvieh: 16 Kühe, 40 Jungvieh, 4 Ziegen, 10 Schweine

Alpprodukte: Milch, Butter, Bergkäse, Ziegenfrischkäse

Zeitraum der Bewirtschaftung: Anfang Juni bis Mitte September

Verpflegung für Wanderer: Getränke, Jause

Direkter Alpanstieg:

Ausgangspunkt: Buchboden (910 m)

Gehzeit: ↗ 2¼ Std. ↘ 2 Std.

Höhenunterschied: 350 Hm

Kinderwagen: durchgehend geeignet

Schwierigkeit: leicht

Die Alpe ist über einen mautpflichtigen Fahrweg mit dem Auto erreichbar. Der Parkplatz befindet sich etwas vor der Alpfläche. Zu Fuß kann man in 2¼ Stunden entlang des Fahrweges durch das tief eingeschnittenen Tal zur Alpe wandern.

Untere Alpschella Alpe
1.440 m
Obere Alpschella Alpe
1.682 m

Die beiden Alpen haben unterschiedliche Besitzer, die Alpflächen werden aber gemeinsam bewirtschaftet. Die Untere Alpe liegt etwas oberhalb der Abzweigung zur Biberacher Hütte und wird kaum von Wanderern besucht. Die Obere Alpe liegt sanft in den Hang eingebettet 200 Meter höher. An ihr führen die beschriebene Wanderroute und der Nordalpenweg 01 vorbei. Der Nordalpenweg 01 ist einer der überregionalen Weitwanderwege, der über 1.000 km vom Bodensee nach Rust am Neusiedler See führt. Er kommt von der Biberacher Hütte und führt zur Göppinger Hütte. Im Bereich Metzgertobel umgeht er die schwierige Braunarlspitze. Oberhalb der Alpe befindet sich ein schönes Wegkreuz, das zu einer besinnlichen Rast einlädt.

Besitzer: privat

Alpvieh: 70 Jungvieh

Zeitraum der Bewirtschaftung: Untere Alpschella Alpe: Mitte Juni bis Ende Juni, Ende August bis Mitte September; Obere Alpschella Alpe: Juli und August

Wasserfall im Metzgertobel

Direkter Alpanstieg zur Obere Alpschella Alpe:
Ausgangspunkt: Buchboden (910 m)
Gehzeit: ↗ 3¾ Std. ↘ 3 Std.
Höhenunterschied: 830 Hm
Schwierigkeit: **mittel**

Zuerst muss man zur Metzgertobel Alpe wandern oder fahren. Dann wandert man auf dem Güterweg weiter das Tal hinauf. Um die Ostseite des Feuersteins herum kommt man in den Bereich der Unteren Alpschella Alpe. Noch vor der Alpe verlässt man in einer Rechtskurve diesen Weg und steigt auf einem steilen Wanderweg entlang eines kleinen Baches zur Oberen Alpschella Alpe auf.

Weitere Alpe der Tour

Gadenalpe 1.317 m (siehe Tour 33)

Wanderroute: Vom Parkplatz des Bades Rotenbrunnen führt ein sehr guter Weg in etwa 10 Minuten direkt am rauschenden Bach entlang hoch zum Gasthaus. Dann geht es auf einem breiten Weg das Tal hinein. Zuerst gewinnt man schnell Höhe, dann verläuft der Weg eine Zeit lang flach und man kommt zu einem Wasserfall. Neben diesem geht es in steilen Kehren hinauf ins obere Tal. Zum Schluss wandert man flach zur Alpe, die in der Mitte des Talkessels etwas erhöht steht.
Von der Gadenalpe führt der Weg nach links in östlicher Richtung weiter. Zuerst wandert man durch das ansteigende Kar hinauf, doch schon bald verlässt der Weg den Graben nach links und bringt den Wanderer zur Disnerberg Alpe, die auf einem Rücken des Feuerstein liegt. Oberhalb der Alphütte wandert man bergauf wieder zum Grund des Grabens und dort in mehreren Kehren steil hinauf zum Muttawangjoch (2.025 m).
Vom Joch geht es kurz steil hinab und anschließend über die Alpwiesen unterhalb der Ostwand des Feuersteins in nordöstlicher Richtung hinab zur Oberen Alpschella Alpe (1.682 m). Auf halber Strecke zur Alpe könnte man Richtung Göppinger Hütte und somit ins Arlberggebiet abzweigen. Von dieser Alpe geht es steil entlang eines Baches hinab in den Bereich der Unteren Alpschella Alpe (1.440 m) und trifft dort auf den Güterweg, der die Untere Alpschella Alpe

Wasserquellen oberhalb der Unteren Alpschella Alpe

mit der Metzgertobel Alpe verbindet. Hier befindet sich auch die Abzweigung zur Biberacher Hütte. Zur Alphütte müsste man nach links noch etwas aufsteigen, weshalb sie meist ausgelassen wird. Auf dem Güterweg gelangt man zur Metzgertobel Alpe im Norden des Feuerstein.
Nun wandert man entlang des Fahrweges nach Buchboden.

Der Weg ist über weite Strecken ziemlich flach. Bei einer steileren Stelle fällt rechts ein toller Wasserfall zum Fahrweg herab, dann passiert man eine schöne flache Alpwiese und zuletzt kurz vor der Einmündung des Matonabaches die urtümliche Kessischlucht. Mit einem leichten Anstieg erreicht man wieder Buchboden.

Tour 34 Rund um den Feuerstein

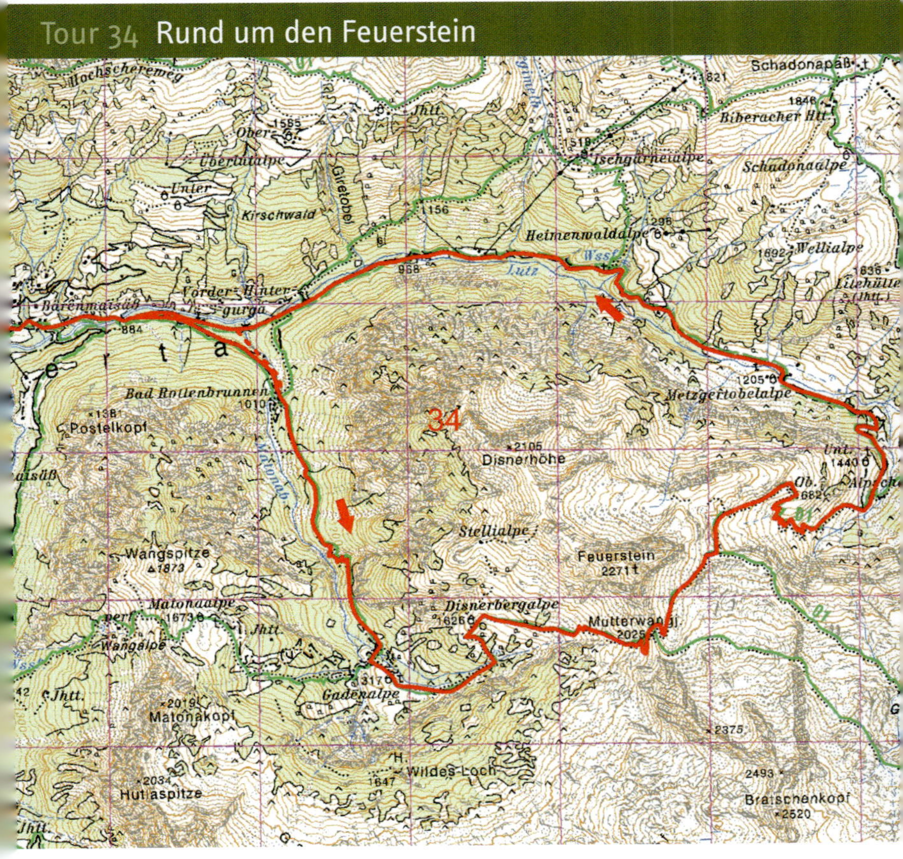

35 Schadona – Ischgarnei

Metzgertobel Alpe 1.205 m
Schadona Alpe 1.823 m
Ischgarnei Alpe 1.518 m
Heimenwald Alpe 1.296 m

Gebirge:
→ **Lechquellengebirge**
Talort:
→ **Sonntag (888 m)**

Ischgarnei Alpe

Bei dieser Wanderung wird ein Talabschluss der Sonderklasse umrundet. Aber um hoch hinauf zu kommen, muss man sich anstrengen und braucht Erfahrung.

Anforderungen: etwas anstrengend

Zeiten: 4½ Stunden: ↗ 2½ Std. ↘ 2 Std.

Ausgangspunkt: Metzgertobel Alpe (1.205 m)

Gehzeiten: Metzgertobel Alpe – Biberacher Hütte 2½ Std.; Biberacher Hütte – Ischgarnei Alpe 1 Std.; Ischgarnei Alpe – Heimenwald Alpe – Metzgertobel Alpe 1 Std.

Höhenunterschied: ↗ ↘ je 650 Hm

Karten: ÖK-Blatt 112 + 142, F&B Blatt 364

Informationen für Mountainbiker

Start/Ziel: Buchboden (910 m)

Höchster Punkt: Metzgertobel Alpe (1.205 m)

Fahrzeiten: ↗ ¾ Std. ↘ ½ Std.

Anstieg: ↗ ↘ 6 km, 300 Hm Fahrt

Besonderheit: Diese Wanderung ist eine der schwierigsten dieses Führers. Die größten Schwierigkeiten liegen im Anstieg zur Biberacher Hütte, da er steil und rutschig ist. Weiters erfordert er eine anspruchsvolle Tobelquerung. Natürlich kann man die Tour auch umgekehrt begehen, dann hat man aber den kritischen Teil der Route im Abstieg zu bewältigen. Für die Mühen wird man aber reich belohnt, denn die Umgebung ist filmreif ursprünglich.

Ischgarnei Alpe 1.518 m

Der Name Ischgarnei geht auf die Keltenzeit zurück, er leitet sich von „Eschga" (Bergweide) und „Nei" (Schnee) ab und soll „Schneeflucht" bedeuten. Dies deutet laut Heimatpflegeverein Großes Walsertal darauf hin, dass diese Alpe ursprünglich zur höher gelegenen Schadona Alpe gehörte. Früher gehörte auch die Heimenwald Alpe dazu. Die aufgrund der vielen Gebäuden groß wirkende Alpe besteht eigentlich aus 2 getrennten Alpen: Außer- und Innerischgarnei.
Die moderne, neu errichtetete Sennerei gehört zu beiden Alpen. Auch die dazugehörige Oberalpe ist modern ausgestattet und wird geteilt. Für etwa 5 Wochen befindet sich das Vieh dort und die Kühe werden auch dort gemolken. Die Milch wird mit der Materialseilbahn zur tiefer gelegenen Sennerei transportiert.

Besitzer: privat
Alpvieh: 50 Kühe, 30 Jungvieh
Alpprodukte: Bergkäse, Butter
Zeitraum der Bewirtschaftung: Mitte Juni bis Mitte September
Verpflegung für Wanderer: Getränke, Jause

Direkter Alpanstieg:
Ausgangspunkt: Metzgertobel Alpe (1.205 m)
Gehzeit: ↗ 1¼ Std. ↘ 1 Std.
Höhenunterschied: 320 Hm
Kinderwagen: durchgehend geeignet
Schwierigkeit: leicht

Der Anstieg erfolgt über den gut ausgebauten Güterweg, der kurz vor der Metzgertobel Alpe vom Hauptweg abzweigt. Entweder fährt man mit dem Auto über die mautpflichtige Straße bis zum Parkplatz oder man wandert das lange Metzgertobeltal hinein. Einmal pro Woche fährt ein Wanderbus von Buchboden zur Alpe.

Heimenwald Alpe 1.296 m

Die Alpe wurde Anfang des 18. Jahrhunderts von der Ischgarnei Alpe abgetrennt und befindet sich seither in Einzelbesitz. Sie liegt knapp oberhalb des Güterweges zur Ischgarnei Alpe und gehört zu den kleinen, aber feinen Alpen. Sie wurde in den letzten Jahren nach einem Besitzerwechsel stark renoviert. Unter anderem wurde die Sennerei auf den neuesten Stand gebracht. Von der Alpe sieht man gut zur Ischgarnei hoch, hinter der Alpe rauscht eine kleiner

Wasserfall herab und verlockt zu beschaulicher Rast.

Besitzer: privat
Alpvieh: 23 Kühe, 5 Jungvieh
Alpprodukte: Alpkäse
Zeitraum der Bewirtschaftung: Mitte Juni bis Mitte September
Verpflegung für Wanderer: Getränke, Jause

Direkter Alpanstieg:
Ausgangspunkt: Metzgertobel Alpe (1.205 m)
Gehzeit: ↗ 1/2 Std. ↘ 1/2 Std.
Höhenunterschied: 100 Hm
Kinderwagen: durchgehend geeignet
Schwierigkeit: leicht

Der Anstieg ist identisch mit dem zur Ischgarnei Alpe, denn die Alpe liegt auf halbem Weg dorthin.

Weitere Alpen der Tour

Metzgertobel Alpe 1.205 m (siehe Tour 34)

Schadona Alpe 1.823 m

Sie ist eine der großen Schafalpen des Landes. Gleichzeitig ist sie auch eine große Galtalpe mit etwa 200 Stück Jungvieh. Das Weidegebiet erstreckt sich von der Hochkünzelspitze bis zum Fürggele unter der Braunarlspitze. Die Hirten wohnen nicht in der malerisch gelegenen Litehütte unterhalb des Rothornes, sondern in der Alphütte in der Nähe der Biberacher Hütte.

Wanderroute: Vom Parkplatz kurz vor der Metzgertobel Alpe wandert man auf dem danach gesperrten Güterweg zur Metzgertobel Alpe. Der Weg führt noch weiter in das Tal hinein, beginnt zu steigen und wendet sich nach ein paar Kehren Richtung Süden. Bald kann man rechts die Untere Alpschellen Alpe sehen und in einer scharfen Rechtskehre zweigt links der Wanderweg zur Biberacher Hütte ab. Man überquert den Bach und wandert schräg den Hang in nordöstlicher Richtung hinauf. Dann steht man plötzlich vor dem wilden Metzgertobel, dessen Querung anspruchsvoll ist. Anschließend geht es über einen latschenbesetzte Steilhang hoch zu den steilen Alpflächen unterhalb des markanten Rothornes. Über sich kann man die malerisch gelegene Litehütte erkennen. Knapp vor der Hütte trifft man auf den Höhenweg, der vom Fürggele um die Berge herum zum Schadonapass und zur dort liegenden Biberacher Hütte führt. Die Biberacher Hütte ist eine Schutzhütte des Deutschen Alpenvereins und bietet dem Wanderer eine reichhaltige Speisekarte. Vor allem die Kuchen sind ein Gedicht.
Von der Biberacher Hütte wandert man einige Meter auf dem Güter-

weg Richtung Nordosten. Dann zweigt links der Wanderweg ab, der unterhalb der Glattjöchlspitze zu deren scharfem Südgrat führt. Blickt man zurück, kann man noch die Biberacher Hütte sehen. Am Grat betritt man den Bereich der Ischgarnei Alpe und unterhalb der Materialseilbahn zur Oberalpe geht es zur Alpe hinab.
Von der Ischgarnei Alpe wandert man am besten auf dem Güterweg hinab ins Tal zum Parkplatz der Metzgertobel Alpe. Auf halbem Weg passiert man die Heimenwald Alpe, die wenige Meter oberhalb des Hauptweges liegt und die eine schöne Aussicht über das Tal bietet.

Variante:
Ab Buchboden (910 m) [35v]
Endpunkt: Buchboden (910 m)
Gehzeit: ↗↘ 8 Std.
Höhenunterschied: keiner
Schwierigkeit: **mittel**

Die Wanderung von Buchboden zur Metzgertobel Alpe erfolgt vollständig über den Fahrweg. Der weitere Weg bis zur Ischgarnei Alpe ist identisch mit der oben beschriebenen Route.
Von der Ischgarnei Alpe wandert man nicht über den Güterweg zurück ins Tal, sondern zweigt gleich rechts vom Güterweg ab. Man wandert auf dem breiten Weg in den Pregimelgraben. Dann geht es auf einem Wanderweg durch den Wald tiefer. Der Weg führt unterhalb der Kunkelspitze den Hang entlang und quert zwei Gräben, wobei der zweite, das Giretobel, sehr tief eingeschnitten ist. Schließlich erreicht man bei der Kessischlucht den Fahrweg durchs Metzgertobel und wandert auf diesem nach Buchboden.

Gipfelergänzung:
Hochkünzelspitze (2.397 m) [35e]
Ausgangspunkt: Biberacher Hütte (1.846 m)
Gehzeit: + 2¼ Std
Höhenunterschied: + 550 Hm
Schwierigkeit: **anspruchsvoll**

Von der Biberacher Hütte steigt man in nördlicher Richtung links des Gigiturmes auf. Nach oben wird der Weg immer steiler und schroffer. Schließlich erreicht man einen Rücken und wähnt sich schon am Gipfel. Dazu muss

Blick von der Heimenwald Alpe zur Ischgarnei Alpe

man aber noch kurz in eine Scharte hinab und dann felsig und steil hinauf. Zurück geht es den gleichen Weg.

MTB-Route: Das lange und meist flache Tal sowie der gute Fahrweg sind ideal für eine Anfahrt mit dem Bike. Die Fahrt erfolgt über den Güterweg bis zum Parkplatz vor der Metzgertobel Alpe. Anschließend kann man die beschriebene Wanderung unternehmen und zum Schluss kraftsparend wieder nach Buchboden zurück rollen.

36 Unter dem Zitterklapfen

Oberüberlut Alpe 1.585 m
Ischgarnei Alpe 1.518 m

Gebirge:
→ Lechquellengebirge
Talort:
→ Sonntag (888 m)

Oberhalb von Ischgarnei

Diese Panoramawanderung führt zu zwei dorfähnlichen Sennalpen. Die Wanderung zwischen den beiden Alpen stellt eine nicht zu unterschätzende Höhenwanderung dar.

Anforderungen: wenig anstrengend

Zeiten: 6 Stunden: ↗ $2^{1}/_{4}$ Std. ↘ $3^{3}/_{4}$ Std.

Ausgangspunkt: Buchboden (910 m)

Gehzeiten: Buchboden – Oberüberlut Alpe $2^{1}/_{4}$ Std.; Oberüberlut – Oberalpe – Ischgarnei Alpe $1^{1}/_{4}$ Std.; Ischgarnei Alpe – Buchboden – $2^{1}/_{2}$ Std.

Höhenunterschied: ↗ ↘ je 800 Hm

Karten: ÖK-Blatt 112 + 142, LKS 228, F&B Blatt 364

Besonderheit: Während des Anstieges zur Oberüberlut Alpe hat man einen sehr guten Blick zur Wandfluh und das Gebiet von Sonntag-Stein. Weiter oben wird der Blick ins Talende bei der Metzgertobel Alpe frei. Von der Ischgarnei Alpe kann man das gesamte Walsertal überblicken. Im Hintergrund zeigen sich die Schweizer Berge. Die beiden Alpen sind in ihrer Hanglage hoch über dem Tal besonders typisch. Sie bestehen aus mehreren Häusern, die den Alpbesitzern gehören und haben dadurch fast dörflichen Charakter.

Die Rundwanderung wird sehr gerne bis zur Biberacher Hütte ausgedehnt. Dabei nützen viele auch die, einmal pro Woche bestehende Möglichkeit, einer Wanderbusfahrt zur Oberüberlut Alpe.

Oberüberlut Alpe 1.585 m

Der Name Überlut (nach neuesten Erkenntnissen sollte er eigentlich Überlud heißen) stammt wahrscheinlich von „Über der Lutz“ ab (Lut ist eine alte Walser Bezeichnung für die Lutz). Die Alpe Oberüberlut (auch Obere Überlut Alpe genannt) war wahrscheinlich anfänglich ganzjährig bewohnt. Im 17. Jahrhundert erzwang eine Klimaverschlechterung die Aufgabe der Dauerbesiedelung. Die Untere Überlut Alpe war noch bis 1951 dauerhaft bewohnt. Im Lawinenwinter 1954 wurde aber das Bauerhaus so schwer beschädigt, dass es abgerissen werden musste.
Die Alpe liegt auf einer sonnigen Terrasse unterhalb des mächtigen und schroffen Zitterklapfens. Im Hochsommer befindet sich das Vieh auf der Oberalpe (1.720 m). Die Kühe werden auch auf der Oberalpe gemolken und die Milch zur Sennerei bei der Oberüberlut Alpe gebracht. Im tiefer gelegenen Bereich der Unterüberlut Alpe, von der keine Hütten mehr stehen, weiden einige Mutterkühe, die nur wenig Aufsicht benötigen.
Einmal pro Woche kann man mit einem Wanderbus zur Alpe fahren und somit ohne viel Anstrengung die Alpwelt genießen. Etliche Wanderer nützen diesen Bus, um mit geringerer Anstrengung zur Biberacher Hütte zu wandern.

Besitzer: Agrargemeinschaft mit 4 Besitzern
Alpvieh: 54 Kühe, 30 Jungvieh
Alpprodukte: Milch, Butter, Bergkäse

Oberüberlut Alpe

Blick von der Ischgarnei Alpe Richtung Rheintal

Zeitraum der Bewirtschaftung: Mitte Juni bis Mitte September
Verpflegung für Wanderer: Getränke, Jause

Direkter Alpanstieg:
Ausgangspunkt: Buchboden (910 m)
Gehzeit: ↗ 2¼ Std. ↘ 1¾ Std.
Höhenunterschied: 730 Hm
Kinderwagen: durchgehend geeignet
Schwierigkeit: leicht

Der Anstieg ist ident mit der Wanderroute. Mit dem Kinderwagen muss man immer auf dem Güterweg bleiben und benötigt deshalb etwas länger.

Weitere Alpe der Tour

Ischgarnei Alpe 1.518 m und Heimenwald Alpe 1.296 m (siehe Tour 35)

Wanderroute: In Buchboden beginnt man die Wanderung auf dem hangnahen linken Güterweg. Schon nach einer Viertelstunde hat man zwei Möglichkeiten zur Wahl. Entweder bleibt man auf dem gemütlichen Güterweg und wandert über ihn bis zur Oberüberlut Alpe. Oder man wählt den „alten Weg", der zuerst entlang eines Graben und nach dessen Überquerung schließlich durch den Wald höher führt. Auf etwa 1.300 m zieht der Weg flach taleinwärts zu den Alpflächen der Unterüberlut Alpe, wo er in den Güterweg mündet. Diesem folgt man anschließend bis Oberüberlut.
Von Oberüberlut (1.585 m) geht es auf dem steilen Fahrweg weiter zur Oberalpe (1.720 m). Hier stehen auch ein paar Hütten und man trifft auf den Hochschereweg. Der Hochschereweg ist Teil des Nordalpenweges 01 und verbindet die Zafern Alpe mit der Biberacher Hütte. Der Weg ist im Bereich der westlich von Oberüberlut gelegenen Hochschere sehr anspruchsvoll. Ab der Hochalpe wandert man unterhalb der Kunkelspitze auf einem etwas schwierigeren Wanderweg (vor allem bei Nässe ist Vorsicht geboten) leicht bergab weiter, bis man auf den Pregimelbach trifft. Hier zweigt man rechts ab und gelangt rasch tiefer. Manche Wanderer versuchen, schon vor Erreichung des Baches direkt in den Graben abzusteigen. Dies erfordert aber hohe Trittsicherheit und deshalb ist es ratsam, am Weg zu bleiben. Schließlich kommt man um eine Geländekante herum und steht fast unvermittelt bei der Ischgarnei Alpe.
Von dieser Alpe kann man natürlich über den Güterweg ins Metzgertobeltal absteigen und durch dieses nach Buchboden zurückwandern. Schöner ist es, wieder um die oben erwähnte Geländekante herum zu gehen und auf dem tieferen, vorerst noch breiten, Weg zum Pregimelbach

zu wandern. Dann wandert man auf einem schmalen Bergweg durch einen wunderschönen Wald talauswärts bergab. Dabei hat man zwei große Gräben zu überwinden, wobei der zweite, das Giretobel, sehr tief eingeschnitten und wild ist. Schließlich trifft man oberhalb der Kessischlucht auf die Lutz und den Fahrweg durchs Metzgertobeltal. Diesem Fahrweg folgt man nun bis Buchboden.

Ergänzung:
Zur Biberacher Hütte [36e]

Abzweigpunkt: Abzweigung Pregimel (1.800 m)

Gehzeit: + 1¾ Std.

Höhenunterschied: + 150 Hm

Schwierigkeit: **anspruchsvoll**

Diese Tourenerweiterung stellt einen Teil des Nordalpenweges 01 dar und entspricht teilweise der Tour 35 in umgekehrter Richtung. Dazu bleibt man bei Erreichung des Pregimelbaches auf dem Hochschereweg und wandert noch leicht bergauf hoch über der Ischgarnei Alpe zur Oberalpe (1.821 m) weiter. Kurz nach dieser Alpe muss man nach rechts um den Südwestgrat des Glatthornes herum (dieser Punkt wird Schwanzegga genannt) und schräg durch die Flanke zum Schadonapass (1.845 m) hoch, neben dem die Biberacher Hütte (1.846 m) steht. Anschließend geht man in südlicher Richtung auf dem Weg zum Fürggele und nach Schröcken bis zur malerisch gelegenen Litehütte (1.836 m). Kurz nach der Hütte zweigt rechts der steile Weg ins Metzgertobel ab. Nach steilen Alpwiesen wird es im Bereich des Tobels etwas felsig und schwierig. Danach kommt man unterhalb der Unteren Alpschella Alpe (auf etwa 1.400 m) auf den Güterweg, der zur Metzgertobel Alpe und weiter durch das wilde Tal nach Buchboden führt.

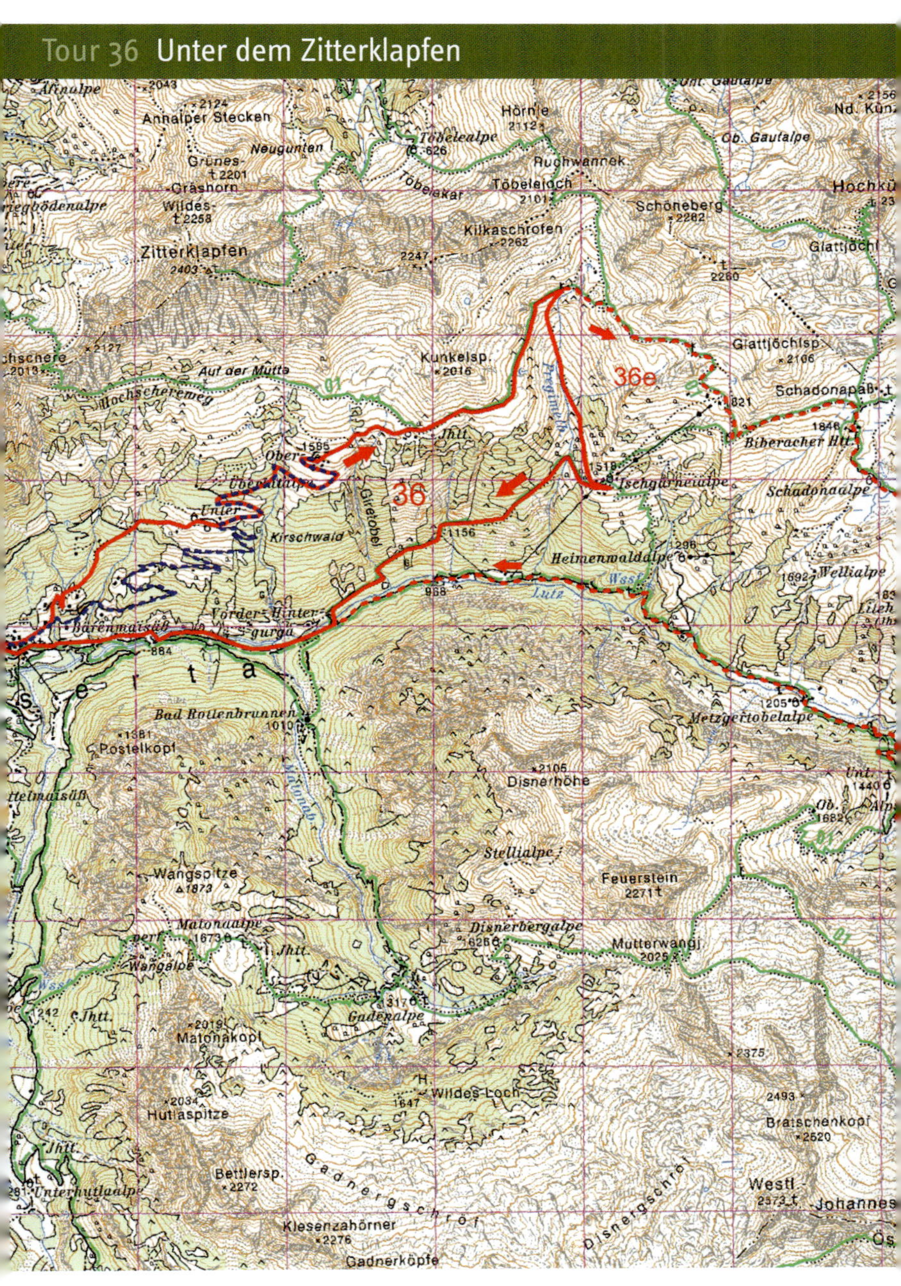
Annalper Stecken
Neugunten
Grünes
Gräshorn
Wildes
Zitterklapfen
Hörnle
Töbelealpe
Ruchwannek
Töbelejoch
Kilkaschrofen
Schöneberg
Ob. Gautalpe
Glattjöchl
Glattjöchlsp.
Schadonapaß
Biberacher Htt.
Schadonaalpe
36e
36
Kunkelsp.
Auf der Mutta
Hochscheremeg
Ober
Unter
Kirschwald
Gitzitobel
Ischgarneialpe
Heimenwaldalpe
Welliaipe
Lutz
Bärenmaisäß
Vorder- Hinter-gurgu
Bad Rotenbrunnen
Postelkopf
Disnerhöhe
Metzgertobelalpe
Stellialpe
Feuerstein
Wangspitze
Matonaalpe
Wangalpe
Disnerbergalpe
Mutterwangj
Gadenalpe
Matonakopf
Wildes Loch
Hutlaspitze
Bratschenkopf
Bettlersp.
Unterhutlaalpe
Gadnergschröf
Klesenzahörner
Gadnerköpfe
Disnergschröf
Westl.
Johannes

37 Rund ums Zafernhorn

Zafern Alpe 1.702 m
Bartholomäus Alpe 1.653 m

Gebirge:
→ **Bregenzerwaldgebirge**
Talort:
→ **Fontanella (1.145 m)**
Faschina (1.486 m)

Zafera Maisäß

Diese Rundtour im Banne des Zitterklapfen und des Annalper Stecken führt über schöne Alpflächen zu zwei sehr unterschiedlichen Alpen. Die kleine Bartholomäus Alpe verwöhnt mit einer Unzahl an Käseköstlichkeiten.

Anforderungen: etwas anstrengend

Zeiten: ↗ ↘ 3½ Stunden

Ausgangspunkt: Faschinajoch (1.486 m)

Gehzeiten: ↗ ↘ Faschina – Zafera Furkla 1½ Std.; Zafera Furkla – Zafern Alpe – Zafera Furkla ¾ Std.; Zafera Furkla – Bartholomäus Alpe 1 Std.; Bartholomäus Alpe – Faschina ¼ Std.

Höhenunterschied: ↗ ↘ je 500 Hm

Karten: ÖK-Blatt 112, LKS-Blatt 228, F&B-Blatt 364

Informationen für Mountainbiker

Start/Ziel: Faschinajoch (1.486 m)

Höchster Punkt: Zafera Furkla (1.871 m)

Fahrzeiten: ↗ 1 Std. ↘ 1½ Std.

Anstieg: ↗ 5 km ↘ 8,5 km, 700 Hm Fahrt

Besonderheit: Diese Rundtour führt zuerst über sonnige Alpflächen, die hauptsächlich der Heugewinnung dienen. Ab der Zafera Furkla ist man dann im Reich der Kühe und Kälber. Ein Abstecher auf das Zafernhorn

ist sehr zu empfehlen, denn vom Gipfel eröffnet sich ein gewaltiger Fernblick. Die kleine und unscheinbare Bartholomäus Alpe auf der schattigen Nordseite des Zafernhorns ist durch die vielen köstlichen Käsesorten von Senn Gregor bekannt. Schon mancher Wanderer ist mit vollem Rucksack nach Faschina zurückgekehrt. Manche Alpgäste steigen nur zum Kauf von Käse zu dieser Alpe auf. Die Wanderung ist natürlich umgekehrt genauso möglich. In diesem Fall kann die bei Nässe etwas kritische Stelle zum Ostgrat des Zafernhornes im Aufstieg bewältigt werden. Allerdings ist man bezüglich der Mitnahme von köstlichem Käse von der Bartholomäus Alpe beschränkt, denn man muss ihn die gesamte Wanderung tragen.
Die Markierung der beschriebenen Mountainbikeroute war zum Zeitpunkt der Drucklegung dieses Führers noch in Planung.

Zafern Alpe 1.702 m

Die aus mehreren Hütten bestehende Sennalpe liegt etwas abseits westlich unterhalb des mächtigen Zitterklapfens. Neben den Wanderern, die das Zafernhorn umrunden, kommen vor allem Weitwanderer am Nordalpenweg 01 hier vorbei. Dieser führt in schwieriger Wegführung über den Hochscherenweg zur Biberacher Hütte weiter, zu der man aber noch etwa $4\frac{1}{2}$ Stunden benötigt.

Besitzer: 4 Besitzer
Alpvieh: 60 Kühe, 10 Jungvieh
Alpprodukte: Bergkäse
Zeitraum der Bewirtschaftung: Mitte Juni bis Mitte September
Übernachtung: 5 Lager
Gaststube: ja
Kontakt: Albrecht Bickel, +43/(0)664/5234864
Verpflegung für Wanderer: Getränke, Jause

Tiere der Zafern Alpe

Direkter Alpanstieg:
Ausgangspunkt: Faschinajoch (1.486 m)
Gehzeit: ↗ 2 Std. ↘ 1¾ Std.
Höhenunterschied: 400 Hm
Kinderwagen: durchgehend geeignet
Schwierigkeit: leicht

Der Anstieg ist mit der Wanderroute identisch.

Bartholomäus Alpe 1.653 m

Die Alpe liegt im Schatten der steilen Nordflanke des Zafernhorns. Obwohl sie eine kleine Sennalpe ist, ist sie doch etwas Besonderes. Es grenzt fast an ein Wunder, was der Pächter und Senn Gregor alles aus den verschieden Milchsorten zaubert. Alle Produkte können an Ort und Stelle gekostet und gekauft werden. Viele Besucher steigen nur zum Kauf von Käse zur Alpe auf.

Bartholomäus Alpe:
Senn Gregor präsentiert seine Köstlichkeiten

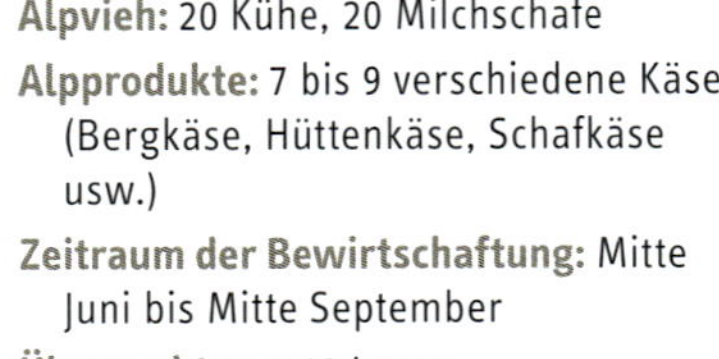

Besitzer: 3 Alpbesitzer
Alpvieh: 20 Kühe, 20 Milchschafe
Alpprodukte: 7 bis 9 verschiedene Käse (Bergkäse, Hüttenkäse, Schafkäse usw.)
Zeitraum der Bewirtschaftung: Mitte Juni bis Mitte September
Übernachtung: 10 Lager
Kontakt: Gregor und Zita Purkhathofer, +43/(0)664/400296
Verpflegung für Wanderer: Getränke, Milch und Milchmixgetränke, Käsbrote; auf Anfrage gibt's auch Käsknöpfle

Direkter Alpanstieg:
Ausgangspunkt: Faschinajoch (1.486 m)
Gehzeit: ↗ 30 Min. ↘ 20 Min.
Höhenunterschied: 170 Hm (steil)
Kinderwagen: durchgehend geeignet
Schwierigkeit: leicht

Vom Faschinajoch beginnt zwischen den Häusern ein steiler Fahrweg, der rasch zur Hütte führt.

Weitere Alpe der Tour

Bärenalpe 1.683 m

Diese kleine Alpe mit 47 Stück Jungvieh liegt leicht erreichbar, aber etwas abseits der Route im Bereich des Bärenmaisäß und kann dem Wanderer keine Bewirtung bieten. Von der Alpe sieht man auf den Seewaldsee hinab, bei ihr beginnt auch ein direkter, steiler Weg zu diesem malerischen Gebirgssee.

Wanderroute: Vom Faschinajoch wandert man zur Kapelle und über die Wiese nach Süden hinab. Dann beginnt links ein Wanderweg, der etwas schwierig über das Stutztobel führt und nach etwa 15 Minuten auf den Güterweg trifft, der gemütlich auf die Südseite des Berges führt. Man kann auch leichter zum Straßentunnel hinab und an dessen rechten Seite zum Güterweg gelangen. Ab dem Brüche Maisäß (1.570 m) wandert man in nordöstlicher Richtung, den Güterweg immer wieder abkürzend, gemütlich zum Zafera Maisäß (1.680 m) und weiter zur Zafera Furkla (1.871m). Hier steht eine kleine Kapelle, die zu einer besinnlichen Rast einlädt.
Nun muss man sich entscheiden, ob man der Zafern Alpe einen Besuch abstatten will. Dies bedeutet nämlich, auf dem Güterweg etwa 20 Minuten abzusteigen und anschließend wieder in etwa 30 Minuten zur Furkla aufzusteigen. Wenige Meter unterhalb der Furkla zweigt links der weiterführende Wanderweg ab. Er führt ohne viel Höhenunterschied über einen Grat auf die Ostseite des Berges. Nach einem kurzen, steilen und nassen Stück (Achtung!) bleibt er oberhalb der Alphütte der Gumpener Alpe und bringt den Wanderer flach zum Nordrücken des Berges, dem so genannten Gumpener Grätle (1.820 m). Dann geht es steil hinab zur Bartholomäus Alpe (1.640 m). Ab hier ist man über einen steilen Fahrweg in etwa 20 Minuten wieder am Faschinajoch.

Gipfelergänzung:
Zafernhorn (2.107 m) [37e]

Ausgangspunkt: Zafera Furkla (1.871 m)
Gehzeit: + 1¼ Std
Höhenunterschied: + 230 Hm
Schwierigkeit: **mittel**

Von der Zafera Furkla steigt man einfach über den grasigen Grat zum Gipfel auf. Der Weg ist teilweise etwas ausgesetzt.

MTB-Route: Vom Faschinajoch bis zur Zafera Furkla ist der Weg fast identisch mit der Wanderroute. Zuerst fährt man die Straße Richtung Walsertal hinab, vor dem Tunnel zweigt man rechts auf die alte Straße ab. Bei einem Bach beginnt links der Güterweg, der

Tiefblick zum Seewaldsee

zum Zafera Maisäß und weiter zur Kapelle bei der Furkla führt. Danach fährt man zur Zafera Alpe hinab. Ab hier muss man etwa 20 Minuten das Rad schieben. Bei der Hinteren Kriegbodenalpe (1.547 m) beginnt wieder ein fahrbarer Güterweg. Über diesen geht es zur Vorderen Kriegbodenalpe (1.360 m) und hier nach links mit einer kleinen Gegensteigung ins Damülser Tal zur Äußeren Bödmenalpe (1.221 m) hinab. Nun muss man das Tal hochradeln. Bei der Hinteren Bödmenalpe wählt man den linken Weg und kommt wieder nach Faschina zurück.

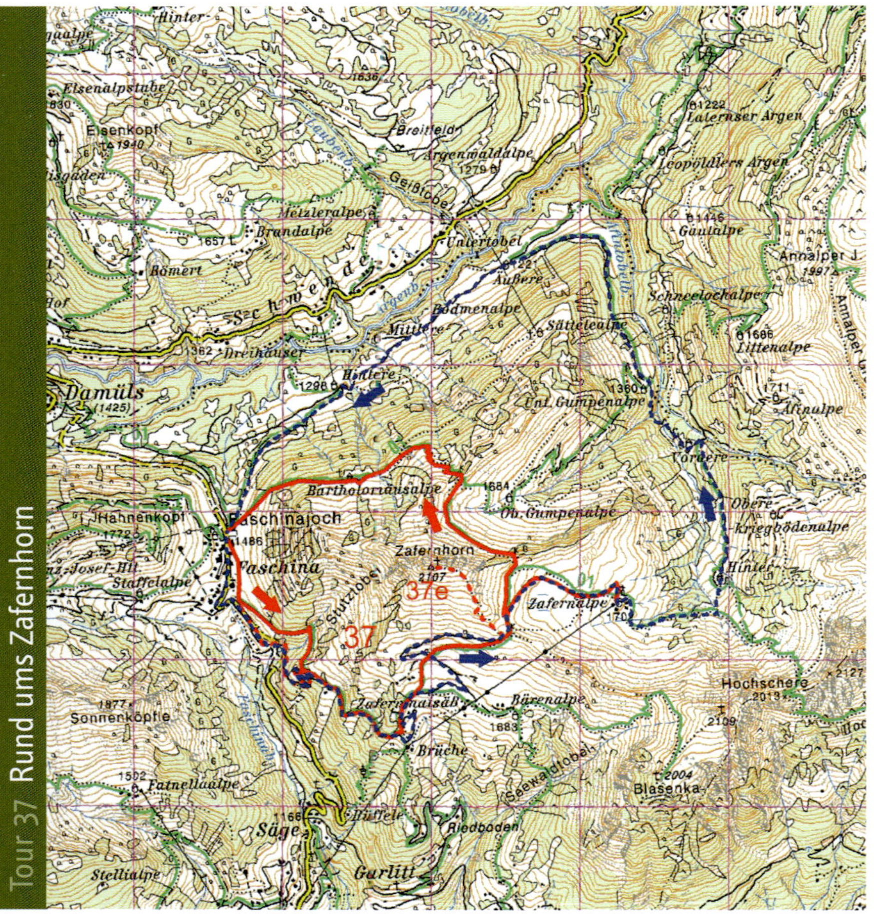

Brandnertal

Das Brandnertal beginnt in Bürs. Oberhalb der eigenständigen Gemeinde Bürserberg liegt die Alphochfläche Tschengla, die unter anderem wegen des gewaltigen Murenabbruches, dem Schesatobel, bekannt ist. Das Schesatobel ist schon aus der Ferne erkennbar. Die Tschengla ist bei Wanderern sehr beliebt und manche Wanderungen sind sogar kinderwagengerecht.
Die Walsergemeinde Brand war schon sehr früh Ziel von Alpinisten. Die Schesaplana wurde bereits 1610 erstmalig bestiegen und es war sogar schon eine Frau dabei. Die Douglasshütte entstand bereits 1870/71 und war die erste bewirtete Hütte des DAV. Die Zimba, welche auf Grund ihres markanten Aussehens und des schwierigen Anstieges oft auch als das Matterhorn von Vorarlberg bezeichnet wird, wurde 1848 von Anton Neyer bestiegen, dem ersten Vorarlberger Bergführer.
Auch heute blüht in Brand der Tourismus sowohl im Winter als auch im Sommer. Ein Golfplatz sorgt für zusätzliche Betätigungsmöglichkeiten. Bergsteigerisch reicht die Palette von einfachen Wanderungen zu schön gelegenen Alpen bis hin zu rassigen Klettereien – jeder findet etwas nach seinem Geschmack.Der Lünersee, am Ende des Brandnertales, liegt inmitten einer traumhaften Bergwelt. Mit der Seilbahn ist er für jedermann erreichbar und erfreut sich großer Beliebtheit. Ein einfacher Rundwanderweg um den See lädt Groß und Klein zur Bewegung in großer Höhe ein.

Talschluss unterhalb des Brandner Gletschers

Auf einen Blick

Gebirge:	Rätikon
Talorte:	Bürs (570 m), Bürserberg (871 m), Brand (1.037 m)
Karten:	ÖK-Blatt 141, LKS-Blatt 238, LKS-Blatt 1136, 1156, F&B-Blatt 371
Anreise:	Von Bludenz fährt man gemäß den Beschilderungen ins Brandnertal. In Bürserberg zweigt das schmale Sträßchen nach rechts auf die Tschengla ab. Nach den Gasthäusern gibt es am Beginn des Fahrverbotes einen Wanderparkplatz. In Brand gibt es je nach Tour Parkmöglichkeiten bei der Dorfbahn, bei Palüdbahn oder bei der Lünerseebahn.
Bus/Bahn:	Von Bludenz gelangt man mit Bus Linie 81 nach Bürserberg und nach Brand. Morgens, mittags und abends kann man in Bürserberg bis Haltestelle Museum weiterfahren, sonst erreicht man nur das Gemeindeamt. In den Sommerferien fährt vom Gemeindeamt ein Wanderbus drei Mal am Tag (oder auf telefonische Anmeldung ++43/(0)5552/65000) auf die Tschengla. In Brand fährt der Bus normalerweise bis zur Talstation der Lünerseebahn.

38 Rund um den Loischkopf

Rona Alpe 1.231 m
Vordere Parpfienz Alpe 1.620 m
Furkla Alpe 1.619 m

Gebirge:
→ **Rätikon**
Talort:
→ **Bürs (570 m)**
Bürserberg (871 m)
Brand (1.037 m)

Rona Alpe: Blick zur Zimba

Die Tschengla ist voll von Besonderheiten: Ein riesiger Murenabbruch, prähistorische Steinkreise, eine wunderbare Alpe, einfache Berggipfel – das alles macht diese Wanderung so interessant.

Anforderungen: wenig anstrengend

Zeiten: 3 Stunden: ↗ $1\frac{3}{4}$ Std. ↘ $1\frac{1}{4}$ Std.

Ausgangspunkt: Tschengla Wanderparkplatz Rona (1.220 m)

Gehzeiten: Tschengla – Burtscha Alpe $\frac{3}{4}$ Std.; Burtscha Alpe – Vordere Parpfienz Alpe 1 Std.; Vordere Parpfienz Alpe – Rona Alpe 1 Std.; Rona Alpe – Parkplatz $\frac{1}{4}$ Std.

Höhenunterschied: ↗ ↘ je 600 Hm

Karten: ÖK-Blatt 141, LKS-Blatt 238, F&B-Blatt 371

Kinderwagen: durchgehend geeignet, etwas andere Routenführung

Informationen für Mountainbiker

Start/Ziel: Bürserberg Kirche (871 m)

Höchster Punkt: Loischkopf (1.809 m)

Fahrzeiten: ↗ $2\frac{1}{4}$ Std. ↘ 1 Std.

Anstieg: ↗ 11 km ↘ 9 km, 1.000 Hm Fahrt

Besonderheit: Es ist genauso denkbar, die Route umgekehrt zu begehen. Meist wählt man aber die Rona Alpe als letzten Punkt der Runde, da man dann dort unbeschwerter sitzen bleiben und auch Käse und Butter aufladen kann.

Bis zum Parkplatz sind es nämlich nur mehr wenige Minuten.
Am Rande der Tschengla-Hochfläche befinden sich neolithische Steinkreise, die aus der Urzeit (5000 bis 1900 v. Chr.) stammen sollen. Im Bereich der Burtscha Alpe kann man den gewaltigen Schesatobel, Europas größter Murenabbruch, aus der Nähe betrachten.

Rona Alpe 1.231 m
Burtscha Alpe 1.448 m
Klampera Alpe 1.620 m

Die Rona Alpe liegt auf der großen Fläche der Tschengla. Die Schausennerei und die leichte Erreichbarkeit machen sie zu einem äußerst beliebten Treffpunkt von Spaziergängern, Wanderern und Mountainbikern. Sitzt man gemütlich vor der Alpe kann man die Zimba, einen der markantesten und schwierigsten Berge Vorarlbergs, bewundern. Eine große Glasscheibe zwischen Gaststube und Sennerei ermöglicht es dem Besucher, den Sennern bei ihrer Arbeit zuzusehen. Täglich um etwa 10 bis 11 Uhr wird die Masse aus dem Kessel herausgehoben und Käselaibe geformt.
Die dazugehörige Burtscha Alpe liegt oberhalb des riesigen Schesa-Murenabbruches. Sie dient dem Vieh 4 Wochen im Hochsommer als Weide. Die Klampera Alpe ist eigentlich nur ein Flurname, denn sie gehört zur Burtscha Alpe und ist meist mit Jungvieh bestückt.

Furkla Alpe: Blick zur Zimba

Besitzer: Gemeinde Bürserberg

Alpvieh: 80 Milchkühe, 70 Mutterkühe mit Kälber, 100 Jungvieh, 20 Pferde, 65 Alpschweine

Alpprodukte: Frischkäse, Alpkäse, Butter, Jogurt

Zeitraum der Bewirtschaftung: Mitte Juni bis Samstag vor Schulbeginn

Gaststube: ja

Kontakt: +43/(0)664/4557599

Verpflegung für Wanderer: Nur bei der Rona Alpe (8:00 bis 20:00, bei Schlechtwetter ab 11:00): Milch- und Jogurtgetränke, Most, Saft, Butter-, Topfen- Schinken- und Käsbrote, Jausen- und Käseteller. Eine beliebte Spezialität ist das Mohn-Marzipan-Jogurt.

Veranstaltungen, Besonderheit: Alpmesse am 15. August, Älplerball im Stall der Rona Alpe am Samstag nach dem Alpabtrieb

Direkter Alpanstieg:

Ausgangspunkt: Parkplatz Rona (1.220 m)

Gehzeit: ↗ 1/4 Std. ↘ 1/4 Std.

Höhenunterschied: 10 Hm

Kinderwagen: durchgehend geeignet

Schwierigkeit: leicht

Auf dem Fahrweg ist man in wenigen Minuten bei der Alpe.

Weitere Alpen der Tour

Furkla Alpe 1.619 m

Sie gehört mit der Nenzingerberg Alpe und der Valscherina Alpe zusammen (siehe Tour 21). Sie wird nur wenige Wochen im Hochsommer (Mitte Juli bis Mitte August) bewirtschaftet. In dieser Zeit kann der Wanderer Getränke und eine Jause erhalten.

Innere Parpfienz Alpe 1.528 m

Bewirtung, siehe Tour 39

Vordere Parpfienz Alpe 1.620 m

Sie gehört zur Inneren Parpfienz Alpe. Die Alphütte ist privat vermietet und bietet keine Bewirtung.

Wanderroute: Etwa 100 Meter nach dem Parkplatz Rona auf der Tschengla wählt man bei einer Weggabelung den linken Weg, der immer leicht ansteigend hoch führt. Bei der Talstation, der im Sommer nicht in Betrieb befindlichen, Loischbahn passiert man mehrere Hütten und wandert oberhalb des Schesatobels weiter bis zur Burtscha Alpe (1.448 m). Hier wendet man sich nach Westen (rechts) und wandert meist über Wiesen, den Fahrweg abkürzend, höher. Bei einer Weggabelung wählt man den linken, steileren Weg. Kurz darauf ist man am Burtschasattel (1.660 m), wo die Bergstation der neuen Panoramaseilbahn steht, die das Brandner Schigebiet mit dem Bürserberger Schigebiet verbindet und auch im Sommer in Betrieb ist.
Dann geht es meist durch den Wald leicht bergab Richtung Innere Parpfienz Alpe weiter. Der Weg ist nach Niederschlägen etwas sumpfig. Bei der Vorderen Parpfienz Alpe betritt man wieder Alpwiesen. Bei der Alphütte (1.620 m) wandert man nach rechts zum Güterweg Brand – Nenzing hinauf. Auf diesem erreicht man nach rechts kurz darauf den

Durstige Kühe bei der Rona Alpe

Parpfienz Sattel (1.680 m). Auf dessen anderer Seite des Sattels beginnt das Täli des Mühlebaches. Man verlässt den Güterweg nach rechts und spaziert gemütlich durch dieses Tal über den „Alte Stattweg“ zur Rona Alpe. Der Weg wird bald ein breiter Güterweg. Nur in Sichtweite der Rona Alpe kürzt man über die Wiesen ab. Von der Rona Alpe geht es flach zurück zum Ausgangspunkt.

Variante:
für Kinderwagen [38v]

Abzweigpunkt: Weggabelung unterhalb des Burtschasattels (1.610 m)
Gehzeit: 3 Std.
Höhenunterschied: 750 Hm
Schwierigkeit: leicht

Ist man mit dem Kinderwagen unterwegs, muss man eine etwas andere Route wählen. Zuerst wandert man wie oben beschrieben

Rona Alpe

zur Burtscha Alpe. Dann muss man auf dem Güterweg bleiben. Bei der Weggabelung unterhalb des Burtschasattels wählt man den rechten und muss noch etwa 150 Höhenmeter weiter Richtung Loischkopf (bis etwa 1.760 m) hinauf. Dann geht es auf dem Güterweg bergab bis zur Kehre bei Fahregg (1.630 m). Dort geht es gerade weiter und kurz darauf trifft man auf den „Alte Stattweg“. Dann ist die Route wieder identisch mit der oben beschriebenen, wobei man in Sichtweite der Rona Alpe auf dem Güterweg bleibt.

Ergänzung:
Innere Parpfienz Alpe (1.524 m) [38e1]

Abzweigpunkt: Vordere Parpfienz Alpe (1.620 m)
Gehzeit: + 1 Std.
Höhenunterschied: + 100 Hm
Schwierigkeit: leicht

Dieser Umweg ist sehr interessant, da die Innere Parpfienz Alpe als Alpenimbissstube ausgebaut ist. Dazu wandert man bei der Vorderen Parpfienz Alpe flach Richtung Brand weiter. Nach wenigen Minuten trifft man auf den Güterweg, auf dem man gemütlich zur Inneren Parpfienz Alpe wandern kann. Zurück geht es leicht bergauf auf dem Güterweg bis zum Parpfienz Sattel und somit wieder zu der oben beschriebenen Route.

Ergänzung:
Furkla Alpe (1.620 m) [38e2]
Abzweigpunkt: Parpfienz Sattel (1.680 m)
Gehzeit: + 3/4 Std.
Höhenunterschied: + 50 Hm
Schwierigkeit: leicht

Vom Parpfienz Sattel kann man auf einen flach unter dem Schillerkopf vorbei führenden Güterweg zur Furkla Alpe wandern. Dann geht es steiler über Alpwiesen und durch Waldpassagen hinab zur Rona Alpe, wobei man mehrfach einen Güterweg kreuzt.

Gipfelergänzung:
Loischkopf (1.809 m) [38e3]
Ausgangspunkt: Weggabelung unterhalb des Burtschasattels (1.610 m)
Gehzeit: + 1/2 Std.
Höhenunterschied: + 130 Hm
Schwierigkeit: leicht

Vom Loischkopf hat man einen tollen Tiefblick nach Bludenz. Will man ihn besteigen, sollte man die Route etwas abändern. Kurz vor dem Burtschasattel folgt man dem rechten Güterweg, der zur Klampera Alpe (1.634 m) führt. Oberhalb der Alpe teilt er sich. Nach rechts geht es über eine Schipiste in einem großen Bogen zum Gipfel des Loischkopfes. Dann wandert man auf dem gleichen Weg zurück zur Weggabelung oberhalb der Klampera Alpe. Hier wendet man sich nach rechts und folgt dem Güterweg bergab bis zur Kehre bei Fahregg (1.630 m). Dann geht man gerade weiter und kurz darauf trifft man auf den „Alte Stattweg“. Nun ist die Route wieder identisch mit der oben beschriebenen.

Gipfelergänzung:
Taleukopf (1.746 m) [38e1]
Ausgangspunkt: Burtschasattel (1.660 m)
Gehzeit: + 1/2 Std.
Höhenunterschied: + 80 Hm
Schwierigkeit: mittel

Vom Burtschasattel ist man in wenigen Minuten auf dem Taleukopf, der einen wunderbaren Blick auf Brand und deren Berge gewährt. Der Beginn des Weges ist aber nicht leicht zu erkennen.

MTB-Route: Von Bürserberg fährt man zuerst nach Norden Richtung Außerberg und dort weiter Rich-

tung Tschengla – Loischkopf. In Monteschiel (1.030 m) wird der Weg schottrig und zwischendurch sehr steil. Auf der Tschengla fährt man knapp vor der Rona Alpe links den Wegweisern folgend in südlicher Richtung zur Burtscha Alpe (1.448 m). Kurz vor der Alpe zweigt man rechts ab. Nach einigen Kehren und abschließender Fahrt über die steile Schipiste kommt man bis wenige Meter an den Gipfel des Loischkopfes heran. Anschließend fährt man bis zur Abzweigung „Fahregg" zurück (1.630 m). Hier folgt man dem Schild „Über: Alte Stattweg – Tschengla", der zur Rona Alpe (1.236 m) führt. Auf einer steilen und schmalen asphaltierten Straße kommt man anschließend wieder zurück nach Bürserberg.

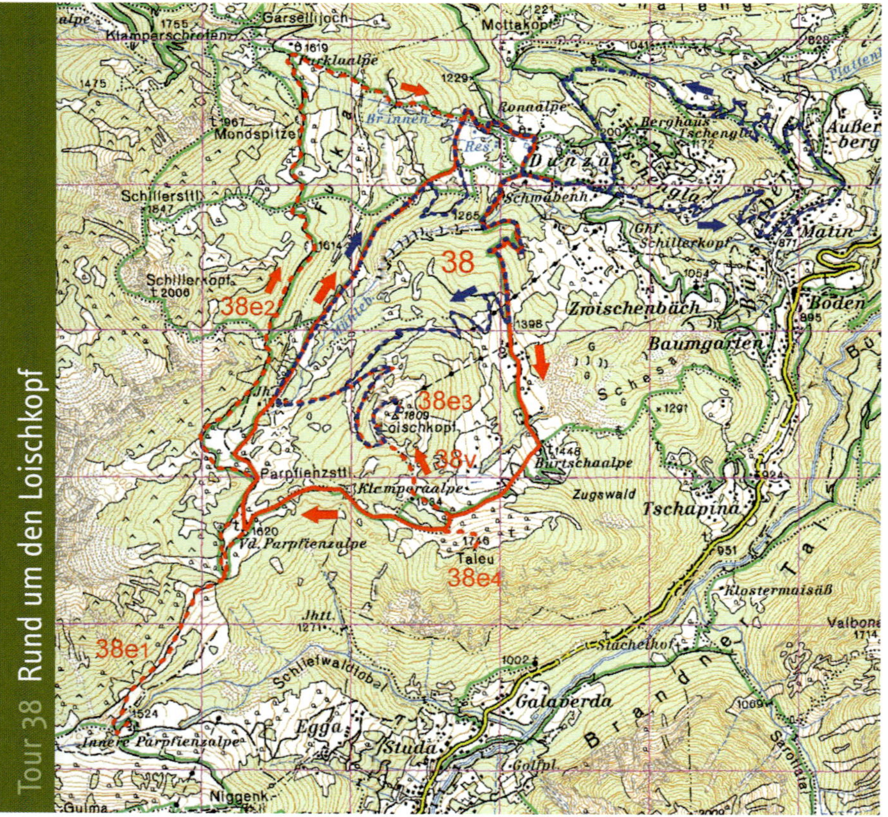

39 Niggenkopfrunde

Innere Parpfienz Alpe 1.528 m
Palüdalpe 1.360 m – 1.808 m

Gebirge:
› Rätikon
Talort:
› Brand (1.037 m)

Am Niggenkopf mit Panüeler im Hintergrund

Die Alpgebiete südlich und nördlich des Niggenkopfes bieten einfache Wanderungen in einer grandioser Bergumgebung, ohne dass die Kondition stark gefordert wird. Schroffe Berge umrahmen die Alpwiesen.

Anforderungen: etwas anstrengend

Zeiten: 4¾ Stunden: ↗ 2¼ Std. ↘ 2½ Std.

Ausgangspunkt: Brand: Bergstation Dorfbahn (1.400 m)

Gehzeiten: Bergstation Dorfbahn – Innere Parpfienz Alpe 1/3 Std.; Innere Parpfienz Alpe – Amatschonjoch 1¾ Std.; Amatschonjoch – Melkboden 1 Std.; Melkboden – Niggenkopf – Innere Parpfienz Alpe 1 Std.; Innere Parpfienz Alpe – Bergstation Dorfbahn 1/3 Std.

Höhenunterschied: ↗ ↘ je 630 Hm

Karten: ÖK-Blatt 141, LKS-Blatt, LKS-Blatt 238, F&B Blatt 371

Besonderheit: Durch die Möglichkeit, mit den Brandner Bergbahnen ins Alpgebiet zu gelangen, werden Touren in diesem Gebiet konditionell einfacher. Viele Einkehrmöglichkeiten (Parpfienz Alpe, Melkboden, Palüdhütte, Niggenkopf) ermöglichen Wanderungen mit vielen Zwischenstopps. Das Gebiet ist auch außergewöhnlich wildreich. Vor allem im Bereich des Amatschonjoches kann man sehr häufig Murmeltiere und Gemsen beobachten. Die Bergwelt im Bereich dieser

Alpen ist atemberaubend. Im Süden erhebt sich der Schesaplanastock mit dem gewaltigen Panüeler. Im Nordwesten begrenzen die Gipfel Fundelkopf, Tuklar und Alpilakopf den Blick. Im Osten erhebt sich die Brandner Mittagsspitze und im Bereich der Parpfienz Alpe kann man auch die Zimba erblicken.
Mit der neuen Dorfbahn gelangt man komfortabel ins Alpgebiet. Die Panoramabahn, die bei der Bergstation der Dorfbahn beginnt, bringt Spaziergänger weiter zum Burtschasattel (1.660 m). Von dort kann man gemütlich bergab zur Parpfienz Alpe wandern (siehe Tour 38).

Innere Parpfienz Alpe
1.528 m

Die Alpe liegt unterhalb der schroffen Felsen des Alpilakopfes im breiten Ausgang des Lorenzitäli.

Am Gulmasteig

Unterhalb der Alpe befindet sich ein Speichersee der Beschneiungsanlage des Brandner Schigebietes. Die Alphütte bietet viel Platz für gemütliche Rasten und lädt damit zum Genießen der angebotenen Alpprodukte ein. Bei Schlechtwetter kann man entweder unter Dach im Freien oder in einer neu errichteten Gaststube (Milchtrinkstube) Platz nehmen. Im danebenliegenden Verkaufsraum können die Alpprodukte erworben werden.

Besitzer: Agrargemeinschaft Nenzing
Alpvieh: 62 Kühe, 130 Jungvieh, 25 Alpschweine
Alpprodukte: Sura Käs (nur in den ersten 10 Tagen), Bergkäse (Lorenzitaler), Butter
Zeitraum der Bewirtschaftung: Anfang Juni bis Mitte September, Gastronomie meist 1 Woche länger
Gaststube: ja
Kontakt: +43/(0)5559/400
Verpflegung für Wanderer: Getränke, Jogurt, Butter-, Käs- und Speckbrote

Direkter Alpanstieg:
Ausgangspunkt: Brand: Talstation Dorfbahn (1.037 m)
Gehzeit: ↗ 1¾ Std. ↘ 1½ Std.
Höhenunterschied: 500 Hm
Kinderwagen: durchgehend geeignet
Schwierigkeit: leicht

Bei der Talstation der Dorfbahn beginnt ein steiles Sträßchen, das in vielen Kehren zur Parpfienz Alpe hinauf führt.

Palüdalpe
1.360 m bis 1.800 m

Die Alpe erstreckt sich über das gesamte Palüdtal. Sie umfasst das Palüd Maisäß (1.360 m), den Melkboden (1.605 m) und die Innere Palüdalpe (1.800 m). Der zentrale Punkt ist der Melkboden, wo auch die Bergstation der Palüdbahn und die Talstation der Glattjochbahn stehen (beide Lifte sind im Sommer nicht in Betrieb). Der Name Melkboden stammt wahrscheinlich daher, dass hier früher die Kühe gemolken wurden. Jetzt wird die Alpe aber nur mit Jungvieh beschickt. Die Alphütte der Inneren Palüdalpe ist derzeit beschädigt, soll aber wieder errichtet werden. Eine Bewirtung von Wanderern ist aber nicht angedacht.
Am Melkboden steht die gleichnamige Gastwirtschaft, deren Besitzer auch gleichzeitig für die Alpe zuständig sind. An der Wand der Gaststube hängen Jagdtrophäen von Werner und Margret, die neben der Alp- und Gastwirtschaft auch das Jagen lieben. Mit etwas Glück kann man auch einen jungen Wurf von Bayrischen Gebirgsschweißhunden bewundern.

Besitzer: Alpgenossenschaft Frastanz
Alpvieh: 200 Jungvieh
Zeitraum der Bewirtschaftung: Anfang Juni bis Mitte September
Jausenstube Melkboden: Anfang Juni bis Mitte Oktober und im Winter zu den Betriebszeiten der Liftanlagen
Ruhetag: Dienstag
Gaststube: ja
Kontakt: Werner Nekola, Marget Müller, +43/(0)5559/298
Verpflegung für Wanderer: Volle Speisekarte einer Gastwirtschaft

Direkter Alpanstieg zum Melkboden:
Ausgangspunkt: Brand: Talstation Palüdbahn (1.065 m)
Gehzeit: ↗ 1½ Std. ↘ 1¼ Std.
Höhenunterschied: 550 Hm
Kinderwagen: durchgehend geeignet
Schwierigkeit: leicht

Der Anstieg ist ident mit der Routenvariante ab Brand.

Wanderroute: Von der Bergstation der neuen Dorfbahn (1.400 m) wandert man auf dem Güterweg gemütlich in westlicher Richtung zur Inneren Parpfienz Alpe. Südlich des Alpgebäudes beginnt der Güterweg ins Lorenzital hinein. Auf diesem wandert man unterhalb der schroffen Ostabhänge des Alpilakopfes und des Tuklars das Tal bergauf. Der Güterweg geht in einen Wanderweg über und in ein paar Kehren erreicht man einen Sattel, der auch „Hundsbiss“ genannt wird. Hier endet auch die Glattjochbahn, die im Sommer nicht in Betrieb ist. Nun wandert man weiter in östlicher Richtung, flach ins Palüdtal

hinein auf das klar erkennbare Amatschonjoch zu. Knapp unterhalb des Joches kann man nach links abzweigen und über die Alpflächen der Innerpalüd Alpe zum Melkboden hinab wandern.
Vorher zahlt es sich aber aus, noch einen Abstecher aufs Amatschonjoch (2.028 m) zu machen, das man in etwa 15 Minuten erreichen kann. Dieses Joch zwischen der Windeggerspitze und dem Fundelkopf stellt einen wichtigen und interessanten Zugang zum Nenzinger Himmel dar. Vom Joch sieht man Richtung „Himmel" und auf die, dieses Alptal umringenden, Berge hinab. Der Abstieg in den Nenzinger Himmel ist aber durchaus ernst zu nehmen. Im Frühsommer halten sich in Gräben noch gefährliche Altschneefelder und bei Nässe ist der Weg ziemlich rutschig.
Beim Abstieg vom Amatschonjoch durchs Palüdtal trifft man bald auf die Alphütte der Oberen Palüd Alpe (1.800 m). Hier beginnt ein Güterweg, dem man nun bis zum Melkboden (1.605 m) folgt. Nach einer Rast im Gasthaus muss man wieder etwas aufsteigen und kann bei der nächsten Weggabelung nach rechts auf einem Wanderweg, ohne viel Höhenunterschied, nach Nordosten wandern. Beim nächsten Rücken liegt die bewirtschaftete Palüdhütte (1.660 m) und wieder einen Rücken weiter ist der Niggenkopf (1.598 m) (Gastwirtschaft in der Bahnstation). Vom Melkboden kann man auch etwas höher über einen Güterweg zum Niggenkopf wandern. Vom Niggenkopf führt ein flacher Güterweg unter dem Gulmarücken in nordwestlicher Richtung zur Inneren Parpfienz Alpe (1.528 m) und wieder zurück zur Dorfbahn (1.400 m).

Variante:
Gulmasteig [39v1]

Ausgangspunkt: Brand: Bergstation Dorfbahn (1.400 m) Niggenkopf (1.589 m)
Gehzeit: ↗ ↘ 3 Std.
Höhenunterschied: 500 Hm
Schwierigkeit: **mittel**

Sehr reizvoll ist es auch, von der Inneren Parpfienz Alpe zuerst zum Niggenkopf zu wandern. Hier geht es auf dem Güterweg bergauf weiter. Schon nach wenigen Metern zweigt rechts der Gulmasteig ab. Über einen Grashang gelangt man auf den wunderschönen Grat und auf diesem entlang zur Bergstation der Glattjochbahn. Hier trifft man auf die oben beschriebene Route durch Lorenzital und wandert durch das Lorenzital hinab zur Inneren Parpfienz Alpe und wieder zur Bahn. Man kann aber auch, wie oben beschrieben, Richtung Amatschonjoch und Melkboden weiterwandern. Dann dauert die Wanderung etwa gleich lang wie die oben beschriebene Hauptwanderung.

Variante:
von Brand (1.050 m) [39v2]

Ausgangspunkt: Brand: Talstation Palüdbahn (1.065 m)

Gehzeit: ↗ ↘ 5¼ Std.

Höhenunterschied: 1.000 Hm

Schwierigkeit: **mittel**

Bei der Talstation der Palüdbahn beginnt ein Güterweg, der ins Zalimtal führt. Ihm folgt man bis zum Riedstutz (1.322 m). Hier gabelt der Weg und zum Melkboden wählt man den rechten Weg. Über ihn geht es zuerst flach zum Palüd Maisäß (1.360 m). Hier wandert man hinter dem Alpgebäude nach links weiter und der Weg führt in Kehren teilweise steil hinauf zum Melkboden (1.605 m). Dann wandert man auf dem Güterweg das Zalimtal bergauf zum Amatschonjoch. Vom Joch geht es unterhalb des Glattjoches zur Bergstation der gleichnamigen Sesselbahn und unterhalb dieser durchs Lorenzital hinab zur zur Inneren Parpfienz Alpe. Nun hat man die Wahl: Ist man mit dem Bus unterwegs, kann man man auf dem Güterweg zur Bergstation der Dorfbahn und unterhalb der Bahn in vielen Kehren hinab nach Brand wandern. Hat man bei der Talstation der Palüdbahn ein Auto stehen, wandert man leicht bergauf zum Niggenkopf und auf einem schönen Höhenweg ohne viel Höhenunterschied zum Melkboden. Von dort geht es auf dem schon bekannten Weg wieder hinab ins Tal.

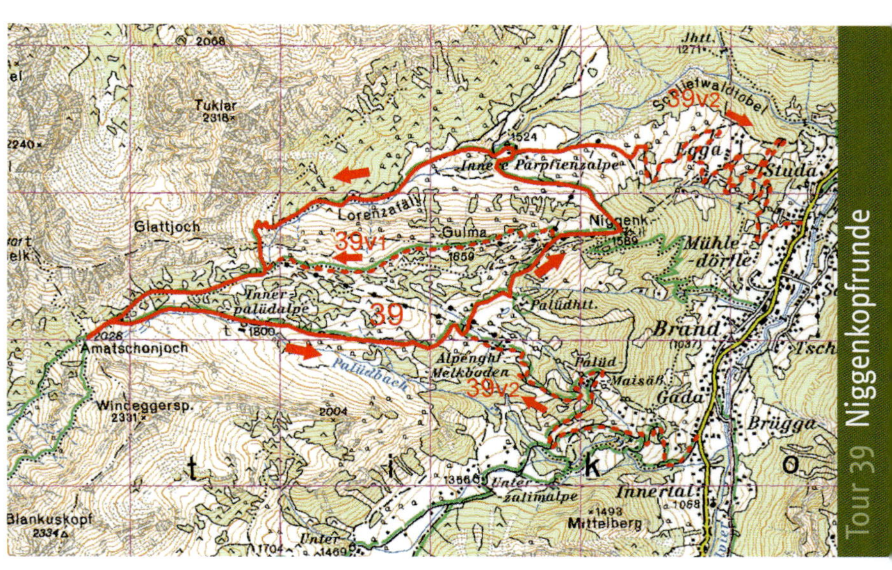

40 Zalimtal

Untere Brüggele Alpe 1.469 m
Zalim Alpen 1.366 m – 1.889 m

Gebirge:
→ Rätikon
Talort:
→ Brand (1.037 m)

Untere Brüggele Alpe

Das Zalimtal ist eines der gewaltigsten Gebirgstäler in Vorarlberg. Mächtige und schroffe Berge umrahmen das sehr liebliche Tal, wobei der höchste Berg, der Panüeler, bis 2.859 m aufragt.

Anforderungen: wenig anstrengend
Zeiten: 2¼ Stunden: ↗ 1¼ Std. ↘ 1 Std.
Ausgangspunkt: Brand: Talstation Palüdbahn (1.065 m)
Gehzeiten: 2¼ Stunden: ↗ 1¼ Std. ↘ 1 Std.
Höhenunterschied: ↗ ↘ je 410 Hm
Karten: ÖK-Blatt 141, LKS-Blatt 238, F&BBlatt 371
Kinderwagen: geeignet

Informationen für Mountainbiker

Start/Ziel: Brand: Talstation Palüdbahn (1.065 m)
Höchster Punkt: Oberzalim Alpe (1.889 m)
Fahrzeiten: ↗ 2 Std. ↘ ¾ Std.
Anstieg: ↗ ↘ je 6 km, 830 Hm Fahrt

Besonderheit: Die Alpen des Zalimtales erstrecken sich über das gesamte Tal. Es wird durch erschreckend steile Berge begrenzt: Der Mottakopf (2.176 m) im Osten, der Wildberg (2.788 m) und der Panüeler (2.859 m) im Süden. Im Westen sind die Berge etwas weniger schroff und niedri-

ger: Der Oberzalimkopf (2.340 m), das Pfannenknechtle (2.234 m), der Blankuskopf (2.334 m) und die Windeggersoitze (2.331 m). An den Flanken dieser Berge reichen die Alpwiesen hoch hinauf. Allein schon diese Bergumrahmung macht eine Wanderung in dieses Tal interessant.
Will man die Wanderung zu einer Rundtour erweitern, geht es anspruchsvoll übers Fürkele zur Oberzalim Hütte (DAV-Hütte) weiter, den höchsten Punkt der Tour. Hier steht man so nahe unter dem Panüeler, dass man den Kopf stark in den Nacken legen muss, um hinauf schauen zu können. Dann kann man am Grat oben Vorarlbergs höchste Hütte, die Mannheimer Hütte (2.679 m), erkennen. Der Weg dorthin ist aber schwierig und nur im Hochsommer begehbar.

Untere Brüggele Alpe
1.469 m

Die Brüggele Alpe erstreckt sich vom Rande des Zalimtales hinauf unter den Blankuskopf. Die Alphütte der unteren Alpe liegt malerisch am Rande des Zalimtales. Der außergewöhnliche Blumenschmuck trägt seit vielen Jahren die Handschrift vom Marile, wie Maria Müller, die Mutter des Pächters, genannt wird. Sie ist auch verantwortlich für die Bewirtung von Gästen und hat immer Zeit für ein angenehmes Gespräch. Auch die Gastwirtschaft am Melkboden (siehe Tour 39) trägt ihre Handschrift, denn sie hat diese aufgebaut. Heute wird sie von ihrer Tochter Margret mit deren Mann Werner geführt.

Besitzer: Alpinteressentschaft Brand
Alpvieh: 24 Kühe, 6 Jungvieh, 10 Ziegen
Alpprodukte: Milch, Ziegenkäse
Zeitraum der Bewirtschaftung: Mitte Juni bis Ferienende Anfang September
Gaststube: ja
Kontakt: +43/(0)664/1206072
Verpflegung für Wanderer: Getränke, Milchmixgetränke, Käs- und Speckbrote, Würste, Kaiserschmarren, Spezialität: Goaskäsle (Ziegenkäse) mit Kürbiskernöl

Unterzalim Alpe

Direkter Alpanstieg:
Der Anstieg ist ident mit der Wanderroute.

Weitere Alpen der Tour

Unterzalim Alpe 1.366m, Oberzalim Alpe 1.889 m und Obere Brüggele Alpe 1.704 m
Diese Alpen werden in angegebener Reihenfolge von 70 Mutterkühen, 90 Jungvieh und etwa 3 Pferden abgeweidet. Da die Hirten mit dem Vieh genug zu tun haben und die Brüggele Alpe und die Oberzalim Hütte in der Nähe sind, wird keine Bewirtung angeboten.

Wanderroute: Bei der Talstation der Palüdbahn beginnt ein Güterweg, der ins Zalimtal führt. Ihm folgt man bis zum Riedstutz (1.322 m). Hier wählt man den linken Weg, der flach weiter ins Zalimtal führt und kurz darauf die Unterzalim Alpe passiert. Man bleibt auf dem Güterweg, der hier eine Schleife nach links macht und wandert entlang des Waldes weiter. Bald darauf gabelt sich der Weg. Geradeaus geht es flach zur Unteren Brüggele Alpe, die auf der anderen Talseite liegt.
Der Rückweg ist identisch mit dem Anstieg.

Untere Brüggele Alpe: Marile im Gespräch mit dem Alpobmann Leo Gassner

Variante:
Anstieg über den Glingabrunnen [40v]
Kurz nach dem Start kann man links abbiegen und auf einem schönen, schattigen, aber auch anspruchsvolleren Wanderweg entlang des Baches aufsteigen. Bei der Unterzalim Alpe trifft man wieder auf den Güterweg.

Ergänzung:
Oberzalim Hütte (1.889 m) [40e]
Abzweigpunkt: Untere Brüggele Alpe (1.469 m)
Gehzeit: + 2 1/3 Std
Höhenunterschied: + 500 Hm
Schwierigkeit: **anspruchsvoll**

Von der Unteren Brüggele Alpe wandert man auf dem Güterweg in ein paar Kehren zur Oberen Brüggele Alpe (1.704 m) hinauf. Von der Alphütte geht es zuerst noch Richtung Westen weiter hinauf, dann wendet der Weg nach Süden und man muss steil und felsig zu einer Schulter (Fürkele) in den Kämmerlischrofen (etwa 1.976 m) hinauf.

Dahinter geht es leicht bergab über die Alpwiese zur Oberzalim Alpe und der dort befindlichen Oberzalim Hütte. Von der Hütte wandert man auf dem Güterweg in einem großen Bogen ins Zalimtal hinab. Unterhalb der Hütte der Mittelzalim Alpe (1.608 m) wird es langsam flacher und man trifft wieder auf den Anstiegsweg zur Brüggele Alpe. Diesem Güterweg folgt man bis Brand.

MTB-Route: Der Anstieg mit dem Bike ist identisch mit der Wanderroute. Zur Oberzalim Alpe und der daneben liegenden Oberzalim Hütte gelangt man auf dem gleichen Güterweg, wobei man im Bereich der Unteren Brüggele Alpe bei der Weggabelung auf dem linken Weg bleibt. Dieser Weg ist teilweise sehr steil und ruppig.

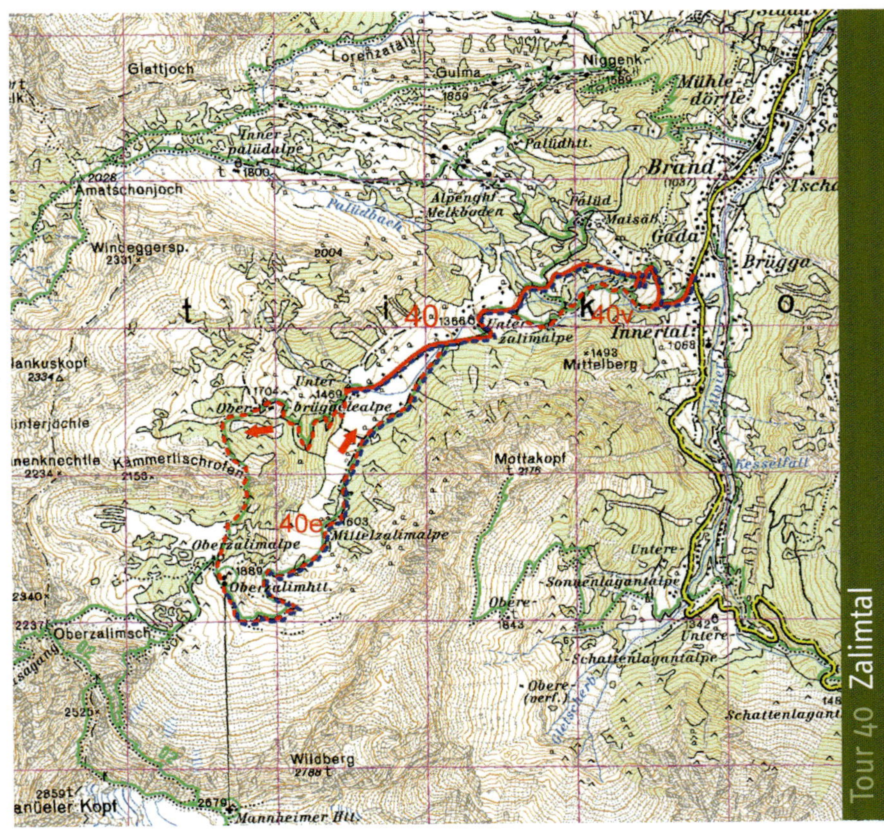

41 Rund um den Lünersee

Lünerseealpe 2.000 m

Gebirge:
→ Rätikon
Talort:
→ Brand (1.037 m)

Douglass Hütte, Saulakopf, Schafbodenkopf

Dieser malerisch gelegene Bergsee muss einfach umrundet werden. Die Wanderung erfordert wenig Kondition und man kann fast überall eine Pause einlegen und die Flora genießen.

Anforderungen: wenig anstrengend
Zeiten: ↗ ↘ 1¾ Stunden
Ausgangspunkt: Lünersee – Douglass Hütte, (1.980 m)
Höhenunterschied: ↗ ↘ je 150 Hm
Karten: ÖK-Blatt 141, LKS-Blatt 238, F&BBlatt 371

Besonderheit: Die Umrundung des Lünersees gehört zu den besonders schönen Wanderungen. Der Weg auf der Westseite des Sees ist auch mit Kinderwagen möglich. Die Hochgebirgslandschaft verzaubert jeden. Dabei sieht man die Schesaplana, einen Fast-Dreitausender und damit höchster Berg des Rätikons. Nach Osten kann man beim Anblick der Nordseite der Kirchlispitzen etwas vom Felskletterparadies des zentralen Rätikons erkennen.

Lünerseealpe 2.000 m

Die Alpe liegt am Südostende des Lünersees. Der Ausblick über den See nach Norden ist gewaltig. Das Alpgebiet erstreckt sich über die gesamte grasige Ostseite des Sees. Im Süden wird es durch das Gafalljoch begrenzt, das einen Übergang in die Schweiz darstellt. Im Noden stellt die Lünerkrinne die Grenze dar. Nördlich unter diesem Sattel liegt die Alpe Lün, die in gleichem Besitz wie die Lünerseealpe ist. Die Alpe wird bei Schönwetter sehr häufig besucht und bietet auf einer großen Terrasse viele Sitzmöglichkeiten und vielseitige Jausen.

Besitzer: Gemeinschaftsalpe

Alpvieh: 100 Jungvieh

Zeitraum der Bewirtschaftung: Anfang Juli bis Anfang September

Verpflegung für Wanderer: Getränke, umfangreiche Jausen

Direkter Alpanstieg:

Der Weg zur und von der Alpe ist mit der Wanderroute ident.

Wanderroute: Von der Seilbahnstation wandert man über die Staumauer zur Ostseite des Sees. Hier geht es etwa 100 Höhenmeter auf einen Felsriegel hinauf. Dann wandert man in südlicher Richtung langsam wieder zum See hinab und immer in fast gleicher Höhe gelangt man zur Lünerseealpe.
Nun geht es südseitig unter den steilen Hängen der Kanzelköpfe weiter Richtung Osten. Am Beginn des Westufers münden zwei Bäche in den See und bei der Talstation der Materialseilbahn zur Totalp Hütte beginnt der breite Westuferweg, auf dem man unterhalb des Seekopfes wieder zur Douglass Hütte zurück gelangt.

Kirchlispitzen und Gafalljoch

Ergänzung:
Ab Talstation Lünerseebahn (1.565 m) [41e]

Endpunkt: Talstation Lünerseebahn (1.565 m)

Gehzeit: ↗ + 1¼ Std. ↘ + ¾ Std.

Höhenunterschied: + 470 Hm

Schwierigkeit: **anspruchsvoll**

Vom Parkplatz bei der Lünerseebahn führt in etwa 1¼ Stunden an der rechten Seite des Talschlusses ein teils steiler und schroffer Weg – der „Böse Tritt“ – unterhalb des Seekopfes hinauf zum Lünersee. Der Weg erfordert Trittsicherheit und gutes Schuhwerk. Anfangs geht er in vielen Kehren in einer latschenbewachsenen Schotterhalde bis direkt unter die Felsen des Seekopfes hinauf. Dann wendet sich der Weg nach links und es gilt eine sehr felsige Passage zu überwinden. Anschließend wird der Weg wieder einfacher und in weiteren Kehren erreicht man die Bergstation der Seilbahn und damit die Douglass Hütte.

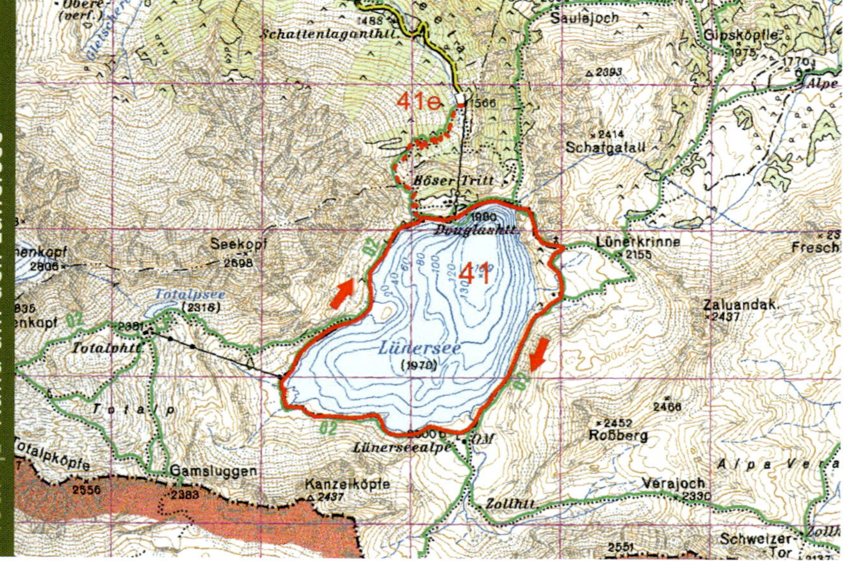

42 Im Schatten der Zimba

Sarotla Alpe 1.611 m

Gebirge:
→ Rätikon
Talort:
→ Bürserberg (871 m)
Brand (1.037 m)

Sarotla Hütte

Im Bereich der Sarotla Alpe wird man, umgeben von mächtigen Kalkbergen, andächtig. Viele Felsbrocken laden zum Herumkraxeln und zum Draufliegen ein.

Anforderungen: anstrengend und steil
Zeiten: 4 1/2 Stunden: ↗ 2 1/2 Std.
↘ 2 Std.
Ausgangspunkt: Brand: Talstation Dorfbahn (1.037 m)
Höhenunterschied: ↗ ↘ je 660 Hm
Karten: Karten: ÖK-Blatt 141, LKS-Blatt 238, F&BBlatt 371

Besonderheit: Die Sarotla Alpe liegt malerisch in schroffe Berge eingebettet unterhalb der Zimba. Die Alpe bildet mit der Sarotla Hütte des ÖAV Vorarlberg eine Einheit. Diese Hütte gehört zu den wenigen, die nur mit Hubschrauber oder dank dem tragfreudigen Hüttenwirt versorgt werden können. Die Bedeutung der Hütte liegt vor allem darin, dass sie als Stützpunkt zur Besteigung der Zimba über Ost- und Westgrat dient, da diese Besteigung als Tagestour fast zu anstrengend ist. Die Zimba ist allerdings nur sehr schwierig erreichbar, denn es sind Kletterstellen im 3. Schwierigkeitsgrad zu bewältigen.
In den letzten Jahren wurde die Sarotla Hütte auch bei Wanderern beliebter, die eine schwierige

Steinparadies Sarotla

Variante der Rätikon-Rundtour wählen, indem sie übers Zimbajoch von Brand zur Heinrich Hueter Hütte wandern. Aber auch ohne solche Weitwanderambitionen zahlt sich der Besuch dieses abgeschiedenen Alpgebietes aus.

Sarotla Alpe 1.611 m

Die Umgebung der Sarotla Alpe ist wild und ursprünglich. Auf der Alpfläche befinden sich südlich der Hütte wunderbare Felsbrocken, die zum Herumkraxeln und zum Draufliegen einladen. Andreas, der Hüttenwirt der Sarotla Hütte, kennt sich sehr gut in Geologie aus und weiß sehr viel Interessantes über die Umgebung zu erzählen.

Besitzer: Fa. Getzner
Alpvieh: 20–40 Jungvieh
Zeitraum der Bewirtschaftung: Mitte Juni bis Mitte September

Direkter Alpanstieg:
Der Anstieg ist ident mit der Wanderroute.

Wanderroute: In Brand folgt man den Wegweisern, die auf die Ostseite des Alvier führen. Dort wandert man auf einem Güterweg (Alvierbachweg) zwischen Bach und Golfplatz leicht bergab. Am Ende des Golfplatzes teilt sich der Weg und man wählt den rechten. Bald darauf erreicht man am Beginn des Sarotlatales den Stachelhof (960 m) und wählt wieder den rechten Weg.

Der Güterweg endet abrupt im Wald. Rechts beginnt ein Wanderweg, der sehr steil Richtung Zimba hoch zieht. Zuerst führt er durch Wald bergauf und quert zwei Mal den Bach. Dann kommt man auf eine lichte Fläche und es wird kurz flacher. Hier bietet sich eine Rast an. Anschließend wird es wieder steil und in Serpentinen neben einem Wasserfall gelangt man zur Sarotla Alpe und zur Sarotla Hütte.

Variante:

Ab Tschapina (924 m) [42v]

Endpunkt: Bürserberg – Tschapina (924 m)

Gehzeit: ↗ ↘ 4¾ Std.

Höhenunterschied: 780 Hm

Schwierigkeit: mittel

In Tschapina geht nach dem Tunnel ein Fahrweg zu einer Brücke hinab (hier gibt es eine nicht hochwassersichere Parkmöglichkeit). Man überquert den Alvier (840 m) und wandert auf dem Güterweg taleinwärts zum Sarotlatal. Hier trifft man im Bereich des Stachelhofes auf den Weg von Brand.

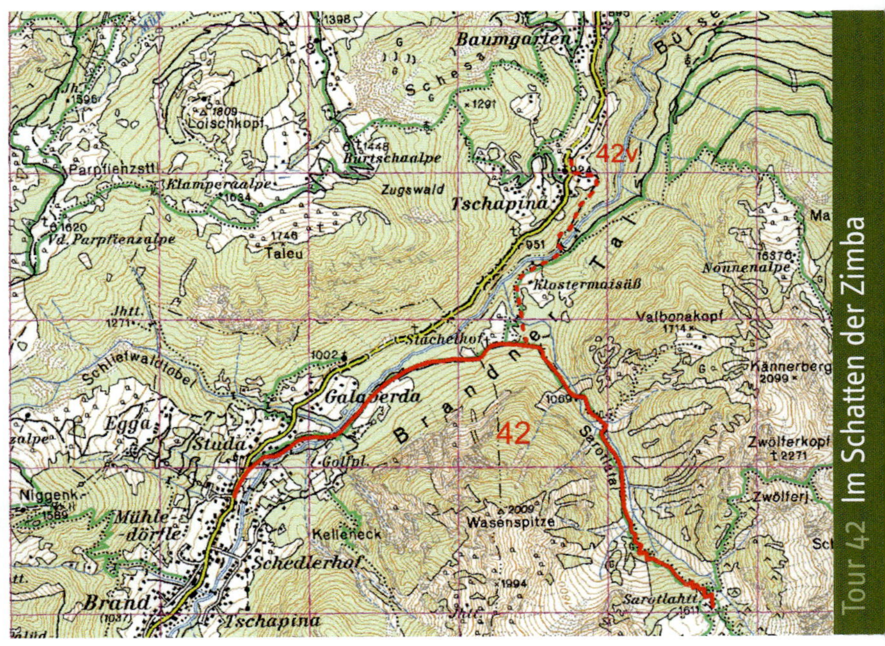

Klostertal

Das tief eingeschnittene Klostertal leitet mit Bahn und Schnellstraße von Bludenz nach Osten zum Arlbergpass. Beidseitig stürzen Bäche in gewaltigen Wasserfällen in die Tiefe. Weitere Bäche haben wilde Tobel geschaffen. Die markantesten Wasserfälle sind der Masonbach in Braz, der 80 Meter senkrecht in die Tiefe stürzt und der Fallbach kurz vor Dalaas, bei dem das Wasser in Kaskaden über steile Felsen 600 Meter tief ins Tal fällt. Das Radonatobel, das vor Wald am Arlberg von Norden herab kommt, ist eines der urtümlichsten Täler des Landes und fast undurchsteigbar. Auch die anderen Tobel (Schmiedetobel, Glongtobel, Wildentobel – auch Spreubachtal genannt – und Wäldlitobel) sind nur auf wilden Wegen durchwanderbar.

Durch die steilen Talflanken weist das Klostertal nur wenige Alpen auf. Diese sind aber, trotz der wilden Umgebung, überraschend einfach erwanderbar.

Braz

Auf einen Blick

Gebirge: Lechquellengebirge, Verwall
Talorte: Braz (708 m), Dalaas (916 m), Wald am Arlberg (963 m), Klösterle (1.073 m)
Karten: ÖK-Blatt 142, LKS-Blatt 238, F&B-Blatt 371
Anreise: Über die Arlberg Schnellstraße gelangt man zu den Ausgangspunkten in Innerbraz, beim Ortsanfang von Dalaas, bei der Sonnenkopfbahn, im Ortszentrum von Klösterle oder am Bahnhof in Langen.
Bus/Bahn: Von Bludenz fährt man mit dem Landbus Linie 90 zu den Ausgangspunkten. Zur Sonnenkopfbahn muss man bis Haltestelle „Spullerseekraftwerk" und zu Fuß etwa 10 Minuten zur Bahn. Zur Alpe Rauz muss man in Langen in den Landbus Linie 91 umsteigen.
Bei jeder Bushaltestelle sind Startwegweiser und Übersichtskarten montiert.

43 Gavarweg (Braz – Dalaas)

Gavar Alpe 1.314 m

Gebirge:
→ **Lechquellengebirge**
Talort:
→ **Braz (708 m)**
Dalaas (916 m)

Gavar Alpe

In der engsten Stelle des Klostertales erwartet niemand eine so schöne Alpwanderung. Und doch gibt es sie. Diese Route führt zur versteckt gelegenen kleinen Alpe Gavar unterhalb des markanten Roggelskopfes.

Anforderungen: wenig anstrengend
Zeiten: 4¼ Stunden: ↗ 2 Std.
↘ 1 3/4 Std.
Ausgangspunkt: Innerbraz – Pfarrheim (710 m)
Zielpunkt: Dalaas - Ortsanfang (820 m)
Höhenunterschied: ↗ 410 Hm
↘ 550 Hm
Karten: ÖK-Blatt 142, LKS-Blatt 238, F&BBlatt 371

Informationen für Mountainbiker

Deponiert man vorher in Dalaas – Mason ein Fahrrad, kann man einfach und rasch wieder zum Ausgangspunkt zurückkehren.

Besonderheit: Dieser Weg ist die logische Fortsetzung des wunderschönen Römerweges, der von Bludenz nach Braz führt. Während der Römerweg sehr nahe dem Talboden bleibt, führt der Gavarweg hoch über dem Talboden des Klostertales in Richtung Arlberg.

Gavar Alpe 1.314 m

Die Alpe liegt versteckt über dem Klostertal. Über ihr steht der markante Roggelkopf, der wie ein Wachturm über dem Klostertal thront. Sie ist eine Voralpe und dementsprechend nur kurz besetzt. Das Vieh wird nach etwa 3 Wochen zurück ins Tal gebracht und anschließend auf die Hochalpen transportiert. Die Hochalpen sind die Trittalpe bei Zürs (siehe Tour 47) und der Brazer Staffel beim Spullersee (siehe Tour 51).

Besitzer: Alpgemeinschaft
Alpvieh: 100 Jungvieh
Zeitraum der Bewirtschaftung: Mitte bis Ende Juni, Anfang bis Mitte September
Verpflegung für Wanderer: Getränke, Jause

Direkter Alpanstieg:
Ausgangspunkt: Innerbraz – Pfarrheim (710 m)
Gehzeit: ↗ 2 1/3 Std. ↘ 2 Std.
Höhenunterschied: 650 Hm
Kinderwagen: durchgehend geeignet
Schwierigkeit: leicht

Der Anstieg ist ident mit der Wanderroute.

Wanderroute: In Innerbraz geht es zuerst taleinwärts zum Gemeindeamt. Hier biegt man nach links ab und wandert dem Masonbach entlang auf dem Lehrwanderweg zur Bahn hinauf und unter dieser durch. Dann trifft man bei Pfarrmähdle (820 m) auf einen Güterweg, auf dem man nach rechts weiter wandert. Etwa 20 Minuten nach dem Pfarrmähdle hat man bei Rütenen (980 m) die Möglichkeit, nach links zum imposanten Mason-Wasserfall abzuzweigen. Ein Umweg zum Wasserfall kostet aber mehr als 1½ Stunden. Wandert man auf dem Güterweg geradeaus weiter erreicht man bald den Bockberg (1.010 m), eine leicht abgesetzte Kuppe unter steilen Abhängen. Nun geht es etwas bergab, über ein Tobel und dann in vielen Kehren durch den Gavarwald hoch. Im Wald kann man in einer Kehre, auf etwa 1.100 m, gerade aus und unter Auslassung der Gavar Alpe auf einem tieferen Wanderweg nach Dalaas wandern. Zur Alpe bleibt man auf dem Güterweg und wandert lange talauswärts bergauf. Nach einer Geländekante wendet der Weg wieder taleinwärts und bei einer Jagdhütte kommt man in den Bereich der Gavar Alpe (1.314 m), die etwas oberhalb davon liegt.
Von der Alpe geht es auf dem Güterweg noch etwas bergauf. Am höchsten Punkt muss man rechts vom Güterweg weg über die Wiese (Abzweigung ist nicht leicht erkennbar!), dann geht's nochmals rechts durch den Wald zum Muther Maisäß (1.220 m) hinab. Auf einem steilen Waldwanderweg durch den Wald

kommt man ins Schmiedetobel. Hier beginnt eine Schotterstraße, über die man flach in den Ortsteil Mason (1.000 m) gelangt. Dann wandert man durch den Wald, durchs Hölltobel nach Obermarias und zum Bahnhof. Nun ist es nicht mehr weit hinab zur Bushaltestelle. Mit einem Bus der Linie 90 kommt man wieder zum Ausgangspunkt. Von Obermarias kann man auch über die Straße zur Bushaltestelle hinab gehen (etwas kürzer aber weniger schön).

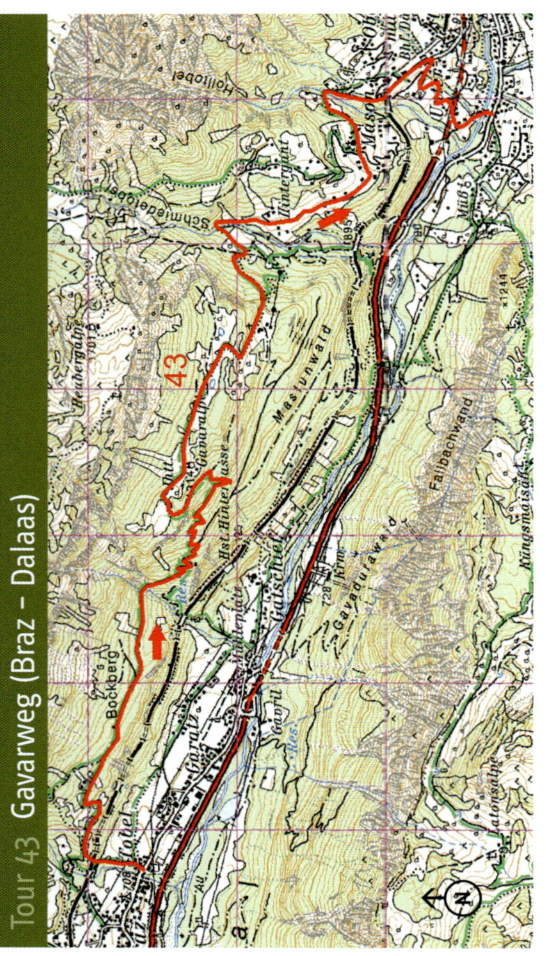

44 Sonnenkopf

Obere Wasserstubenalpe 1.731 m
Untere Wasserstubenalpe 1.503 m

Gebirge:
→ Verwall
Talort:
→ Dalaas (916 m)
Wald am Arlberg (963 m)
Klösterle (1.073 m)

Bärenland am Sonnenkopf

Das Sonnenkopfgebiet bietet viele Attraktionen für die ganze Familie. Das Bärenland ist bei Kindern sehr beliebt und mehrere einfache Wanderungen in großer Höhe locken die Naturliebhaber.

Anforderungen: wenig anstrengend
Zeiten: 1 Stunde: ↘ 1/3 Std. ↗ 1/3 Std.
Ausgangspunkt: Sonnenkopf (1.841 m)
Höhenunterschied: ↗ ↘ je 110 Hm
Karten: ÖK-Blatt 142, LKS-Blatt 238 + 239, F&B-Blatt 371+372
Kinderwagen: durchgehend geeignet

Informationen für Mountainbiker
Start/Ziel: Klösterle (1.073 m)
Höchster Punkt: Sonnenkopf (1.841 m)
Fahrzeiten: ↗ 2 1/3 Std. ↘ 3 Std.
Anstieg: ↗ 12 km ↘ 16 km, 1.200 Hm Fahrt

Besonderheit: Der Sonnenkopf ist im Sommer ein beliebtes Familienziel. Im Bereich der Bergstation wurde unter dem Motto „Bärenland“ eine Erlebnislandschaft für Kinder geschaffen. Lebensgroße Holztiere, eine Bärenhöhle und ein Teich mit der Möglichkeit einer Floßfahrt warten auf die kleinen und größeren Kinder.

Obere Wasserstubenalpe 1.731 m

Die Alpe liegt hoch im Wasserstubental im Schatten der Lobspitze. Nach Süden breitet sich das Wasserstubental noch aus und lädt zu weglosen Spaziergängen unterhalb der mächtigen Westlichen Eisentalerspitze und der Lobspitze ein. Die Aussicht von der Alpe ist nicht besonders weitläufig, dafür der Weg vom Sonnenkopf sehr kurz. Im Herbst erhalten die Hänge des Muttjöchles eine wunderschöne dunkelrote Färbung. Die Bewirtung erfolgt nur auf der oberen Alpe. Das Vieh weidet anfangs und am Ende der Saison auf der unteren Alpe, die Hirten und der Senn bleiben aber in dieser Zeit auf der oberen Alpe.

Besitzer: Agrargemeinschaft Silbertal
Alpvieh: 40 Milchkühe, 20 Mutterkühe mit Kälber, Alpschweine
Alpprodukte: Sura Kees, Butter
Zeitraum der Bewirtschaftung: Mitte Juni bis Mitte September, Bewirtung meist bis Ende September
Gaststube: ja
Kontakt: Johannes Schuler, +43/(0)664/4409460
Verpflegung für Wanderer: Getränke, Käs- und Speckbrot
Veranstaltungen, Besonderheit: Alpmesse

Direkter Alpanstieg:

Der Weg ist ident mit der Wanderroute.

Weitere Alpe der Tour

Untere Wasserstuben Alpe 1.503 m
Sie liegt etwas tiefer im Tal. Hier öffnet sich das enge Wasserstubental nach Süden und gibt den Blick auf das Hochjochgebiet frei.

Wanderroute: Am Sonnenkopf wandert man über die sanft geneigten Alpflächen Richtung Süden. Dann wendet sich der Weg Richtung Südosten und führt entlang es Hanges hinab zur Alpe. Zurück geht es auf dem gleichen Weg bergauf.

Gipfelergänzung:
Muttjöchle (2.074 m) [44e]
Ausgangspunkt: Sonnenkopf (1.841 m)
Gehzeit: + 2¼ Std
Höhenunterschied: + 250 Hm
Schwierigkeit: mittel

Von der Bergstation der Sonnenkopfbahn wandert man über flache, mit Heidelbeersträuchern bewachsene Alpböden nach Westen. Dabei überquert man ein Bächlein und kommt am Riedseelein vorbei. Der Weg quert den Riedbodenschlepplift und führt flach über den Riedboden unterhalb des Mittagsteins. Zum Schluss muss man etwas steiler hinauf zum Gipfel.
Vom Gipfel wendet man sich nach Nordwesten und wandert über den begrünten Rücken hinab zum Scheidboden. Hier geht es durch

einen Bergwald zum Kristbergsattel und zum auf der Montafoner Seite liegenden Gasthaus Kristberg (1.430 m).
Vom Kirstberg wandert man auf einem breiten Weg Richtung Ostsüdost weiter. Der Weg geht etwas bergauf und bergab bis zum Wildried, einer kleinen Lichtung im Wald unterhalb des Muttjöchles. Nun wendet sich der Weg ins Wasserstubental hinein und führt das Tal hinauf zur Oberen Wasserstuben Alpe. Von der Alpe geht es auf dem etwas schmaleren Weg wieder nach Nordwesten hinauf zum Sonnenkopf.

MTB-Route: Von Dalaas fährt man auf der Straße und dann auf einem Schotterweg entlang der Alfenz zur Talstation der Sonnenkopfbahn. Nun folgt man dem Güterweg auf den Sonnenkopf. Die Steigung ist moderat und für Anfänger geeignet. Man kann auch, um Kraft zu sparen, die Bahn benutzen.
Danach fährt man Richtung Montafon (Süden). Zuerst ist es flach, dann geht es steil zur Oberen Wasserstuben Alpe (1.731 m) hinab. Ab hier fährt man auf einem Güterweg das Tal hinaus, passiert die Untere Wasserstuben Alpe (1.520 m) und mit einer kleinen Gegensteigung kommt man nach Kristberg (1.430 m). Zum Kristbergsattel ist es noch kurz sehr steil, aber dann kann man gemütlich nach Dalaas hinabrollen.
Umgekehrt ist die Route auch beliebt. Im Bereich der Oberen Wasserstuben Alpe muss dabei das Rad kurz geschoben werden.

Tour 44 Sonnenkopf

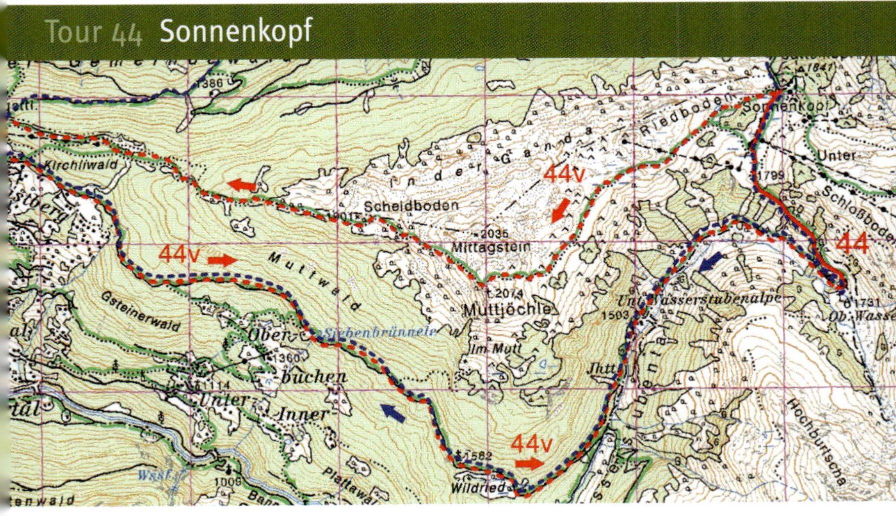

45 Nenzigastwanderung

Nenzigast Alpe 1.476 m
Thüringer Alpe 1.819 m
Satteinser Alpe 1.714 m

Gebirge:
→ **Verwall**
Talort:
→ **Klösterle (1.073 m)**

Nenzigastal

Das Naturschutzgebiet Verwall zählt zu den wenigen noch urtümlichen Natur- und Kulturlandschaften in Vorarlberg. Mensch, Alpvieh und Wildtiere sollen hier in Einklang bleiben. Nur selten kann man eine so großartige Umgebung so leicht erreichen.

Anforderungen: wenig anstrengend
Zeiten: 3¼ Stunden: ↗ 2 Std. ↘ 1 ¼ Std.
Ausgangspunkt: Klösterle (1.073 m)
Zeiten: 3¼ Stunden: ↗ 2 Std. ↘ 1 ¼ Std.
Höhenunterschied: ↗↘ je 500 Hm
Karten: ÖK-Blatt 143, LKS-Blatt 239, F&BBlatt 372
Kinderwagen: geeignet

Informationen für Mountainbiker
Start/Ziel: Klösterle (1.073 m)
Höchster Punkt: Nenzigast Alpe (1.476 m)
Fahrzeiten: ↗ 1 Std. ↘ 1/3 Std.
Anstieg: ↗↘ je 7 km, 500 Hm Fahrt

Besonderheit: Das Nenzigasttal und die umliegenden Berge sind ein weitläufiges Naturschutzgebiet. Am oberen Ende, auf über 2.000 Metern, befindet sich eine einzigartige Landschaft, die Wildebene, mit einem wunderschönen See. Am obersten Rand steht eine kleine Selbstversorgerhütte, die Reutlinger Hütte (2.395 m). Aber der Weg dorthin ist so lang, dass nur wenige diese Landschaft erleben.
Will man mit dem Kinderwagen diese Wanderung unternehmen, muss man von der Nenzigast Alpe wieder den gleichen Weg zurück und deshalb dauert die Tour etwas länger. Sehr interessant ist auch, die Wanderung am Sonnenkopf zu beginnen. Bei dieser Variante ist nur wenig Aufstieg erforderlich. Dafür erlebt man eine aussichtsreiche Höhenwanderung.

Nenzigast Alpe 1.476 m

Die Nenzigast Alpe ist nicht im Besitz von Bauern aus Nenzing, sondern aus Thüringen im Walgau. Sie liegt in der Mitte des Nenzigasttales, das bei Klösterle beginnt und bis zur Eisentalerspitze hoch reicht. Bis zur Alpe ist das Tal sehr flach, dann steilt es sich gewaltig auf. Über die Alpe führt eine Schiroute, die eine rassige Abfahrt aus dem Schigebiet Sonnenkopf darstellt. Durch den flachen Zustieg ist die Alpe ein beliebtes Ausflugsziel. Am Nachmittag treffen hier Spaziergänger, die lange sitzen geblieben sind und Bergsteiger, die die Östliche Eisentalerspitze bestiegen haben, zusammen.

Besitzer: Agrargemeinschaft Thüringen
Alpvieh: 24 Kühe 45 Jungvieh
Alpprodukte: Bergkäse, Butter
Zeitraum der Bewirtschaftung: Mitte Juni bis Mitte September
Kontakt: Peter Burtscher, +43/(0)664/5047697
Verpflegung für Wanderer: Getränke, Jause, auf Voranmeldung auch Käsknöpfle
Veranstaltungen, Besonderheit: Alpmesse am 1. Juli

Direkter Alpanstieg:
Ausgangspunkt: Langen – Kirche (1.228 m)
Gehzeit: ↗ $1^3/_4$ Std. ↘ $1^3/_4$ Std.
Höhenunterschied: 250 Hm
Kinderwagen: durchgehend geeignet
Schwierigkeit: leicht

Nenzigast Alpe

Vom Bahnhof in Langen wandert man zur Kirche und rechts auf der kleinen Straße zu einer Wohnsiedlung weiter. Bei dieser Siedlung beginnt der Güterweg zur Unteren Bludenzer Alpe und rechts zweigt der Weg zum Nenzigasttal ab. Er führt den Hang entlang über das Portal des Arlbergtunnels zur Asfinag-Zentrale. Hier kommt von rechts unter dem Gebäude der Fahrweg ins Nenzigasttal her. Auf diesem Fahrweg geht es leicht bergauf zum Beginn des Tales und dann oft auch sehr flach das Tal hinein bis zur Alpe.

Weitere Alpen der Tour

Rinderberg (Thüringer) Alpe 1.819 m
Bei dieser Alpe stimmt die Bezeichnung, denn sie ist im Besitz von Bauern aus Thüringen. Sie dient etwa 500 Schafen als Weide und ist von Mitte Juni bis Mitte September bewirtschaftet. Die Alphütte ist nur zu Fuß erreichbar und die Hirten müssen ihren Proviant selber hochtragen.

Bettleralpe

Obernenzigast (Satteinser) Alpe 1.714 m
Die Alpe liegt unterhalb des Rauhen Kopfes, hoch oberhalb des Nenzigasttales, und ist eine Mutterkuhalpe mit etwa 45 Kühen und Kälbern. Die Alpe bietet für Wanderer keine Bewirtung.

Wanderroute: In Klösterle spaziert man zuerst zur Kulturhalle. Hier folgt man den Wegweisern Richtung Thüringer Alpe. Der Weg geht talauswärts etwa 1 Kilometer entlang der Alfenz bis zur Angerbrücke (1.050 m). Hierher kommt man auch, wenn man am westlichen Ortsbeginn von Klösterle beim Tennisplatz startet. Nun geht es auf einer steilen Straße unter der Arlbergschnellstraße durch bergauf. Man folgt der Straße bis zu einer Rechtskehre auf etwa 1.369 m (kein Wegweiser). Hier wandert man auf einem Güterweg gerade nach Osten (taleinwärts) weiter. Der Weg geht nun etwa 1 Kilometer leicht bergab (100 Höhenmeter Verlust). Dann wendet er langsam Richtung Nenzigasttal und beginnt wieder zu steigen. Links kann man auf der anderen Talseite schon den Fahrweg sehen, der von Langen herkommt. Schließlich muss man nochmals kurz bergab und kommt bei einer Wasserfassung zu diesem Fahrweg. Diesem folgt man nun bis zur Alpe. Zurück wandert man länger auf diesem Fahrweg, bis dieser nach etwa 2 1/3 Kilometer beim Schwendiegg (1.245 m) nach Osten schwenkt und man ins Klostertal sehen kann. Hier zweigt man nach links auf den Wanderweg ab, der durch den Wald nach Klösterle führt.

Ergänzung:
Bettleralpe (1.986 m), Satteinser Alpe (1.714 m) [45e]

Abzweigpunkt: Nenzigast Alpe (1.476 m)

Gehzeit: + 3 Std.

Höhenunterschied: + 550 Hm

Schwierigkeit: **mittel**

Bei der Nenzigast Alpe (1.476 m) wandert man weiter das Tal hinein. Etwa einen Kilometer nach der Alpe geht der Güterweg in einen Wanderweg über, quert den Bach und beginnt merklich zu steigen. Die Steilstufe am Talende kann man nach links ansteigend überwinden und so gelangt man zur verfallenen Bettleralpe (1.996 m). Nun wandert man auf einem schönen Höhenweg nach Norden weiter zur Satteinser Alpe (1.714 m). Von dieser Alpe geht es auf einem steilen Weg in nördlicher Richtung bergab. Dann trifft man auf einen Güterweg, der zur Unteren Bludenzer Alpe und nach Langen führt. Man kann aber durch den Wald auf einem Wanderweg in nordwestlicher Richtung wieder ins Nenzigasttal absteigen. Bei Schwendiwald trifft man auf den Fahrweg zur Nenzigast Alpe. Hier ist auch gleich die Abzweigung des Wanderweges, der wieder nach Klösterle zurückführt.

Variante:
Thüringer Alpe (1.819 m) [45v1]

Abzweigpunkt: Langen – Kirche (1.228 m)

Gehzeit: ↗↘ 4 1/3 Std.

Höhenunterschied: ↗↘ 850 Hm

Schwierigkeit: **mittel**

Zuerst beginnt die Wanderung wie vorher beschrieben. Bei der dritten Kehre nach der Schnell-

Der Autor vor der Nenzigast Alpe

straße wandert man gerade weiter. Kurz darauf zweigt links ein Wanderweg ab, der steil unterhalb des Burtschakopfes bergauf führt. Schließlich trifft man auf 1.750 m auf den Höhenweg, der vom Sonnenkopf zur Thüringer Alpe führt. Nun geht es ohne viel Höhenunterschied nach Osten und später nach Süden weiter bis zur Alpe. Von der Alpe wandert man noch etwas in südlicher Richtung weiter, bis nach etwa 20 Minuten links der „Milchweg" abzweigt, der steil durchs „Kuhtäli" zur Nenzigast Alpe hinab führt.

Variante:
Vom Sonnenkopf (1.841 m) [45v2]

Ausgangspunkt: Sonnenkopf (1.841 m)
Zielpunkt: Klösterle (1.073 m)
Gehzeit: ↗ 1 1/3 Std. ↘ 3 Std.
Höhenunterschied: ↗ 200 Hm ↘ 900 Hm
Schwierigkeit: **mittel**

Am Sonnenkopf wandert man über einen Höhenweg Richtung Thüringer Alpe. Dabei passiert man zuerst die Talstation der Obermuri-Bahn und geht dann weiter auf dem breiten Weg in Richtung Osten leicht bergauf. Bald verlässt man diesen Weg nach links und kommt über einen schmalen Wanderweg auf eine Kuppe mit zwei einladenden Bänklein. Ab hier geht es auf der Schipiste bergab und unter der Obermoosbahn durch. Schließlich muss man wieder bergauf zum nordwestlichen Gratkamm des Burtschakopfes. Vom Höhenweg Jöchle (1.820 m) wandert man auf der Klostertalseite etwas hinab, zur „Bärenfalle" (1.750 m).
Hier mündet der Weg von Klösterle herauf ein. Nun geht es ohne viel Höhenunterschied, hoch über dem Klostertal, nördlich des felsigen Burtschakopfes weiter. Schließlich kommt man auf die Ostseite des Berges und es geht hoch über dem Nenzigasttal weiter zur Thüringer Alpe (1.819 m). Von der Alpe wandert man noch etwas in südlicher Richtung weiter, bis nach etwa 20 Minuten links der „Milchweg" abzweigt, der steil durchs „Kuhtäli" zur Nenzigast Alpe hinab führt.

MTB-Route: Der Weg zur Alpe ist identisch mit dem oben beschriebenen Wanderweg. Zurück fährt man auf dem Güterweg nach Langen und dann weiter auf der Straße nach Klösterle.

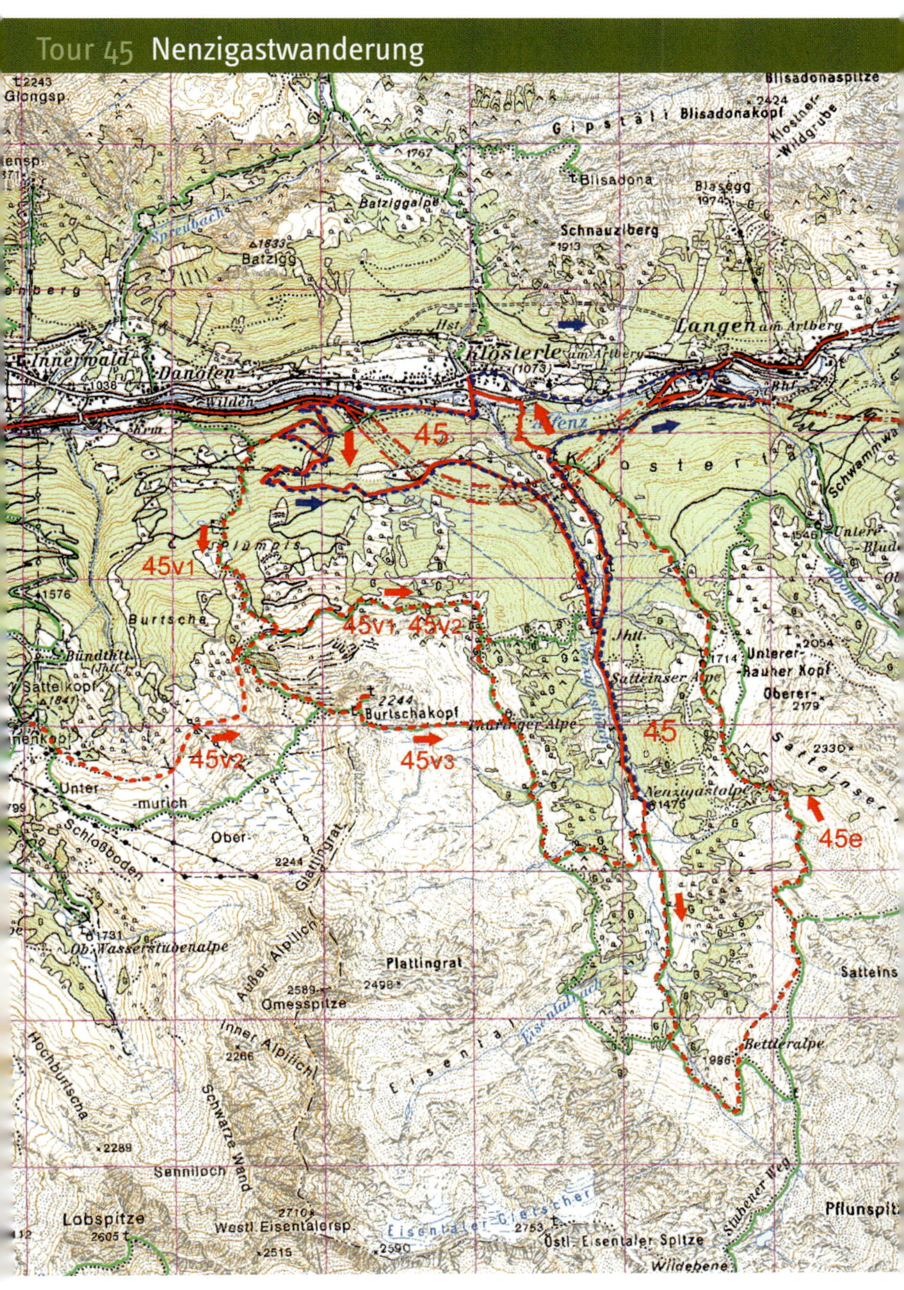

Blisadonaspitze
Gipstäli
Blisadonakopf
2424
Klostner-Wildgrube
Blisadona
Blasegg
1974
Batziggalpe
1767
Spreubach
1833
Batzigg
Schnauzlberg
1913
Langen am Arlberg
Klösterle am Arlberg
(1073)
Innerwald
Danöfen
1038
Wilden
Alfenz
Klostertal
Schwammwald
45
45v1
45v1, 45v2
45v2
45v3
45e
Burtscha
1576
Bündtkll
Sattelkopf
1841
Unter-
-murich
Ober-
2244
Glattingrat
2244
Burtschakopf
Satteinser Alpe
1714
Unterer-Rauher Kopf
Oberer-
2179
2054
2330
Satteiser
Nenzigastalpe
1476
Nenzigastbach
Schloßboden
1731
Ob. Wasserstubenalpe
Außer Alpilich
Plattingrat
2589
2498
Gmesspitze
Inner Alpilich
2266
Hochburtscha
Schwarze Wand
Eisental
Eisentalbach
Bettleralpe
1986
Satteins
2289
Sennloch
Lobspitze
2605
2710
Westl. Eisentalersp.
2515
2590
Eisentaler Gletscher
2753
Östl. Eisentaler Spitze
Wildebene
Stubener Weg
Pflunspitz

46 Albonawanderung

Kaltenberg Hütte 2.089 m
Albona Alpe 1.853 m
Untere Bludenzer Alpe 1.546 m

Gebirge:
→ Verwall
Talort:
→ Klösterle (1.073 m)

See bei der Kaltenberg Hütte

Wer die Albona bisher nur vom Schifahren kannte, wird über die sommerliche Schönheit staunen. Wie auf einem Balkon wandert man hoch über dem Ende des Klostertales und hat eine hervorragende Aussicht ins Gebiet des Flexenpasses. Im Bergsee hinter der Hütte spiegeln sich die schroffen Berge der Grubenjochspitze.

Anforderungen: wenig anstrengend
Zeiten: 4 1/4 Stunden: ↗ 2 1/4 Std. ↘ 2 Std.
Ausgangspunkt: Alpe Rauz (1.607 m)
Zielpunkt: Langen am Arlberg (1.230 m)
Höhenunterschied: ↗ 490 Hm ↘ 860 Hm
Karten: ÖK-Blatt 143, LKS-Blatt 239, F&BBlatt 372

Besonderheit: Der Weg zur Hütte ist leicht und kurz – also optimal für Kinder geeignet. Die Kaltenberg Hütte bietet als Alpenvereinshütte (bewirtschaftet Ende Juni bis Anfang Oktober) eine umfangreiche Speisekarte. Von der Hütte hat man eine wunderbare Aussicht auf die Berge des Arlbergs und über das Klostertal. Hinter der Hütte liegt ein male-

rischer Bergsee. Er lädt zu einer langen Rast ein und die Kinder können kaum aufhören, mit Steinen zu werfen.
Am angenehmsten ist es, mit dem Bus von Langen nach Rauz zu fahren und die Wanderung hier zu beginnen und in Langen zu beenden. Es besteht aber auch die Möglichkeit, in Stuben zu starten und wieder dorthin zurückzukehren.

Untere Bludenzer Alpe 1.546 m

Albona Alpe 1.853 m

Die Bludenzer Alpe liegt knapp oberhalb der Waldgrenze im Grund des steilen Tales. Das Vieh befindet sich nur etwa 10 Tage auf der unteren Alpe, der Rest der Zeit auf der höher gelegenen Albona Alpe. Diese liegt knapp unterhalb der Kaltenberg Hütte in traumhafter Aussichtslage. Das Alpgebiet erstreckt sich bis zum Lüftungsschacht oberhalb von Rauz.

Besitzer: Stadt Bludenz
Alpvieh: 160 Jungvieh, 6 Kühe, 60 Pferde
Zeitraum der Bewirtschaftung: Mitte Juni bis Mitte September
Verpflegung für Wanderer: Milch

Direkter Alpanstieg:
Ausgangspunkt: Langen am Arlberg (1.230 m)
Gehzeit: ↗ 2 1/3 Std. ↘ 1¾ Std.
Höhenunterschied: 640 Hm
Kinderwagen: geeignet
Schwierigkeit: leicht

Vom Bahnhof in Langen wandert man zur Kirche und rechts auf der kleinen Straße zu einer Wohnsiedlung weiter. Bei dieser Siedlung beginnt der Güterweg zur Unteren Bludenzer Alpe, die nach ewas mehr als einer Stunde erreicht wird. Der Weiterweg zur Albona Alpe wird etwas beschwerlicher (vor allem mit dem Kinderwagen). Über einen rauen, aber breiten Weg geht es entlang des Albonabaches weiter ins Tal hinein. Dann überquert man ihn und durch den steilen Hang geht es zur Albona Alpe hinauf. Nicht weit oberhalb der Alpe liegt die Kaltenberg Hütte, die aber nur mehr über einen Wanderweg erreichbar ist (nicht mehr kinderwagentauglich).

Kaltenberg Hütte

Wanderroute: Bei der Alpe Rauz beginnt, kurz nach der Abzweigung nach Lech, rechts der Wanderweg zur Kaltenberg Hütte.
Er führt zuerst in Kehren höher, dann geht es flacher in südwestlicher Richtung zur Mittelstation der Albonabahn. Von hier geht es ohne viel Steigung Richtung Westen weiter. Dabei schaut man immer talauswärts und rechter Hand sind die schroffen Südabstürze der Grubenjochspitze & Co – eher unnahbare Gipfel des Lechquellengebirges – zu bewundern. Zum Schluss muss man kurz steiler aufsteigen und gelangt zur Kaltenberg Hütte (2.089 m).
Von der Hütte wandert man nach Westen hinab, vorbei an der Albona Alpe hinab zum Güterweg. Über diesen kommt man zur Unteren Bludenzer Alpe. Im weiteren Abstieg nach Langen kann man den Güterweg zuerst abkürzen, dann muss man bis Langen auf ihm bleiben.

Müder Wanderer bei der Kaltenberg Hütte

Variante:
ab Stuben (1.047 m) [46v]
Ausgangspunkt: Stuben (1.407 m)
Gehzeit: ↗ ↘ 4 Std
Höhenunterschied: ↗ ↘ je 860 Hm
Schwierigkeit: mittel

Von Stuben geht man zuerst ins markante Rauztobel, unterhalb der Kehren der Arlbergpassstraße, hinein. Schon bald kann man rechts abzweigen und über den Abfahrtsweg der Schipiste in Serpentinen unter der Sesselbahn hoch wandern. Anschließend geht der Weg nach rechts, um den Rücken herum und in weiteren Kehren kommt man zur Mittelstation und somit zum oben beschriebenen Weg.
Von der Kaltenberg Hütte wandert man kurz Richtung Albona Alpe hinab. Schon nach wenigen Minuten zweigt rechts der Weg ab. Er führt zuerst etwas tiefer als im Anstieg wieder nach Osten, dann geht es direkt ins Tal hinab. Dabei passiert man den kleinen Stubener See und gelangt etwas unterhalb von Stuben in den Talgrund. Den Bach entlang erreicht man kurz darauf wieder den Ausgangspunkt.

Obere Grätlisgratspitze
2642
Hasenfluh
Hintere
Vordere
Muggengrat
Untere Wildgrubenspitze
Untere Grätlisgratspitze
In der Enge
Flexenspitze
2627
Flexenpaß
Ochsenbodenalpe
Ochsenboden
Grubenjochspitze
2659
Wasenspitze
2655
Erzbergspitze
Roßkopf
2200
Jöchle
2282
Blisadonaspitze
Schwarzer Turm
2297
Holltobel
Ochsenbodenkopf
Blisadonakopf
Klostner Wildgrube
Stubiger Hohe Rüfe
Roter Turm
Flexenmulde
Blasegg
1974
Stuben
(1407)
Rauz
Rauzbach
Langen am Arlberg
46v
Arlbergtunnel
1784
Schwammwald
46
46
Albona
Unterer
Maroisee
Oberer
Untere Bludenzer Alpe
Kaltenberghütte
2089
2380
Maroijöchle
2391
Albonagrat
2400
Knödel
Unterer
Rauher Kopf
Oberer
2179
2054
2522
Maroiköpfe
2311
Alpenkopf
2456
Maroischarte
2548
Maroispitze
2330
Satteinser Alpe
Im Krachel
2654
Stubner-Albonakopf
Maroibach
2639
Krachelgrat
Krachelspitze

Arlberg

Das Arlberggebiet ist fast lückenlos mit Schiliften erschlossen und lässt während der Wintersaison wenig Raum für Touren. Im Sommer finden sich wunderbare Wanderungen in toller Kalksteinumgebung.
Zürs liegt knapp unterhalb des Flexenpasses und wirkt im Sommer etwas verschlafen. Als Ausgangspunkt für einige Tageswanderungen ist es sehr gut geeignet.
Lech liegt relativ gut geschützt zwischen den Bergen. Neben dem Wintertourismus hat sich hier inzwischen auch ein starker Sommertourismus entwickelt. Dies ist in Anbetracht der wunderbaren Umgebung nicht verwunderlich. Besonders beliebt ist das Tal des jungen Lechs mit seinen beiden Seen – Formarinsee und Spullersee. Über dem Formarinsee thront die Rote Wand, deren Südwand 1,5 Kilometer lang ist. Beim Spullersee beeindruckt der Blick in den Verwall und die geriffelten Felsen der Spuller Platten.
Zur Sicherstellung der Ruhe in dieser Naturlandschaft herrscht in diesem Fall während des Tages ein Fahrverbot. Ausgenommen sind dabei die öffentlichen Wanderbusse.

Tiefblick von der Wösterspitze nach Lech

Auf einen Blick

Gebirge: Lechquellengebirge und Lechtaler Alpen
Talorte: Zürs (1.717 m), Lech (1.444 m)
Karten: ÖK-Blatt 142 + 143, AVK-Blatt 3/2, LKS-Blatt 238 + 239, F&B-Blatt 372
Anreise: Über Bludenz, Langen, Alpe Rauz, Flexenpass. In Zürs Parkplatz am Ortseingang, in Lech entweder in der Parkgarage oder bei der Schlegelkopfbahn. Zum Spuller- und Formarinsee führt eine Mautstraße, die aber während des Tages für den Individualverkehr gesperrt ist.
Bus/Bahn: Mit ÖBB bis Langen und mit Landbus Linie 91 nach Zürs und Lech. Zum Spuller- und Formarinsee fahren regelmäßig Wanderbusse.

Informationen für Mountainbiker
Die durchgehend asphaltierte Straße zu den beiden Seen und das Tagesfahrverbot für Motorfahrzeuge machen eine Anfahrt mit dem Fahrrad sehr interessant. Vom Formarinsee ist es über eine flache Schotterstraße nicht mehr weit zur Freiburger Hütte (1.918 m).
Start: Lech (1.444 m)
Ziel: Formarinsee (1.796 m), Spullersee (1.825 m)
Fahrzeiten: ↗ 1¾ Std. ↘ ¾ Std.
Anstieg: ↗↘ je ca. 15 km, 400 Hm Fahrt
Schwierigkeit: leicht

47 Unter der Rüfispitze

Trittalpe 1.940 m
Monzabon Alpe 1.979 m

Gebirge:
→ Lechtaler Alpen
Talort:
→ Zürs (1.717 m)
Lech (1.444 m)

Trittalpe und Pazüel Alpe

Die Rüfispitze thront majestätisch über sanften Alpwiesen. Bei der Trittalpe öffnet sich ein weitläufiges, verstecktes Hochtal. Die Alpen sind einfach für jeden erreichbar und bieten gewaltige Ausblicke.

Anforderungen: wenig anstrengend
Zeiten: 2¼ Stunden: ↗ 1¼ Std. ↘ 1 Std.
Ausgangspunkt: Zürs (1.717 m)
Höhenunterschied: ↗ ↘ je 280 Hm
Karten: ÖK-Blatt 143, AVK-Blatt 3/2, F&B-Blatt 372
Kinderwagen: geeignet

Besonderheit: Viele kennen das Gebiet vom Winter. Über die Alpflächen der Monzabon Alpe führt die Abfahrt vom Rüfikopf nach Zürs und ist eine wichtige Verbindung der Schigebiete von Lech und Zürs. Im Sommer werden die Wiesen zwischen Trittalpe und Monzabon Alpe gemäht, die höheren Wiesen hingegen alpwirtschaftlich genutzt.
Der erste Anstieg ab Zürs ist zwar steil, aber ohne weiters für die ganze Familie machbar. Das umfassendste Erlebnis hat man,

wenn man in Zürs startet und die Rüfispitze im Uhrzeigersinn umrundet (siehe Beschreibung als Variante). Sie führt übers Monzabonjoch und die Rauhekopf Scharte zur Stuttgarter Hütte und dann wieder hinab nach Zürs. Man durchwandert dabei vielfältige Landschaften und die konditionellen Anforderungen halten sich noch in Grenzen. Beim Abstieg von der Stuttgarter Hütte hat man einen wunderbaren Blick zur steilen Roggspitze, die herrliche Genussklettereien bietet, sowie die hohen Gipfel der Valluga und des Trittkopfes. Im Tal schlängelt sich der Pazüelbach durch den flachen vorderen Talboden.

Trittalpe 1.940 m

Die Alpe liegt am Beginn des langen Pazüeltales. Das Tal zieht weit zwischen die Berge hinein und reicht bis zur Valluga und zum Trittkopf. Von der Alpe kann man fast das gesamte Zürser Schigebiet überblicken.

Besitzer: Alpgemeinschaft
Alpvieh: 260 Jungvieh
Alpprodukte: Milch, Käse
Zeitraum der Bewirtschaftung: Juli und August
Gaststube: ja
Kontakt: Familie Walser, +43/(0)5583/2283181 oder +43/(0)664/9713190
Verpflegung für Wanderer: Getränke, Brettljause, Holzofenbrot, Kuchen, auf Vorbestellung Käsknöpfle, Raclette

Direkter Alpanstieg:
Ausgangspunkt: Zürs (1.717 m)
Gehzeit: ↗ 3/4 Std. ↘ 1/3 Std.
Höhenunterschied: 220 Hm
Kinderwagen: durchgehend geeignet
Schwierigkeit: leicht

Der Anstieg ist ident mit der Wanderroute.

Monzabon Alpe 1.979 m

Sie liegt auf den sanften Hängen unter der schroffen Rüfispitze. Der Ausblick ist sehr weitläufig. Die sichtbaren markanten Berge sind die Roggspitze und die Valluga des Lechquellengebirges, der Pateriol und der Kaltenberg des Verwalls, die Braunarlspitze und die Mohnenfluh des Lechquellengebirges.

Besitzer: Alpgenossenschaft Zürs
Alpvieh: 120 Jungvieh, 4 Kühe, 4 Pferde
Zeitraum der Bewirtschaftung: Ende Juni bis Anfang September
Kontakt: Manfred Vallaster, +43/(0)664/5005548
Verpflegung für Wanderer: Getränke, verschiedene Jausen, Suppen

Direkter Alpanstieg:
Ausgangspunkt: Zürs (1.717 m)
Gehzeit: ↗ 1 1/4 Std. ↘ 1 Std.

Höhenunterschied: 280 Hm
Kinderwagen: durchgehend geeignet
Schwierigkeit: leicht

Der Anstieg ist ident mit der Wanderroute.
Viele besuchen die Alpe auch von oben. Dazu fahren sie von Lech mit der Rüfikopfbahn hoch und wandern dann bergab nach Zürs.

Wanderroute: Vom Parkplatz am Ortseingang geht man zur Kapelle von Zürs. Hier beginnt ein Güterweg (im Winter Schiabfahrt), der steil zur Trittalpe hoch führt. Etwas unterhalb der Alpe zweigt links der Güterweg zur Monzabon Alpe ab. Er führt zuerst etwas bergab und dann zwischen sanften Alpwiesen in nördlicher Richtung zur Monzabon Alpe (1.979 m) hinauf.

Variante:
Rund um die Rüfispitze [47v]
Endpunkt: Zürs (1.717 m)
Gehzeit: ↗ ↘ 6 Std.
Höhenunterschied: ↗ ↘ 850 Hm
Schwierigkeit: mittel

Zuerst wandert man wie oben beschrieben zur Monzabon Alpe. Nach der Alpe geht der Weg zuerst entlang eines Baches über Alpwiesen Richtung Osten auf die Rüfispitze zu. Dann schwenkt er nach links (Norden) und man kommt zum lieblichen Monzabonsee (2.228 m). Etwas oberhalb des Sees ist das Monzabon Joch (2.250 m).
Anschließend muss man einige Höhenmeter verschenken und kommt in das flache Hochtal des Ochsengümple (ca. 2.150 m).

Stuttgarter Hütte

Nach einem längeren Flachstück beginnt der Weg über Alpwiesen, die von vielen Gräben durchzogen sind, zu steigen. Bevor man den Kamm erreicht gabelt er sich. Nach links geht es auf die Wösterspitzen, nach rechts durch Geröll zur Rauhekopf Scharte (2.415 m). Auf der anderen Seite der Scharte geht es nach kurzem Abstieg leicht auf und ab zur Stuttgarter Hütte (2.305 m). Über den gut ausgebauten Wanderweg gelangt man ins Pazüeltal und vorbei an der Trittalpe nach Zürs.

Monzabon Alpe mit Braunarl Spitze im Hintergrund

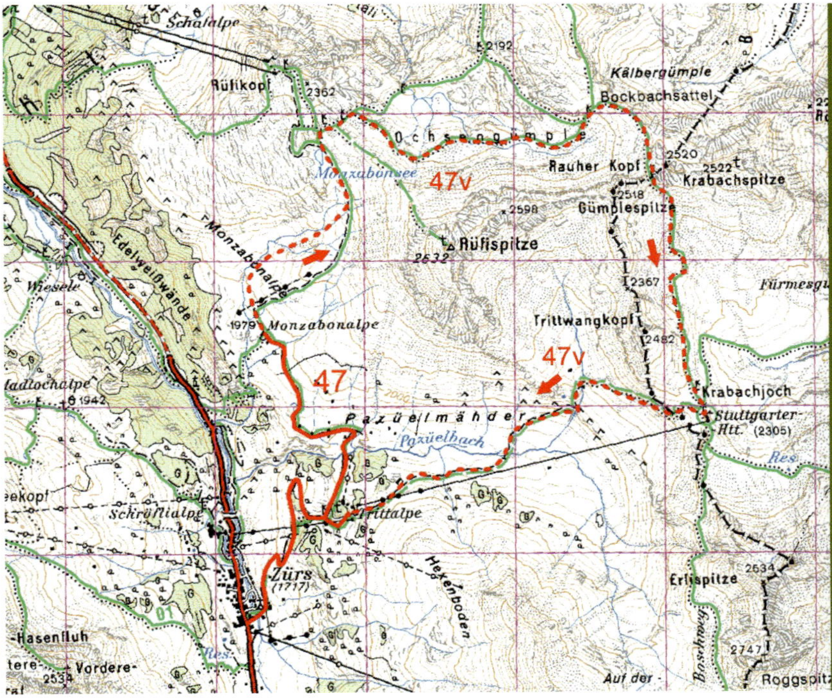

48 Oberlechwanderung

Krieger Alpe 1.985 m
Zuger Alpe 1.553 m

Gebirge:
→ **Lechquellengebirge**
Talort:
→ **Lech (1.444 m)**

Oberlech und Kriegerhorn

Diese kleine Rundwanderung oberhalb von Oberlech ist sehr einfach und bietet sehr viel zum Anschauen. Vor allem die Gipslöcher sind sehenswert.

Anforderungen: wenig anstrengend

Zeiten: $1\frac{3}{4}$ Stunden: ↗ 1 Std. ↘ $\frac{3}{4}$ Std.

Ausgangspunkt: Oberlech Schlössle (1.722 m) – hierher mit dem Ortsbus Linie 4

Höhenunterschied: ↗ ↘ je 270 Hm

Karten: ÖK-Blatt 143, AVK 3/2, FB 364

Kinderwagen: geeignet

Informationen für Mountainbiker

Start/Ziel: Lech (1.444 m)

Höchster Punkt: Kriegersattel (1.990 m)

Fahrzeiten: ↗ $1\frac{1}{4}$ Std. ↘ $\frac{3}{4}$ Std.

Anstieg: ↗ 5,2 km ↘ 7 km, 550 Hm Fahrt

Besonderheit: Auf dem Weg zur Krieger Alpe passiert man die Gipslöcher. Sie sind eine geologische Besonderheit und man sollte sich unbedingt die Zeit für eine Erkundung nehmen. Ein Lehrpfad mit informativen Tafeln erklärt die Entstehung und Bedeutung dieser tiefen Karstlöcher. Die vorgeschlagene Wanderung ist durch ihre guten Wege und geringe Distanzen eine Familienwanderung der Extraklasse. Wählt man nach dem Besuch der Krieger Alpe den Abstieg durchs Zuger Tobel, wird die Wanderung noch deutlich vielfältiger, ohne viel anstrengender zu werden. Ein Start in Lech macht die Wanderung zwar anstrengender, ist aber durchaus sehr reizvoll.

Krieger Alpe 1.985 m

Die Alpe liegt knapp unterhalb des Kriegersattels und des Kriegerhornes. Sie ist eine kleine Alpe, denn die meisten Flächen von Lech werden nicht bealpt, sondern gemäht. Durch ihre Lage mitten im Schigebiet ist die Alphütte als kleine Jausenstation ausgebaut, die neben dem Alpsommer auch im Schiwinter in Betrieb ist.

Pony in Oberlech

Besitzer: privat

Alpvieh: 5–10 Kühe, 15 Jungvieh, 2 Pferde

Alpprodukte: Frischkäse

Zeitraum der Bewirtschaftung: Ende Juni bis Anfang/Mitte September; im Winter Bewirtung für Schifahrer

Gaststube: ja

Kontakt: Familie Lucian, +43/(0)664/4422697

Verpflegung für Wanderer: Getränke, Jause, regionale Gerichte, Käsknöpfle auf Anfrage

Veranstaltungen, Besonderheit: Alpfest am 15. August

Direkter Alpanstieg:
Der Anstieg ist ident mit der Wanderroute.

Weitere Alpen der Tour

Götzner Alpe 1.541 m

Sie liegt westlich des Kriegersattels unterhalb des Zuger Hochlichtes und nicht direkt an der Wanderroute. Auf der Alpe weiden die Noriker-Pferde, die im Winter die Schlitten nach Zug ziehen.

Zuger Alpe 1.553 m und Zuger Mittelalpe 1.760 m

Die Zuger Alpe liegt direkt an der Straße ins Lechtal und neben dem markanten Zuger Tobel. Die dazugehörige Oberalpe, die Zuger Mittelalpe befindet sich abseits der üblichen Pfade. Auf den Alpen weiden etwa 12 Kühe und 45 Stück Jungvieh. Die Kühe werden in der Nähe der unteren Alpe gehalten, das Jungvieh muss selbst zu recht kommen, denn es gibt keinen Hirten. Natürlich schauen die Tierbesitzer ab und zu nach dem Rechten. Den Wanderern kann deshalb nichts angeboten werden.

Wanderroute: Von der Bushaltestelle in Oberlech wandert man auf dem Sträßchen weiter gemäß der Beschilderung zum „Gipslöcher Lehrpfad". Kurz darauf erreicht man das Tannegg und wählt hier den linken Weg. Wenige Minuten später muss man wählen. Entweder bleibt man auf dem Güterweg (mit dem Kinderwagen nicht anders möglich) oder man zweigt links ab und erkundet die Gipslöcher. Diese Erkundung dauert sicherlich eine halbe Stunde zusätzlich, die sich aber auszahlt. Oberhalb der Gipslöcher trifft man dann wieder auf den Güterweg. Nun bleibt man auf ihm bis zur Krieger Alpe.
Von der Alpe wandert man zuerst wieder zurück. Bei der Bergstation der Weibermahdbahn zweigt man rechts ab und wandert einige Minuten Richtung Schlegelkopf. Bei der nächsten Abzweigung wählt man den linken Weg, der durch Alpwiesen wieder nach Oberlech zur Bushaltestelle führt.

Ergänzung:
Kriegersattel (1.990 m – Zug 1.510 m) [48e1]

Abzweigpunkt: Krieger Alpe (1.985 m)
Zielpunkt: Zug (1.510 m)
Gehzeit: + 1/3 Std.

Für alle, die noch weitere Eindrücke sammeln wollen, ist der Weiterweg nach Zug zu empfehlen. Von der Kriegeralpe wandert

Krieger Alpe und Blick nach Osten

man noch ein paar Höhenmeter hinauf zum Kriegersattel. Vom Sattel geht es auf einem teils sehr steilen Fahrweg hinab ins Zugertobel und durch dieses ins Lechtal, das man bei der Götzner Alpe (1.541 m) erreicht. Von der Alpe wandert man auf der Straße nach Zürs und mit dem Bus wieder nach Lech zurück.

Ergänzung:
Ab Lech (1.444 m) [48e2]

Ausgangspunkt: Lech – Schloßkopfbahn (1.444 m)
Zielpunkt: Oberlech Schlößle (1.722 m)
Gehzeit: + 1¼ Std
Höhenunterschied: + 280 Hm
Schwierigkeit: mittel

Von der Talstation der Schloßkopfbahn startet rechts neben einem kleinen Tobel ein schöner Weg, der durch den Burgwald nach Oberlech führt. In Oberlech wandert man über breite Wege zum Schlößle weiter.

Gipfelergänzung:
Kriegerhorn (2.173 m) [48e3]

Ausgangspunkt: Kriegersattel (1.990 m)
Gehzeit: + 1¼ Std
Höhenunterschied: + 180 Hm
Schwierigkeit: leicht

Für alle, die eine umfassende Aussicht auf die Lecher Bergwelt haben wollen, bietet sich die Besteigung des nahen Kriegerhornes an. Vom Kriegersattel, oberhalb der Kriegeralpe, geht es bequem über den Schipistenweg zu diesem Gipfel.

MTB-Route: In Lech zweigt gleich am Beginn der Straße nach Zug rechts der Weg zur Rudalpe ab. Nach einem kurzen Steilstück geht es gemütlich nach Oberlech. Nun fährt man am besten auf der Straße zum Schlößle und noch weiter Richtung Auenfeldscharte. Bei der nächsten Weggabelung folgt man der Beschilderung Richtung Kriegersattel.
Vom Sattel fährt man den sehr steilen Weg (eventuell schieben erforderlich) durchs Zuger Tobel nach Zug und auf der Straße zurück nach Lech.

Abfahrt ins Zuger Tobel

Tour 48 Oberlechwanderung

49 Rund um die Rote Wand

Formarin Alpe 1.871 m
Laguz Alpe 1.584 m
Klesenza Alpe 1.589 m

Gebirge:
→ **Bregenzerwaldgebirge**
Talort:
→ **Lech (1.444 m)**

Rote Wand und Formarinsee

Rund um die Rote Wand – das klingt nicht nur nach einer großartigen Tour, das ist eine ganz besondere Wanderung. Ihre Vielfältigkeit ist kaum zu überbieten: Gewaltige Berge, liebliche Täler und ein funkelnder See.

Anforderungen: anstrengend, 3 Anstiege

Zeiten: ↗ ↘ 7 Stunden

Ausgangspunkt: Parkplatz Formarinsee (1.875 m)

Gehzeiten: Formarin Alpe – Laguz 2¼ Std.; Laguz – Klesenza Alpe 1¼ Std.; Klesenza Alpe – Formarin Alpe 3 1/3 Std.

Höhenunterschied: ↗ ↘ je 850 Hm

Karten: ÖK-Blatt 142, LKS-Blatt 228 + 238, F&BBlatt 371

Besonderheit: Die Rote Wand ist eines der alpinen Wahrzeichen Vorarlbergs. Die Ersteigung dieses Kolosses ist nicht leicht zu bewerkstelligen. Um ihn herum wandern kann jeder Wanderer. Diese Rundtour besticht durch besondere Vielfältigkeit. Sie kann auch bei der Klesenza Alpe und bei der Laguz Alpe begonnen werden. Auch die Begehung in umgekehrter Richtung ist ohne weiters möglich.

Weitere Alpen der Tour

Klesenza Alpe 1.589 m (siehe Tour 32)
Laguz Alpe 1.584 m (siehe Tour 29)
Formarin Alpe 1.871 m (siehe Tour 50)

Wanderroute: Vom Parkplatz bei der Formarin Alpe beginnt man die Wanderung auf dem Fahrweg zur Freiburger Hütte, nördlich des Sees. Ein Abstecher zur Freiburger Hütte (siehe Ergänzung) ist reizvoll, denn von dort kann man die lange Südwand der Roten Wand besser überblicken. Am westlichen Ende des Sees beginnt nach rechts der sanfte Anstieg zur Langen Furka (2.008 m), einem sehr flachen Übergang unterhalb des Rothornes. Nach diesem Übergang wendet sich der Weg nach Norden und man gelangt zur Oberlaguz Alpe. Über den Güterweg wandert man gemütlich nach Laguz.
In Laguz geht es zuerst nach Norden zum Parkplatz. Hier wählt man den rechten Güterweg, der Richtung Oberpartnom Alpe führt. Kurz darauf zweigt rechts ein weiterer Güterweg ab, der in östlicher Richtung zum Sätteli hinauf führt. Der Güterweg geht in einen Wanderweg über und wird steiler. Vom Sätteli (1.737 m) geht es teilweise steil hinab ins Hutlatal. Schon bald wendet der Weg nach rechts und führt entlang des Hanges hinab in den Talgrund. Nach Überquerung des Baches erreicht man ansteigend die Klesenza Alpe (1.589 m).
Von der Alpe wandert man unterhalb der steilen Felsabbrüche der Klesenzahörner, der Gadnerköpfe, des Misthaufens und der Hirschenspitze das Tal langsam bergauf. Rechts steht die Rote Wand mächtig über dem Tal. Kurz nach dem höchsten Punkt (ca. 2.136 m) wendet der Weg Richtung Südosten. Nach links geht es auf schwierigem Weg zur Göppinger Hütte, nach rechts führt der wunderschöne Höhenweg hinab ins Tal des jungen Lechs zur Formarin Alpe (1.871 m) und dem malerischen Formarinsee.

Ergänzung:
Zur Freiburger Hütte (1.918 m) [49e]
Gehzeit: + 1/2 Std.
Höhenunterschied: + 80 Hm
Schwierigkeit: leicht

Die Freiburger Hütte steht südlich oberhalb des Formarinsees und bietet einen perfekten Blick auf die lange Südwand der Roten Wand. Der Umweg ist kurz und auf Grund der umfassenden Speisekarte lohnt sich dieser Abstecher. Dazu bleibt man einfach am Güterweg entlang des Sees. Man kann auch vom Parkplatz auf einem etwas schwierigeren Weg, dafür rascher, ostseitig des Sees zur Hütte gelangen.

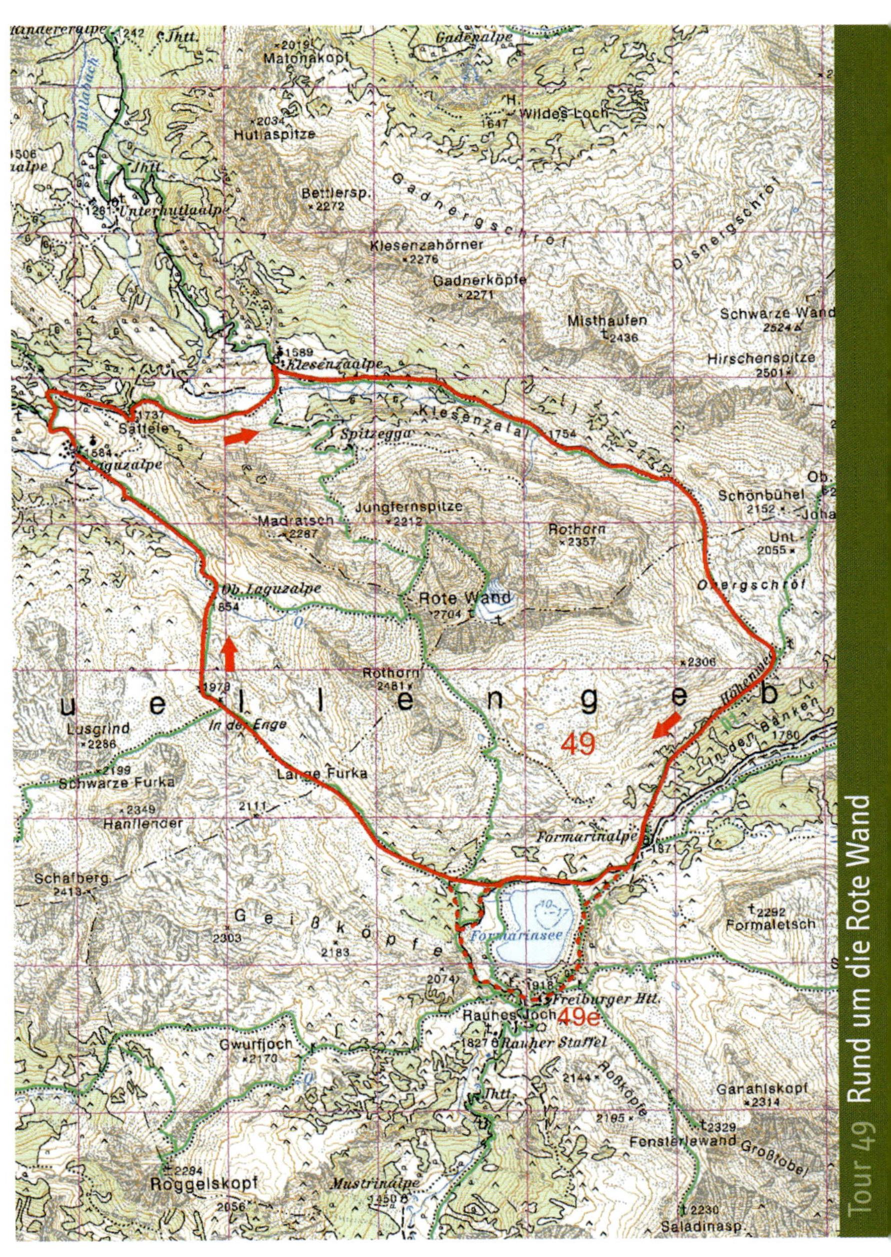

Tour 49 Rund um die Rote Wand

50 Steinernes Meer

Formarin Alpe 1.871 m

Gebirge:
→ **Lechquellengebirge**
Talort:
→ **Lech (1.444 m)**

Formaletsch

Diese Wanderung führt durch eine faszinierende Karstfläche in einem Meer von Steinen. Hier kommen alle Forscher, ob jung oder alt, auf ihre Kosten.

Anforderungen: wenig anstrengend
Zeiten: ↗ ↘ 2¾ Stunden
Ausgangspunkt: Formarinsee (1.796 m)
Höhenunterschied: ↗ ↘ je 300 Hm
Karten: ÖK-Blatt 142, LKS-Blatt 238, F&B-Blatt 371

Besonderheit: Das Steinerne Meer bietet eine schier unendliche Zahl an Kalksteinen, die typische Riffkalke sind. Die Verwitterung ließ viele wunderbare Formen und Farben entstehen. Wer genau schaut, kann durchaus auch versteinerte Meerestiere entdecken. Die Wanderung ist für die ganze Familie geeignet, auch wenn eine gewisse Trittsicherheit gegeben sein sollte. Dies gilt vor allem dann, wenn man auf den Steinen herumklettert und balanciert.

Formarin Alpe 1.871 m

Die Alpe liegt knapp unterhalb des Parkplatzes am Formarinsee. Im Süden von ihr erhebt sich der Formaletsch, ein anspruchsvoller Berg, im Norden die Rote Wand, die nur auf einem schwierigem Weg bestiegen werden kann.

Besitzer: Agrargemeinschaft in Nüziders

Alpvieh: 4 Kühe, 311 Jungvieh

Zeitraum der Bewirtschaftung: Ende Juni bis Mitte September

Verpflegung für Wanderer: Getränke, Jause

Veranstaltungen, Besonderheit: Alpfest mit Messe am 15. August

Direkter Alpanstieg:
Die Alpe liegt knapp unterhalb des Parkplatzes am Formarinsee.

Wanderroute: Vom Parkplatz bei der Formarin Alpe kann man ohne Schwierigkeiten über den Fahrweg westseitig um den See herum, oder direkter über einen etwas schwierigeren Pfad ostseitig des Sees zur Freiburger Hütte wandern. Von der Hütte geht es in Richtung Osten aufs Schafjöchle (2.090 m) hinauf, das sich südlich unterhalb des Formaletsch befindet. Dann wandert man flach „übers" Steinerne Meer. Am Ende des Meeres zweigt nach links ein Weg ab, der hinab ins Lechtal führt. Zuerst wandert man noch zwischen Felsformationen, dann wird die Landschaft wieder lieblicher. Der Weg wird flacher und wendet sich nach Westen. Er wird auch breiter und führt ins Tal hinab. Zuletzt muss man noch einige Meter aufsteigen, um zur Formarin Alpe zu gelangen. Hier wird man von einem mächtigen, gusseisernen Steinbock begrüßt.

Variante:
Gehrengrat: Formarinsee – Spullersee [50v]

Ausgangspunkt: Formarin Alpe (1.871 m)

Zielpunkt: Dalaaser Staffel (1.746 m)

Gehzeit: ↗ ↘ 4 Std.

Höhenunterschied: ↗ ↘ 500 Hm

Schwierigkeit: **anspruchsvoll**

Diese Wanderung von See zu See besticht durch die landschaftliche Einzigartigkeit. Allerdings sollte man die Tour nicht unterschätzen. Vor allem bei Nässe

Steinernes Meer

sind mehrere Passagen sehr kritisch. Als Biker kann man am Morgen zuerst das Fahrrad beim Spullersee deponieren, damit man am Ende der Tour unabhängig von den Wanderbussen wieder zum Formarinsee zurück fahren kann. Dies empfiehlt sich auch im Herbst nach Einstellung des Busverkehrs.
Zuerst wandert man, wie oben beschrieben, zum Steinernen Meer. Am Ende des Meeres führt eine versteckte Rinne durch den Felskragen unterhalb des Gehrengrates. Anschließend geht es auf einem steilen und lehmigen Weg zum Grat weiter (bei Nässe sehr kritisch). Nun wandert man etwa 500 Meter leicht bergab dem Grat entlang in südöstlicher Richtung. Dann geht's nach links steil bergab zum Dalaaser Schütz und über die Alpwiesen des Grünen Bühels zum Spullersee. Hier kann man zwar schon den Bus besteigen, will man aber die Wanderung mit einer zünftigen Alpjause ausklingen lassen ist es sinnvoll, noch eine Viertelstunde zur Alpe Dalaaser Staffel weiter zu wandern.

Gipfelergänzung:
Formaletsch (2.292 m) [50e]
Ausgangspunkt: Schafjöchle (2.090 m)
Gehzeit: + 2 Std
Höhenunterschied: + 200 Hm
Schwierigkeit: **anspruchsvoll**

Vom Schafjöchle steigt man entlang von Wegspuren über die Südflanke hinauf. Zuletzt wird es etwas felsig und schwieriger. Vom Gipfel hat man einen besonders guten Überblick über das gesamte Tal des jungen Lech und auf die Rote Wand.

Tour 50 Steinernes Meer

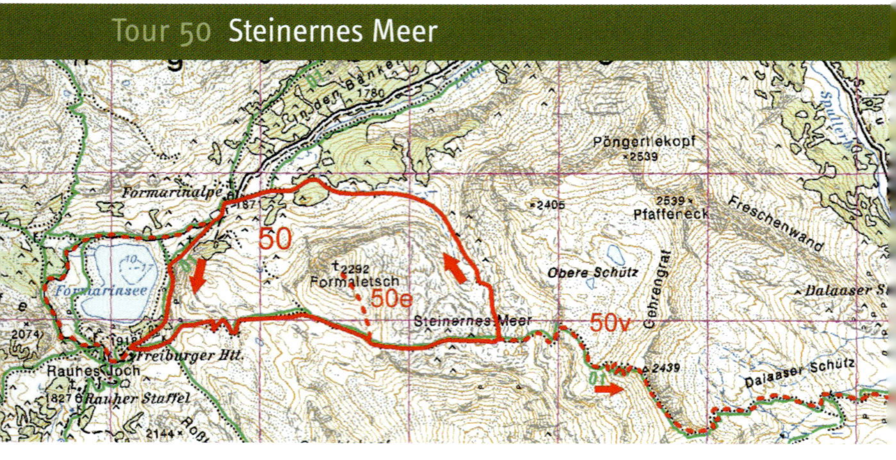

51 Um den Spuller Schafberg

Brazer Staffel 1.946 m
Dalaaser Staffel 1.746 m

Gebirge:
→ **Lechquellengebirge**
Talort:
→ **Lech (1.444 m)**

Im Anstieg zur Ravensburger Hütte

Der Spuller Schafberg steht markant über dem Spullersee. An seinem Fuß sind glatte Felsplatten Anziehungspunkt für viele Sportkletterer. Die Umrundung des Berges liefert unvergessliche Eindrücke.

Anforderungen: etwas anstrengend

Zeiten: 2¾ Stunden: ↗ 1 Std. ↘ 1¾ Std.

Ausgangspunkt: Dalaaser Staffel (1.746 m), hierher mit dem Bus

Zielpunkt: Zug (1.510 m)

Höhenunterschied: ↗ 280 Hm, ↘ 500 Hm

Karten: ÖK-Blatt 143, LKS-Blatt 239, F&B-Blatt 372

Informationen für Mountainbiker

Start/Ziel: Lech (1.444 m)

Höchster Punkt: Stierlochjoch (2.009 m)

Fahrzeiten: ↗ 3 Std. ↘ 1¼ Std.

Anstieg: ↗ 17 km ↘ 6 km, 600 Hm Fahrt

Besonderheit: Der Einkehrpunkt dieser Tour ist nicht die Alpe, sondern die fast daneben liegende Ravensburger Hütte. Sie ist durch ihre schöne Lage und den kurzen Anstieg ein sehr beliebtes

Wanderziel. Von der Alpe und der Hütte fällt der Blick auf die markante Roggalspitze, deren Nordkante zu den bekanntesten Kletterkanten des Alpenraumes zählt und sich großer Beliebtheit erfreut. Südlich der Alpe befindet sich westlich unterhalb der Roggalspitze ein lieblicher kleiner Alpsee, der in etwa einer halben Stunde erreicht werden kann.

Dalaaser Staffel 1.746 m

Die Alpe liegt im sehr flachen Tal des Spullerbaches, nur wenige Meter von der Straße entfernt. Östlich über ihr thront der Spuller Schafberg mit seinen steilen und etwas brüchigen Wänden und Kanten. Westlich stehen der Pöngertlekopf und das Pfaffereck. Der südlich ziehende Grad des Pfaffereckes ist als Gehrengrat bekannt. Über diesen kirchdachähnlichen Grat führt eine anspruchsvolle und wunderbare Höhenwanderung vom Spullersee zur Freiburger Hütte am Formarinsee (siehe Variante der Tour 50).
Durch die Möglichkeit der Anreise mit dem Bus oder durch eine gemütliche Spazierwanderung durchs Lechtal herein wird sie häufig besucht. Viele Besucher fahren zuerst zum Spullersee und spazieren dann zur Alpe.
Auf dem Alpgebiet weiden zwei Herden, eine mit Kühen und eine mit Jungvieh. Die Milch der Kühe wird vom Milchhof abgeholt.

Spuller See und Plattnitzer Jochspitze

Besitzer: Gemeinde Dalaas

Alpvieh: 100 Kühe, 200 Jungvieh, einige Schafe und Ziegen, 10 Pferde

Alpprodukte: Milch

Zeitraum der Bewirtschaftung: Ende Juni bis Mitte September

Gaststube: ja

Kontakt: Cornelia Kohler, +43/(0)664/3968977

Verpflegung für Wanderer: Getränke, Jausebrote, Würste; Käsknöpfle auf Voranmeldung am Vortag

Veranstaltungen, Besonderheit: Alpmesse mit Musik am 15. August

Direkter Alpanstieg:

Die Alpe liegt nur wenige Meter entfernt von der Straße zum Spullersee und bei der Alpe befindet sich auch eine Bushaltestelle.

Brazer Staffel 1.946 m

Die Alpe liegt in einem weitläufigen Alpgebiet und ist von vielen schroffen Kalkbergen umringt. Da die Ravensburger Hütte ganz in der Nähe liegt, bietet die Alpe keine Bewirtung.

Besitzer: Alpgemeinschaft
Alpvieh: 300 Jungvieh, 10 Kühe
Alpprodukte: Milch, Käse
Zeitraum der Bewirtschaftung: Juli und August

Direkter Alpanstieg:
Ausgangspunkt: Spullersee (1.828 m)
Gehzeit: ↗ 1 Std. ↘ 3/4 Std.
Höhenunterschied: 150 Hm
Schwierigkeit: mittel

Der Anstieg ist ident mit der Wanderroute.

Direkter Alpanstieg – Güterweg:
Ausgangspunkt: Spullersee (1.828 m)
Gehzeit: ↗ 1 1/4 Std. ↘ 1 1/4 Std.
Höhenunterschied: 120 Hm
Kinderwagen: durchgehend geeignet
Schwierigkeit: leicht

Dieser kinderwagentaugliche Anstieg führt auf dem Güterweg zuerst entlang des Westufers des Spullersees zur Südstaumauer und dann weiter entlang des Südostufers. Ab dem Seeende beginnt der Güterweg zu steigen und führt unterhalb der Ravensburger Hütte vorbei zum Brazer Stafel und kurz talauswärts zur Hütte.

Weitere Alpe der Tour

Stierloch Alpe 1.796 m
Sie liegt nördlich unterhalb des Stierlochjoches und dient dem Vieh des Brazer Staffel kurzzeitig als Weide.

Wanderroute: Vom Brazer Staffel wandert man noch kurz auf der Straße Richtung Staumauer, zweigt aber bald links ab und erreicht kurz darauf das östliche Ende der Nordstaumauer des Spullersees. Anschließend muss man noch etwas weiter bergauf, um einen Felsriegel am Seeufer zu umgehen. Anschließend wandert man dem Nordufer des Sees entlang bis zu dessen Ende und etwas bergauf zur Ravensburger Hütte (1.947 m).
Dann geht es in nordöstlicher Richtung weiter zum Brazer Staffel. Nach einem kurzen Aufstieg zum Stierlochjoch (2.009 m) wandert man auf dem steilen, aber breiten, Weg hinab ins Stierloch. Bald muss man wählen, ob man auf dem oberen Weg das Tal auswärts wandert oder zur Stierlochalpe absteigt und den Güterweg benutzen will. Beide Wege führen nach Zug.

Ergänzung:
Ab Zug (1.510 m) [51e1]

Ausgangspunkt: Zug (1.510 m)

Gehzeit: + 2¼ Std

Höhenunterschied: + 240 Hm

Schwierigkeit: leicht

In Zug wandert man zuerst hinab zum Lech und zum Fischteich. Dann geht es ziemlich flach auf dem Lechtalwanderweg das lange Tal nach Westen hinein. Am Bach gibt es unzählige Möglichkeiten, eine Rast einzulegen. Nach etwa einer Stunde, bei einer Jagdhütte beginnt das Tal zum Spullersee und der Weg wendet langsam Richtung Süden und beginnt zu steigen. Wieder eine halbe Stunde später trifft man auf die Straße, die ziemlich flach weiter nach Süden führt. Dieser folgt man nun bis zum Brazer Staffel.

Gipfelergänzung:
Spuller Schafberg (2.679 m) [51e2]

Ausgangspunkt: Ravensburger Hütte (1.947 m)

Gehzeit: + 4 Std

Höhenunterschied: + 730 Hm

Schwierigkeit: **anspruchsvoll**

Bei der Hütte startet der weitere Anstieg zuerst flach, aber bald geht es bei einer Rinne bergauf und auf den Südrücken hinaus. Nun folgt man dem steilen Rücken. Es wird felsiger und schwieriger. Die Sonne sorgt für ausreichend Schweiß auf der Stirn, bis man endlich den Gipfel erreicht. Zurück geht es auf dem gleichen Weg.

MTB-Route: Von Lech fährt man auf der Straße nach Zug und weiter bis zum Spullersee. Hier endet die bequeme Fahrt auf Asphalt. Man fährt weiter zur Südseite des Sees und dort über die Staumauer. Nun wird es steiler und damit anstrengender. Man fährt unterhalb der Hütte vorbei zum Brazer Staffel. Dann geht es noch kurz bergauf zum Stierlochjoch (2.009 m). Der weitere Weg ins Stierloch hinab ist teilweise steil und ruppig. Nach 150 Höhenmeter Abfahrt muss man auf einem Singletrail zur Stierlochalpe hinab. Ab der Alpe kann man gemütlich auf dem Güterweg nach Zug fahren. Bei der Sesselbahnstation bleibt man auf der rechten Talseite und gelangt über einen schönen, schmalen Weg nach Lech.

Tour 51 Um den Spuller Schafberg

Tiefblick nach Latschau von der Alpila Alpe

Montafon

Das Montafon ist eine der bergsteigerischen Kernregionen von Vorarlberg. Das Tal erstreckt sich von West nach Ost. Richtung Süden führen einige lange Täler tief ins Gebirge hinein und enden bei den wichtigsten Bergen. Das Rellstal findet sein Ende im Bereich der Kirchlispitzen und Drusenfluh, das Gauertal bei der Sulzfluh und den Drei Türmen und das Gargeller Tal leitet in die Silvretta über. Im Norden grenzt der westliche Verwall das Tal gegen das Klostertal ab. Unterhalb der Montafoner Berge befinden sich sehr viele Alpen. Auf den Sennalpen wird vor allem der „Sura Kees“ produziert. Im Montafon ist der Tourismus sehr stark ausgeprägt. Mehrere Bergbahnen bringen die Wanderer zu höher gelegenen Ausgangspunkten und ermöglichen Touren, die wenig bergauf und dafür viel bergab führen. Für Mountainbiker ist das Montafon ein Paradies. Unzählige Strecken sind freigegeben und durchgängig markiert. Details können unter „www.montafon.at: Sommer – Mountainbiken“ abgerufen werden.

Rellstal, Latschau – Gauertal

Das Rellstal beginnt in Vandans. Zu Fuß ist es ziemlich weit und mit dem Auto darf man nicht hineinfahren. Deshalb gibt es einen Wanderbus, der fahrplanmäßig verkehrt. Östlich des Rellstales liegt das Gauertal. Es beginnt in Latschau oberhalb von Tschagguns und ist eines der schönsten Täler des Landes. Sommers wie winters begeistert die grandiose Kulisse der Sulzfluh und der Drei Türme die Besucher. Zwischen dem Rellstal und dem Gauertal liegt der Golm und das gleichnamige Schigebiet. In beiden Tälern lassen sich kurze und gemütliche Alpwanderungen unternehmen, die auch weit ausgebaut werden können.

Auf einen Blick

Gebirge:	Rätikon
Talorte:	Vandans (648 m), Schruns (690 m), Tschagguns (887 m)
Karten:	ÖK-Blatt 141 + 142, LKS-Blatt 238, LKS-Blatt 1156 + 1157, F&B 371
Anreise:	Von Bludenz fährt man Richtung Schruns. Zum Rellstal zweigt man bei Vandans ab und parkiert bei der Talstation der Golmerbahn. Hier startet der Wanderbus. Nach Latschau zweigt man in Schruns – Tschagguns rechts ab. Vor oder direkt hinter dem Kraftwerk gibt es ausreichend Parkmöglichkeiten.
Bus/Bahn:	Mit der Montafonerbahn fährt man bis Schruns. Will man ins Rellstal, steigt man in Vandans aus und kann anschließend mit dem Wanderbus weiterfahren. Vom Bahnhof Schruns fährt man mit dem Ortsbus Linie 1 nach Latschau.

52 Im Angesicht der Zimba

Alpe Lün 1.770 m
Vilifau Alpe 1.750 m
Salonien (Zaluanda) Alpe 1.704 und 1.824 m

Gebirge:
→ Rätikon
Talort:
→ Vandans (648 m)
Schruns (690 m)

Vilifau Alpe mit Heinrich Hueter Hütte und Zimba

Die Schönheit des Rellstales ist weithin bekannt. Ein Wanderbus bringt Naturliebhaber ins Alpgebiet und ermöglicht einfache Wanderungen inmitten steiler Berge.

Anforderungen: mäßig anstrengend
Zeiten: ↗ ↘ 2¾ Stunden
Ausgangspunkt: Vandans – Rellskapelle (1.467 m)
Höhenunterschied: ↗ ↘ je 500 Hm
Karten: ÖK-Blatt 141, LKS-Blatt 238, F&B Blatt 371

Besonderheit: Hoch über dem Rellstal stehen zwei felsige Berge, die Saula und die Zimba. Beide sind beliebte Ziele für Bergsteiger und Kletterer. Die Saula weist seit neuestem auch einen attraktiven Klettersteig auf und der Weg von Süden ist zwar anspruchsvoll, aber benötigt keine Kletterausrüstung. Die Zimba können nur Kletterer besteigen. Unterhalb der Berge steht direkt bei der Vilifau Alpe die Heinrich Hueter Hütte, die im Besitz des Vorarlberger Alpenvereins ist. Im Bereich des Rellstales kann man zwei interessante Alprundwanderungen unternehmen. Die eine davon ist kurz und abwechslungsreich. Die lange Runde führt den Wanderer vorbei an der Saula, dem Lünersee, den Kletterwänden der Kirchlispitze und der mächtigen Drusenfluh.

Alpe Lün 1.770 m

Die Alpe besteht aus mehreren Hütten mit eigener Sennerei. Südlich der Alpe breitet sich ein schönes Hochtal aus, das durch den Zaluandakopf abgeschlossen ist. Rechts des Kopfes ist die Lünerkrinne, die einen Übergang zum Lünersee darstellt. Das Jungvieh der Alpe weidet im Hochsommer auf der Lünerseealpe, während die Milchkühe bleiben. Zu Saisonbeginn und -ende ist das Vieh auch im Bereich der Rellskapelle zu finden.

Besitzer: Alpgemeinschaft
Alpvieh: 80 Kühe
Alpprodukte: Bergkäse, Sura Kees
Zeitraum der Bewirtschaftung: Mitte Juni bis Mitte September
Verpflegung für Wanderer: Getränke, Jause

Direkter Alpanstieg:
Ausgangspunkt: Vandans – Rellstal-Kapelle (1.467 m)
Gehzeit: ↗ 1 Std. ↘ 3/4 Std.
Höhenunterschied: 310 Hm
Kinderwagen: durchgehend geeignet
Schwierigkeit: leicht

Der Anstieg ist ident mit der Wanderroute der Variante.

Weitere Alpen der Tour

Salonien (Zaluanda) Alpe 1.704 und 1.824 m

Das Alpgebiet der Salonien Alpe, in den Karten als Zaluanda Alpe bezeichnet, ist sehr weitläufig. Im Laufe des Sommers wandert man bis zum Verajoch auf 2.330 m hinauf. Die Alpe weist auch Stallungen für Milchkühe auf, wurde aber in den letzten Jahren nur mit etwa 400 Stück Jungvieh bestoßen. Sie bietet keine Bewirtung, da das Gh. Rellstal sehr nahe liegt.

Vilifau Alpe 1.750 m

Sie liegt direkt unterhalb der Heinrich Hueter Hütte. Über ihr ragt steil die Zimba auf. Auf der Alpe weiden im Juli und August 130 Stück Jungvieh. 14 Tage davor und danach befindet sich das Vieh auf der Voralpe Vilifau, die sich im Rellstal unterhalb der Rellskapelle befindet.

Lünerseealpe 2.000 m: siehe Tour 41

Wanderroute: Bei der Rellskapelle teilt sich der Fahrweg. Geradeaus geht es weiter zum Gh. Rellstal und zur Zaluanda Alpe. Zur Vilifau Alpe und Alpe Lün wählt man den rechten Weg. Er führt in ein kleines Tal hinein und bei der nächsten Weggabelung wählt man wieder den rechten Weg, der zur Heinrich Hueter Hütte führt. Man kann entweder immer am Fahrweg bleiben oder die Kehren teilweise etwas abkürzen. Schließlich geht es um ein Eck herum und man sieht die Alpe. Direkt über den Alpgebäuden steht die Heinrich Hueter Hütte und darüber thront die Zimba. Eine Rast bei der Hueter Hütte verursacht einen Umweg von nur wenigen Minuten. Bei der großen Kehre links neben der Alphütte zweigt der Wanderweg zum Gipsköpfle ab, dessen nordseitiger Ausbruch gut sichtbar ist. Beim Gipsköpfle geht es noch kurz flach nach Süden weiter, bevor man links abbiegen und zur Alpe Lün absteigen kann. Von der Alpe wandert man zuerst auf dem Güterweg bergab, kann diesen aber bald verlassen und direkt nach Rells absteigen. Für die Rückfahrt mit dem Bus muss man noch ein paar Minuten zum Gh. Rellstal aufsteigen.

Variante:
Verajoch (2.330 m) [52v]

Ausgangspunkt: Vandans – Rellstal-Kapelle (1.467 m)
Gehzeit: ↗ ↘ 5 1/4 Std.
Höhenunterschied: ↗ ↘ 860 Hm
Schwierigkeit: **mittel**

Bei der Rellskapelle startet man wieder Richtung Heinrich Hueter Hütte. Aber schon nach wenigen Metern beginnt links der Wanderweg, der zur Alpe Lün hochführt. Bei der Alpe hat man die Qual der Wahl: Entweder wählt man den rechten, den Seetobelweg oder den linken, den Mässbödaweg. Beide treffen kurz unterhalb der Lünerkrinne wieder zusammen und sind etwa gleich lang. Bei der Lünerkrinne steigt man nach links zum Lünersee ab und wandert am See entlang zum Südende. Bei der Lünerseealpe geht es kurz über die Alpfläche nach Süden weiter, dann zweigt links der Weg zum Verajoch ab. Dieser führt unterhalb der dunklen Nordwände der Kichlispitzen hoch. Oft sind Kletterer in der Wand unterwegs, denen man gut zuschauen kann.
Vom Verajoch (2.330 m) wandert man nach Osten zum Schweizer Tor hinab. Hat man Zeit, kann man noch einen Blick auf die Rätikon-Südwände werfen, indem man etwas in die Schweiz absteigt. Die Wanderroute führt aber nach Norden hinab zur Zaluanda Alpe. Ab der Unteren Zaluanda Alpe wandert man wieder auf dem Güterweg und zur Bushaltestelle beim Gh. Rellstal.

Wildberg
Steintälikopf
Zimba
2643
2387
Zimbajoch
2557
Brandner Mittagspitze
Kanzlatäli
Jhtt. Fluralpe
1638
Saulakopf
2517
Heinrich-Hueter-Htt.
1766
Vilifaualpe
Voralpe Vilifau
Rellshüsli
1467
Ghf. Rellstal
2065
Saulajoch
52
Gipsköpfle
1975
1770
Alpe Lün
Zaluandabach
1488
1566
2393
2414
Schafgafall
52v
Böser Tritt
1980
Douglashtt.
Lünerkrinne
2155
2314
Freschluak.
Untere
1704
Zaluandak.
2437
Zaluandaa
Lünersee
(1970)
Obere
1824
2452
2466
Roßberg
2000
Lünerseealpe
52v
Alpa Vera
Kanzelköpfe
2437
Verajoch
2330
Zollhtt.
2346
Gr. Zerneu
Schweizer-Tor
2137
Zollhtt. Vandans
Zerneuer Jöchle
2191
2551
Kirchlispitzen
Öfapaß
2291
2297
2239
Lüneregg
Gafalljoch
2128
Golrosa
Hinter-Cavell
Vorder Cavell
Pardutz
Drusenfluh
2827
Heidbüelganda
Girenspitz
2394
2148
2021
Schafbüel
Tamunt
Hinter-Heidbüel
2638
Eisjöchle
Vorder-Schuderser Älpli
1625
1631
Grüscher Älpli

53 Alpwanderung Golm

Latschätz Alpe 1.733 m
Untere Spora Alpe 1.531 m
Golm Alpe 1.660 m und 1.825 m

Gebirge:
→ Rätikon
Talort:
→ Vandans (648 m)
Schruns (690 m)
Tschagguns (887 m)

Im Anstieg zum Golm

Durch den hohen Ausgangspunkt und die tolle Aussicht auf Sulzfluh, Drei Türme und Drusenfluh im Süden sowie auf die Zimba im Westen ist dies eine besondere Wanderung. Eine reizvolle Alternative mit Kindern ist Golmis Forschungspfad.

Anforderungen: etwas anstrengend

Zeiten: 4¼ Stunden: ↗ 2½ Std. ↘ 1¾ Std.

Ausgangspunkt: Golm – Grüneck (1.890 m) – hierher mit der Gondelbahn ab Latschau

Höhenunterschied: ↗ ↘ je 500 Hm

Karten: ÖK-Blatt 142, LKS-Blatt 238, F&B Blatt 371

Informationen für Mountainbiker

Start/Ziel: Schruns – Aktivpark (671 m)

Höchster Punkt: Golm – Grüneck (1.890 m)

Fahrzeiten: ↗ 3 Std. ↘ 1 Std.

Anstieg: ↗ 17 km ↘ 10,5 km, 1.250 Hm Fahrt

Besonderheit: Der Golm bietet mehrere Möglichkeiten zu sehr unterschiedlichen Wanderungen. Man kann eine kleine Alpwanderung (zurück nach Grüneck), eine Berg- und Talwanderung (durchs Gauertal nach Latschau) und eine Panoramawanderung (über die Geißspitze zur Lindauer Hütte) unternehmen. Weiters bietet der Golm einen Erlebnisweg für Kinder. Golmis Forschungspfad führt etwa 3,5 Kilometer bergab an vielen interessanten Stationen vorbei. Dabei können viele Aspekte der Tier- und Pflanzenwelt spielerisch entdeckt werden.

Latschätz Alpe 1.733 m

Sie wird auch Altschätz Alpe genannt und liegt unterhalb des Latschätzkopfes und im Schatten der steilen Geißspitze. Das Alpgebiet erstreckt sich hinauf bis zum Hätaberger Joch und Kreuzjoch.

Im Bereich des Kreuzjoch

Die Unteralpe liegt im Gauertal, direkt vor der Unteren Spora Alpe. Durch die Nähe zu den Golmer Liften wandern sehr viele Naturfreunde an der Alpe vorbei. Sie können auf der Alpe köstliche Buttermilch genießen, bevor sie weiter wandern.

Besitzer: Genossenschaft
Alpvieh: 60 Kühe, 20 Jungvieh
Alpprodukte: Sura Kees
Zeitraum der Bewirtschaftung: Juli und August
Verpflegung für Wanderer: Buttermilch

Direkter Alpanstieg:
Ausgangspunkt: Latschau (983 m)
Gehzeit: ↗ 2½ Std. ↘ 2 Std.
Höhenunterschied: 750 Hm
Kinderwagen: geeignet
Schwierigkeit: leicht

Der Anstieg kann vielfältig erfolgen. Die einfachste und kraftsparendste Möglichkeit ist vom Golm (1.890 m), wie bei der Variante „Golm – Lindauer Hütte“ beschrieben. Diese führt über den Latschätzer Weg ohne viel Höhenunterschied zur Alpe.
Aus dem Tal wandert man von Latschau zuerst auf der westlichen Talseite durchs Gauertal. Man passiert zuerst zwei größere Ferienhaussiedlungen und gelangt dann in einen Waldstreifen. Hier zweigt rechts der Güterweg durch den Ronawald zur Latschätz Alpe ab, der in vielen Kehren bergauf und

zuletzt etwas mehr als einen Kilometer flach nach Süden zur Alpe führt. Man kann auch am Ende der ersten Hausansammlung bei Gauen (1.247 m) rechts abzweigen und auf einem steilen Weg entlang eines Grabens zu Wachters Dieja aufsteigen. Etwas oberhalb der Heuhütten überquert man den Graben und trifft beim Azigrank (1.620 m) auf den Güterweg.

Weitere Alpen der Tour

Untere Spora Alpe 1.531 m und Vollspora Alpe 1.222 m (siehe Tour 54)

Golm Alpe 1.660 m und 1.825 m
Die Alpe liegt mitten im Schigebiet Golm. Sie wird von Mitte Juni bis Mitte September von 150 Stück Jungvieh beweidet. Die Alpe besteht aus zwei Weidegebieten: Außergolm und Innergolm. Außergolm befindet sich bei der Hüttenkopfbahn im Westen von Grüneck, Innergolm auf halber Strecke zwischen Matschwitz und Grüneck in der Nähe der Bahn. Die Alpe bietet den Wanderern keine Bewirtung.

Tiefblick vom Kreuzjoch zur Zaluanda Alpe

Wanderroute: Von der Bergstation der Golmerbahn wandert man entlang eines breiten Weges, den man teilweise über die Alpwiesen abkürzen kann, zum schönen Gipfelkreuz am höchsten Punkt, dem Golmer Joch (2.124 m). Nun muss man ein wenig bergab und kann dann über den breiten Kamm in südwestlicher Richtung zum Latschätzkopf (2.219 m) und weiter zum Kreuzjoch (2.261 m) wandern. Vom Gipfel des Kreuzjoches geht es zuerst über einen Grat Richtung Hättaberger Joch hinab. Kurz vor dem Joch wendet man sich nach Osten (links) und wandert über die Alpwiesen zur Latschätz Alpe (1.733 m) hinab. Etwas oberhalb der Alpe beginnt ein schöner Höhenweg, der Latschätzer Weg, der nach Norden leicht ansteigend wieder zum Ausgangspunkt bei Grüneck führt.

Variante:
Golmis Forschungspfad [53v1]
Ausgangspunkt: Golm – Grüneck (1.890 m)
Zielpunkt: Matschwitz – Mittelstation (1.530 m)
Gehzeit: ↘ 1 Std.
Höhenunterschied: ↘ 360 Hm
Schwierigkeit: leicht

Der Forschungspfad führt von Grüneck talabwärts in Serpentinen bis zur Mittelstation. Der Weg ist für Kinder ab 6 Jahren ausgelegt und bietet unter anderem eine Murmeltierhöhle, einen Wasserspielbereich und eine Kletterwand.

Variante:
Golm – Gauertal [53v2]

Ausgangspunkt: Golm – Grüneck (1.890 m)

Zielpunkt: Latschau (983 m)

Gehzeit: ↗ ↘ 5½ Std.

Höhenunterschied: ↗ 500 Hm ↘ 1.400 Hm

Schwierigkeit: mittel

Zuerst wandert man wie oben beschrieben zum Kreuzjoch und dann hinab zur Latschätz Alpe. Bei der Alphütte beginnt ein Fahrweg, dem man bis nach Latschau folgen kann. Nach etwa 1½ Kilometer, in einer Rechtskehre (Azigrank), kann man geradeaus weiter über den Bach und auf einem sehr schönen, aber auch steilen Waldweg entlang eines Graben hinab ins Gauertal wandern. Dabei kommt man bei den Heuhütten von Wachters Dieja vorbei, wo man einen guten Blick auf das Geißhorn und die Drei Türme hat. Nach der Bachquerung beim Azigrank besteht auch die Möglichkeit, ohne viel Höhenunterschied nach Norden zum Golm und nach Matschwitz zu wandern und von dort mit der Bahn wieder ins Tal zu schweben. Bei Abstieg ins Gauertal trifft man im Talgrund wieder auf einen Fahrweg, über den es abschließend gemütlich in nordöstlicher Richtung nach Latschau weiter geht.

Variante:
Golm – Lindauer Hütte [53v3]

Ausgangspunkt: Golm – Grüneck (1.890 m)

Zielpunkt: Latschau (983 m)

Gehzeit: ↗ ↘ 4½ Std.

Höhenunterschied: ↗ 80 Hm ↘ 1.000 Hm

Schwierigkeit: mittel

Von Grüneck wandert man auf dem, schon oben erwähnten Latschätzer Weg, einem schönen Höhenweg oberhalb des Gauertales, zur Latschätz Alpe. Der Weg geht zuerst etwas bergauf, dann langsam hinab zur Alpe. Man kann auch, wie oben beschrieben,

Blick vom Kreuzjoch zur Vilifau Alpe und Zimba

zum Kreuzjoch und von dort zur Latschätz Alpe wandern (+ 400 Hm + 2 Std.). Von der Alpe führt ein Weg ohne viel Höhenunterschied unterhalb der steilen Ostseite der Geißspitze nach Süden und trifft knapp unterhalb der Lindauer Hütte auf den Güterweg dorthin. Nur wenige Gehminuten von der Hütte entfernt liegt die weitläufige Obere Spora Alpe (1.739 m). Abschließend wandert man gemütlich durch das Gauertal nach Latschau.

Variante mit Gipfel: Geißspitze (2.334 m) – Lindauer Hütte (1.744 m) [52v4]

Ausgangspunkt: Golm – Grüneck (1.890 m)

Zielpunkt: Latschau (983 m)

Gehzeit: ↗ ↘ 6¾ Std.

Höhenunterschied: ↗ 700 Hm ↘ 1.600 Hm

Schwierigkeit: **anspruchsvoll**

Vom Kreuzjoch führt ein wunderbarer und aussichtsreicher Weg über die Geißspitze zur Lindauer Hütte. Zuerst wandert man, wie oben beschrieben, zum Kreuzjoch und nach Süden hinab bis zum Hättaberger Joch (2.154 m). Dann umgeht man den Wilden Mann auf dessen linker Seite und kommt wieder zum Grat hinauf. Diesem folgt man nun bis zum Gipfel der Geißspitze. Vom Gipfel geht es in südlicher Richtung zu einem kleinen Kopf und dann, links von ihm, steil in vielen Kehren hinab zur Lindauer Hütte. Von der Hütte kommt man gemütlich durchs Gauertal nach Latschau.

MTB-Route: Vom Aktivpark in Schruns fährt man zuerst auf dem Illradweg nach Vandans (636 m) und im Dorf Richtung Rellstal. Am Beginn des Fahrverbotes beginnt links ein Schotterweg, der durch den Wald nach Ganeu und weiter nach Matschwitz (1.502 m) führt. Weiter geht es auf einer Schotterstraße entlang des Liftes und später weit nach rechts ausholend nach Grüneck.
Zurück fährt man von Madschwitz entlang des Weges, der im Winter eine Schiabfahrt darstellt, nach Latschau und weiter nach Tschagguns und Schruns (markiert als MTB-Tour 6a).

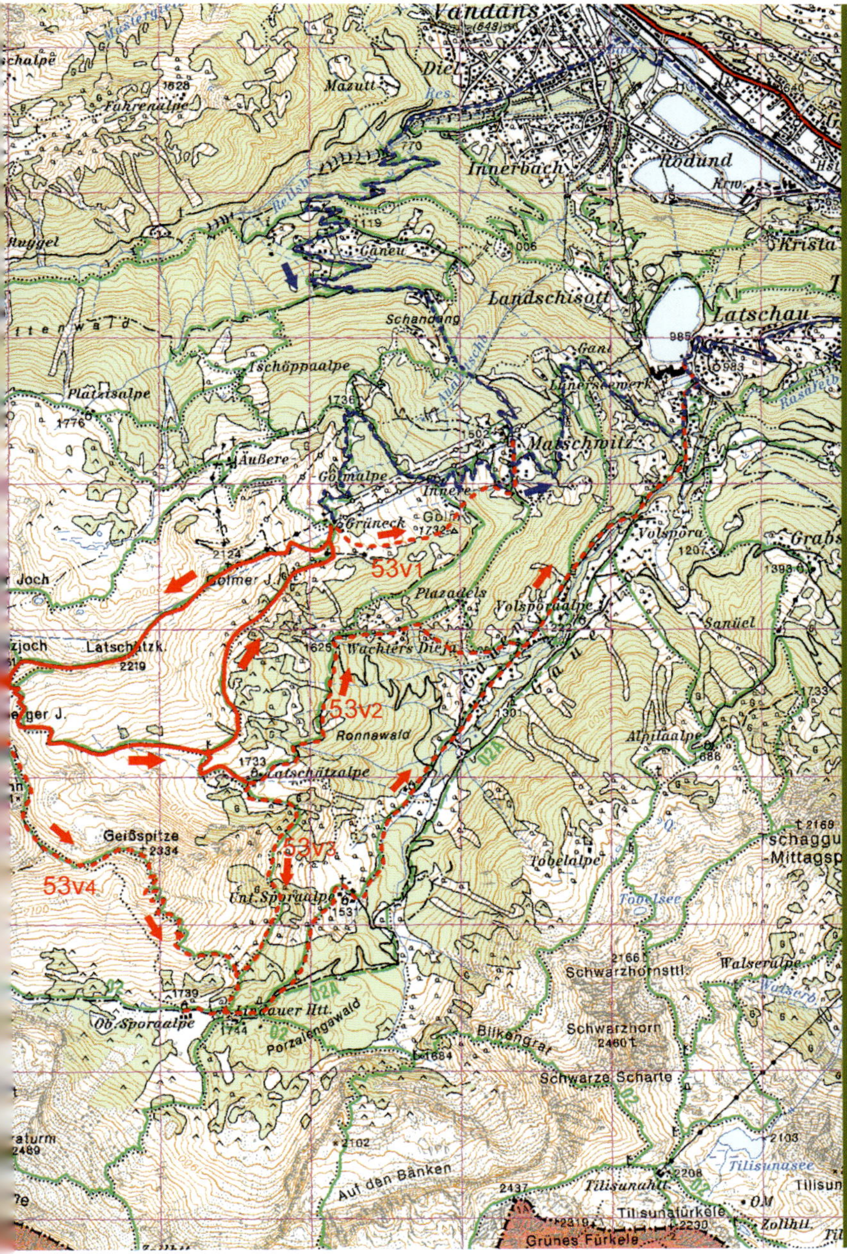
Vandans
Mazutt
Diel
Innerbach
Rodund
Krista
Latschau
Landschisott
Schandang
Tschöppaalpe
Platzisalpe
Äußere
Golmalpe
Matschwitz
Grüneck
Golm
1732
53v1
Golmer J.
Latschätzk.
2219
Plazadels
Volsporaalpe
Volspora
Grabs
Sanüel
Wachters Dieja
53v2
Ronnawald
1733
Latschätzalpe
Alpilaalpe
Geißspitze
2334
53v3
53v4
Unt. Sporaalpe
Tobelalpe
Tobelsee
Tschaggunser Mittagsp.
Walseralpe
Schwarzhornsttl.
Schwarzhorn
2460
Lindauer Htt.
Ob. Sporaalpe
Porzalengawald
Blikengrat
Schwarze Scharte
Auf den Bänken
Tilisunahtt.
Tilisunasee
Tilisunafürkele
Zollhll.
Grünes Fürkele

54 Gauertal

Untere Spora Alpe 1.531 m
Obere Spora Alpe 1.739 m

Gebirge:
→ Rätikon
Talort:
→ Schruns (690 m)
Tschagguns (887 m)

Lindauer Hütte und Drei Türme

Die Drei Türme und die Sulzfluh beherrschen das Gauertal. Während der Wanderung taleinwärts hat man diese wunderschönen Berge ständig im Blickfeld. Entlang der Wanderroute bieten sich unzählige Möglichkeiten, zu rasten und mit Kinder zu spielen.

Anforderungen: einfach, etwas anstrengend

Zeiten: 5 Stunden: ↗ 2¾ Std. ↘ 2¼ Std.

Ausgangspunkt: Latschau (983m)

Höhenunterschied: ↗ ↘ je 760 Hm

Karten: ÖK-Blatt 141 + 142, LKS-Blatt 238, F&B-Blatt 371

Kinderwagen: durchgehend geeignet

Informationen für Mountainbiker

Start/Ziel: Latschau (983 m)

Höchster Punkt: Lindauer Hütte (1.744 m)

Fahrzeiten: ↗ 1½ Std. ↘ ½ Std.

Anstieg: ↗ ↘ je 7 km, 750 Hm Fahrt

Besonderheit: Die Wanderung durchs Gauertal ist sehr einfach und landschaftlich besonders reizvoll. Am höchsten Punkt der Wanderung steht man unter den mächtigen Drei Türmen. Rechts von ihnen steht die unnahbar wirkende Drusenfluh, deren Besteigung durch einen neuen Klettersteig etwas vereinfacht worden ist, jedoch immer noch viel Erfahrung im Bergsteigen erfordert. Links der Türme baut sich die Sulzfluh auf. Der Weg zu ihrem Gipfel ist weit. In ihren Wänden warten zwei Klettersteige auf Freunde des Senkrechten. Der nördliche Gauablick Klettersteig bietet als Attraktion die Durchquerung einer Höhle. Der südliche Klettersteig glänzt durch besondere Steilheit und Ausgesetztheit.

Vollspora Alpe 1.222 m
Untere Spora Alpe 1.531 m
Obere Spora Alpe 1.739 m

Die Untere Alpe befindet sich direkt unter der steilen Ostflanke der Geißspitze. Ist das Gauertal bis hierher eher flach, beginnt es bei der Alpe merklich zu steigen. Die Obere Alpe liegt am Rande einer großen, seenartigen Alpfläche im obersten Gauertal. Im Süden ragen die Drei Türme schroff auf, im Norden ziehen steile Hänge zur Geißspitze und Kreuzspitze hinauf. Im Alpgebiet der Oberen Spora Alpe befinden sich viele große Steine, die zum Herumkraxeln einladen. Die Vollspora Alpe am Beginn des Gauertales dient vor allem den Mütterkühen mit ihren Kälbern am Anfang und Ende der Saison zur Weide. Im Alpgebiet befinden sich einige als Ferienhäuser ausgebaute Hütten.

Besitzer: Alpgenossenschaft

Alpvieh: 70 Milchkühe, 70 Mutterkühe mit Kälber, 60 Jungvieh, 40 Ziegen, 40 Schafe

Alpprodukte: Sura Kees, Butter

Zeitraum der Bewirtschaftung: Mitte Juni bis Mitte September in einer Runde von Alpe zu Alpe

Verpflegung für Wanderer: Getränke, Milchprodukte, Brot

Direkter Alpanstieg:

Der Anstieg zu den Alpen ist ident mit der Wanderroute. Zur Unteren Spora Alpe kann man am Ende der großen flachen Wiese auf etwa 1.500 m bei einer kleinen Heuhütte nach rechts auf die andere Talseite zur Alpe wechseln.

Wanderroute: Der Weg zur Lindauer Hütte folgt meist dem Fahrweg. Im ersten Steilstück bei der Brücke über den Bach kann man zwischen zwei Möglichkeiten auswählen: Die rechte oder linke Talseite. Beide haben ihre Reize. Sinnvollerweise wählt man im Aufstieg die eine Talseite und im Abstieg die andere. Dabei macht es Sinn, im Aufstieg auf der östlichen Talseite aufzusteigen. Dazu geht man geradeaus weiter und gelangt in den Bereich der Vollspora Alpe. Dann gilt es einen Waldgürtel zu durchqueren, man passiert einen Bildstock und gelangt zu einer großen Wiese. Am deren Ende kann man gerade den Bach entlang weiterwandern und so den nach links ausholenden Fahrweg abkürzen (mit dem Kinderwagen muss man auf dem Güterweg bleiben). Man trifft wieder auf den Güterweg und geht den Bach entlang gerade weiter.

Am Ende der nächsten Wiese führt der Güterweg nach rechts in den Wald hinein. Hier kann man wieder abkürzen, indem man links vom Weg abzweigt und in gerader Linie zur Lindauer Hütte aufsteigt. Etwas unterhalb der Lindauer Hütte kommt man wieder auf den Güterweg. Zur Oberen Spora Alpe wählt man knapp unterhalb der Lindauer Hütte den rechten Weg und ist kurz darauf bei der Alpe. Von der Alpe wandert man zuerst auf gleichem Weg zurück und bleibt vorerst auf dem Güterweg. Schon bald zweigt links ein Weg ab, der zur Unteren Spora Alpe führt. Auf diesem gelangt man auf die Alpwiesen unter der Geißspitze und man kann schon die Alphütte sehen. Von der Alpe wandert man gemütlich auf einem Fahrweg auf der westlichen Seite des Tales wieder nach Latschau. Dabei passiert man eine siedlungsähnliche Ansammlung von Ferienhäusern und sollte auch manchmal stehen bleiben, um zurück zu schauen.

MTB-Route: Von Latschau fährt man über die Fahrstraße zur Lindauer Hütte.

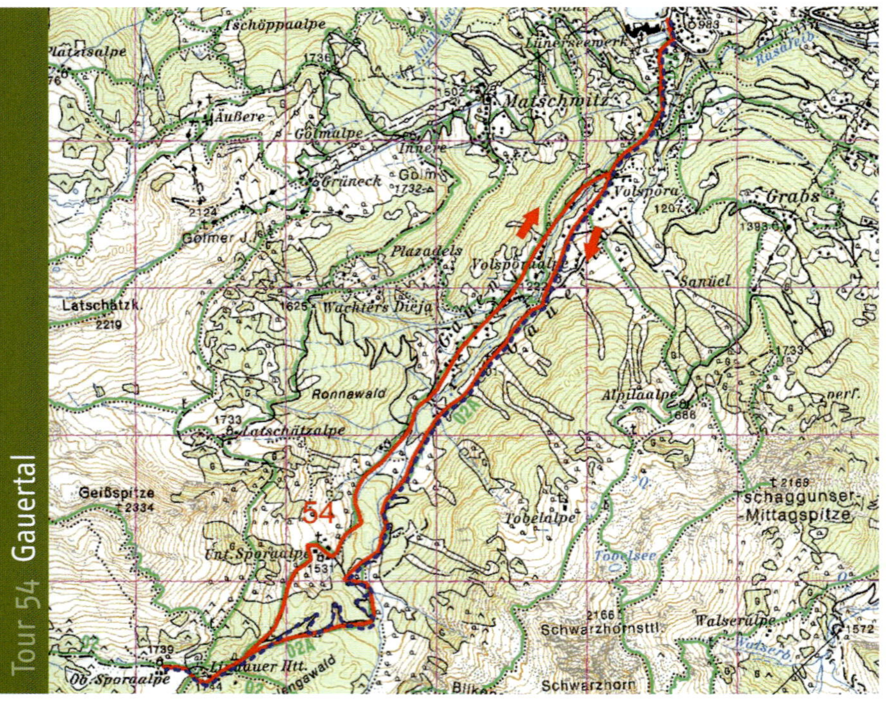

55 Rund um die Tschaggunser Mittagsspitze

Alpila Alpe 1.688 m
Gampadels Alpe 1.363 m
Tilisuna Alpe 1.966 m

Gebirge:
→ Rätikon
Talort:
→ Schruns (690 m)
Tschagguns (887 m)

Unterwegs zur Tschaggunser Mittagsspitze

Die Umrundung dieses markanten Berges ist anstrengend. Die Ausblicke auf die zentralen Berge des Rätikons und malerische Bergseen entschädigen jedoch für die Mühe.

Anforderungen: anstrengend

Zeiten: 6 Stunden: ↗ 3 Std. ↘ 3 Std.

Ausgangspunkt: Latschau (983m)

Gehzeiten: Latschau – Alpila Alpe 1¾ Std.; Alpila Alpe – Schwarzhorn Sattel 1¼ Std.; Schwarzhorn Sattel – Gampadels Alpe 1½ Std.; Gampadels Alpe – Latschau 1½ Std.

Höhenunterschied: ↗ ↘ je 1.300 Hm

Karten: ÖK-Blatt 141 + 142, LKS-Blatt 238, F&B-Blatt 371

Besonderheit: Diese Rundwanderung erfordert eine gute Kondition. Ist diese Voraussetzung gegeben, kann man eine besonders schöne Wanderung unternehmen. Der Blick auf die zentralen Rätikonberge, die Drusenfluh, die Drei Türme und die Sulzfluh, entschädigt für viele Mühen. Mit etwas Glück spiegeln sich diese Berge im malerischen Tobelsee (2.044 m). Wer die Konditionsvor-

aussetzungen mitbringt, kann ohne Probleme noch einen Abstecher zur Tilisuna Hütte und dem Tilisunasee machen. Dann wird die Wanderung sicher zu einem besonderen Höhepunkt.
Die Sesselbahn Grabs, die von Tschagguns auf 1.383 m hinaufführt, würde den Anstieg um etwa 400 Höhenmeter verkürzen. Sie wurde aber nach der Wintersaison 07/08 wegen altersbedingtem Verlust der Betriebsgenehmigung abgetragen. Wie es weitergehen soll wird zwar intensiv diskutiert, eine Lösung zeichnet sich aber bei Drucklegung dieses Führers noch nicht ab.

Alpe Grabs 1.393 m
Alpila Alpe 1.688 m
Tobel Alpe 1.863 m

Die Hütte der Alpe Grabs liegt direkt oberhalb der Bergstation der gleichnamigen Sesselbahn. Bei der Alpe befindet sich die Sennerei, die auch die Milch von der Alpila Alpe verarbeitet. Der erzeugte Bergkäse wird in Grabs gelagert und im darauffolgenden Jahr an Gäste verkauft. Die Alpschweine bleiben den ganzen Sommer hier. Die Kühe, Kälber und Esel ziehen im Hochsommer zur Alpila Alpe und die Pächter wohnen dann auf dieser Alpe und fahren nur zum Sennen nach Grabs hinunter. Die Alpila Alpe liegt in einer offenen Mulde unterhalb der Tschaggunser Mittagsspitze. Bemerkenswert ist der Tiefblick nach Latschau und ins vordere Montafon. Eine Tafel an einem Fensterladen der Alphütte, die Arbeitszeiten beschreibt, stellt einen Scherz dar. Auf die Tobel Alpe wird nur das Jungvieh und die Esel getrieben.

Besitzer: Tschaggunser Bauern
Alpvieh: 45 Kühe, 60 Jungvieh, 17 Esel, 25 Alpschweine
Alpprodukte: Bergkäse, Milch
Zeitraum der Bewirtschaftung: Alpila Alpe: Anfang Juli bis 20. August; Grabs Alpe: Mitte Juni bis Anfang Juli und Ende August bis Mitte September
Verpflegung für Wanderer: Getränke, Käse- und Speckjause

Direkter Alpanstieg:

Von Latschau ist der Anstieg zur Alpe ident mit der Wanderroute, von Grabs mit der Route der Variante. Von Grabs ist der Anstieg auch mit einem Kinderwagen möglich.

Alpila Alpe

Gampadels Alpe 1.363 m
Tilisuna Alpe 1.966 m
Walseralpe 1.760 m

Die beiden erstgenannten Alpen liegen im langen und hoch hinaufreichenden Gampadelstal. Die Weideflächen der Tilisuna Alpe gehen bis über 2.000 m hinauf und sie zählt somit zu den höchst gelegenen Alpen des Landes. Die Alphütte liegt am Rande einer kleinen Flachstelle an den Südostabhängen des Tilisuna Seehornes. Die Gampadels Alpe liegt viel tiefer und 2½ Kilometer Luftlinie entfernt im Norden davon. Der Weg dazwischen ist viel länger, denn die Überwindung des großen Höhenunterschiedes in diesem engen Tal erfordert viele Kehren. Auf etwa halber Strecke liegt hoch über dem Tal, knapp unterhalb des Schwarzhorn Sattels, die Walseralpe. Auf ihr weidet im Hochsommer das Jungvieh und die Pferde. Die tief liegende Gampadels Alpe befindet sich direkt unter der Tschaggunser Mittagspitze und von der Alpe kann man schon ins Montafon hinaus blicken.

Besitzer: Genossenschaft

Alpvieh: 80 Kühe, 220 Jungvieh, einige Pferde

Alpprodukte: Butter, Sura Kees, Bergkäse, Schnittkäse auch zum Mitnehmen

Zeitraum der Bewirtschaftung: Gampadels Alpe: Mitte bis Ende Juni und Ende August bis Mitte September; Tilisuna Alpe: Juli und August

Verpflegung für Wanderer: Milch, Käse

Direkter Alpanstieg Gampadels Alpe:

Ausgangspunkt: Tschagguns – Talstation Bergbahn Grabs (752 m)

Gehzeit: ↗ 2½ Std. ↘ 2 Std.

Höhenunterschied: 610 Hm

Kinderwagen: durchgehend geeignet

Schwierigkeit: leicht

Direkter Alpanstieg Tilisuna Alpe:

Ausgangspunkt: Tschagguns – Talstation Bergbahn Grabs (752 m)

Gehzeit: ↗ 4¼ Std. ↘ 3¾ Std.

Höhenunterschied: 1.220 Hm

Kinderwagen: geeignet

Schwierigkeit: leicht

Der Anstieg erfolgt über Straßen auf den Ziegerberg und dann auf dem Güterweg durchs Gampadelstal.

Wanderroute: Von Latschau folgt man dem Fahrweg ins Gauertal und zur Lindauer Hütte. Im ersten Steilstück bei der Brücke über den Bach geht man geradeaus weiter und gelangt in den Bereich der Vollspora Alpe. Hier hat man einen wunderbaren Blick auf die Sulzfluh und die Drei Türme.
Bei der Alpe zweigt man links ab und geht auf eine Waldschneise zu. Der Wanderweg führt links der Schneise steil im Wald hoch.

Knapp oberhalb der Waldgrenze trifft man auf den Güterweg, der von Grabs her kommt und ist kurz darauf bei der Alpila Alpe (1.688 m).
Hinter der Alphütte folgt man dem Güterweg, der nach Südwesten um den Rücken herum in den Bereich der Tobel Alpe führt. Hier geht der Weg in einen schmalen Wanderweg über, der zum Schwarzhorn Sattel (2.166 m) hoch leitet. Dabei passiert man den malerischen Tobelsee (2.041 m). Auf der anderen Seite des Sattels geht es zu einem Blockfeld unter dem Schwarzhorn hinab und wieder etwas bergauf zum Punkt „Auf dem Ried“ (2.120 m). Dann teilt sich der Weg. Zur Gampadels Alpe wendet man sich nach links und steigt auf dem Walseralp-Kessiweg den Hang entlang ins Gampadelstal ab. Bei der Gampadels Alpe (1.363 m) trifft man auf den Güterweg durchs Gampadelstal. Nun wandert man auf dem Güterweg weiter nach Norden bergab und folgt bei Weggabelungen immer den Wegweisern Richtung Latschau. Zwischendurch trifft man auf die Straße nach Grabs, verlässt sie aber bald wieder nach links. Der Weg führt nun ohne merkliche Höhenunterschiede nordseitig um die Tschaggunser Mittagsspitze herum. Schließlich überquert man bei Mülli (1.040 m) den Gampadelsbach und erreicht leicht bergauf wieder den Fahrweg ins Gauertal und ist kurz darauf wieder beim Parkplatz in Latschau.

Tilisunasee

Variante:
ab Grabs (1.393 m) [55v]
Ausgangspunkt: Grabs (1.393 m)
Zielpunkt: Latschau (983 m)
Gehzeit: ↗ ↘ 5 Std.
Höhenunterschied: ↗ 800 Hm
↘ 1.200 Hm
Schwierigkeit: **mittel**

Ob diese Variante sinnvoll ist, hängt von der Zukunft der Sesselbahn nach Grabs ab (siehe oben). Von der Bergstation der Bahn wandert man zuerst entlang der Alpwiese bis zum Ende eines Schleppliftes. Hier trifft man auf den Güterweg, auf dem man nun leicht ansteigend zur Alpila Alpe gelangt. Der Weiterweg ist identisch mit der oben beschriebenen Route.

Ergänzung:
Tilisuna Hütte (2.208 m) – Tilisunasee [55e1]
Abzweigpunkt: Abzweigung unterhalb des Schwarzhornsattels (2.120 m)
Gehzeit: + 1 Std.
Höhenunterschied: + 100 Hm
Schwierigkeit: **mittel**

Liebhabern von Alpseen ist dieser Umweg sehr zu empfehlen. Die Speisekarte der Tilisuna Hütte, eine Schutzhütte des Vorarlberger Alpenvereins, lädt zusätzlich zu einer Mittagspause bei der Hütte ein. Dazu wandert man bei der Abzweigung unterhalb des Schwarzhorn Sattels gerade auf dem Walseralp-Seenweg weiter

Richtung Süden. Die Seilbahn zur Hütte wird sichtbar und zuletzt muss man noch eine kleine Stufe hinauf, um die Hütte zu erreichen. Von der Hütte kann man sehr gut auf den Tilisunasee hinabblicken. Zuerst muss man kurz wieder den gleichen Weg hinab, bis man rechts zum See abzweigen kann. Der Weg führt am Nordufer entlang nach Osten und dann entlang des Baches tiefer hinab. Schon bald wendet sich der Weg aber von Bach ab und nach Norden. Über Alpwiesen gelangt man wieder zum Weg zur Walser Alpe und ist wieder auf der oben beschriebenen Route.

Ergänzung:
Tilisuna Hütte (2.208 m) – Tilisuna Alpe (1.966 m) [55e2]
Abzweigpunkt: Abzweigung unterhalb des Schwarzhornsattels (2.120 m)
Gehzeit: + 2 Std.
Höhenunterschied: + 100 Hm
Schwierigkeit: **mittel**

Schwarze Scharte mit Schwarzhorn

Zuerst wandert man wie vorher beschrieben zur Tilisuna Hütte. Sie stellt den höchsten Punkt dieser weitläufigen Alpwanderung dar. Von der Hütte geht es in Richtung Grubenpass leicht bergab zu einem kleinen See (2.180 m). An dessen linker Seite führt der Wanderweg in ein leicht ausgeprägtes Tal hinab ins oberste Gampadelstal. Hier trifft man auf einen Güterweg, dem man anschließend zur Tilisuna Alpe und zur Gampadels Alpe folgt. Nach der Tilisuna Alpe (1.966 m) wird das Tal sehr eng. Der Weg ist kühn in den Berghang des Tilisuna Seehornes hineingebaut und weist einen Tunnel sowie viele Kehren auf. Man passiert die Materialseilbahn der Tilisuna Hütte und kommt schließlich ins Weidegebiet der Gampadels Alpe. Hier kann man den Güterweg zweimal über die Alpwiesen abkürzen und erreicht schließlich die Alpe (1.363 m). Ab hier ist der Weg identisch mit der oben beschriebenen Wanderroute.

Tschaggunns
Latschau
Krista
Landschisott
Ganeu
Schandang
Lünerseewerk
Matschwitz
Gölmalpe
Grüneck
Golm
Plazadels
Volsporaalpe
Volspora
Grabs
Wachters Dieja
Sanüel
Ronnawald
Alpilaalpe
Tschaggunser-Mittagsspitze
Tobelalpe
Tobelsee
Walseralpe
Schwarzhornsttl.
Schwarzhorn
Bilkengrat
Schwarze Scharte
Tilisunahtt.
Tilisunasee
Tilisuna Seehorn
Tilisunafürkele
Zollhtt.
Tilisunaalpe
Grünes Fürkele
Sulzfluhhöhlen
Gruaben
Grubenpaß
Sulzfluh
Weißplatte
Alpilakopf
Außergweil
Gweiljoch
Außerplatinak.
Innerplatinak.
Auf den Bänken
Räticon
Kampadelsalpe
Manuel
55
55v1
55e1
55e2

Schruns, Bartholomäberg, Silbertal

Schruns ist das Zentrum des Montafons und ein umtriebiger Tourismusort. Direkt aus dem Ortskern bringt die Hochjochbahn den Wanderer hoch hinauf und ermöglicht eine kurze, aber eindrucksvolle Wanderung im Bereich Kapell.
Bartholomäberg liegt wie ein Aussichtsbalkon hoch über dem vorderen Montafon und bietet einen prächtigen Ausblick auf die Hauptberge des mittleren Rätikon (Sulzfluh, Drei Türme, Drusenfluh und Zimba). Die Zufahrt erfolgt entweder von Schruns oder von St. Anton i.M.
Das Silbertal ist ein sehr langes und einsames Gebirgstal. Am Beginn des Tales liegt die Ortschaft Silbertal. Hier befindet sich die Talstation der Seilbahn auf dem Kristberg. Das Tal erstreckt sich von Schruns bis zum Schönverwalltal und weist eine Länge von etwa 22 Kilometer auf. Zahlreiche Bäche münden in die Litz, dem Hauptbach des Tales, der auch einen gewaltigen Wasserfall, den Giesla Fuchsschwanz Wasserfall, zu bieten hat. Die Fahrt in dieses Tal ist nur bis zur Ortschaft Silbertal erlaubt. Danach ist ein Weiterkommen mit dem Wanderbus oder dem Mountainbike möglich.

Tiefblick von Bartholomäberg nach Vandans

Auf einen Blick

Gebirge: Verwall
Talorte: Schruns (690 m)
Karten: ÖK-Blatt 142, LKS-Blatt 238, F&B-Blatt 371
Anreise: Von Bludenz fährt man Richtung Schruns. Nach Bartholomäberg zweigt man bei St. Anton links ab, man kann aber auch vom Ortszentrum Schruns hochfahren. Bei der Kirche von Bartholomäberg gibt es Parkplätze. Die Straße ins Silbertal beginnt in der Ortsmitte von Schruns. Bei der Kristbergbahn gibt es ausreichend gebührenpflichtige Parkplätze.
Bus/Bahn: Mit der Montafonerbahn fährt man bis Schruns. Zu Fuß ist man rasch bei der Hochjoch Seilbahn. Will man nach Bartholomäberg, steigt man am Bahnhof in den Landbus Linie 84 um. Ins Silbertal fährt der Landbus Linie 88.

56 Im Westen des Itonskopfes

Latons Alpe 1.683 m

Gebirge:
→ Verwall
Talort:
→ Bartholomäberg (1.087 m)
Schruns (690 m)
Silbertal (889 m)

Oberhalb Bartholomäberg

Der Itonskopf ist ein grandioser Aussichtsberg, aber anspruchsvoll zu erklimmen. Eine Wanderung unterhalb des Gipfels ist einfach und bietet herausragende Ausblicke nach Norden, Süden und Westen.

Anforderungen: anstrengend
Zeiten: 4¼ Stunden: ↗ 2¼ Std. ↘ 2 Std.
Ausgangspunkt: Bartholomäberg Kirche (1.087 m)
Gehzeiten: Bartholomäberg – Fritzensee ¾ Std.; Fritzensee – Latons Alpe 1½ Std.; Latons Alpe – Rellseck 1¼ Std.; Rellseck – Bartholomäberg ¾ Std.
Höhenunterschied: ↗ ↘ je 830 Hm
Karten: ÖK-Blatt 142, LKS-Blatt 238, F&B-Blatt 371
Kinderwagen: geeignet

Informationen für Mountainbiker
Start/Ziel: Schruns (690 m)
Höchster Punkt: Alplegi (1.800 m)
Fahrzeiten: ↗ ↘ 4 Std.
Anstieg: ↗ ↘ je 20,2 km, 1.030 Hm Fahrt

Besonderheit: Die Wanderung führt an den sonnigen Südhängen des Itonskopfes hoch auf die Nordseite des vordersten Verwall. Im historischen Bergwerk, das nach etwa einer halben Stunde erreicht wird, wurde vom 9. bis 17. Jahrhundert Erz geschürft. Kürzlich wurde es aufwändig saniert, besitzt aber

leider keine Betriebsgenehmigung und derzeit ist keine Änderung der Situation zu erkennen.
Der Fritzensee, der etwa eine Viertelstunde höher liegt, ist ein sehr beliebtes Ziel für Familien. Vom Fritzensee Richtung Kristberg liegen noch zwei weitere malerische Seen mit kleinen Maisäßhütten. Bei der Latons Alpe befindet man sich auf der Klostertaler Seite des Verwalls. Vom Monteneu hat man einen wunderbaren Ausblick auf das Montafon und den Walgau und am nahen Wannaköpfle erweitert sich der Ausblick noch auf das ganze Klostertal.

Latons Alpe 1.683 m

Die Alpe liegt sanft eingebettet in einem leicht ausgeprägten Alptal auf der Klostertaler Seite des vordersten Verwall. Östlich von ihr kann man den Itonskopf erkennen. Nördlich wird das Alpgebiet durch die steilen Felsabbrüche ins Klostertal begrenzt. Die Alpe liegt an einer der anspruchsvollsten markierten Mountainbike-Routen des Landes, die sehr beliebt ist. Ebenso kommen viele Wanderer, die beim Kristberg gestartet sind, hier vorbei.

Besitzer: Alpgenossenschaft

Alpvieh: 70 Milchkühe, etwas Jungvieh, einige Ziegen, 25 Schweine

Alpprodukte: Bergkäse, Sura Kees, Ziegenkäse

Zeitraum der Bewirtschaftung: Mitte Juni bis Mitte September

Verpflegung für Wanderer: Getränke, Jause, Speck- und Käseteller mit verschiedenen Käsesorten

Veranstaltungen, Besonderheit: Alp- und Viehsegnung zu unterschiedlichen Zeiten

Direkter Alpanstieg:
Der Anstieg ist ident mit der Wanderroute.

Wanderroute: In Bartholomäberg folgt man dem Sträßchen Richtung Fritzensee. Nach wenigen Metern wählt man den rechten Weg (nach links ist die Wanderung in umgekehrter Richtung möglich). Er führt zu höher gelegenen Häusern weiter, aber man kann bald abzweigen und über ein Weglein zum Bergwerk wandern, das sich bei einer flachen Stelle befindet. Kurz darauf erreicht man den Fritzensee. Hinter dem See wandert man in östlicher Richtung (rechts) auf einem Schotterweg weiter, der schon bald nach Westen (links) dreht und immer schmaler wird. Er durchquert ein Waldstück und trifft – nach einer Wiese wieder im Wald – bei einer Jagdhütte (1.690 m) auf einen Güterweg. Hier geht man geradeaus weiter und trifft bald auf den Güterweg zum Alplegi (1.800 m), einem Übergang ins Klostertal. Auf der anderen Seite muss man zur Alphütte (1.683 m) noch etwas bergab wandern.

Der Rückweg führt gleich wieder übers Alplegi. Bei der nächsten Weggabelung wählt man den rechten (links geht es wieder zurück zur Jagdhütte) und kommt zur Jausenstation Rellseck, die Gemütlichkeit, Essen und Trinken bietet. Vom Rellseck muss man einen kurzen Haken nach Westen schlagen, bevor man in östlicher Richtung auf leichtem Weg wieder nach Bartholomäberg hinabwandern kann.

Gipfelergänzung: Monteneu (1.883 m)

Ausgangspunkt: Jagdhütte (1.690 m)
Gehzeit: + 3/4 Std.
Höhenunterschied: + 190 Hm
Schwierigkeit: mittel

Wannaköpfle (2.032 m) [56e]

Ausgangspunkt: Jagdhütte (1.690 m)
Gehzeit: + 1 3/4 Std.
Höhenunterschied: + 400 Hm
Schwierigkeit: mittel

Fritzensee

Will man ein großartiges Panorama erleben, zahlt es sich aus, noch einen Abstecher zum Monteneu zu machen. Steigt man noch weiter zum Wannaköpfle hinauf, dehnt sich das Panorama auf 360 Grad aus.
Bei der Abzweigung Jagdhütte geht es rechts entlang des Waldes bis zum Monteneu (1.883 m) weiter. Diese Bergkuppe bietet eine hervorragende Aussicht. Anschließend führt der Weg nach Norden durch eine Senke. Am nördlichen Rand erklärt eine Tafel die sichtbaren Gesteinsschichten. Dann geht es in östlicher Richtung weiter leicht bergauf Richtung Itonskopf. Doch schon bald zweigt links der Weg ab, der in etwa 10 Minuten zum Gipfel des Wannaköpfles führt. Der nahe Itonskopf ist anspruchsvoll zu ersteigen. Zurück geht es auf dem gleichen Weg.

Variante: Vom Kristberg [56v1]

Ausgangspunkt: Kristberg: Bergstation Seilbahn (1.439 m)
Zielpunkt: Bartholomäberg (1.087m)
Gehzeit: ↗ ↘ 4 Std.
Höhenunterschied: ↗ 550 Hm ↘ 900 Hm
Schwierigkeit: mittel

Zuerst fährt man mit dem Bus in die Ortschaft Silbertal und mit der Seilbahn auf den Kristberg. Von der Bergstation der Seilbahn wandert man nach Westen zum Kirchlein des Kristberges. Hier geht es steil hinauf zum Kristbergsattel (1.484 m). Nun wandert man den Kamm entlang nach Westen. Anfangs ist der Weg noch breit, dann geht es steil hinauf zur Schulter von Falla (1.775 m). Anschließend wandert man nordseitig unterhalb des Itonskopfes weiter nach Westen. Der Weg geht meist leicht bergab. Schließlich trifft man auf einen Güterweg, der weiterhin Richtung Westen zur Latons Alpe (1.683 m) führt. Der weitere Weg übers Alplegi (1.800 m) und Rellseck nach Bartholomäberg ist oben beschrieben. Mit dem Landbus kommt man wieder zurück nach Schruns.

Variante:
Itonskopfrunde [56v2]

Ausgangspunkt: Bartholomäberg (1.087 m)
Gehzeit: ↗ ↘ 5¼ Std.
Höhenunterschied: ↗ ↘ 1.030 Hm
Schwierigkeit: mittel

Zuerst ist die Wanderung identisch mit der oben beschriebenen Wanderroute. Von der Latons Alpe wandert man aber auf dem Güterweg auf der Klostertaler Seite weiter Richtung Kirstberg. Der Weg steigt leicht an und bei einer Weggabelung wählt man den linken, tiefer weitergehenden Weg und er wird kurz darauf zu einem Wanderweg. Man verliert in waldigem Gelände etwas Höhe, dann geht es wieder leicht bergauf. Unterhalb des Weges befindet sich Küngs Maisäß. Der Weg wird rauer und schließlich kommt man auf eine Schulter („Falla" 1.775 m) oberhalb eines großen nordseitigen Schuttausbruches. Weiter geht es auf die Südseite des Kammes und man wandert auf einem bequemem Weg nach Südwesten Richtung Fritzensee bergab. Bald darauf trifft man auf den Güterweg vom Rellseck zum Kristberg. Auf diesem geht es in westlicher Richtung weiter. Man passiert zwei kleine Seen mit malerischen Maisäßhütten und gelangt wieder zum Fritzensee. Nun kann man direkt dem Anstiegsweg folgend nach Bartholomäberg absteigen.

MTB-Route: Zuerst fährt man entlang der Markierungen zum Rellseck. Dann geht es auf dem Güterweg weiter zum Alplegi (1.802 m), dem Übergang auf die Klostertaler Seite und hinab zur Latons Alpe (1.683 m). Der Weiterweg ist identisch mit der als Variante beschriebenen Itonskopfrunde. Ab dem Ende des Güterweges wird die Route schwierig und teilweise muss das Bike geschoben werden. Ab der Schulter bei Falla (1.775 m) kann man wieder gut fahren. Man passiert drei kleine Bergseen mit malerischen Maisäßhütten. Etwas westlich des Fritzensees fährt man auf der Straße hinab nach Bartholomäberg (markiert als MTB-Tour 21).

Innerbraz
Garatz
Mühleplatz
Hst.Hintergasse
Gavaril
Gatschief
Gavadurawald
Fallbachwand
Davenna
Zwölferkopf
Spitzgut
Alpiegi
1802
Itonsalpe
56v1
Küngsmaisäß
Itonskopf
2089
56v2
Schwarzhn.
1883
56
Gravesar Tobel
Wannaköpfle
2032
Montaneu
883
56e
56v2
Ganzaleita
Rellesk
Ghf.Rellseck
56
Almein
Fritzensee
Sassella
Wärms
Riederhof
Bartholomäberg
Innerberg
Dalma
Filters
Gantschier
Kaltenbrunnen
Montjola
Schruns
Tschagguns
Gamprätz
Kropfen
Plattes
Brif
Lutt
Hölle

57 Wasserstubental

Untere Wasserstubenalpe 1.503 m
Obere Wasserstubenalpe 1.731 m

Gebirge:
→ Verwall
Talort:
→ Schruns (690 m)
Silbertal (889 m)

Jagdhütte beim Gretschbach Wasserfall

Eine Seilbahn bringt die Wanderer auf den hoch gelegenen Kristberg. Fast jeder kann diese Wanderung bewältigen, da man sich nur auf Güterwegen bewegt.

Anforderungen: mäßig anstrengend
Zeiten: 4½ Stunden: ↗ 2 Std. ↘ 2½ Std.
Ausgangspunkt: Kristberg: Bergstation Seilbahn (1.439 m)
Zielpunkt: Silbertal (889 m)
Höhenunterschied: ↗ 500 Hm ↘ 850 Hm
Karten: ÖK-Blatt 142, LKS-Blatt 238, F&B-Blatt 371
Kinderwagen: durchgehend geeignet

Informationen für Mountainbiker
Start/Ziel: Silbertal (889 m)
Höchster Punkt: Sonnenkopf (1.841 m)
Fahrzeiten: ↗ ↘ 5 Std.
Anstieg: ↗ ↘ 36 km, 1.550 Hm Fahrt

Besonderheit: Diese Wanderung hat Parallelen zur Tour 44. Die Wasserstubenalpe wird dabei von Süden erwandert. Man kann aber auch übers Muttjöchle und Sonnenkopf zur Alpe gelangen. Der Abstieg erfolgt meist ins Silbertal.

Weitere Alpe der Tour

Wasserstubenalpen 1.503 m und 1.731 m (siehe Tour 44)

Wanderroute: Vom Kirstberg wandert man auf einem breiten Weg Richtung Ostsüdost. Der Weg geht etwas bergauf und bergab bis zum Wildried (1.552 m), einer kleinen Lichtung im Wald unterhalb des Muttjöchles. Nun wendet sich der Weg nach Nordosten und führt ins Wasserstubental hinein. Beim Bach (1.470 m) trifft man auf den Güterweg, der vom Silbertal herauf kommt. Auf diesem wandert man zur Unteren Wasserstubenalpe und weiter das Tal hinauf. Es wendet sich nach Südosten und führt steil zur Oberen Wasserstubenalpe hinauf.
Von der Oberen Alpe wandert man wieder das Tal hinab. Bei der Abzweigung Richtung Kristberg geht man geradeaus weiter bergab. Der Güterweg führt ins Silbertal hinab. Etwas oberhalb des Talbodens kann man wählen, ob man weiter auf dem Güterweg bleibt oder etwas direkter zum Gasthaus Fellimännle (1.104 m) absteigt. Vom Gasthaus geht es auf dem Fahrweg Richtung Westen entlang der Litz das Tal hinaus nach Silbertal zur Talstation der Seilbahn.

Weg vom Kristberg zum Wasserstubental

Gipfelvariante: Muttjöchle (2.074 m) – Sonnenkopf (1.841 m) [57v]

Ausgangspunkt: Kristberg: Bergstation Seilbahn (1.439 m)
Zielpunkt: Silbertal (889 m)
Gehzeit: ↗ ↘ 6 Std.
Höhenunterschied: ↗ 630 Hm ↘ Hm
Schwierigkeit: mittel

Von der Bergstation der Kristbergbahn startet man nach links zum kleinen Kirchlein von Kristberg. Dann geht es steil hinauf zum Kristbergsattel (1.484 m). Nun wandert man entlang des Kammes in östlicher Richtung durch den Wald bergauf. Schließlich kommt man auf grasige Bergwiesen und hat noch etwa 200 Höhenmeter, um zum Gipfel des Muttjöchles (2.074 m) zu gelangen. Vom Gipfel wandert man auf der Nordostseite etwas hinab, dann geht es flacher zur Bergstation der Sonnenkopfbahn. Anschließend wandert man über die sanft geneigten Alpflächen Richtung Süden. Dann wendet sich der Weg Richtung Südosten und führt entlang des Hanges hinab zur Oberen Wasserstubenalpe. Nun ist der Weg ident mit der oben beschriebenen Route.

MTB-Route: Vom Parkplatz der Kristbergbahn (889 m) fährt man das Silbertal hinein bis zum Gh. Fellimännle (1.104 m). Beim Gasthaus geht es noch etwas taleinwärts. Dann zweigt links der Güterweg ins Wasserstubental ab. Bis zur Unteren Wasserstubenalpe (1.503 m) ist der Anstieg noch moderat. Der Weiterweg zur Oberen Wasserstubenalpe (1.731 m) ist sehr steil und im letzten Stück zum Sonnenkopf (1.841 m) muss man sogar kurz das Rad schieben. Dann geht es gemütlich in vielen Kehren hinab zur Talstation der Sonnenkopfbahn. Von dort fährt man entlang der Alfenz nach Dalaas (850 m). Beim Kirstberg-saal zweigt man links ab und fährt in angenehmer Steigung auf den Kristberg Sattel (1.484 m). Vom Sattel geht es steil zum Gasthaus und dann über das Sträßchen hinab zum Ausgangspunkt in Kristberg (markiert als MTB-Tour 11).

Tour 57 Wasserstubental

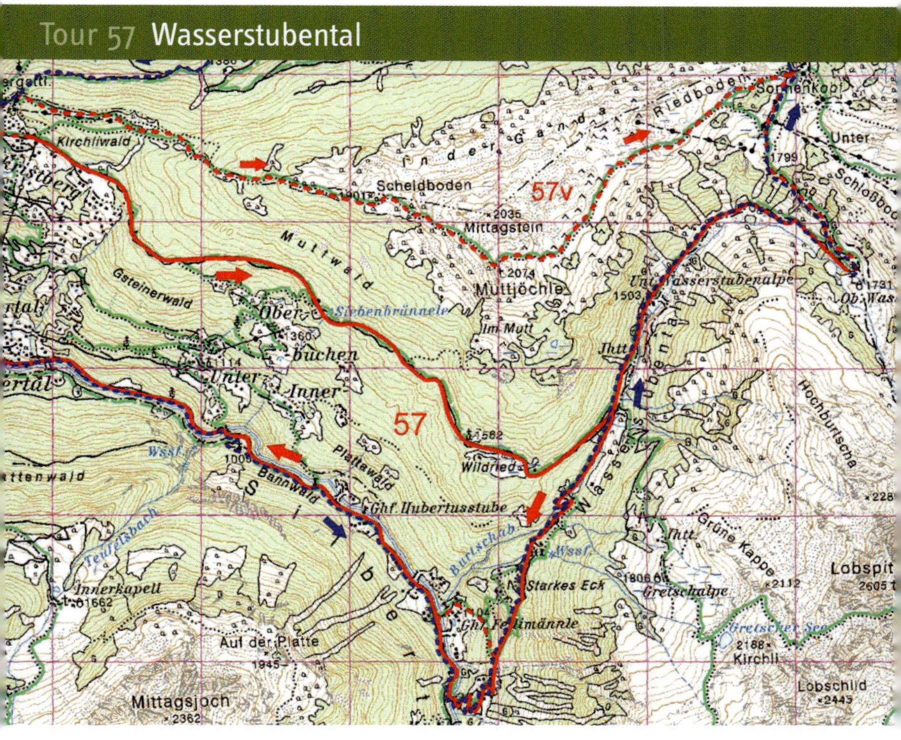

58 Alpenwanderung Fellimännle

Gretsch Alpe 1.806 m
Obere Gafluna Alpe 1.842 m
Untere Gafluna Alpe 1.360 m

Gebirge:
→ Verwall
Talort:
→ Schruns (690 m)

Hütte bei Gretsch Alpe mit Blick zum Muttjöchle

Das Fellimännle ist durch den durchwegs sanften Anstieg und den lieblichen Gretschsee eine sehr empfehlenswerte Familienwanderung. Dabei besucht man drei Alpen.

Anforderungen: etwas anstrengend
Zeiten: 5 Stunden: ↗ 3½ Std. ↘ 1½ Std.
Ausgangspunkt: Gh. Fellimännle (1.104 m), hierher am Morgen mit dem Wanderbus (Abfahrtszeiten siehe www.silbertal.at)
Gehzeiten: Gh. Fellimännle – Gretsch Alpe 2½ Std.; Gretsch Alpe – Gipfel 1 Std.; Gipfel – Untere Gafluna Alpe 1½ Std.
Höhenunterschied: ↗ 1.100 Hm ↘ 850 Hm
Karten: ÖK-Blatt 142, LKS-Blatt 239, F&B-Blatt 372

Besonderheit: Am Weg ins Wasserstubental kann man einen kurzen Abstecher zum Gretschbach-Wasserfall machen. Hier stürzt das Wasser in drei Kaskaden 30 Höhenmeter in die Tiefe. Beim Anstieg, der meist am Vormittag erfolgt, liegt dieses Naturdenkmal allerdings noch im Schatten.

Weitere Alpen der Tour

Gretsch Alpe 1.806 m

Die Alpe liegt in bester Aussichtslage. Vor allem die Sonnenuntergänge sind gewaltige Erlebnisse, da der Blick ungestört Richtung Westen schweifen kann. Die Aussicht reicht von der Zimba im Rätikon bis zur Roten Wand im Lechquellengebirge. Auf der Alpe weiden etwa 70 Mutterkühe mit ihren Kälbern. Die Alpe bietet keinen Ausschank. Für die Wanderer stehen aber Tische und Bänke unter eine Plane bereit, damit sie den eigenen Proviant in Ruhe genießen können.

Untere Gafluna Alpe 1.360 m und Obere Gafluna Alpe 1.942 m (siehe Tour 60)

Wanderroute: Links des Gasthauses Fellimännle im Silbertal startet ein Wanderweg, der an einigen Hütten vorbei führt und bald darauf in einen Forstweg mündet. Diesem folgt man anschließend in nördlicher Richtung und gelangt ins Wasserstubental. Hier gabelt sich der Weg: Links geht es zum Kristberg, geradeaus zu den Wasserstubenalpen. Zum Fellimännle wählt man den rechten Weg, der nach einer Brücke zur Gretsch Alpe (1.806 m) hoch führt.
Von der Alpe steigt man in Aufstiegsrichtung rechts des Baches auf und in einer Schleife erreicht man den malerischen Gretschsee (1.966 m). Von ihm wandert man über sanfte Alpwiesen in südlicher Richtung auf den Kamm links des Gipfels und ist von dort in wenigen Minuten am höchsten Punkt des Fellimännle (2.209 m). Dann geht es vom Kamm nach Osten (rechts) über die Alpwiesen hinab. Der Weg ist nicht immer gut sichtbar. Bei der Oberen Gafluna Alpe (1.942 m) geht es zuerst etwas nach Westen und unterhalb einer dunklen Felswand beginnt dann wieder ein klar erkennbarer Weg, der in mehreren Kehren hinab ins Silbertal führt. Kurz nachdem man auf die Silbertalstraße trifft erreicht man die Untere Gafluna Alpe (1.360 m), von der auch der Wanderbus abfährt. Will man das Tal hinaus nach Silbertal wandern benötigt man noch etwas mehr als 1½ Stunden (siehe unten).

Gretschsee

Ergänzung:
Ab Silbertal (889 m) [58e]

Ausgangspunkt: Silbertal (889 m)

Gehzeit: + 2¾ Std.

Höhenunterschied: + 200 Hm

Schwierigkeit: leicht

Man kann natürlich auch in der Ortschaft Silbertal starten und entlang des Baches gemütlich hinein- und nach der Tour wieder hinauswandern. So ist man von den Abfahrtzeiten des Busses unabhängig. Auf dem Rückweg, zwischen der Unteren Gafluna Alpe zum Gh. Fellimännle, passiert man den gewaltigen Giesla Fuchsschwanz Wasserfall, bei dem die wasserreiche Litz in gewaltigen Stufen eine hohe Steilstufe überwindet. Mehrere Aussichtspunkte ermöglichen es, dieses Naturschauspiel zu bewundern

Tour 58 Alpenwanderung Fellimännle

59 Kleine Hochjochrunde

Innerkapell Alpe 1.662 m
Vorderkapell Alpe 1.874 m

Gebirge:
→ Verwall
Talort:
→ Schruns (690 m)

Vorderkapell Alpe

Durch die Nähe zur Hochjochbahn und die beiden Seen, an denen man beim Abstieg vorbeikommt, ist dies eine außergewöhnlich reizvolle Familienwanderung.

Anforderungen: wenig anstrengend

Zeiten: 2¼ Stunden: ↗ ½ Std. ↘ 1¾ Std.

Ausgangspunkt: Hochjochbahnen, Bergstation Sennigrat (2.278 m)

Zielpunkt: Bergstation Kapell (1.855 m)

Höhenunterschied: ↗ 50 Hm ↘ 450 Hm

Karten: ÖK-Blatt 142, LKS-Blatt 238 + 239, F&B Blatt 371

Informationen für Mountainbiker

Start/Ziel: Schruns (690 m)

Höchster Punkt: Bergstation Hochjochbahn (Kapell) (1.855 m)

Fahrzeiten: ↗ 2½ Std. ↘ 1 Std.

Anstieg: ↗ ↘ je 11 km, 1.550 Hm Fahrt

Besonderheit: Die Wanderung führt fast nur bergab und erfordert deshalb wenig Kondition. Ergänzt man sie noch mit dem rasch erreichten Gipfel des Kreuzjoches, kann man ein 360-Grad-Panorama erleben.

Vorderkapell Alpe 1.874 m

Die Alpe liegt direkt am Rande der Hochfläche von Kapell. Die Hütten der Alpe sind stufenweise ansteigend aneinander gebaut. Von der Alpe hat man einen tollen Ausblick auf das vordere Montafon.

Besitzer: Alpgenossenschaft Schruns
Alpvieh: 80 Jungvieh, 3 Kühe
Zeitraum der Bewirtschaftung: Mitte Juni bis Mitte September
Verpflegung für Wanderer: Getränke, Milch
Veranstaltungen, Besonderheit: Alpmesse

Direkter Alpanstieg:

Von der Bergstation der Hochjochbahn sind es nur wenige Meter bis zur Alpe.

Innerkapell Alpe 1.662 m

Die Alpe liegt hoch über dem Silbertal und bietet ein volles Nordpanorama mit dem Kristberggebiet im Vordergrund und der Roten Wand in der Mitte des Hintergrundes. Der Pächter Albert ist begeisterter Holzbildhauer. Auch als „Älpler“ geht er ungewöhnliche Wege und versucht, das original Montafoner Braunvieh wieder populär zu machen. Diese widerstandsfähige Rasse ist viel besser für unsere Alpen geeignet als die heute üblichen Hochleistungskühe. Wegen der geringeren Milchleistung sind die „Montafoner“ in den letzten Jahrzehnten fast verschwunden.

Besitzer: Alpgenossenschaft
Alpvieh: 30 Kühe, 30 Jungvieh
Alpprodukte: Sura Kees, Weichkäse
Zeitraum der Bewirtschaftung: Mitte Juni bis Mitte September
Verpflegung für Wanderer: Getränke, Jause mit Alpprodukten

Direkter Alpanstieg:
Ausgangspunkt: Bergstation Hochjochbahn (Kapell) (1.855 m)
Gehzeit: ↗ 1 Std. ↘ 1 Std.
Höhenunterschied: 200 Hm
Kinderwagen: durchgehend geeignet
Schwierigkeit: leicht

Von der Bergstation geht es über einen Güterweg meist leicht bergab in östlicher Richtung zur Alpe.

Wanderroute: Von der Bergstation der Sennigrat-Sesselbahn wandert man in wenigen Minuten zur Wormser Hütte (2.305 m). Von der Hütte geht es anschließend nach Osten zum Herzsee (2.216 m) und weiter zum Schwarzsee (2.085 m) hinab. Oberhalb des Schwarzsees hat man auch die Möglichkeit, durch den Schitunnel direkter zur Bergstation zurück zu kehren. Aber der Umweg über den Schwarzsee lohnt sich. Dann führt der Weg nordseitig um den

Sennigrat herum und zuletzt geht es zum Kapell, der Bergstation der Seilbahn.

Ergänzung:
Ab Kapell (1.855 m) [59e1]

Ausgangspunkt: Bergstation Kapell (1.855 m)

Gehzeit: + 1½ Std.

Höhenunterschied: + 420 Hm

Schwierigkeit: **mittel**

Am Kapell startet man auf einem breiten Weg bei den Alphütten. Der Weg quert die Sennigratbahn und kurz darauf beginnt der Wanderweg, der in Kehren durch Lawinengalerien zum Sennigrat (2.278 m) führt.

Gipfelergänzung:
Kreuzjoch (2.398 m) [59e2]

Ausgangspunkt: Wormser Hütte (2.305 m)

Gehzeit: + ¼ Std.

Höhenunterschied: + 100 Hm

Schwierigkeit: **anspruchsvoll**

Zamangspitze

Von der Hütte steigt man links haltend und etwas felsig zum Gipfel auf. Vom Gipfel geht es östlich hinab zum Kreuzjochsattel und dann nach Norden zum oben beschriebenen Weg.

Ergänzung:
Innerkapell Alpe (1.662 m) [59e3]

Ausgangspunkt: Abzweigung unterhalb Schwarzsee (1.995 m)

Gehzeit: + 1 Std.

Höhenunterschied: + 200 Hm

Schwierigkeit: **mittel**

Direkt unterhalb des Schwarzsees zweigt ein steiler Weg entlang eines Wasserfalles ab. Er wurde 2007 wieder neu hergerichtet und führt nach dem ersten Steilstück über die Alpwiesen zur Alpe. Anschließend wandert man auf dem Güterweg zur Bergstation der Hochjochbahn. Der Weg beginnt flach und führt anschließend bergauf zum Kapell.

MTB-Route: Vom Ortszentrum von Schruns fährt man über eine asphaltierte Straße Richtung Brif. Anschließend geht es auf einer Schotterstraße mit vielen Kehren zur Bergstation der Hochjochbahn. Wer will, kann noch bis zum Beginn des Schitunnels weiter hoch fahren. Bei der Abfahrt kann man ab dem Gh. Kropfen etwas direkter nach Schruns abfahren (markiert als MTB-Tour 5).

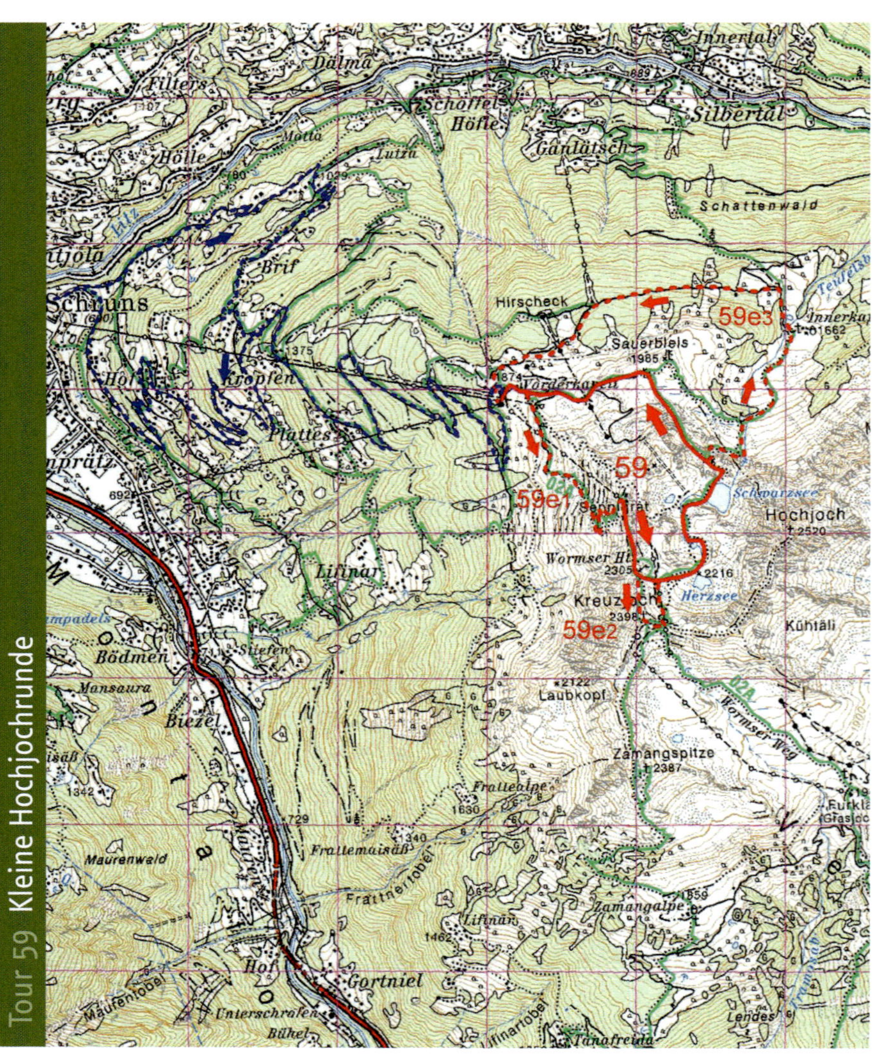

Dalma
Filters
Innertal
Schöffel
Höfle
Silbertal
Gantlätsch
Hölle
Motta
Luiza
Schattenwald
Brif
Schruns
Hirscheck
59e3
Sauerbiels
1985
Innerkapell
1662
1375
Kropfen
1874
Vorderkapell
Plattes
59
59e1
Schwarzsee
Hochjoch
2520
Sennigrat
Wormser Ht.
2305
2216
Herzsee
Kreuzjoch
2398
59e2
Kühtäli
Lifinar
Bödmen
Mansaura
Biezel
2122
Laubkopf
Wormser Weg
Zamangspitze
2387
Frattealpe
1630
1342
729
Maurenwald
Frattemaisäß
Frattnertobel
1462
Lifinar
Zamangalpe
Hof
Gortniel
Unterschrofen
Bühel
Lendes
Tanafreida

60 Hochjoch – Silbertal

Alpgues Alpe 1.796 m
Untere Gafluna Alpe 1.360 m

Gebirge:
→ Verwall
Talort:
→ Schruns (690 m)
St. Gallenkirch (876 m)
Silbertal (889 m)

Alpgues Alpe

Diese Wanderung hinab ins Silbertal führt durch eine entlegene Alplandschaft. Besonders reizvoll ist eine Teilbegehung des Wormser Höhenweges mit einem Abstieg über die Alpguesseen.

Anforderungen: mäßig anstrengend

Zeiten: 4¾ Stunden: ↗ ¾ Std. ↘ 4 Std.

Ausgangspunkt: Hochjochbahnen, Bergstation Sennigrat (2.278 m)

Zielpunkt: Silbertal (889 m)

Gehzeiten: Sennigrat – Wormser Hütte ¼ Std.; Wormser Hütte – Grasjoch Alpe 1 Std.; Grasjoch Alpe – Alpgues Alpe 1 Std.; Alpgues Alpe – Untere Gafluna Alpe ¾ Std.; Untere Gafluna Alpe – Silbertal 1¾ Std.

Höhenunterschied: ↗ 150 Hm ↘ 1.500 Hm

Karten: ÖK-Blatt 142, LKS-Blatt 238+239, F&BBlatt 373

Informationen für Mountainbiker

Start/Ziel: Schruns (690 m)– Aktivzentrum (690 m)

Höchster Punkt: Sattel (2.098 m)

Fahrzeiten: ↗ 3 Std. ↘ 1½ Std.

Anstieg: ↗ 26 km ↘ 28 km, 1.100 Hm Fahrt

Besonderheit: Diese Wanderung führt überwiegend bergab und ist deshalb konditionell nur mäßig anstrengend. Trotzdem durchwandert man traumhafte Berglandschaften.

Untere Gafluna Alpe 1.360 m
Obere Gafluna Alpe 1.942 m

Die Untere Alpe liegt direkt neben dem Fahrweg im Talgrund des Silbertales unterhalb des Fellimännle. Im Sommer fährt jeden Morgen ein Wanderbus bis zur Alpe und holt Wanderer am späten Nachmittag wieder ab (Abfahrtszeiten siehe www.silbertal.at). Die Obere Alpe liegt abgelegener hoch über dem Talboden an der Südseite des Lobschildes, hier führt die Route von Tour 58 vorbei. Hoch über ihr thront im Norden die markante Lobspitze, die nur für erfahrenen Bergsteiger erreichbar ist.

Besitzer: Genossenschaft
Alpvieh: 50 Milchkühe, 10 Schweine
Alpprodukte: Sura Kees, Butter, Hartkäse
Zeitraum der Bewirtschaftung: Untere Gafluna Alpe: Mitte Juni bis Ende Juni, Ende August bis Mitte September; Obere Gafluna Alpe: Juli und August

Untere Gafluna Alpe

Verpflegung für Wanderer: Getränke, Jause, Älplerplatte (nur bei der Unteren Gafluna Alpe)

Direkter Alpanstieg
Untere Gafluna Alpe:

Ausgangspunkt: Silbertal (889 m)
Gehzeit: ↗ 2¼ Std. ↘ 1¾ Std.
Höhenunterschied: 470 Hm
Kinderwagen: durchgehend geeignet
Schwierigkeit: leicht

Ohne Benutzung des Wanderbusses startet die Wanderung im Ort Silbertal. Man wandert entlang der Litz das lange Tal hinein bis zur Unteren Gafluna Alpe. Hinter dieser beginnt nach der Brücke über die Litz links ein Wanderweg, der steil den Hang hinauf zur Oberen Gafluna Alpe führt.

Weitere Alpen der Tour

Giesla Alpe 1.311 m
Rona Alpe 1.356 m
Alpgues Alpe 1.796 m

Die Hirten ziehen mit ihrem Vieh anfang der Alpsaison von Alpe zu Alpe schrittweise höher. Zuletzt stoßen die Tiere bis zu den Alpgues Seen und zum Fredakopf vor. Ende Sommer beginnt der schrittweise Rückzug ins Tal. Auf der Alpe weiden 100 Mutterkühe mit ihren Kälbern. Die malerische Alpgues Alpe liegt sanft eingebettet unterhalb der Geisterspitze.

Neben der Alphütte befinden sich kleine, alte Ställe, die inzwischen nur mehr für Notfälle dienen. Leider bietet sie keine Bewirtung für Wanderer.

Grasjoch Alpe 1.975 m (siehe Tour 61) (keine Bewirtung)

Wanderroute: Vom Sennigrat erreicht man über einen breiten Weg in wenigen Minuten die Wormser Hütte (2.305 m). Dann geht es etwas felsig aufs Kreuzjoch (2.398 m) hinauf und nach Osten zum Kreuzjochsattel hinab. Nun führt der Weg über die Alpwiesen in südöstlicher Richtung zum Grasjoch hinab. Dann folgt ein kurzer Aufstieg entlang einem Rücken und bei der nächsten Weggabelung links haltend gelangt man zu einem Sattel (2.098 m) nördlich des Fredakopfes. Auf der anderen Seite wandert man unterhalb von Scheimersch und Geisterspitze über die Alpwiesen teilweise steil hinab und gelangt so zur Alpgues Alpe.
Hier kann man auf einem Wanderweg durch den Wald ins Silbertal absteigen und trifft bei der Rona Alpe auf den Silbertaler Güterweg. Will man zur Unteren Gafluna Alpe folgt man dem Güterweg, der in östlicher Richtung ins Tal führt. Bis zur Unteren Gafluna Alpe fährt im Sommer zweimal pro Tag ein Wanderbus, zu dem man sich aber rechtzeitig anmelden muss (siehe *www.silbertal.at* oder Telefon +43/(0)5556/74112).
Nun geht es immer entlang des Güterweges das Tal hinaus bis nach Silbertal. Dabei passiert man zwischen der Unteren Gafluna Alpe zum Gh. Fellimännle den gewaltigen Giesla Fuchsschwanz Wasserfall, bei dem die wasserreiche Litz in gewaltigen Stufen eine hohe Steilstufe überwindet. Mehrere Aussichtspunkte ermöglichen es, dieses Naturschauspiel zu bewundern.

Ergänzung:
Ab Kapell (1.855 m) [60e1]

Ausgangspunkt: Bergstation Kapell (1.855 m)
Gehzeit: + 1½ Std.
Höhenunterschied: + 420 Hm
Schwierigkeit: mittel

Am Kapell startet man auf einem breiten Weg bei den interessant gebauten Alphütten (die einzel-

Alpgues Alpe

nen Häuser stehen ohne Abstand hintereinander). Der Weg quert die Sennigratbahn und kurz darauf beginnt der Wanderweg, der in Kehren durch Lawinengalerien zum Sennigrat (2.278 m) führt.

Ergänzung:
Alpguesseen (2.190 m und 2.044 m) [60e2]

Abzweigpunkt: Grasjoch (1.975 m)
Gehzeit: + 1½ Std.
Höhenunterschied: + 300 Hm
Schwierigkeit: **mittel**

Vom Grasjoch geht es auf dem Wormser Höhenweg in südöstlicher Richtung auf dem Rücken etwas hoch zu einer Weggabelung und hier nach rechts weiter. Man quert flach den Westhang des Fredakopfes und des Scheimersch und passiert einige Lawinenverbauten. Anschließend geht es zum Wormser Törl (2.170 m) hinauf, das durch einen kleinen Felsturm markiert wird. Nun wandert man etwas bergab in eine Senke (etwa 2.130 m) und dann zu einem Sattel (2.320 m) unter der Geisterspitze hinauf. Hier wählt man bei einer Weggabelung den linken Weg. So kommt man kurz darauf zu den Alpgues Seen (Oberer und Unterer Alpguessee – 2.190 m und 2.044 m) und später zur Alpgues Alpe (1.795 m).

Am Abstieg zur Alpgues Alpe: Blick in den Verwall

MTB-Route: Von Schruns fährt man auf dem Illradweg nach St. Gallenkirch. Im Dorf fährt man zuerst auf Asphalt direkt auf den Steilgraben des Tramosabaches zu. Der Weg wird dabei sehr steil und wendet schließlich scharf nach links, wird schottrig und wieder etwas weniger steil. Oberhalb der Waldgrenze passiert man die Zamang Alpe (kurzer Abstecher nach links nötig) und erreicht schließlich das Grasjoch (1.975 m). Nun muss man das Rad über einen Sattel (2.098 m) zur Alpgues Alpe schieben. Dann geht es auf einem Güterweg hinab ins Silbertal zur Unteren Gafluna Alpe und weiter das Tal hinaus nach Schruns.

Tour 60 Hochjoch – Silbertal

61 Hochjoch – St. Gallenkirch

Zamang Alpe 1.859 m
Grasjoch Alpe 1.975 m

Gebirge:
→ Verwall
Talort:
→ Schruns (690 m)
St. Gallenkirch (876 m)

Tiefblick von Tanafreida Maisäß ins hintere Montafon

Diese Berg-Tal-Wanderung bietet einen vollständigen Überblick übers gesamte Montafon. Die Zamang Alpe liegt auf halber Strecke und stellt einen optimalen Rastpunkt dar.

Anforderungen: mäßig anstrengend

Zeiten: 3½ Stunden: ↗ ¼ Std. ↘ 3¼ Std.

Ausgangspunkt: Hochjochbahnen, Bergstation Sennigrat (2.278 m)

Zielpunkt: St. Gallenkirch (876 m)

Gehzeiten: Sennigrat – Wormser Hütte ¼ Std.; Wormser Hütte – Grasjoch Alpe ¾ Std.; Grasjoch Alpe – Zamang Alpe ½ Std.; Zamang Alpe – St. Gallenkirch 2 Std.

Höhenunterschied: ↗ 50 Hm ↘ 1.500 Hm

Karten: ÖK-Blatt 142, LKS-Blatt 238, F&BBlatt 373

Informationen für Mountainbiker
Die Route ist ident mit der von Tour 60.

Besonderheit: Da die Wanderung praktisch nur bergab führt, bleiben die konditionellen Anforderungen im Rahmen. Besonders reizvoll ist ein „Umweg“ über die Zamangspitze. Dieser Eckpfeiler des Verwall fordert zwar Trittsicherheit, bietet dafür einen umfassenden Ausblick. Bei Verzicht hat man auch einen Gesamtüberblick über das Montafon, allerdings in „Raten“, denn je nach Abschnitt sind andere Teile sichtbar.

Zamang Alpe 1.859 m
Grasjoch Alpe 1.975 m

Die Zamang Alpe ist eine Melkalpe, die wie auf einem Balkon hoch über dem Montafon liegt. In der Sennerei werden Sura Kees und Bergkäse erzeugt. Senn Frank stammt aus Brasilien und ist schon lange für die Qualität der Käse verantwortlich. Früher war er nur im Sommer in Vorarlberg, jetzt arbeitet er im Winter bei den Montafoner Schiliften. Die Alpe ist ein hervorragender Aussichtspunkt auf die Rätikonberge. Auf der höher gelegenen Grasjoch Alpe, die sich direkt am Übergang zwischen Montafon und Silbertal befindet, weidet das Jungvieh. Bei der Alphütte gibt es keine Bewirtung.

Besitzer: Alpgenossenschaft St. Gallenkirch
Alpvieh: 50 Milchkühe, 16 Schweine

Zamang Alpe

Alpprodukte: Sura Kees, Bergkäse, Pfefferkäse
Zeitraum der Bewirtschaftung: Anfang Juni bis Anfang September
Verpflegung für Wanderer: Getränke, Käsejause
Veranstaltungen, Besonderheit: Alpmesse Anfang August

Direkter Alpanstieg zur Zamang Alpe:
Ausgangspunkt: St. Gallenkirch (876 m)
Gehzeit: ↗ 3 Std. ↘ 2 Std.
Höhenunterschied: 1.000 Hm
Kinderwagen: geeignet über den Güterweg
Schwierigkeit: leicht

In St. Gallenkirch startet man westlich der Kirche in nördlicher Richtung. Noch zwischen den Häusern wendet sich der Weg nach links dem Wald zu. Durch diesen gelangt man steil bergauf zum Tanafreida Maisäß (1.353 m). Dabei quert man zweimal einen Güterweg. Oberhalb des Maisäß trifft man wieder auf ihn. Man folgt ihm kurz, kann aber bald wieder direkter aufsteigen, quert den Weg noch zweimal und erreicht schließlich die Zamang Alpe (1.859 m).

Wanderroute: Vom Sennigrat erreicht man über einen breiten Weg in wenigen Minuten die Wormser Hütte (2.305 m). Dann geht es etwas felsig aufs Kreuzjoch (2.398 m) hinauf und nach Osten zum Kreuzjochsattel hinab. Nun führt der Weg über die Alpwiesen in südöstlicher Richtung zum Grasjoch hinab. Hier beginnt ein Güterweg, der zur Zamang Alpe führt, wobei zur Alpe eine kurze Gegensteigung zu bewältigen ist. Von der Zamang Alpe kann man über den Güterweg bergab wandern. Schneller ist es aber, auf steilem Weg ziemlich direkt abzusteigen. Der Beginn des Weges bei der Alpe ist etwas schwierig zu erkennen, dann geht es fast immer steil hinab. Etwas oberhalb von Tanafreida muss man kurz den Güterweg benutzen, dann geht es wieder steil auf einem Wanderweg bis nach St. Gallenkirch hinab.

Ergänzung:
Ab Kapell (1.855 m) [61e1]

Ausgangspunkt: Bergstation Kapell (1.855 m)
Gehzeit: + 1½ Std.
Höhenunterschied: + 420 Hm
Schwierigkeit: mittel

Zamang Alpe

Am Kapell startet man auf einem breiten Weg bei den interessant gebauten Alphütten (die einzelnen Häuser stehen ohne Abstand hintereinander). Der Weg quert die Sennigratbahn und kurz darauf beginnt der Wanderweg, der in Kehren durch Lawinengalerien zum Sennigrat (2.278 m) führt.

Gipfelergänzung:
Zamangspitze (2.387 m) [61e2]

Ausgangspunkt: Kreuzjochsattel (2.380 m)
Gehzeit: + ¾ Std.
Höhenunterschied: + 150 Hm
Schwierigkeit: mittel

Vom Kreuzjochsattel wandert man knapp unterhalb des Kammes nach Süden. Der Weg überquert zuletzt den Kamm und geht auf der Westseite der Zamangspitze weiter. Unterhalb des Gipfels zweigt man links ab und erreicht steil und felsig den höchsten Punkt.
Nach der Rückkehr zum Wanderweg wandert man nach Süden (links) zur Zamang Alpe (1.859 m) hinab. Man kann aber auch etwas den gleichen Weg zurück und dann direkt über die Alpwiesen zum Grasjoch (1.975 m) absteigen. Der weitere Weg ist oben beschrieben.

Hochjoch
2520
Mittagsjoch
2362
Innerkapell
Sauerbleis
Auf der Platte
Schwarzsee
Herzsee
Kreuzjoch
2398
Kühtäli
Platinaalpe
Gieslaalpe
Ronaalpe
Bärenalpe
Fellimännle
2209
Im Ree
Galgazüge
Starkes Eck
Ghf. Fellimännle
Ghf. Hubertusstube
Wormser Weg
61e2
61
Zamangspitze
2387
Fuskla (Gasch)
Fredakopf
2256
Scheimersch
2420
Geisterspitz
2480
Piziguter Grat
Wormser Törl
Dreier
2321
Dürrkopf
2407
Schärmsteeberg
2370
Alpguesalpe
Käferaalpe
Unt. Gaflunaa
Zamangalpe
Lendes
Seggeswald
Schoder
Fleischatobel
Montiel
Netzamaisäß
Netzaalpe
Außerziggam
Innerziggam
Bödnerkpl.
St. Gallenkirch
(878)
Außergant
Manigg
Grappeskopf
2206
Zapfkopf
2290
Balbierb.
Gieslab.
Teufelsbach
Burtschab.

Gargellen, St. Gallenkirch, Gaschurn, Partenen

Das innerste Montafon, auch Innerfratte genannt, ist vor allem durch das Schigebiet „Silvretta Nova" bekannt. Die Berge auf beiden Talseiten ragen hoch hinauf und die Wanderungen erfordern lange und anstrengende Anstiege. Allerdings verkürzen mehrere Bergbahnen die Anstiege beträchtlich und erschließen kürzere und sehr interessante Touren zu schön gelegenen Alpen.

Gargellen liegt schön eingebettet zwischen einer Unzahl von Bergen. Das Dorf ist Sommer und Winter ein beliebter Urlaubsort mit vielen Möglichkeiten für Bergtouren. Mit Hilfe der Schafbergbahn können auch Familien und ältere Menschen in die Höhe kommen und wundervolle einfache Wanderungen absolvieren. Weiters sind die beiden langen Alptäler der Vergalden und Valzifenz Alpe beliebte Familienziele. Die markante Madrisa ist aber nur Bergsteigern mit viel Erfahrung zugänglich.

Tiefblick vom Breitspitz auf Partenen

Auf einen Blick

Gebirge: Rätikon, Silvretta und Verwall

Talorte: St. Gallenkirch (876 m), Gortipohl (906 m), Gaschurn (979 m), Partenen (1.051 m), Gargellen (1.423 m)

Karten: ÖK-Blatt 142+169, LKS-Blatt 238+239+249+248, LKS-Blatt 1178, F&B-Blatt 373

Anreise: Von Bludenz fährt man durchs Montafon bis zum jeweiligen Ausgangspunkt. Bei den Bergbahnen sind ausreichend Parkplätze vorhanden. Nach Gargellen zweigt man vor St. Gallenkirch rechts ab. Parken kann man bei den Schafbergliften.

Bus/Bahn: Mit dem Zug kommt man nach Schruns und mit Bus Linie 85 zu den Ausgangspunkten in St. Gallenkirch, Gaschurn und Partenen. Nach Gargellen fährt ab Schruns der Bus Linie 87.

62 Im Schatten der Valisera

Valisera Maisäß 1.288 m
Valisera Alpe 1.588 m

Gebirge:
→ Silvretta
Talort:
→ Gargellen (1.423 m)

Valisera Alpe

Diese Wanderung führt zu einer so schön gelegenen Alpe, dass man es ohne weiters verschmerzen kann, dass man Jause und Getränke selbst mitnehmen muss.

Anforderungen: mäßig anstrengend
Zeiten: 2 1/2 Stunden: ↗ 1 1/4 Std. ↘ 1 1/4 Std.
Ausgangspunkt: Gargellen – Parkplatz Schafbergbahn (1.445 m)
Höhenunterschied: ↗ ↘ je 400 Hm
Karten: ÖK-Blatt 169, LKS-Blatt 238 + 248, F&BBlatt 373

Besonderheit: Die Alpe liegt in traumhafter Lage am Ende eines kleinen, steil hinaufziehenden Hochtales. Die Alphütte befindet sich neben einem kleinen Weiher. Das Alpgebiet wird durch unnahbar und dunkel wirkende Gipfel der Valisera und der Heimspitze umrahmt. Besonders schön ist es, von der Alphütte noch ein bisschen höher zu steigen. Dann kann man einen fantastischen Talschluss genießen. Der Blick talauswärts trifft auf das felsige und kaum bekannte Rütihorn, das in älterer Literatur auch Reutehorn genannt wird und dessen Ersteigung nur erfahrenen Bergsteigern möglich ist.

Weitere Alpen der Tour

Valisera Maisäß 1.288 m
Valisera Alpe 1.588 m

Die Hütte der Alpe ist verpachtet. Es wird keine Bewirtung angeboten. Neben der Hütte ist ein großer Tisch mit zwei Bänken, die zu einer gemütlichen Rast mit eigenem Proviant einladen. Die Betreuung des Viehs (7 Mutterkühe, 12 Milchkühe, 5 Ziegen) erfolgt immer vom Maisäß aus und die Milch wird an die Molkerei geliefert.

Wanderroute: Die Wanderung beginnt bei der alten Talstation der Schafbergbahn. Die Wegweiser weisen Richtung Valisera Alpe. Auf einem Güterweg an der rechten Talseite wandert man talauswärts. Zuerst geht es leicht bergauf, dann wieder bergab. Nach etwa 2½ Kilometern geht der Güterweg in einen schmalen Wanderweg über und endet bald darauf bei einer Kehre des Güterweges vom Valisera Maisäß zur Alpe. Dieser Güterweg führt in engen Kehren steil bergauf und dann flacher zur Alpe (1.588 m). Zurück wandert man auf dem gleichen Weg. Bei der Kehre bleibt man auf dem Güterweg und kommt hinab zum Maisäß und zum etwas tiefer fließenden Suggadinabach (1.275 m). Nun wandert man direkt dem Bach entlang bergauf nach Gargellen zum Parkplatz (1.445 m) zurück.

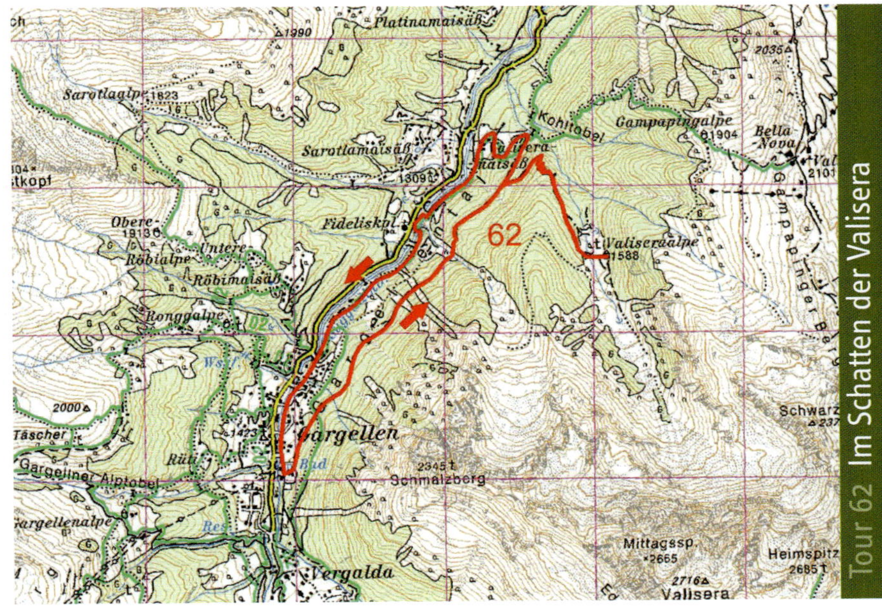

63 Vergaldnertal

Vergalden Alpe 1.820 m

Gebirge:
→ **Silvretta**
Talort:
→ **Gargellen (1.423 m)**

Am Eingang vom Vergaldnertal

Durch den kurzen Anstieg und den gemütlichen Güterweg ist diese Wanderung auch für Familien mit kleinen Kindern sehr interessant. Das Tal ist flach und bietet viele Möglichkeiten zu einer Rast.

Anforderungen: wenig anstrengend

Zeiten: 2½ Stunden: ↗ 1½ Std. ↘ 1 Std.

Ausgangspunkt: Gargellen – Parkplatz Schafbergbahn (1.445 m)

Zielpunkt: St. Gallenkirch (876 m)

Gehzeiten: Sennigrat – Wormser Hütte ¼ Std.; Wormser Hütte – Grasjoch Alpe ¾ Std.; Grasjoch Alpe – Zamang Alpe ½ Std.; Zamang Alpe – St. Gallenkirch 2 Std.

Höhenunterschied: ↗ ↘ je 375 Hm

Karten: ÖK-Blatt 169, LKS-Blatt 248, F&BBlatt 373

Kinderwagen: durchgehend geeignet

Informationen für Mountainbiker

Start/Ziel: Gargellen – Parkplatz Schafbergbahn (1.445 m)

Höchster Punkt: Vergalden Alpe (1.820 m)

Fahrzeiten: ↗ 1 Std. ↘ ½ Std.

Anstieg: ↗ ↘ je 4,8 km, 375 Hm Fahrt

Vergalden Alpe 1.820 m

Sie liegt in der Mitte des flachen Tales unterhalb der Heimspitze. Da sich das Tal in Südost-Nordwest-Richtung erstreckt und nach Südwesten die Hänge nach einer kleinen Steilstufe flach zu den Ritzenspitzen und dem Schneeberg ansteigen, hat die Alpe den ganzen Tag Sonne. Von diesen Hängen rauscht ein Bach herab und schafft eine beruhigende Stimmung. Durch den meist flachen Anstieg über den Güterweg ist die Alpe ein besonders beliebtes Ziel. Wenn die Stimmung passt, sorgt Senn Daniel für Live-Musik. Der Speck stammt von den Alpschweinen und wird vom Vater des Senns hergestellt.

Besitzer: Alpgenossenschaft

Alpvieh: 55 Milchkühe, 130 Jungvieh, 16 Alpschweine

Alpprodukte: Sura Kees, Schnittkäse (Tilsiter)

Zeitraum der Bewirtschaftung: Mitte Juni bis Mitte September

Kontakt: Daniel Mangeng, +43/(0)664/5332554

Verpflegung für Wanderer: Getränke aller Art, Käs- und Speckbrote, Brettljause, Apfelstrudel

Veranstaltungen, Besonderheit: 1. Sonntag im August: Alpmesse

Direkter Alpanstieg:
Der Anstieg ist ident mit der Wanderroute.

Weitere Alpen der Tour

Valzifenz Alpe 1.693 m
Obere Valzifenz Alpe 1.838 m
Die Valzifenz Alpe gehört der Walgaugemeinde Bludesch und liegt am Beginn des eigentlichen Valzifenztales. Die nur wenig höhere Obere Valzifenz Alpe befindet sich etwa zwei Kilometer südlich, wobei die Hütte normalerweise nicht bewohnt wird. Noch höher, oberhalb des Wintertales, befindet sich das Gebiet des Augstenberges. Der Name Augstenberg kommt von August und signalisiert, dass im August das Vieh hier weidet. Das Alpgebiet erstreckt sich bis hinauf unter die Rotbühelspitze. Die Hirtenhütte steht neben der Zollhütte (2.221 m). Auf der Alpe weiden 216 Stück Jungvieh. Die meiste Zeit des Sommers befinden sich Vieh und Hirten auf der Oberen Valzifenz Alpe und am Augstenberg. Die Hirten sind nur selten bei den Alphütten anzutreffen. Am 15. August findet eine Alpmesse statt. Der Ort der Messe hängt von der Witterung ab und wird erst kurzzeitig bekannt.

Wanderroute: In Gargellen wandert man in südlicher Richtung auf der Straße zu den obersten Häusern. Hier folgt ein kurzer Wiesenweg. Dann trifft man auf den Güterweg, der in gemütlicher Steigung ins Vergaldnertal und somit zur Vergaldner Alpe führt.

Im Vergaldnertal wechselt der Weg unterhalb der Valisera die Talseite und man kann etwas unterhalb des Güterweges weiter wandern. Schließlich trifft man wieder auf den Güterweg und auf diesem durch das hier sehr flache Tal zur Alpe (1.820 m).

Variante:
Vergalden-Valzifenz-Runde [63v]
Abzweigpunkt: Gargellen (1.445 m)
Gehzeit: ↗ ↘ 6 Std.
Höhenunterschied: ↗ ↘ 1.050 Hm
Schwierigkeit: mittel

Im Ortskern startet man gleich wie ins Vergaldental. Nach dem Wiesenweg oberhalb der obersten Häuser wandert man nach rechts Richtung Süden weiter und gelangt ins Valzifenztal. Das Tal ist lange sehr flach. Man passiert die Untere Valzifenz Alpe (1.693 m) und dann die Obere Valzifenz Alpe (1.838 m). Nun geht es steiler durchs Wintertal Richtung Südosten hinauf. Bei einer Zollhütte beginnt der steile Anstieg zum Valzifenz Joch (2.485 m). Auf der anderen Seite geht es über Hochalpflächen in einem großen Bogen um das Talende in den Talboden des Vergaldentales hinab. Dann wandert man ziemlich flach das Tal hinaus zur Vergalden Alpe.

Vergalden Alpe

Aussichtsergänzung:
Schlappiner Joch (2.203 m) [63e]
Ausgangspunkt: Obere Valzifenz Alpe (1.838 m)
Gehzeit: + 1¾ Std.
Höhenunterschied: + 365 Hm
Schwierigkeit: mittel

Von der Oberen Valzifenz Alpe kann ein Anstieg aufs Schlappiner Joch sehr empfohlen werden. Das Joch stellt die geografische Grenze zwischen dem Rätikon und der Silvretta dar. Vom Joch hat man einen wunderbaren Ausblick nach Klosters und bis nach Davos. Das Joch kann auch als eigenständige Wanderung angepeilt werden. Diese dauert etwa 4 Stunden (2¼ Std. + 1¾ Std.).

MTB-Route: Bei der Brücke, gleich nach dem Start, fährt man rechts des Baches weiter. Oberhalb der letzten Häuser teilt sich die Straße. Nach rechts geht es ins Valzifenztal und nach links ins Vergaldnertal. Die Straße wird schottrig, bleibt aber bis zur Vergaldner Alpe leicht.

Gargellen
Vergalda
Schmalzberg
Mittagssp.
Valisera
Heimspitze
Schwarzköpfli
Edelweißwände
Schießhorn
Selznerkopf
Valzifenzalpe
Alpkopf
Vergaldaalpe
Ritzenspitzen
Roßberg
Roßberghtt.
Schafberg
Palmtalj.
Wormakopf
Schneeberg
Valzifenzer Turm
Valzifenzer J.
Rotbühelhtt.
Ob. Valzifenzalpe
Schlappiner J.
Schlappiner Sp.
Furggaboden
Valzifenzer Grat
Augstenberg
Rotbühelspitze
Eisentälisp.
Gatten Börteren
Paschianiköpf
Leidwang
Börterhütte
Gretsch
Schlappinb.
Hohdristel
Schöni
63
63v
63e

64 Schafbergwanderung

Gargellenalpe 1.739 m

Gebirge:
→ Rätikon
Talort:
→ St. Gallenkirch (876 m)
Gargellen (1.423 m)

Am St. Antönierjoch

Der Schafberg bietet eine wunderbare und einfache Bergabwanderung zu einem malerischen See, die auch hervorragend für Familien mit kleinen Kindern geeignet ist.

Anforderungen: wenig anstrengend
Zeiten: ↘ 1½ Stunden
Ausgangspunkt: Bergstation Schafbergbahn (2.120 m)
Zielpunkt: Talstation Schafbergbahn (1.445 m)
Höhenunterschied: ↘ 675 Hm
Karten: ÖK-Blatt 169, LKS-Blatt 248, F&B-Blatt 373
Kinderwagen: bedingt geeignet

Informationen für Mountainbiker
Start/Ziel: Talstation Schafbergbahn (1.445 m)
Höchster Punkt: Bergstation Schafbergbahn (2.120 m)
Fahrzeiten: ↗ 1½ Std. ↘ ¾ Std.
Anstieg: ↗ ↘ je 5 km, 700 Hm Fahrt

Besonderheit: Das Gebiet des Schafberges ist durch die Schafbergbahn ein sehr beliebtes Gebiet für Bergabwanderungen. Eine davon führt zum malerisch unterhalb der Madrisa liegenden Gandasee und weiter zur Valzifenz Alpe. Eine andere führt über die Mittelstation der Bergbahn und die dort befindliche Kesslhütte hinab.

Weitere Alpen der Tour

Gargellenalpe 1.739 m
Sie erstreckt sich über das gesamt Schigebiet von Gargellen. Neben der Alphütte steht die Kesslhütte, die ein Gastbetrieb ist und eine volle Speisekarte bietet. Auf der Alpe weiden von Mitte Juni bis Mitte September etwa 70 Mutterkühe mit ihren Kälbern.

Rong Alpe 1.600 m
Sie liegt westlich der Gargellen Alpe und wird von dieser durch den Täscher, einen langgezogenen Rücken getrennt. Auf der Alpe weiden etwa 70 Stück Jungvieh. Bei der Alphütte wird keine Bewirtung angeboten.

Valzifenz Alpe 1.693 m (siehe Tour 63)

Wanderroute: Bei der Bergstation folgt man der Markierung Richtung Obwaldhütte. Dabei wandert man in östlicher Richtung bergab. Der Weg wird gleich steil und führt in engen Kehren hinab. Auf etwa 2.000 m zweigt man rechts ab und ist in wenigen Minuten beim See. Anschließend wandert man wieder zum breiten Weg zurück und auf ihm hinab zur Obwaldhütte (1.860 m), einem kleinen Gastronomiebetrieb. Danach kann man entweder weiter auf dem breiten Weg hinab ins Dorf oder etwas steiler durch den Wald hinab zur Madrisahütte. Hier kann man entweder zur Straße auf der anderen Talseite zur Valzifenz Alpe wechseln oder schöner entlang des Baches auf einem Wanderweg ins Dorf wandern.

Variante:
Gargellenalpe (1.739 m) [64v1]
Gehzeit: ↗ ↘ 1½ Std.
Höhenunterschied: ↗ 100 Hm
↘ 775 Hm
Schwierigkeit: leicht

Bei der Bergstation der Schafbergbahn folgt man zuerst der Markierung Richtung St. Antönierjoch. Dabei wandert man entweder auf dem breiten Fahrweg oder besser gerade über die Alpwiese in nördlicher Richtung zu einer Gratkante unterhalb der Bergstation eines Schleppliftes. Dann führt der Weg hinab ins Gargelliner Alptal. Im Talgrund geht es auf einem breiten Weg hinab zur Gargellen Alpe, die direkt bei der Mittelstation der Bahn liegt. Hier befindet sich auch die Kesslhütte, die als kleiner Gastbetrieb für das leibliche Wohl

sorgt. Für den weiteren Abstieg nach Gargellen hat man zwei Möglichkeiten. Entweder wandert man weiter durchs Alptobel nach Rüti und weiter ins Dorf oder man geht unter der Bahn durch und durch ein Tobel hinab.

Gipfelvariante: Riedkopf (2.552 m) [64v2]

Ausgangspunkt: Bergstation Schafbergbahn (2.120 m) Talstation Schafbergbahn (1.445 m)

Gehzeit: ↗ ↘ 4¾ Std.

Höhenunterschied: ↗ 500 Hm ↘ 1.200 Hm

Schwierigkeit: **anspruchsvoll**

Beim Start folgt man der Markierung Richtung St. Antönierjoch. Dabei wandert man zur Gratkante unterhalb der Bergstation eines Schleppliftes und dann noch etwa 70 Höhenmeter ins Gargelliner Alptal hinab, wo der Anstieg aufs St. Antönierjoch beginnt. Er führt über die Alpwiesen und an einem wunderbar gelegenen, kleinen See vorbei hoch. Vom Joch geht es etwas ausgesetzt den Grat entlang zu einer kaum merkbaren Einsattelung. Dieses Stück kann man auch etwas tiefer auf Schweizer Seite umgehen. Die letzten Meter zum Gipfel sind ganz schön knifflig. Vom Gipfel muss man wieder etwas am Kamm zurück. Links kann man in einem Alpkar einige kleine Seen erkennen, auf die man dann zusteuert. Nach den Seen führt der Weg flacher unterhalb von felsigem Gelände auf den Gratrücken, der Täscher genannt wird. Über diesen Rücken wandert man bis etwa 1.900 m hinab. Dann geht es ohne viel Höhenverlust um den Rücken herum und man gelangt zwischen Lawinenverbauten aus Holz ins Tal des Ronggbaches. Den Bach entlang erreicht man die Rongg Alpe (1.580 m). Von hier geht es einen steilen, aber breiteren Weg hinab. Diesen kann man bald rechts verlassen und steil am Wasserfall vorbei ins Dorf absteigen.

MTB-Route: Kurz nach der Talstation der Schafbergbahn kommt man Richtung Valzifenztal zu einer Brücke, bei der sich die Straße gabelt. Man wählt die rechte Straße und in vielen Kehren kommt man zur Obwaldhütte (1.863 m) und weiter bis zur Bergstation der Schafbergbahn. Im Talboden kann man auch noch eine Schleife zur Valzifenz Alpe machen (markiert als MTB-Tour 16).

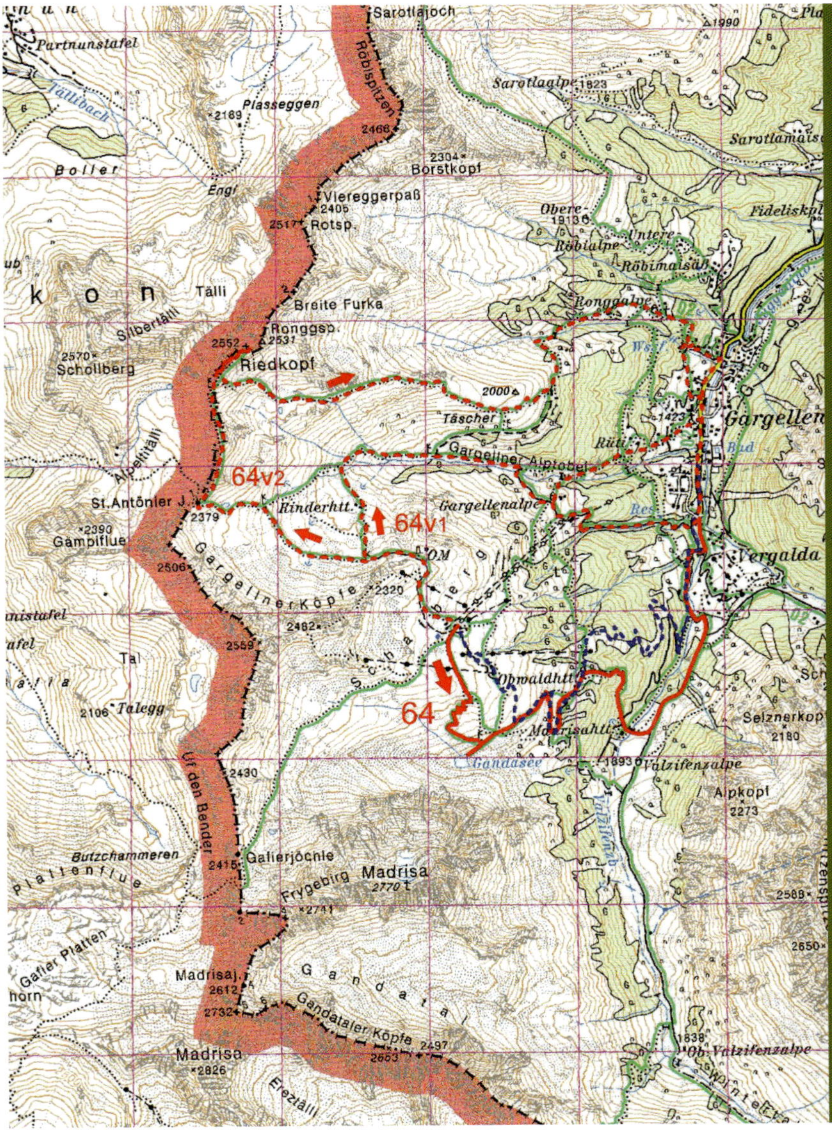

Sarotlajoch
Partnunstafel
Tällibach
Plasseggen
2189
Röbispitzen
2466
Boller
2304
Borstkopf
Sarotlaalpe
1823
Sarotlamais
Engi
Viereggerpaß
2405
2517
Rotsp.
Obere
1913
Untere
Röbialpe
Röbimaisäß
Fideliskpl
k o n
Tälli
Breite Furka
Silbertälli
Ronggsp.
2531
2552
2570
Schollberg
Riedkopf
Ronggalpe
2000
Täscher
1423
Gargellen
Rüti
Gargelliner Alptobel
Apeltitälli
64v2
St.Antönler J.
2379
Rinderhtt.
64v1
Gargellenalpe
2390
Gampiflue
2506
Gargellner Köpfe
2320
Vergalda
2482
2559
Tal
2106
Talegg
Opwaldhtt.
64
Madrisahtt.
Selznerkopf
2180
Gandasee
1893
Valzifenzalpe
2430
Alpkopf
2273
Uf den Bender
Butzchammeren
Plattenflue
2415
Galierjöchle
Frygebirg
Madrisa
2770
2741
2589
Gafier Platten
2650
Madrisaj.
2612
Gandatal
2732
Gandataler Köpfe
2497
2653
1838
Ob. Valzifenzalpe
Madrisa
2826
Ereztälli

65 Silvretta Nova

Nova Alpe 1.736 m

Gebirge:
→ Silvretta
Talort:
→ Gaschurn (979 m)

Tiefblick von der Versettla zur Nova Alpe

Diese gemütliche Höhenwanderung führt an vielen kleinen Seen vorbei und erfordert keine besondere Kondition. Zum Schluss braucht man aber etwas Durchhaltevermögen, denn zum Ausgangspunkt geht es noch eine Stunde bergauf.

Anforderungen: mäßig anstrengend

Zeiten: 4 Stunden: ↗ 1¾ Std. ↘ 2¼ Std.

Ausgangspunkt: Gaschurn Bergstation Versettlabahn (2.010 m)

Gehzeiten: Bergstation – Madrisella – Matschuner Joch 2 Std.; Matschuner Joch – Alpe Nova – Bergstation 2 Std.

Höhenunterschied: ↗ ↘ je 800 Hm

Karten: ÖK-Blatt 169, LKS-Blatt 248, F&BBlatt 373

Informationen für Mountainbiker

Start/Ziel: Talstation Valisera Bahn (816 m)

Höchster Punkt: Alpe Nova (1.736 m)

Fahrzeiten: ↗ 2¼ Std. ↘ 1 Std.

Anstieg: ↗ ↘ je 10 km, 1.000 Hm Fahrt

Nova Alpe 1.736 m

Die Nova Alpe liegt im langen Novatal mitten im Schigebiet Silvretta Nova. Das Alpgebiet reicht bis unter die mächtige Heimspitze hinauf. Durch den hohen Ausgangspunkt bei der Nova Stoba wird sie häufig besucht.

Besitzer: Agrargenossenschaft St. Gallenkirch

Alpvieh: 65 Kühe, 200 Jungvieh, Schweine

Alpprodukte: Sura Kees, Bergkäse, Butter

Zeitraum der Bewirtschaftung: Ende Juni bis Mitte September

Gaststube: ja

Verpflegung für Wanderer: Getränke, Jause

Direkter Alpanstieg:

Ausgangspunkt: Bergstation Sesselbahn Garfrescha (1.507 m)

Gehzeit: ↗ 1½ Std. ↘ 1 Std.

Höhenunterschied: 250 Hm

Kinderwagen: durchgehend geeignet

Schwierigkeit: leicht

Im Bereich des Matschuner Joches

Von der Bergstation der Garfreschababahn wandert man auf dem Güterweg durchs Novatal zur Alpe.

Wanderroute: Von der Bergstation der Versettlabahn geht es zuerst etwas bergauf und dann muss man die „Burg“ umrunden. Südlich von ihr ist ein kleiner Sattel, ab dem man immer den Kamm entlang wandert. Die Versettla (2.372 m) bemerkt man fast nur durch eine hölzerne Markierungspyramide. Die Madrisella (2.466 m) hebt sich nicht viel, aber doch deutlich ab, denn es geht zuletzt klar bergauf. Östlich der Madrisella glänzen einige kleine Seen und man hat einen grandiosen Rundblick. Vom Gipfel geht man in südlicher Richtung weiter, passiert die Matschuner Köpfe und kommt schließlich zum Matschuner Joch (2.391 m). Nun geht es rechts hinab ins Novatal. Zuerst ist der Weg noch steil, dann wird er immer flacher und zuletzt wandert man fast eben zur Alpe Nova (1.736 m). Nun muss man nochmals Kräfte mobilisieren, denn zum Ausgangspunkt sind noch etwa 300 Höhenmeter über einen Güterweg zu bewältigen.

Variante:

Abstieg nach St. Gallenkirch [65v]

Endpunkt: Bergstation Sesselbahn Garfrescha (1.507 m)

Gehzeit: ↗ ↘ 4¼ Std.

Höhenunterschied: ↗ 500 Hm ↘ 1.100 Hm

Schwierigkeit: mittel

Viele Wanderer sparen sich den Wiederaufstieg zur Versettlabahn und wandern auf dem Güterweg durchs Tal hinaus nach Garfrescha. Dabei muss man zuletzt noch einige Höhenmeter bergauf. Von Garfrescha fährt man mit der Sesselbahn hinab nach St. Gallenkirch und mit dem Bus wieder zum Ausgangspunkt.

Gipfelergänzung:
Heimspitze (2.685 m) [65e]

Ausgangspunkt: Matschuner Joch (2.391 m)
Gehzeit: + 2¼ Std.
Höhenunterschied: + 300 Hm
Schwierigkeit: **anspruchsvoll**

Die Heimspitze bietet einen gewaltigen Rundum-Ausblick und wird deshalb gerne von dieser Seite besucht. Vom Matschuner Joch (2.391 m) geht es auf den Heimbüchel (2.540 m) hinauf und dann den Kamm entlang weiter. So gelangt man zu einem Sattel bei der Zwischenspitze und ist wenige Minuten später am Gipfel. Auf dem gleichen Weg wandert man zum Matschuner Joch zurück.

MTB-Route: Von der Valiserabahn vor St. Gallenkirch fährt man auf einem breiten Schiweg in östlicher Richtung aufwärts und trifft nach etwa 2 Kilometern auf die Straße, über die man nach Garfrescha (1.507 m) gelangt. Nun muss man etwas bergab ins Novatal und entlang des Vermielbaches fährt man zur Alpe Nova. Hier lässt man das Rad stehen und muss über den Güterweg etwa eine ¾ Stunde zur Nova Stoba aufsteigen, damit man die beschriebene Runde erleben kann (markiert als MTB-Tour 14).

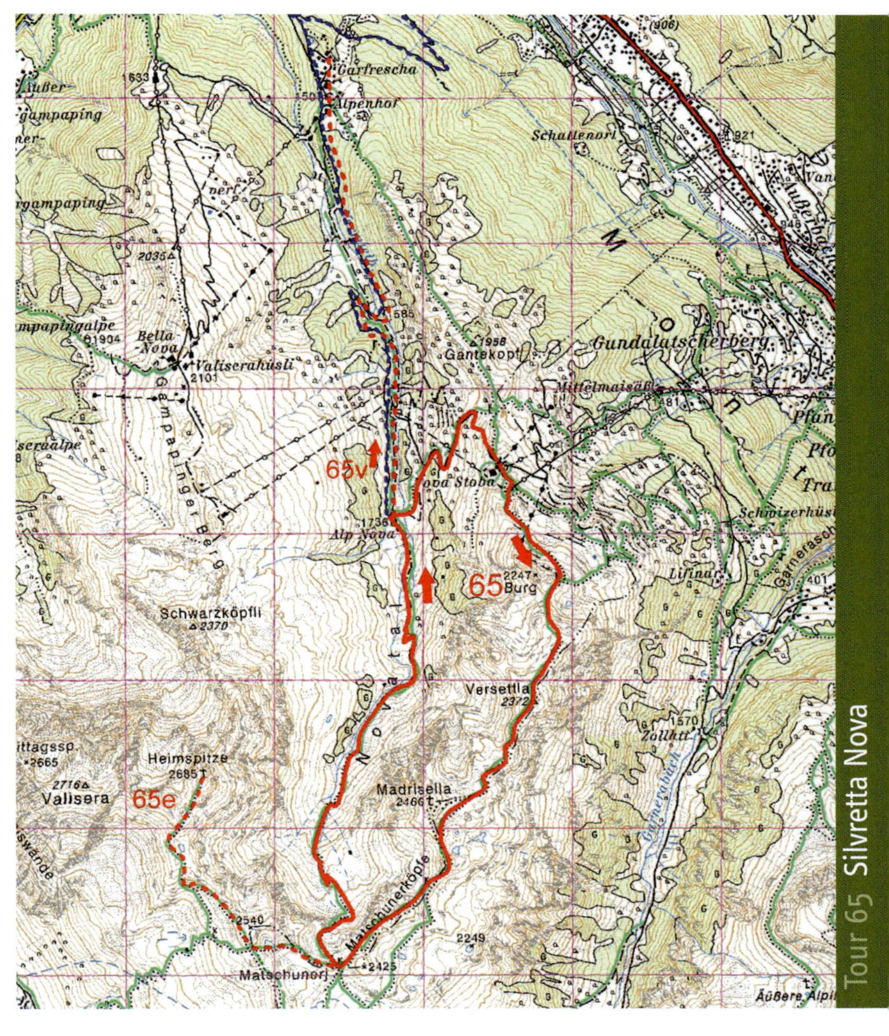
Garfrescha
Alpenhof
Schattenort
Gundalatscherberg
Mittelmaisäß
Valiserahüsli
2101
Bella Nova
Gantekopf
1958
Nova Stoba
65v
Alp Nova
1736
65
Burg
2247
Schwarzköpfli
2370
Versettla
2372
Madrisella
2466
Heimspitze
2685
Valisera
2716
65e
Matschunerköpfe
Matschunerj
2425
2540
2249
Zollhtt
1570
Lifinar
Schwizerhüsli
Gampapingalpe
1904
2036
Gampapinger Berg
Äußere Alpli

66 Garneratal

Ganeu Maisäß 1.401 m
Garnera Alpe 1.675 m

Gebirge:
→ **Silvretta**
Talort:
→ **Gaschurn (979 m)**

Ganeu Maisäß

Das Garneratal ist eines der längsten, ruhigsten und schönsten Alptäler Vorarlbergs. Der Garnerabach fließt anfangs durch sandige Böden und stürzt zuletzt tosend in die Tiefe.

Anforderungen: wenig anstrengend
Zeiten: ↗ ↘ $2\frac{1}{4}$ Stunden
Ausgangspunkt: Gaschurn Mittelstation Versettlabahn (1.480 m)
Zielpunkt: Talstation Versettlabahn (960 m)
Höhenunterschied: ↗ 130 Hm ↘ 780 Hm
Karten: ÖK-Blatt 169, LKS-Blatt 239 + 249, F&BBlatt 373
Kinderwagen: durchgehend geeignet

Informationen für Mountainbiker
Start/Ziel: Talstation Versettlabahn (960 m)
Höchster Punkt: Garnera Alpe (1.675 m)
Fahrzeiten: ↗ $2\frac{1}{2}$ Std. ↘ 1 Std.
Anstieg: ↗ 10 km ↘ 7 km, 880 Hm Fahrt

Besonderheit: Nach einer ersten Steilstufe mit einem Wasserfall erstreckt sich das Tal vom Ganeu Maisäß bis zur oberhalb des Talschlusses befindlichen Tübinger Hütte und weist eine Länge von fast sieben Kilometern auf. Im Tal

mäandriert der Garnerabach und weist unzählige Stellen zum Spielen und Rasten am Wasser auf. Weit über die Grenzen des Landes hinaus wurde das Garneratal bekannt, als dort vor einigen Jahren für die Verfilmung von „Schlafes Bruder“ ein eigenes Filmdorf geschaffen wurde.
Die meisten Wanderer wählen die kurze Wanderrunde, die bei der Mittelstation der Versettlabahn beginnt und über das Ganeu Maisäß zur Talstation führt. Zur Garnera Alpe gehen nur wenige weiter, außer die Wanderer wollen zur Tübinger Hütte oder kommen von dort. Dann lassen sie aber die Alpe meist links liegen. Man kann aber auch bei der Bergstation der Versettlabahn starten. In einer wunderschönen Höhenwanderung kann man dann die Gipfel der Versettla und Madrisella überschreiten und anschließend ins Garneratal hinab wandern.

Garnera Alpe 1.675 m
Ganeu Maisäß 1.401 m

Das Ganeu Maisäß mit ihren vielen Hütte ist nur Anfang Ende der Alpsaison besetzt. Die Hütten gehören den Alpbesitzern und bieten keine Bewirtung. Die Garnera Alpe liegt etwa 4 Kilometer südlich davon. Das Jungvieh weidet auf den Alpflächen des Versettla-Madrisella-Kammes, die Kühe werden in der Nähe der Alpe gehalten.
Zum Alpgebiet gehören auch die Alpila Alpe, die Neualpe und die Außertschambreu Alpe. Diese liegen abgelegen hoch über dem Tal und werden durch etwa 900 Schafe beweidet. Sie werden im Rahmen der Tour 67 passiert.

Besitzer: Alpgenossenschaft Gaschurn
Alpvieh: 30 Milchkühe, 70 Jungvieh
Alpprodukte: Milch, die in die Molkerei geliefert wird.
Zeitraum der Bewirtschaftung: Anfang Juli bis Mitte September
Verpflegung für Wanderer: Getränke, Käsbrote

Direkter Alpanstieg:
Der beste Anstieg zur Alpe ist ident mit der Wanderroute. Bei einem Start in Gaschurn folgt man einfach dem Güterweg, der in der Nähe der Talstation der Versettlabahn beginnt.

Wanderroute: Von der Mittelstation folgt man den Wegweisern Richtung Ganeu. Dazu wandert man auf einem Güterweg in östlicher Richtung leicht bergauf. Nach etwa einer halben Stunde beginnt der Abstieg ins Garneratal. Bei Kolpaliger (1.470 m) gabelt sich der Weg. Nach rechts führt der Güterweg zur Garnera Alpe nach links zum Ganeu Maisäß und hinab nach Gaschurn. Bei den ersten Hütten von Ganeu hat man die Wahl zwischen zwei sehr unterschiedlichen Wegen: Der

Güterweg führt in vielen Kehren einfach nach Gaschurn hinab. Nach links gelangt man auf einem anspruchsvollen und sehr schönen Weg ins Fenggatobel. Dabei geht es über viele Treppenstufen entlang eines Wasserfalles bergab. Tiefer unten trifft man wieder auf den Güterweg und den Bach entlang kommt man zum Parkplatz der Versettlabahn.

Ergänzung:
Garnera Alpe (1.675 m) [66e]

Ausgangspunkt: oberhalb Ganeu Maisäß (1.600 m)
Gehzeit: + 2 Std.
Höhenunterschied: + 100 Hm
Schwierigkeit: leicht

Beim Abstieg ins Garneratal kann man auf etwa 1.600 m bei Lifinar nach rechts vom Güterweg abbiegen und entlang des Hangs unterhalb der Burg und der Versettla höhesparend nach Süden wandern. Auf etwa 1.570 m trifft man bei einer Zollhütte auf den Güterweg, dem man anschließend bis zur Alpe folgt. Bergab wandert man über den Güterweg bis Ganeu und entweder weiter auf dem Güterweg oder durch das anspruchsvolle Fenggatobel nach Gaschurn.

Variante:
Große Garnerarunde [66v]

Ausgangspunkt: Gaschurn Bergstation Versettlabahn (2.010 m)
Zielpunkt: Talstation Versettlabahn (960 m)
Gehzeit: ↗ ↘ 5½ Std.
Höhenunterschied: ↗ 550 Hm ↘ 1.600 Hm
Schwierigkeit: mittel

Zuerst wandert man wie bei Tour 65 beschrieben von der Versettlabahn zum Matschuner Joch. Hier wendet man sich nach links und steigt auf einem steilen Weg ins Garneratal ab. Wenn man dem Talboden schon nahe ist, muss man nach Norden talauswärts weiter und erreicht erst etwa einen Kilometer unterhalb der Garnera Alpe den Garnerabach. Nun wandert man auf dem Güterweg nach Ganeu und entweder weiter auf dem Güterweg oder durch das anspruchsvolle Fengatobel nach Gaschurn.

MTB-Route: In Gaschurn beginnt bei der Talstation der Versettlabahn ein steiles Sträßchen, das zur Mittelstation der Bahn führt. Hier fährt man noch etwas weiter Richtung Osten bergauf, dann kann man ins Garneratal hinab fahren. Etwas oberhalb des Ganeu Maisäß erreicht man den Talboden und kann Richtung Süden bis zur Talstation der Materialseilbahn zur Tübinger Hütte weiterfahren. Bergab bleibt man immer auf dem Güterweg das Tal hinaus, der unterhalb des Ganeu Maisäß sehr steil wird.

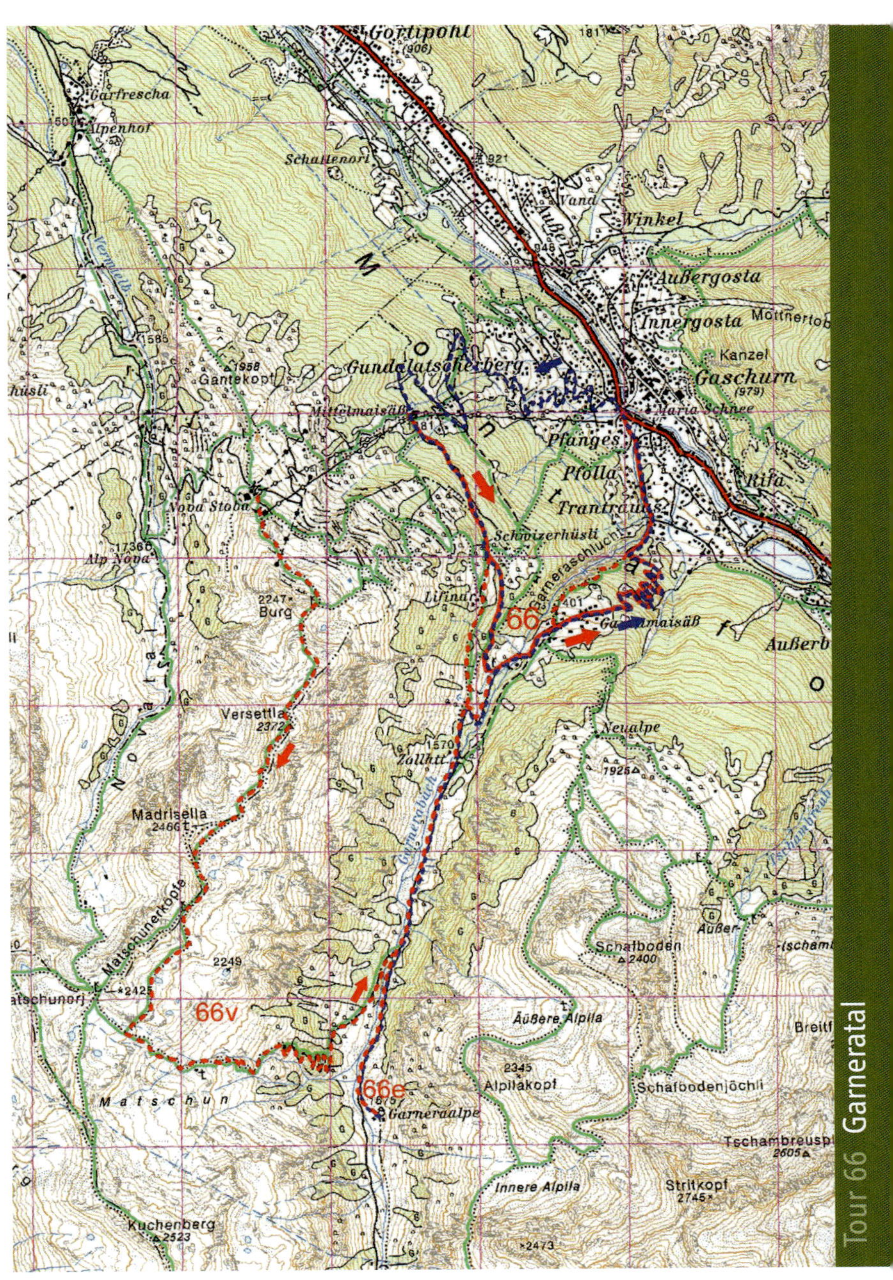
Gortipohl
(906)
Garfrescha
Alpenhof
1507
Schattenort
921
Vand
Winkel
Außergosta
Innergosta
Mottnertob
Kanzel
Gaschurn
(979)
Maria Schnee
Gundalatscherberg
Mittelmaisäß
Pfanges
Pfolla
Trantrauas
Rifa
Schwizerhüsli
Garneraschlucht
Lifinar
401
Garnamaisäß
66
Außerb
Gantekopf
1958
1586
Nova Stoba
1736
Alp Nova
2247
Burg
Versettla
2372
Madrisella
2466
Matschunerköpfe
2249
2425
66v
Matschun
66e
Garneraalpe
1570
Zollhtt.
Garnerabach
Neualpe
1925
Schafboden
2400
Außer
Äußere Alpila
2345
Alpilakopf
Schafbodenjöchli
Tschambreuspi
2605
Innere Alpila
Stritkopf
2745
2473
Kuchenberg
2523
Breitf

67 Schafboden

Neualpe 1.830 m
Ganeu Maisäß 1.401 m

Gebirge:
→ Silvretta
Talort:
→ Gaschurn (979 m)
Partenen (1.051 m)

Neualpe

Die Gegend des Schafbodens liegt hoch über dem Talschluss des Montafons. Die Abgeschiedenheit und die hoch hinaufführende Seilbahn machen diese Wanderung reizvoll.

Anforderungen: etwas anstrengend
Zeiten: ↗ ↘ 3½ Stunden
Ausgangspunkt: Bergstation Vermuntbahn (1.730 m)
Zielpunkt: Gaschurn Versettlabahn (960 m)
Höhenunterschied: ↗ 250 Hm ↘ 1.000 Hm
Karten: ÖK-Blatt 169, LKS-Blatt 249, F&B Blatt 373

Besonderheit: Die Vermuntbahn ist im Winter ein sehr wichtiges Element der Erreichbarkeit der Silvretta. Früher war es eine offene Standseilbahn, deren Steilheit manchen Benutzern das Fürchten lehrte. Inzwischen ist sie aber durch eine moderne Kabinenseilbahn ersetzt worden. Sie eröffnet eine, größtenteils bergab führende, Alpwanderung über einsame Alpflächen. Allerdings muss man selbst für Proviant sorgen, denn keine der Alpen der Tour bietet eine Bewirtung an.

Weitere Alpen der Tour

Außertschambreu Alpe 1.844 m
Neualpe 1.830 m
Äußere Alpila 2.131 m
Diese drei Alpen bilden zusammen eine riesige Schafalpe, auf der etwa 900 Schafe weiden. Die Hirten schlafen entweder in der neu errichteten Hütte bei der Äußeren Alpila Alpe oder bei der Garnera Alpe. Die Hütte der Neualpe wird von Jägern benutzt. Früher wurde sie mit Kühen bestoßen.

Ganeu Maisäß 1.401 m (siehe Tour 66)

Wanderroute: Von der Bergstation der Vermuntbahn (Tromenier) geht es zuerst zwischen Lawinenverbauten bergauf. Dann wandert man ohne viel Steigung unterhalb des Breitfielers, der eigentlich nur Schitourengehern bekannt ist, in westlicher Richtung. Tief unten liegt das innere Montafon und im Norden ragt die Madererspitze heraus. So kommt man in ein kleines Tal – genannt Außertschambreu (1.860 m). Auf der anderen Seite dieses Tales geht es kurz bergauf und dann um den Rücken herum (1.970 m). Hier zweigt der Weg zum Schafboden ab. Die Alpwanderung führt auf der Nordflanke des Berges in nordwestlicher Richtung zur Neualpe (1.830 m) und dann sehr steil im Wald zum Ganeu Maisäß (1.401 m) hinab. Der einfachere Weiterweg erfolgt über den Güterweg, der in vielen Kehren hinab zur Talstation der Versettlabahn führt. Trittsicheren Wanderern ist der Weg durchs wilde Fenggatobel zu empfehlen. Dabei kann man noch einen schönen Wasserfall bewundern.

Gipfelergänzung:
Schafboden (2.400 m) [67e]
Abzweigpunkt: Außertschambreu (1.860 m)
Gehzeit: + 2 Std.
Höhenunterschied: + 430 Hm
Schwierigkeit: **anspruchsvoll**

In Außertschambreu zweigt links ein einsamer und anspruchsvoller Weg zur Tübinger Hütte ab. Zum Schafboden steigt man auf der anderen Seite des Tales, um den Rücken herum auf und gelangt links haltend in ein kleines Kar. Dieses führt auf eine Schulter hinauf. Hier kann man rechts das Gipfelkreuz sehen, das man entlang des Gipfelrückens in wenigen Minuten erreicht. Das Kreuz steht zwar nicht auf dem, in der Karte

Ausblick im Anstieg zum Schafboden nach Westen

eingezeichneten Gipfel – dieser befindet sich links der Schulter – es ist aber das logische Ziel der Tour, denn von diesem Punkt hat man die bessere Aussicht.
Dann folgt man dem Weg zum Schafbodenjöchli kurz Richtung Süden. Nach einer kleinen Rippe führen Schafspuren wegartig zur Äußeren Alpila (2.131 m) hinab. Hier trifft man wieder auf einen markierten Wanderweg, der westseitig durch einen grasigen und steilen Hang auf die Nordseite des Schafbodens und zur Neualpe führt.

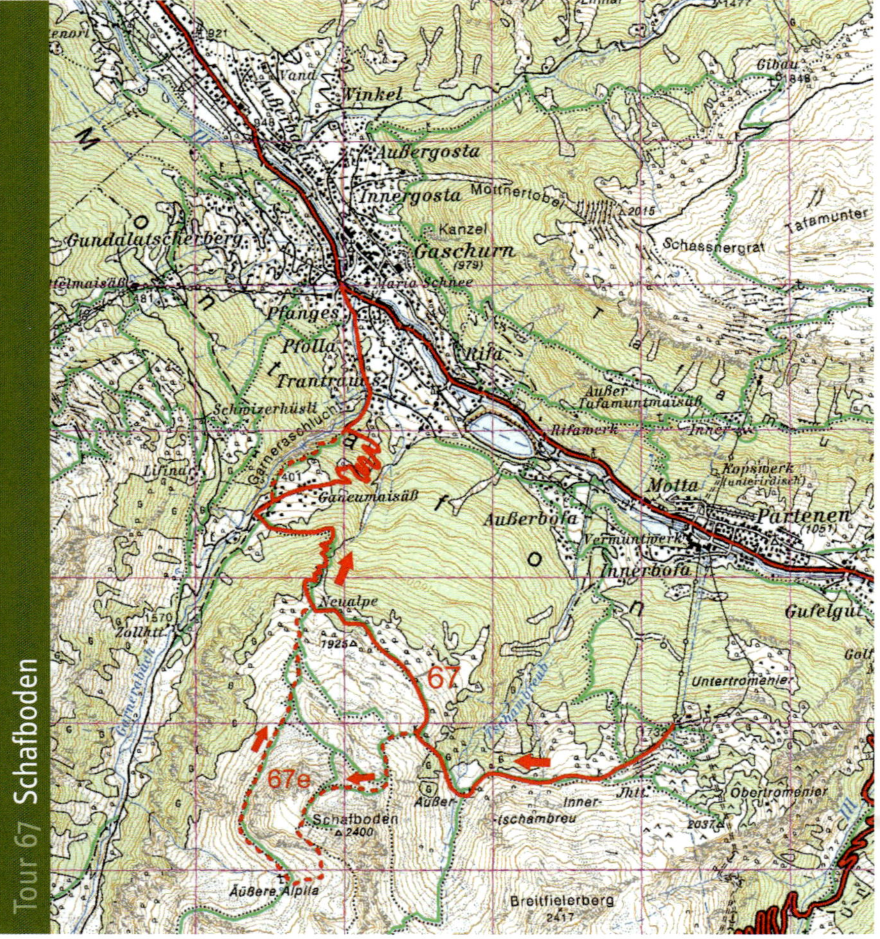

68 Unter der Versallspitze

Verbella Alpe 1.938 m
Gibau Alpe 1.848 m

Gebirge:
→ **Verwall**
Talort:
→ **Gaschurn (979 m)**
Partenen (1.051 m)

Verbella Alpe

Diese Wanderung führt ohne großen Anstieg in großer Höhe über dem Ende des Montafons zu einer wunderbaren Alpe. Dabei passiert man ein Naturjuwel, den Wiegensee, der zu einer gemütlichen Rast einlädt.

Anforderungen: etwas anstrengend

Zeiten: 5 Stunden: ↗ 2¼ Std. ↘ 2¾ Std.

Ausgangspunkt: Partenen – Bergstation der Tafamunt Seilbahn (1.530 m)

Zielpunkt: Partenen (1.051 m)

Höhenunterschied: ↗ 420 Hm ↘ 950 Hm

Karten: ÖK-Blatt 169 + 170, LKS-Blatt 239, F&BBlatt 373

Informationen für Mountainbiker

Start/Ziel: Gaschurn – Versettlabahn (960 m)

Höchster Punkt: Übergang zur Gibau Alpe (2.260 m)

Fahrzeiten: ↗ 3 Std. ↘ 2½ Std.

Anstieg: ↗ 16,5 km ↘ 9 km, 1.200 Hm Fahrt

Besonderheit: Die Tafamunt Seilbahn muss schon vor deren Bergstation bei einer Stütze verlassen werden, denn der eigentliche Zweck der Bahn ist die Verbindung mit dem Einstieg in den Fallstollen des Kopskraftwerkes.

Innerganifer Alpe 1.563 m
Außerganifer Alpe 1.447 m
Verbella Alpe 1.938 m

Die Ganifer Alpen liegen tief im Tal, das zwischen der Verallspitze im Norden und der Breitspitze im Süden eingeklemmt ist. Die Außerganifer und die Innerganifer Alpe gehen ineinander über. Steht man bei der Alphütte in Innerganifer und schaut nach Osten thront hoch über der Alpe die mächtige Staumauer von Kops. Ängstliche Gemüter werden wahrscheinlich erschrecken. Die Alpe dient als Voralpe zur Verbella Alpe und ist deshalb nur kurz am Anfang und Ende der Alpsaison besetzt. Sie bietet keine Bewirtung.
Die Verbella Alpe liegt ganz in den Hang hineingebaut in einem Flachstück des langgezogenen Tales unterhalb des Verbellakopfes und des Tafamunter Augstenberges. Am obersten Ende des Tales befindet sich beim Winterjöchli, welches ein Übergang ins Arlberggebiet darstellt, die Heilbronner Hütte. Die Nähe zum Zeinisjoch und dem Kopsstausee sorgt für starken Besucherandrang auf der Verbella Alpe.

Verbella Alpe

Besitzer: Alpgenossenschaft
Alpvieh: 7 Milchkühe, 163 Jungvieh, 5 Schweine, Hühner
Alpprodukte: Sura Kees, Butter
Zeitraum der Bewirtschaftung: Anfang Juli bis Anfang September
Gaststube: ja
Verpflegung für Wanderer: Getränke, Milch, Käsbrote, Hauswurst

Direkter Alpanstieg:
Ausgangspunkt: Zeinisjochhaus (1.822 m)
Gehzeit: ↗ 1¼ Std. ↘ 1¼ Std.
Höhenunterschied: 120 Hm
Kinderwagen: durchgehend geeignet
Schwierigkeit: leicht

Vom Zeinisjochhaus am Kopsstausee führt ein sehr gut ausgebauter Wanderweg in nordwestlicher Richtung zur Alpe. Dabei kommt man auch beim kleinen Zeinissee vorbei.

Gibau Alpe 1.848 m

Die Alpe liegt hoch über dem Valschavieltal und bietet eine hervorragende Aussicht auf das

Schigebiet Silvretta Nova und die Madererspitze. Sie ist eine der großen Schafalpen Vorarlbergs. Der Hirte ist zwar oft unterwegs, wenn er allerdings bei der Alpe ist freut er sich über jeden Besuch und kann Getränke und Käsbrote anbieten.

Besitzer: Gemeinde Gaschurn und Einzelbesitzer
Alpvieh: 12 Milchkühe, 153 Jungvieh, 50 Ziegen, 5 Schweine, 700 Schafe
Alpprodukte: Sura Kees, Milch, Butter
Zeitraum der Bewirtschaftung: Mitte Juni bis Mitte September
Schafe Mitte Mai bis Ende September
Verpflegung für Wanderer: Getränke, Milch, Käsbrote, Hauswurst

Direkter Alpanstieg:
Siehe Variante Gibau Alpe.

Wanderroute: Von der Ausstiegsstelle der Seilbahn wandert man entlang des Waldes unter der Versalspitze Richtung Osten. Dabei geht es meist leicht bergauf. So erreicht man nach etwas mehr als einer Stunde den malerischen kleinen Wiegensee (1.932 m). Nun gelangt man auf die Ostseite der Versalspitze und oberhalb des Talgrundes wandert man fast flach nach Norden zur Verbella Alpe (1.938 m).
Von der Alpe folgt man zuerst dem Fahrweg nach Kops. Schon bald zweigt rechts ein Wanderweg ab, der über moorige Wiesen und zuletzt steil durch den Wald nach Ganifer, zum Fahrweg von Kops nach Partenen, hinabführt. Man könnte diesem Weg bis Partenen folgen. Schöner ist es aber, bei der Außerganifer Alpe (1.447 m) rechts abzuzweigen und durch den Wald direkt nach Partenen abzusteigen.

Variante:
Gibau Alpe (1.848 m) [68v1]
Ausgangspunkt: Gaschurn (979 m)
Gehzeit: ↗ 2¾ Std. ↘ 1¾ Std.
Höhenunterschied: ↗ ↘ 870 Hm
Schwierigkeit: mittel

In Partenen wandert man nordwärts zum markanten Valschavieltal und südseitig des Baches das Tal hinein. Nach etwa einer Stunde wechselt man auf die andere Talseite zum Güterweg, auf dem man bis zum Valschaviel Maisäß (1.560 m) weiter wandert. Hier zweigt rechts ein Wanderweg ab, der steil hinauf zur Alpe führt. Von der Alpe wandert man Richtung Westen in den Wald hinab. In diesem führt der Weg etwas schwierig hinab ins wilde Valschavieltal. Wenn man den Bach erreicht bleibt man auf dessen linker Seiten und etwas oberhalb des Baches geht es nach Westen hinaus bis zu den ersten Häusern von Gaschurn und auf Straßen zu einer Bushaltestelle.

Variante:
Verbella Alpe (1.938 m) [68v2]

Ausgangspunkt: Partenen – Bergstation der Tafamunt Seilbahn (1.530 m)

Zielpunkt: Gaschurn (979 m)

Gehzeit: ↗ ↘ 6¼ Std.

Höhenunterschied: ↗ 770 Hm ↘ 1.300 Hm

Schwierigkeit: mittel

Zuerst wandert man wie oben beschrieben zur Verbella Alpe. Dann wandert man unterhalb des Tavamunter Augstenberges über steile Hänge Richtung Versall Spitze weiter. Knapp unterm Jöchli (2.274 m) wendet man sich nach Norden (rechts) und wandert leicht bergab zum Gibausattel (2.284 m). Hier trifft man auf den Güterweg, der auch von der Verbella Alpe herauf kommt. Nun wandert man auf diesem Güterweg nordseitig des Augstenberges gemütlich bergab zur Gibau Alpe. Der Weiterweg ist ident mit dem oben beschriebenen Abstieg von der Alpe.

Biker kurz vor der Verbella Alpe

Gipfelergänzung:
Versalspitze (2.462 m) [68e]

Ausgangspunkt: Partenen – Bergstation der Tafamunt Seilbahn (1.530 m)

Gehzeit: + 1¾ Std.

Höhenunterschied: + 450 Hm

Schwierigkeit: anspruchsvoll

Von der Ausstiegsstelle der Seilbahn geht es steil unterhalb dem letzten Abschnitt der Bahn im Wald hoch. Der Weg zieht etwas nach links und folgt meist einer Wasserrinne. Etwas unterhalb von 2.000 m kommt man aus dem Wald heraus und gewinnt zwischen Lawinenverbauten rasch an Höhe. Das Gelände legt sich zurück und man betritt die Alpflächen beim verfallenden Versalhaus (2.210 m). Hier wird die Versalspitze sichtbar und sanft ansteigend kommt man in östlicher Richtung zum Jöchli (2.405 m). Nach rechts ist es nun nicht mehr weit bis zum Gipfel. Zurück beim Jöchli steigt man in östlicher Richtung zur Verbella Alpe (1.938 m) ab. Der Weg geht zuerst über Alpwiesen, später wird es aber steil, bis man in der Nähe der Alpe auf einen Fahrweg trifft, der zur Alphütte führt.

MTB-Route: In Partenen fährt man auf der Straße zur Mautstelle der Silvretta Hochalpenstraße und auf dieser noch bis zur zweiten Kehre (Rechtskehre). Hier zweigt links, der teilweise steile und anstrengende Fahrweg zum Zeinisjoch ab, dem man bis dorthin folgt. Kurz unterhalb von Kops zweigt links der Güterweg zur Verbella Alpe ab. Bei der Alpe fährt man auf dem Güterweg weiter, bis man nach links auf den Güterweg zur Gibau Alpe abzweigen kann. Auf diesem fährt man zu einem Sattel (2.284 m) hinauf und dann westseitig zur Gibau Alpe (1.848 m) hinab. Hier muss man das Fahrrad zur Valschaviel Alpe (1.560 m) hinab tragen (sehr steil und mühsam!), bevor man nach Gaschurn hinaus fahren kann. Dazu wendet man sich bei der Alpe Richtung Nordosten, nicht wie bei der Wanderroute nach Westen. (markiert als MTB-Tour 19)

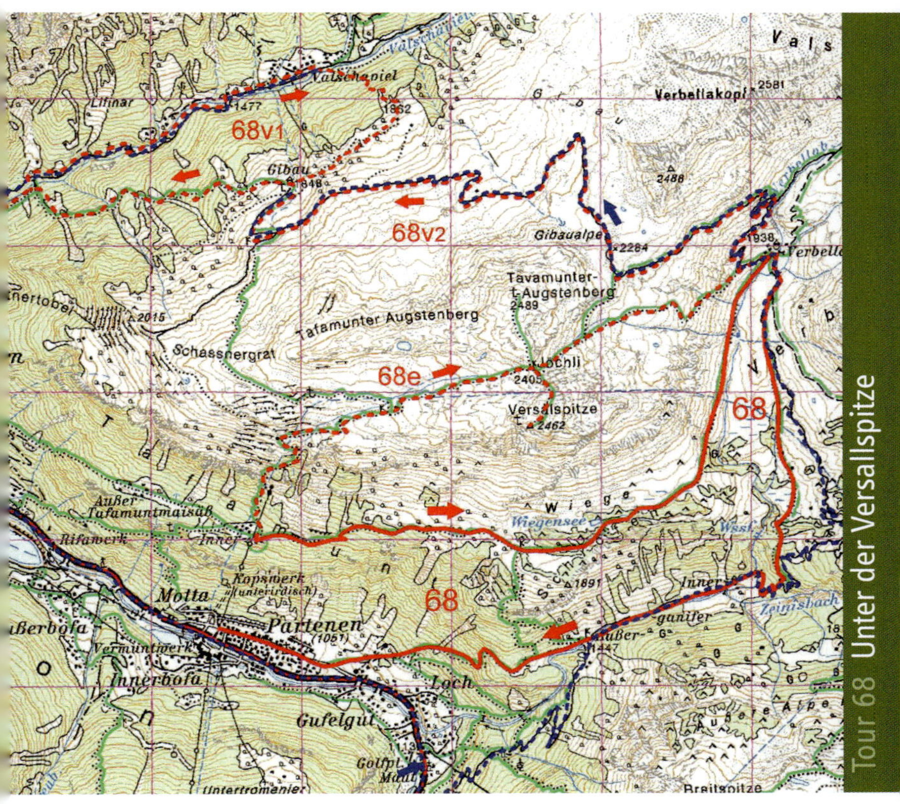

Bregenzerwald

Der Bregenzerwald ist weder ein Wald noch eine Gebirgsgruppe, sondern eine Talschaft. Von oben betrachtet ist er eine hügelige Landschaft, die an einigen Stellen von massiven Bergen durchbrochen ist. Der Bregenzerwald wird in der Mitte durch die meist tief eingeschnittene Bregenzerach geteilt. Die Berge sind hügelartig, weisen aber teilweise eine steile, unnahbare Seite auf. Richtung Hochtannbergpass türmen sie sich immer schroffer und höher auf.

Diese einzigartige Landschaft hat auch die Menschen geprägt. Sogar mancher Vorarlberger hat beim Anhören des Bregenzerwälder Dialektes das Gefühl, er befinde sich im fremdsprachigen Ausland. Dies schlägt sich auch in den Namen einiger Berge nieder.

Der Bregenzerwald bietet eine Unzahl an Wanderungen zu sehr unterschiedlichen Alpen. Die Reihung der Touren folgt der Reise von Bregenz zum Hochtannberg.

Blick vom Hittisberg

Vorderer Bregenzerwald

Hittisau, Sibratsgfäll

Hittisau und Sibratsgfäll liegen etwas abseits der Hauptorte des Bregenzerwaldes. Die umliegenden Berge bieten wunderbare Familienwanderungen, denn sie sind niedrig und sanft. Trotzdem weisen sie auch steile Seiten auf. Die Engenlochschlucht der Bolgenach, die Gesteinsformationen der Rappenfluh und viele Alpen tragen viel zum Reiz dieser Landschaft bei.

Hittisau ist die alpreichste Gemeinde Österreichs mit etwa 60 selbständigen Alpen. Sie sind meist sehr klein und beherbergen nur wenig Vieh. Die Bewirtschaftung erfolgt teilweise vom Tal aus.

Sibratsgfäll

Auf einen Blick

Gebirge: Allgäuer Alpen
Talorte: Hittisau (790 m), Sibratsgfäll (929 m)
Karten: ÖK-Blatt 112 + 113, LKS-Blatt 218, F&B-Blatt 364
Anreise: Von Dornbirn oder Bregenz fährt man nach Alberschwende und weiter Richtung Egg. Bei Müselbach muss man links Richtung Hittisau und Sibratsgfäll abzweigen. Parken ist jeweils im Ortszentrum möglich.
Bus/Bahn: Von Dornbirn fährt man mit dem Landbus Linie 40 und von Bregenz mit Linie 35 nach Egg. Weiter geht es mit der Linie 41 nach Hittisau oder Sibratsgfäll. Die Linie 41 fährt 3x pro Tag auch direkt von Dornbirn. Von Bregenz ist Hittisau auch mit Linie 25 erreichbar.

69 Hochhädrich

Hochhädrich Alpe 1.520 m

Gebirge:
→ **Allgäuer Alpen**
Talort:
→ **Hittisau (790 m)**

Hochhädrich Alpe

Dieser Aussichtsberg am Rande der Alpen bietet einen abwechslungsreichen Anstieg und eine Aussicht, die weit in den Bregenzerwald und nach Deutschland hinein reicht. Dabei trifft man auf viele verschiedene Alpen.

Anforderungen: etwas anstrengend

Zeiten: 4 Stunden: ↗ 2¼ Std. ↘ 1¾ Std.

Ausgangspunkt: Hittisau Ortsmitte (790 m)

Gehzeiten: Hittisau – Lochalpe 1 1/2 Std.; Lochalpe – Hochhädrich 3/4 Std.; Hochhädrich – Gfäll 1 1/4 Std.; Gfäll – Ortszentrum 1/2 Std.

Höhenunterschied: ↗ ↘ je 770 Hm

Karten: ÖK-Blatt 112, LKS-Blatt 218, F&B-Blatt 364

Informationen für Mountainbiker

Start/Ziel: Hittisau Ortsmitte (790 m)

Höchster Punkt: Alpengasthaus Hochhädrich (1.520 m)

Fahrzeiten: ↗ 1¾ Std. ↘ ¾ Std.

Anstieg: ↗ ↘ je 9,5 km, 800 Hm Fahrt

Besonderheit: Beim Hochhädrich, der oft auch als Hoch Häderich geschrieben wird, hat man die Auswahl zwischen zwei abwechslungsreichen Anstiegen: Der erste und längere beginnt in Hittisau und beinhaltet auch die Überquerung einer Hängebrücke. Der zweite startet beim Schilift Hoch Häderich und gleicht eher einem Spaziergang.

Hochhädrich Alpe 1.520 m

Die Alpe liegt direkt unterhalb des Hochhädrichs. Sie bietet neben einer tollen Aussicht auch eine ansprechende Speisekarte. Nach Voranmeldung kann man auch abends auf der Alpe gemütlich zusammensitzen und anschließend übernachten.

Besitzer: privat
Alpvieh: 13 Kühe
Alpprodukte: Milch, wird ins Tal gebracht
Zeitraum der Bewirtschaftung: Anfang Juni bis Ende Oktober
Übernachtung: 15 Lager
Gaststube: ja
Kontakt: Maria Luise Bilgeri, +43/(0)664/922410
Verpflegung für Wanderer: einfache Gastronomiespeisekarte

Direkter Alpanstieg:
Der Anstieg ist ident mit der Wanderroute.

Weitere Alpen der Tour

Streichbrunnen Alpen 1.080 m
Dies sind drei unabhängige kleine Privatalpen, auf denen den gesamten Sommer über Kühe und Jungvieh weiden. Die Milch wird mit der Materialseilbahn ins Tal gebracht und in die Molkerei geliefert. Es gibt keine Gästebewirtung.

Lochalpe 1.220 m
Sie liegt knapp unterhalb des Kammes in schöner Aussichtslage. Durch die Nähe zur Hochhädrich Alpe wird keine Bewirtung angeboten. Die Produkte der Alpe (Käse und Butter) werden jedoch zum Verkauf angeboten.

Hennenmoos Alpe 1.325 m
Gehrenalpe 1.354 m
Sie liegen in der Nähe des Parkplatzes des Schigebietes Hoch Häderich. Auf der Gehrenalpe weiden etwa 20 Kühe und auf der Hennenmoos Alpe etwa 10 Kühe und 10 Jungvieh. Die Milch wird in die Molkerei geliefert und es wird keine Bewirtung angeboten.

Gschwend Alpe 1.121 m
Obere Ladalpe 1.220 m
Diese kleinen Alpen im Nahbereich des Dorfes bieten keine Bewirtung von Wanderern.

Wanderroute: Vom Ortszentrum in Hittisau wandert man über den Plateaurundweg Richtung

Engenlochschlucht. Der Weg führt zuerst durch Felder, dann eine Stufe hinab zur Bolgenach und hier noch etwas bachaufwärts zur Hängebrücke. Auf der anderen Seite der Brücke gelangt man über ein Weglein hinauf zur Straße ins Lecknertal. Dieser folgt man etwa 800 m in östlicher Richtung. Dann kann man schräg nach links auf einen Güterweg abzweigen (kein Wegweiser vorhanden), der zur Streichbrunnen Alpe (1.080 m) und weiter über eine steile und mit Felsbrocken übersäte Alpwiese zur Lochalpe (1.220 m) führt. Hier beginnt ein Wanderweg, der vorerst entlang eines Rückens hoch führt und nach einem kurzen Waldstück in einen Fahrweg neben der Schipiste mündet. Über diesen Weg gelangt man gemütlich zum Alpengasthaus Hochhädrich (1.520 m).
Im Abstieg muss man zuerst über den Fahrweg zurück. Bei der Einmündung des Aufstieges wandert man nördlich noch weiter hinab bis zur Gehrenalpe (1.354 m). Hier beginnt ein teilweise steiler Weg durch den Wald zur Gschwend Alpe (1.121 m) und schräg nach links über die Alpwiese wieder zurück in den Wald. Nach der Walddurchquerung wandert man über schöne Wiesen hinab nach Gfäll. Hier geht es nach links über Wiesen wieder zum Weglein zur Hängebrücke und zurück ins Dorfzentrum. Dabei kann man auch noch einen Umweg durch die malerische Engenlochschlucht anhängen (+ ½ Stunde).

Variante:
Hochhädrich Nord

Ausgangspunkt: Restaurant Hochhädrich (1.227 m)

Gehzeit: ↗ ↘ 2 Std.

Höhenunterschied: ↗ ↘ 350 Hm

Schwierigkeit: mittel

Über eine gute Straße kann man bis zum Restaurant neben dem Schilift fahren. Somit wird die Ersteigung des Hochhädrich zu einem Spaziergang für die ganze Familie.
Über einen Fahrweg geht es entlang der Piste zum Alpengasthaus Hochhädrich. Beim Rückweg kann man schon kurz nach dem Gasthaus nach rechts über die Wiese hinab zur Hörmoos Alpe (1.266 m) absteigen. Diese Alpe ist als Gastwirtschaft ausgebaut

und liegt in einer wunderschönen Ebene mit einem kleinen See, den man am besten umrundet. Von der Alpe ist es nicht mehr weit zum Ausgangspunkt.

Gipfelergänzung: Hochhädrich (1.566 m)

Ausgangspunkt: Alpengasthaus Hochhädrich (1.520 m)

Gehzeit: + 1/4 Std.

Höhenunterschied: + 45 Hm

Schwierigkeit: **mittel**

Vom Alpengasthaus ist man in wenigen Minuten auf dem erstaunlich schroffen Gipfel.

MTB-Route: Von Hittisau fährt man auf der Straße entlang des Bolgenach-Stausees Richtung Krumbach. Etwa in der Hälfte des Sees zweigt man rechts zum Schilift Hochhäderich ab. Nach einer Linkskehre auf etwa 1.000 m geht es rechts auf einem Güterweg zur Hennenmoos Alpe und weiter zur Gehrenalpe (1.354 m) hinauf. Nun fährt man auf dem Fahrweg entlang der Piste zum Alpengasthaus Hochhädrich (1.520 m). Zurück fährt man am einfachsten zur Talstation des Schiliftes und über die Straße nach Hittisau.

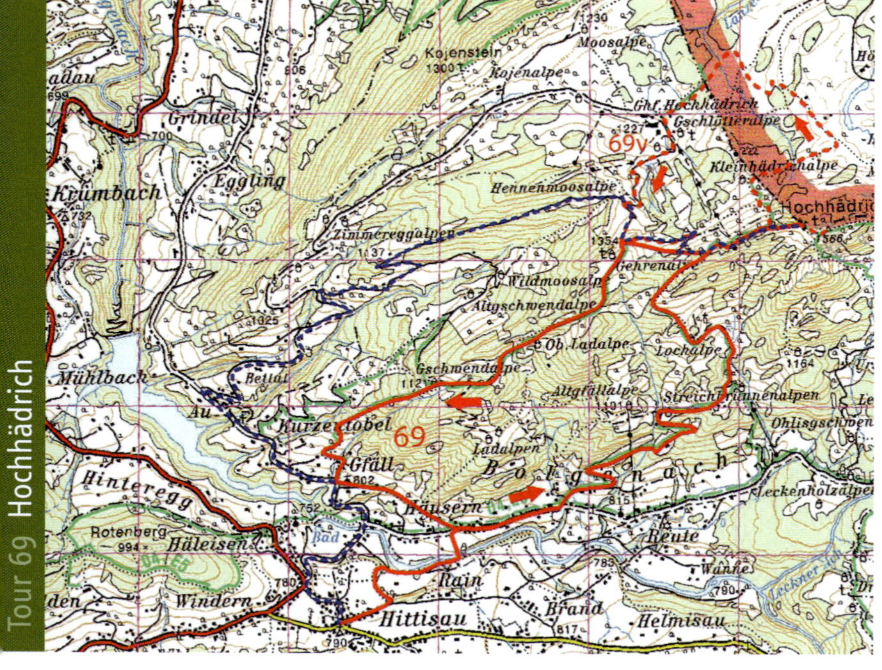

70 Hoch überm Lecknertal – Plattenalpen

Alpe Schwarzenberger Platte 1.240 m
Plattentisch Alpe 1.460 m
Rohne Alpe 1.400 m
Alpe Glockenplatte 1.276 m
Alpe Juliansplatte 1.160 m

Gebirge:
→ **Allgäuer Alpen**
Talort:
→ **Hittisau (790 m)**

Lecknersee

Das Lecknertal ist wahrscheinlich das alpreichste Tal Österreichs. Man kann gemütlich von Alpe zu Alpe wandern und Älplergastlichkeit genießen.

Anforderungen: wenig anstrengend

Zeiten: 2¼ Stunden: ↗ 1¼ Std. ↘ 1 Std.

Ausgangspunkt: Parkplatz im Lecknertal (980 m) – mautpflichtige Zufahrt

Gehzeiten: Parkplatz – Leckenholz Alpe ½ Std.; Leckenholz Alpe – Alpe Schwarzenberger Platte ¾ Std.; Alpe Schwarzenberger Platte – Alpe Juliansplatte ¼ Std.; Alpe Juliansplatte– Leckensee ½ Std.; Leckensee – Parkplatz ¼ Std.

Höhenunterschied: ↗ ↘ je 300 Hm

Karten: ÖK-Blatt 112, F&B-Blatt 364

Kinderwagen: bedingt geeignet, ganz kurz Wiesenweg

Informationen für Mountainbiker

Start/Ziel: Hittisau Ortsmitte (790 m)

Höchster Punkt: Alpe Schwarzenberger Platte (1.240 m)

Fahrzeiten: ↗ 1½ Std. ↘ ¾ Std.

Anstieg: ↗ 7 km ↘ 8 km, 500 Hm Fahrt

Besonderheit: Das Lecknertal weist eine Vielzahl an kleinen Alpen auf. Die meisten sind in Privatbesitz und werden jeweils nur von wenigen Kühen und Jungvieh beweidet. Die Milch der Alpen im Talboden wird meist in die örtliche Molkerei geliefert und die Besitzer sind nur zum Melken bei der Alpe, da sie normalerweise noch eine größere Landwirtschaft im Ort betreiben. Die Besucher des Lecknertales stammen häufig aus dem nahen Deutschland.

Urschlaboden Alpe 1.135 m Alpe Schwarzenberger Platte 1.240 m

Die Alpe Schwarzenberger Platte liegt auf halbem Weg zum Falken oberhalb des Lecknertales. Mit ihr gemeinsam wird die Urschlaboden Alpe bewirtschaftet. Die Obere Alphütte ist privat vermietet.

Käsekeller der Alpe Juliansplatte

Besitzer: privat
Alpvieh: 54 Kühe, 50 Jungvieh
Alpprodukte: Bergkäse
Zeitraum der Bewirtschaftung: Ende Mai bis Mitte September
Gaststube: ja
Verpflegung für Wanderer: Getränke, Käsbrote

Plattentisch Alpe 1.460 m

Die Alpe liegt knapp unterhalb des Falkens hoch über dem Lecknertal. Die bewirtschaftende Familie ist mit Leib und Seele im Alpgebiet tätig und bietet neben schmackhaftem Käse auch viel Wissenswertes über die Kräuter der Umgebung an.

Besitzer: privat
Alpvieh: 10 Mutterkühe mit Kälbern, Ziegen, Milchschafe
Alpprodukte: Ziegen-, Schaf- und Kuhkäsle (Bioprodukte)
Zeitraum der Bewirtschaftung: Anfang Juni bis Mitte September
Verpflegung für Wanderer: Käsbrote, Getränke

Direkte Alpanstiege:
Ausgangspunkt: Parkplatz Lecknertal (980 m)
Gehzeit, Höhenunterschied: Alpe Schwarzenberger Platte: ↗ 1 1/4 Std. ↘ 1 Std. 280 Hm; Alpe Plattentisch: ↗ 1 3/4 Std. ↘ 1 1/4 Std. 500 Hm
Kinderwagen: durchgehend geeignet
Schwierigkeit: leicht

Der Anstieg zu den Alpen ist ident mit der Wanderroute zum Falken und erfolgt durchwegs auf einem Güterweg.

Rohne Alpe 1.400 m

Sie ist die höchste der Lecknertaler Alpen und gleichzeitig auch die, die am längsten bewirtschaftet ist. Durch die hohe Lage bietet die Alpe eine hervorragende Aussicht. Der bisherige Alpbesitzer ist auf der Alpe auf die Welt gekommen und wird sie im Jahr 2008 an seinen Schwiegersohn übergeben.

Besitzer: privat
Alpvieh: 49 Kühe, 10 Jungvieh
Alpprodukte: Bergkäse, Bachensteiner, Frischkäse
Zeitraum der Bewirtschaftung: Mitte Mai bis Ende Oktober
Übernachtung: 6 Lager
Verpflegung für Wanderer: Getränke, Jause, Käsknöpfle

Alpe Glockenplatte 1.276 m

Die Alpe wurde im 2. Weltkrieg von der Pfarre Hittisau gekauft und ist seither in deren Besitz. Der Name Glockenplatte weist noch immer darauf hin. Die Pächter der Alpe erzeugen eine Vielzahl verschiedener Käse, die gekauft und verzehrt werden können.

Besitzer: Pfarre Hittisau
Alpvieh: 33 Kühe, 4 Ziegen
Alpprodukte: Bergkäse, versch. Weichkäse, Ziegenkäse
Zeitraum der Bewirtschaftung: Ende Mai bis Anfang September
Verpflegung für Wanderer: Getränke (Most, Holdersirup), Käse- und Speckjausen

Alpe Juliansplatte 1.160 m

Sie ist ein wahres Schmuckstück und liegt auf halber Höhe unterhalb des Falkens. Häufig erschallt Musik aus der Gaststube, denn die Familie Rietzler hat viele musizierende Freunde, die sie sehr oft besuchen.

Besitzer: privat
Alpvieh: 11 Milchkühe, 5 Jungvieh
Alpprodukte: Bergkäse, Butter
Zeitraum der Bewirtschaftung: Ende Mai bis Mitte September
Gaststube: ja
Kontakt: Fam. Rietzler, +43/(0)664/ 4015793

Verpflegung für Wanderer: Getränke, verschiedene Jausen mit selbstgemachtem Brot, Salate, Würste, Kuchen

Veranstaltungen, Besonderheit: Bergmesse Mitte August

Direkte Alpanstiege:

Ausgangspunkt: Parkplatz Lecknertal (980 m)

Gehzeit, Höhenunterschied: Alpe Julianplatte: ↘ 3/4 Std. ↗ 1/2 Std. 200 Hm; Alpe Glockenplatte: ↘ 1 Std. ↗ 3/4 Std. 300 Hm; Rohne Alpe: ↘ 1 1/4 Std. ↗ 1 Std. 42 Hm

Kinderwagen: durchgehend geeignet

Schwierigkeit: leicht

Der Anstieg zu diesen Alpen erfolgt auf dem Güterweg, der beim Lecknertal See beginnt.

Weitere Alpen der Tour

Leckenholz Alpe 960 m
Ohlisgschwend Alpen 1.005 m
Eggalpe 1.079 m

Alpe Glockenplatte

Die Leckenholz Alpe liegt direkt im Talboden des Lecknertales, die beiden Ohlisgschwend Alpen nicht weit davon entfernt. Sie sind den gesamten Sommer bewirtschaftet. Auf ihnen weiden insgesamt etwa 40 Kühe und gleichviel Jungvieh. Die Milch wird in die örtliche Sennerei geliefert. Die Eggalpe liegt etwas oberhalb des Lecknersees.
Den Wanderern wird keine Bewirtung angeboten.

Wanderroute: Vom Parkplatz wandert man zuerst leicht bergab, in westlicher Richtung talauswärts. Nach etwa einer halben Stunde trifft man auf die Leckenholz Alpe. Hier zweigt rechts der Güterweg zur Schwarzenberger Platte Alpe ab. Diesem folgt man bis zum großen Alpgebäude. Dabei passiert man auch die Urschlaboden Alpe. Bei der Schwarzenberger Platte geht es über eine Wiese nach Osten zuerst flach, dann bergab zur Alpe Juliansplatte.
Ab dieser Alpe folgt man dem Güterweg, der gemütlich zum Lecknertal See hinab führt. Vom See sind es auf der Straße nur mehr wenige Minuten zum Parkplatz.

Ergänzung:

ab Hittisau (790 m) [70e1]

Ausgangspunkt: Hittisau Ortsmitte (790 m)

Gehzeit: + 1 ½ Std.
Höhenunterschied: + 150 Hm
Schwierigkeit: leicht

Die Wanderung in Hittisau zu beginnen ist besonders reizvoll. Dazu folgt man der Beschilderung Richtung Lecknertal See. Schon bald geht es hinab zur Bolgenach und auf der anderen Seite der Ache gelangt man auf die Straße ins Lecknertal. Nach einer ersten kleinen Steigung trifft man bei der Leckenholz Alpe (960 m) auf die oben beschriebenen Wanderung. Am Weg zurück kann man nach der Brücke über die Bolgenach noch einen Umweg durch die Engenlochschlucht einbinden. Dieser Weg führt direkt an der wilden Ach entlang. Nach dem engsten Teil der Schlucht kann man nach links ins Dorf hoch wandern.

Gipfelergänzung: Falken (1.564 m) Rohnehöhe (1.639 m) [70e2]

Abzweigpunkt: Alpe Schwarzenberger Platte (1.240 m)
Gehzeit: + 2 Std.
Höhenunterschied: + 400 Hm
Schwierigkeit: mittel

Von der Alpe Schwarzenberger Platte führt der Güterweg noch weiter den Berg hinauf. Man passiert die obere Alphütte und der Weg wird schmaler. In östlicher Richtung erreicht man schließlich die kleine Plattentisch Alpe. Oberhalb der Alpe ist das Gipfelkreuz des Falkens sichtbar, dessen Ersteigung Trittsicherheit erfordert. Östlich (rechts) unterhalb des Gipfels ist ein kleiner Übergang auf die Deutsche Seite des Bergkammes, wo die häufig besuchte Falkenhütte liegt. Beim Übergang wendet man sich nach rechts und wandert den Kamm entlang Richtung Osten bis zur Rohnehöhe weiter. Anschließend geht es weiter den Kamm entlang bergab, bis man etwa 10 Minuten später nach rechts Richtung Lecknertal absteigen kann. Kurz darauf trifft man auf die Rohne Alpe. Hier beginnt ein Güterweg, der an den Alpen Glockenplatte und Juliansplatte zum Lecknertal See hinab führt.

MTB-Route: Die Route ist ident mit der Wanderroute. Zwischen der Alpe Schwarzenberger Platte und der Alpe Juliansplatte muss das Fahrrad geschoben werden.

Urschlaboden Alpe

Schwabenholz
Hochlitten
Fluh
Hohenbühel
Häuslers Gschwend
Schmalzgrube
Obertanzenbach
Obere
Untere
Bergmoosalpe
Mittlere
Kemmeleck
Auf der Fluh
Glüth Gschmänder
Ob. Stiegalpe
Ziehenalpe
Moosalpe
Kojenalpe
Hörmoosalpe
Schneelochalpe
Ghf. Hochhädrich
Gschlötteralpe
Vordere
Häderichalpe
Falkenhaus
Kleinhädrichalpe
Mittlere
Falken
Hohenegg
Hennenmoosalpe
Plattentisealpe
Rohnealpe
Hochhädrich
Glockenplattealpe
70e2
Gehrenalpe
Wildmoosalpe
Juliansplattealpe
Schwarzberger-Plattealpe
Eggalpe
Heugschwendalpe
Ob. Ladalpe
Lochalpe
Urschlabodenalpe
Lecknersee
Altgfällalpe
Streichbrunnenalpen
Eckachalpe
Kojenbachalpen
Ohlisgschwendalpe
Kälberweidealpen
70
Bolgenach
Leckenholzalpen
70e1
Reute
Koppachstein
Ochsenlageralpe
Wanne
Brand
Dreißiggschwendenalpen
Schrofenalpe
Helmisau
Dürlisbergalpe
Bütscheln
Dorf
Korlen
Fluhalpe
Hittisbergalpen
Sippersegg
Hangerafluh
Hittisberg
Balderschwang
Gferenalpe
Löchlealpe
Bolgenach
Kluppalpe
Dreihüttenalpe
Hinterbergalpen
Sausteig
Oberkrineggalpe

71 Hittisbergrunde

Gferenalpe 960 m
Hittisberg Alpen 1.030 m und 1.120 m
Hinterberg Alpen 887 m bis 1.023 m

Gebirge:
→ **Allgäuer Alpen**
Talort:
→ **Hittisau (790 m)**

In Hittisau

Der Hittisberg steht mächtig in der sonst sanften Hügellandschaft. Die Umrundung ist eine einfache und schöne Wanderung für die ganze Familie.

Anforderungen: wenig anstrengend
Zeiten: ↗ ↘ 3 Stunden
Ausgangspunkt: Hittisau Ortsmitte (790 m)
Höhenunterschied: ↗ ↘ je 450 Hm
Karten: ÖK-Blatt 112, LKS-Blatt 218, F&B-Blatt 364
Kinderwagen: bedingt geeignet

Hinterberg Alpen
887 m bis 1.023 m

Die Alpen liegen südseitig unterhalb des Hittisberges. Sie sind alle in Privatbesitz und dienen Kühen und Jungvieh als Weide. Die letzte Alpe in der Reihe, bei Genabend, bietet den Wanderern eine Bewirtung an.

Besitzer: privat
Alpvieh: Kühe, Jungvieh
Alpprodukte: Bergkäse
Zeitraum der Bewirtschaftung: Mitte Mai bis Ende September
Verpflegung für Wanderer: Jause, Getränke

Direkter Alpanstieg:
Der Anstieg ist ident mit der Wanderroute.

Hittisberg Alpen
1.030 m und 1.120 m

Die Alpen liegen nordseitig des Hittisberges. Der Besuch der Alpe erfolgt meist im Rahmen der hier vorgestellten Rundwanderung oder einer Besteigung des Hittisberges (siehe Gipfelergänzung).

Besitzer: privat
Alpvieh: 12 Kühe, 12 Ziegen
Alpprodukte: Frischkäse, Ziegenkäse, Jogurt
Zeitraum der Bewirtschaftung: Anfang Mai bis Ende September
Verpflegung für Wanderer: nur an Wochenenden (Sa., So.): Getränke, Jause

Direkter Alpanstieg:
Vom Ortskern startet man Richtung Rappenfluh/Dorf. Bei der ehemaligen Sennerei geht es links – nach Osten – weiter. Am Ende der Straße geht es auf einem Wiesenweg nach Bütscheln und anschließend auf dem Güterweg zur Unteren Hittisberg Alpe und kurz durch den Wald hinauf zur Hittisberg Alpe.

Weitere Alpe der Tour

Gferen Alpe 960 m
Bei dieser dorfnahen Alpe tummeln sich einige Ziegen. Wenn jemand anwesend, ist kann man Ziegenkäse kaufen.

Wanderroute: In Hittisau wandert man zuerst entlang der Straße Richtung Sibratsgfäll, zweigt aber bald rechts Richtung Rappenfluh ab. Man folgt durchgehend der kleinen Straße bis man schließlich zur Gferen Alpe gelangt. Dann geht es leicht bergab (mit dem Kinderwagen ist es ein kurzes Stück mühsam) auf die Südseite des Berges, wo mehrere kleine Alpen liegen. Entlang sonniger Alpwiesen wandert man auf dem Güterweg leicht bergauf Richtung Osten, bis man fast die Straße nach Sibratsgfäll erreicht. Hier gelangt man bei „Genabend“ (1.020 m) auf die Ostseite des Berges und durch den Wald geht es auf einem neuen Güterweg hinauf zur Hittisberg Alpe (1.120 m). Nun muss man kurz durch den Wald steil bergab (mit dem Kinderwagen etwas mühsam) zur Unteren Hittisberg Alpe (1.030 m), wo wieder ein Güterweg beginnt. Diesem folgt man Richtung Westen und erreicht den Ortsteil Bütscheln. Anschließend geht es links eines freistehenden Hauses über eine Wiese in den Ortsteil Dorf hinab und weiter zum Ausgangspunkt zurück.

Ergänzung:
Rappenfluh-Runde [71e1]

Gehzeit: +1/2 Std.

Höhenunterschied: + 100 Hm

Schwierigkeit: mittel

Etwa eine halbe Stunde nach dem Start zweigt der Weg in einer Linkskehre zur Rappenfluh ab, durch die ein kurzer Rundweg führt, den man am besten im Uhrzeigersinn begeht. Sie ist ein Labyrinth von Felsblöcken aus Konglomeratgestein. Bei einem Felsloch – dem Geldloch – beschreibt eine Tafel die Sage von einem nicht hebbaren Schatz im Rührkübel. Mit einer Taschenlampe kann man einige Meter in diese Höhle vordringen. Bei der Rundwanderung passiert man einen schönen Grillplatz unter einem riesigen Felsen und durch eine steile und dunkle Felsklamm kommt man wieder zum Startpunkt der Runde zurück.

Gipfelergänzung:
Hittisberg (1.250 m) [71e2]

Ausgangspunkt: Gferen Alpe (960 m)

Gehzeit: + 1/2 Std.

Höhenunterschied: + 300 Hm

Schwierigkeit: anspruchsvoll

Gleich nach der Alphütte zweigt links der Wanderweg zum Gipfel ab. Er führt teils sehr steil in vielen Kehren durch den Wald und über kurze Wiesenstücke zum Westgipfel (1.250 m) hinauf. Der Weiterweg zum Hauptgipfel geht flach entlang des Gipfelkammes und dauert etwa 15 Minuten. Vom höchsten Punkt geht es über einen Grashang zu einer kleinen Hütte und unterhalb dieser nach links (nordseitig) steil zur Hittisberg Alpe (1.120 m) hinab. Hier trifft man auf die oben beschriebenen Route.

Am Weg zum Hittisberg

Hittisau
Hirtobel
Dorf
Korlen
Rappenfluh
Gferenalpe
Kluppalpe
Hittisbergalpen
Hittisberg
1328
Hangerfluh
Hinterbergalpen
71
71e1
71e2
Helmisau
Brand
Rain
Reute
Windern
Häleisen
Bad
Häusern
Bolgenach
Gfäll
Kurzentobel
Au
Bettal
Ladalpen
Gschwendalpe
Altgschwendalpe
Ob. Ladalpe
Lochalpe
Altgfällalpe
Streichbrunnenalpen
Ohlisgschwendalpe
Leckachalpe
Urschlabodene
Leckenholzalpen
Wanne
Dreißiggschm
Tobelvorsäß
Luggentobelvorsäß
Fallenbach
Steinvorsäß
Stangstattk
Hennenbergvorsäß
Käserevorsäß
Hillernvorsäß
Roßschwendevorsäß
Elmoosvorsäß
Fohren
Stock
Unterberg
Löchlea
Fluho

72 Rund um den Feuerstätterkopf

Hochegg Alpe 1.180 m
Hochries Alpe 1.380 m
Bereuters Neualpe 1.500 m

Gebirge:
→ **Allgäuer Alpen**
Talort:
→ **Sibratsgfäll (929 m)**

Wildries Alpe und Lustenauer Riesalpe

Am Feuerstätterkopf kann man eine schöne und abwechslungsreiche Alprundwanderung erleben. Während fast der gesamten Tour hat man einen ausgezeichneten Blick auf die Winterstaude und den Hohen Ifen.

Anforderungen: etwas anstrengend, kurz sehr steil

Zeiten: 3 ½ Stunden: ↗ 2 Std. ↘ 1½ Std.

Ausgangspunkt: Sibratsgfäll Ortsmitte (929 m)

Höhenunterschied: ↗ ↘ je 720 Hm

Karten: ÖK-Blatt 112 + 113, F&B-Blatt 364

Wanderroute: Diese Wanderung ist, bis auf den Gipfelbereich, leicht zu bewältigen. Der Anstieg über die Nordseite des Feuerstätterkopfes ist kurz sehr steil und verlangt Konzentration.

Hochegg Alpe 1.180 m
Bereuters Riesalpe 1.291 m
Hochries Alpe 1.380 m

Die Hochegg Alpe liegt etwas oberhalb von Sibratsgfäll, Bereuters Riesalpe knapp unterhalb der Hochries Alpe, die direkt am Kamm liegt. Von allen Alpen hat man eine wunderbare Aussicht. Bereuters Riesalpe und die Hochries Alpe arbeiten zusammen und die Sennerei befindet sich bei Bereuters Riesalpe. Dort wird auch Käse verkauft.

Besitzer: privat
Alpvieh: Hochegg Alpe: 6 Kühe, Pferde Bereuters Riesalpe: 15 Kühe, 6 Jungvieh; Hochries Alpe: 11 Kühe, 23 Jungvieh
Alpprodukte: Bergkäse, Butter, Milch
Zeitraum der Bewirtschaftung: Anfang Juni bis Mitte September
Verpflegung für Wanderer: Getränke, bei der Hochegg Alpe auch Jausen

Direkte Alpanstiege:
Ausgangspunkt: Sibratsgfäll Ortsmitte (929 m)
Gehzeit, Höhenunterschied: Hochegg Alpe: ↗ 1/2 Std. ↘ 20 Min. 250 Hm; Bereuters Riesalpe: ↗ 3/4 Std. ↘ 35 Min. 360 Hm; Hochries Alpe: ↗ 1 Std. ↘ 45 Min. 450 Hm
Kinderwagen: geeignet, Umweg nötig
Schwierigkeit: mittel

Der Anstieg ist ident mit der Wanderroute.

Bereuters Neualpe 1.500 m

Diese Alpe südlich unterhalb des Feuerstätterkopfes

Besitzer: privat
Alpvieh: 40 Kühe, 60 Jungvieh
Alpprodukte: Bergkäse
Zeitraum der Bewirtschaftung: Mitte Juni bis Mitte September
Verpflegung für Wanderer: Käsjause, Milchgetränke

Direkter Alpanstieg:
Ausgangspunkt: Sibratsgfäll Ortsmitte (929 m)
Gehzeit: ↗ 1 1/2 Std. ↘ 1 1/4 Std.
Höhenunterschied: 380 Hm
Kinderwagen: geeignet, Umweg nötig
Schwierigkeit: mittel

Der Anstieg beginnt gleich wie die Wanderroute. Bei der Hochegg Alpe wandert man zuerst flach, dann sanft bergauf Richtung Osten weiter zu den Alpen. Mit dem Kinderwagen muss man zu allen Alpen zuerst auf der Straße Richtung Rinderberg. Nach etwa einer Viertelstunde beginnt links der Güterweg zu den Alpen.

Weitere Alpen der Tour

Wildries Alpe 1.220 m
Sie liegt am Weg zu Bereuters Neualpe und sie wird voraussichtlich ab 2008 wieder eine Bewirtung anbieten. Genauere Informationen waren bei Drucklegung nicht bekannt.

Lustenauer Riesalpe 1.250 m
Sie liegt nahe Bereuters Neualpe und wird von dieser aus betreut. Sie bietet keine Bewirtung.

Gmeiners Burstalpe 1.450 m
Diese Jungviehalpe (etwa 45 Stück), nördlich unterhalb des Feuerstätterkopfes, bietet keine Bewirtung.

Vögels Neualpe 1.410 m
Sie liegt südöstlich von Bereuters Neualpe und sie bietet keine Bewirtung. Auf ihr weiden etwa 70 Stück Jungvieh.

Wanderroute: Bei der Kirche in Sibratsgfäll beginnt eine Straße in Richtung Hochegg Alpe. Dieser folgt man bis zum einem Bauernhof. Hier zweigt man rechts ab und gelangt über einen steileren Wiesenweg zur Hochegg Alpe (1.180 m). Bei der Weggabelung mit einem großen Kreuz wendet man sich nach links und wandert an Bereuters Riesalpe (1.291 m) vorbei zur Hochries Alpe (1.380 m), die genau am Kamm liegt. Nun geht es nach rechts auf einem Wiesen- und Waldweg Richtung Osten weiter. Dabei passiert man die nicht mehr bewirtschaftete Neuburgalpe und gelangt in ein leicht ausgeprägtes sumpfiges Tal. So erreicht man Gmeiners Burstalpe (1.450 m). Nun beginnt der Anstieg auf den Feuerstätterkopf. Dazu geht es zuerst in einen Sattel hinauf und dann sehr steil zum Gipfel (1.645 m) weiter, der größtenteils bewaldet ist.
Vom Gipfel geht es südlich hinab zu Bereuters Neualpe (1.480 m). Ab hier wandert man auf einem Güterweg in westlicher Richtung zur Lustenauer Riesalpe (1.250 m) und zur Wildries Alpe (1.220 m) weiter. Dieses Gebiet kam 1999 auf einer Breite von mehr als 1 Kilometer in Bewegung und viele Anwesen und Weideflächen wurden zerstört. Kurz nach der Wildries Alpe trifft man nach einer minimalen Steigung bei der Hochegg Alpe wieder auf den Anstiegsweg, über den man nach Sibratsgfäll zurückkehrt.

Ergänzung:
Burstkopf-Runde [72e]
Abzweigpunkt: Gmeiners Burstalpe (1.450 m)
Gehzeit: + 1 Std.
Höhenunterschied: + 0 Hm
Schwierigkeit: **mittel**

Bei Gmeiners Burstalpe kann man nach Norden, um den

Burstkopf herum, zur Burglhütte (1.428 m – kleine Gastwirtschaft) wandern, die sich östlich unter dem Feuerstätterkopf befindet. Im Jahr 2008 wird der Weg teilweise neu gestaltet, da er durch ein sensibles Vogelbrutgebiet führt. Nach der Hütte geht es in südlicher Richtung zum Sätteli (1.434 m). Hier gelangt man auf die Südseite des Feuerstätterkopfes und vorbei an Vögels Neualpe erreicht man aufsteigend Bereuters Neualpe und damit wieder die oben beschriebene Route.

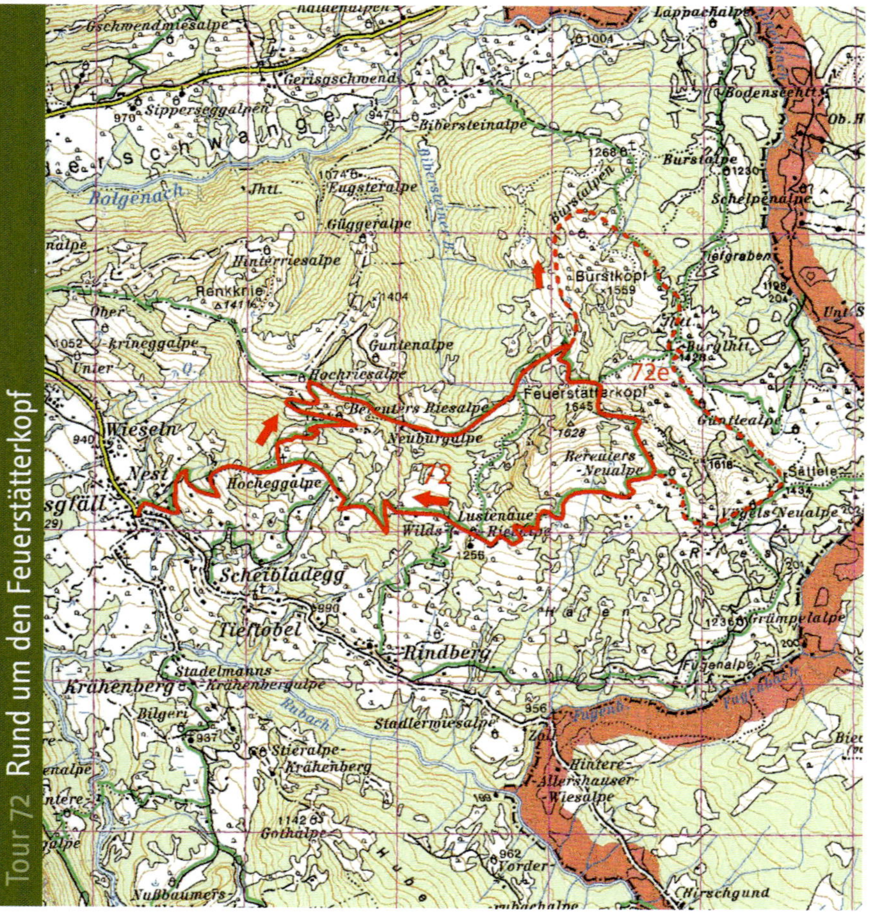

Bizau

Egg, Andelsbuch, Bezau, Bizau

Egg-Schetteregg, Andelsbuch und Bezau liegen im Halbkreis am Fuße der Winterstaude. Sie stellt somit einen zentralen Punkt im Bregenzerwald dar und ist ein vielfältiges Tourenziel. Zwei Bergbahnen (aus Bezau und aus Andelsbuch) erleichtern den Anstieg, lassen aber noch genug Raum für Wanderungen abseits von technischen Aufstiegshilfen. Ein anderer Wanderschwerpunkt ist Bizau. Östlich des Dorfes erhebt sich der Hirschberg, auf den eine Sesselbahn hochführt. Westlich liegt der niedrigere Gopfberg mit seinem Alpgebiet. Von Bizau gelangt man auch nach Schönenbach, einem malerisch gelegenen Vorsäß und Ausgangspunkt für schöne Alpwanderungen.

Auf einen Blick

Gebirge:	Bregenzerwaldgebirge
Talorte:	Egg (561 m), Großdorf (662 m), Bezau (650 m), Bizau (681 m), Schnepfau (734 m)
Karten:	ÖK-Blatt 112, LKS-Blatt 218 + 228, F&B-Blatt 364
Anreise:	Von Dornbirn kommt man übers Bödele, von Bregenz übers Schwarzachtobel nach Egg, Andelsbuch oder Bezau. Nach Schetteregg (Variante) muss man in Egg Richtung Großdorf abzweigen und direkt bei der Kirche rechts nach Schetteregg – Parkmöglichkeiten bei den Liften. Nach Bizau fährt man zuerst bis Bezau – Reuthe, dann links nach Bizau. Am Ortsende von Bizau geht es entweder gerade aus zur Hirschbergbahn – großer Parkplatz oder links über eine mautpflichtige Straße nach Schönenbach – Parkplatz vor Beginn des Vorsäß.
Bus/Bahn:	Ab Bregenz fahren die Busse der Linie 35 und ab Dornbirn der Linie 40 nach Egg, Alberschwende und Bezau. Nach Schetteregg fährt ab Egg die Linie 32. Die Bergbahnen auf die Niedere in Alberschwende und Sonderdach/Baumgartenhöhe in Bezau werden vom Bus nicht direkt angefahren, weshalb kurze Fußmärsche von etwa 15 Minuten nötig sind. Nach Bizau fährt man mit der Linie 36 weiter. Leider fahren die meisten Busse nur bis zum Kirchplatz. Deshalb muss man bis zur Hirschbergbahn noch etwa 30 Minuten gehen. Nach Schönenbach fährt der Bus leider erst zu Mittag, nur an Sonn- und Feiertagen schon in der Früh.

73 Schetteregger Alpwanderung

Untere Falzalpe 1.180 m
Obere Falzalpe 1.216 m
Schetteregg Alpe 1.245 m

Gebirge:
→ **Bregenzerwaldgebirge**
Talort:
→ **Egg (561 m), Großdorf (662 m)**

Beim Hammeratsberg Vorsäß

Das Wandergebiet Schetteregg bietet einfache Spaziergänge zu sehr unterschiedlichen Alpen im Schatten der Winterstaude.

Anforderungen: wenig anstrengend
Zeiten: ↗ ↘ 2 Stunden
Ausgangspunkt: Egg-Schetteregg (1.060 m)
Höhenunterschied: ↗ ↘ je 250 Hm
Karten: ÖK-Blatt 112, LKS-Blatt 218 + 228, F&BBlatt 364
Kinderwagen: durchgehend geeignet

Wanderroute: Schetteregg ist im Winter durch seine Schilifte und im Sommer durch seine Spazier- und Wandermöglichkeiten bekannt. Im Liftbereich stehen sehr viele Ferienhäuser und eine große Gastwirtschaft lädt vor und nach Spaziergängen zum Verweilen ein. Die vielen kleinen Alpen verlocken zum Genießen von Alpprodukten.

Untere Falzalpe 1.180 m

Die Untere Falzalpe wird zusammen mit der Isenwart Alpe und der Bühlenalpe bewirtschaftet. Die Isenwart Alpe liegt in der Nordflanke des Bullerschkopfes und die Bühlenalpe westlich von ihr, unterhalb der Hohen Kirche. Die Untere Falzalpe ist als moderne Sennalpe ausgebaut und bietet einen Verkaufsraum für bäuerliche Produkte.

Besitzer: Alpgemeinschaft
Alpvieh: 75 Kühe
Alpprodukte: Bergkäse, Frischkäse, Butter
Zeitraum der Bewirtschaftung: Anfang Juli bis Mitte September
Verpflegung für Wanderer: Getränke, Jause

Obere Falzalpe 1.216 m

Sie ist eine ganz besonders typisch gebaute Alpe. Die baugleiche frühere Mittelargen Alpe wurde schon vor längerer Zeit ins Freilichtmuseum in Stübing bei Graz verpflanzt und gibt Zeugnis über die Vorarlberger Alpwirtschaft.

Schetteregg Alpe

Besitzer: Agrargenossenschaft
Alpvieh: 45 Kühe, 3 Ziegen
Alpprodukte: Bergkäse, Weichkäse, Ziegenkäse
Zeitraum der Bewirtschaftung: Anfang Mai bis Mitte September
Verpflegung für Wanderer: Getränke, Käsplatten und -brote, Brettljause

Direkter Alpanstieg zu den Falzalpen:

Der Anstieg ist ident mit der Wanderroute.

Schetteregg Alpe 1.245 m

Die Alpe liegt in bester Aussichtslage oberhalb von Schetteregg. Da der Anstieg auf den Tristenkopf und die Winterstaude an ihr vorbei führt wird sie häufig besucht.

Besitzer: 3 Besitzer
Alpvieh: 26 Kühe, 10 Jungvieh
Alpprodukte: Bergkäse
Zeitraum der Bewirtschaftung: Anfang Juni bis Mitte September
Verpflegung für Wanderer: Getränke, Jausen, im Juli wird auch eine köstliche Sennsuppe serviert

Direkter Alpanstieg:

Der Anstieg ist ident mit der Wanderroute der Variante.

Weitere Alpen der Tour

Eggartsberg Vorsäß und Hammeratsberg Vorsäß 1.076 m
Die beiden Vorsäße werden nur ganz kurz am Beginn und am Ende der Alpsaison bewirtschaftet. In dieser Zeit kann man in der Sennerei die Alpprodukte kaufen.

Landamanns Ochsenhof Alpe 1.267 m
Der Name stammt noch aus weit zurückliegender Zeit. Jetzt weiden etwa 30 Kühe und 10 Stück Jungvieh auf der Alpe. Die Milch wird ins Tal gebracht und die Alpe bietet keine Bewirtung.

Brongenalpe 1.200 m
Auf ihr weiden etwa 50 Kühe, deren Milch ins Tal gebracht wird. Es wird keine Bewirtung angeboten.

Andlis Brongenalpe 1.215 m
Diese schmucke Sennalpe mit 36 Kühen und Ziegen liegt etwas abseits der als Variante beschriebenen kleinen Runde und wird deshalb wenig besucht.

Wanderroute: Beim Parkplatz in Schetteregg startet man in östlicher Richtung auf dem Güterweg zum Hammeratsberg. Nach einem kurzen Waldstück führt der Weg zwischen sonnigen Alpwiesen weiter. Nach dem Hammeratsberg Vorsäß (1.090 m) wendet er sich nach Süden ins flache Tal der Falzalpen. Nach der Oberen Falzalpe muss man noch etwas ansteigen, bevor man über einen Rücken (etwa 1.300 m) wieder in Sichtweite von Schetteregg gelangt. Dabei passiert man die Landamanns Ochsenhof Alpe und kommt zur Brongen Alpe (1.180 m). Nun geht es auf dem Güterweg nach Norden hinab zum Ausgangspunkt.

Variante – kleine Runde: Schetteregg Alpe (1.245 m) [73v]

Ausgangspunkt: Egg-Schetteregg (1.060 m)
Gehzeit: ↗ ↘ 1 1/2 Std.
Höhenunterschied: ↗ ↘ 200 Hm
Schwierigkeit: leicht

In Schetteregg startet man in westlicher Richtung. Schon bald zweigt zwischen den Häusern links der Weg zur Brongen Alpe ab. Oberhalb der Brongen Alpe muss man in einer großen Schleife auf einen Rücken hinauf, wo die Schetteregg Alpe (1.245 m) steht. Bei der Alpe wandert man westlich des Alpgebäudes über die Wiese nach Westen zum Beginn eines Schleppliftes hinab. Hier trifft man auf einen Güterweg, der durch einen schmalen Waldgürtel in den Bereich von Andlis Brongenalpe führt. Der Besuch der Alpe bedeutet noch einen ganz kurzen Anstieg. Anschließend geht es auf dem Güterweg nach Norden hinab und zuletzt wandert man flach in östlicher Richtung wieder zum Parkplatz.

Käserevorsäß
Hillernvorsäß
Roßschwendevorsäß
Sausteig
Unterbergvorsäß
Elmdosvorsäß
Fohren
Wüstenvorsäß
Nattersbergalpe
Langeneggwald
Lochvorsäß
Rehenbergvorsäß
Amagmach
Eggatsberg-
vorsäß
Hammerats-
bergvorsäß
Holzschacher
Güllevorsäß
Kaualpe
73V
73
Schetteregg alpe
Brongenalpe
(Schilift.)
Lindachalpe
Berlingers
Andlis Brongenalpe
Ochsenhofalpe
Untere
Falzalpe
Obere
Patenneck
Hochmeih
Stelle
Tristenalpe
Tristenkopf
Isemarialpe
Ödgunten
Guntenalpe
Winterstaude
Hasenstrick
Bühlenalpe
Bullerschk.
Stongerhöhealpe
Hohe Kirche
Nägelekopf
Geißtobelalpe
Lingenauerealpe
Bullerschalpe
Stongenalpe
Summerealpe
Wildmooskassaalpe
Stonger Moos
Schreiberestli
Rumplatalpe
Schreiberealpe
Geserstobelalpe
Helbockstabelalpe
Luguntenk.
Hälekopf
Sienspitze

74

Baumgartenhöhe

Hintere Baumgarten Alpe 1.507 m
Wildmoosalpe 1.385 m

Gebirge:
› **Bregenzerwaldgebirge**
Talort:
› **Bezau (650 m)**

Blick zur Niedere

Mit Hilfe der Seilbahn auf die Baumgartenhöhe ist diese Bergabwanderung für jeden leicht bewältigbar. Die tolle Aussicht und viele Paragleiter sind neben den Alpen die Höhepunkte der Wanderungen.

Anforderungen: praktisch nur bergab

Zeiten: 1½ Stunden

Ausgangspunkt: Bezau – Baumgartenhöhe (1.620 m)

Zielpunkt: Bezau – Sonderdach (1.208 m)

Höhenunterschied: ↘ 240 Hm
↗ 20 Hm

Karten: ÖK-Blatt 112, LKS-Blatt 218 + 228, F&B-Blatt 364

Kinderwagen: durchgehend geeignet

Besonderheit: Das Sonderdach Vorsäß ist eine ganzjährig bewohnte Hochsiedlung, die vor allem durch den ehemaligen Schisprungstar und jetzigen Nordische Direktor des ÖSV Toni Innauer bekannt wurde, der hier aufgewachsen ist. Das Sonderdach ist mit einer Seilbahn von Bezau aus erreichbar. Hier beginnt auch die zweite Seilbahn, die bis zur Baumgartenhöhe hinaufführt.
Der Name Baumgartenhöhe weist laut Forschungen auf einen mit

besonderen Bäumen bestandenen Garten hin. Wahrscheinlich waren dies Ahornbäume. Die sonnige Lage dürfte dazu beigetragen haben, dass diese Bäume auf dieser Höhe wuchsen. Besonders typisch sind viele kleine, natürlich wirkende Wasserbecken, die das Regenwasser zurückhalten und von Menschenhand geschaffen worden sind.

Leugeralpe 1.278 m

Die Nähe zur Seilbahn und der herrliche Ausblick machen die Alpe zu einem besonderen Anziehungspunkt. Das Alpgebäude wurde vor etwa 10 Jahren neu errichtet. Wer sich für die Käseherstellung interessiert, kann zwischen 10 und 13 Uhr dem Senn Hubi bei seiner anstrengenden Arbeit zusehen.

Besitzer: privat
Alpvieh: 20 Kühe, Ziegen, Schweine, Pferde
Alpprodukte: Bergkäse, Ziegenkäse
Zeitraum der Bewirtschaftung: Ende Mai bis Ende September
Übernachtung: ja
Kontakt: www.leugeralpe.at
Verpflegung für Wanderer: Getränke aller Art (auch Wein und Schnaps), Käsjause

Direkter Alpanstieg:

Die Alpe liegt nur wenige Gehminuten vom Sonderdach entfernt.

Vordere Baumgarten Alpe 1.475 m
Hintere Baumgarten Alpe 1.507 m

Die beiden Alpen liegen sehr nahe zusammen knapp unterhalb des Kammes der Niedere. Die etwas tiefere Vordere Alpe bietet keine Bewirtung. Die Hintere Alpe hingegen ist ein besonderer Anziehungspunkt für Familien mit Kinder. 1 Esel, Hühner und Hahn, Katzen und sogar Meerschweinchen sind die Attraktionen für Kinder. Die Alpe ist ein wahrer Streichelzoo. Die Wanderer finden auf 2 Terrassen Platz. Der Blick von der Alpe reicht bis zum Bodensee.

Besitzer: privat

Alpvieh: Vordere Baumgarten Alpe: 40 Kühe; Hintere Baumgarten Alpe: 19 Kühe, Jungvieh, 1 Esel, Hühner

Alpprodukte: Milch, Frischkäse

Zeitraum der Bewirtschaftung: Anfang Juni bis Anfang September

Verpflegung für Wanderer: Getränke, Käs- und Speckjause

Direkter Alpanstieg:

Der Anstieg vom Sonderdach wird weiter unten als Ergänzung beschrieben.

Wildmoos Alpe 1.385 m

Sie liegt am Rande einer idyllischen kleine Ebene östlich des Sonderdaches. Neben dem Alpgebäude befindet sich eine kleine Kapelle, die zu beschaulichem Nachdenken anregt.

Besitzer: Agrargemeinschaft

Alpvieh: 30 Kühe, 15 Schweine

Alpprodukte: Bergkäse, Bachensteiner, Butter

Zeitraum der Bewirtschaftung: Anfang Juni bis Mitte September

Verpflegung für Wanderer: alle Arten von Getränke, Schnäpse, Käsejausen, Jogurt

Direkter Alpanstieg:

Die Alpe kann auf einem guten Weg ohne viel Höhenunterschied vom Sonderdach Vorsäß erreicht werden.

Weitere Alpen der Tour

Stongerhöhe Alpe 1.644 m

Das Alpgebäude liegt etwas abseits der Route zur Winterstaude und deshalb kehren nur wenige Wanderer ein. Die Alpe bietet aber Getränke und eine Jause. Auf der Sennalpe weiden Juli und August etwa 30 Kühe. Als Voralpe dient das Sonderdach.

Hintere Niedere Alpe 1.535 m
Vordere Niedere Alpe 1.586 m

Die Hintere Alpe liegt bei der Sesselbahn auf die Niedere Alpe und direkt neben der Gastwirtschaft. Die Vordere Alpe liegt am Südabhang der Niederen Alpe und ist eine Sennalpe mit etwa 60 Kühen. Beide Alpen bieten keine Bewirtung an.

Alpe Lingenauere 1.594 m

Sie liegt direkt unter dem Gipfel der Winterstaude. Diese Sennalpe wird von etwa 30 Kühe beweidet. Man kann Käse kaufen, es findet aber kein Ausschank an Wanderer statt.

Wanderroute: Von der Bergstation auf der Baumgartenhöhe wandert man auf dem komfortablen E.-Schäffler-Weg in östlicher Richtung bergab und erreicht nach etwa 15 Minuten die Hintere Niedere Alpe (1.535 m). Dann geht es weiter bergab auf die schon sichtbare Wildmoos Alpe zu. Diese liegt am Rande einer schönen

Ebene und weist auch eine schöne Kapelle auf. Von der Alpe wandert man zuerst leicht bergauf und dann flach Richtung Westen zum Sonderdach Vorsäß, wo die untere Sektion der Seilbahn endet.

Ergänzung:
Ab Sonderdach (1.208 m) [74e]

Ausgangspunkt: Bezau – Sonderdach (1.208 m)

Gehzeit: + 1 1/4 Std.

Höhenunterschied: + 420 Hm

Schwierigkeit: mittel

Am Sonderdach startet man in westlicher Richtung und passiert kurz darauf die neue Leugeralpe. Dann geht es steiler hinauf bis man knapp unterhalb des Kammes auf die Baumgartenalpen stößt. Nun ist es nicht mehr weit bis zur Bergstation und somit zum Ausgangspunkt der oben beschriebenen Route.

Gipfelvariante:
Winterstaude (1.877 m) [74v]

Ausgangspunkt: Bezau – Baumgartenhöhe (1.620 m)

Zielpunkt: Bezau – Sonderdach (1.208 m)

Gehzeit: ↗ ↘ 3 3/4 Std.

Höhenunterschied: ↗ 350 Hm
↘ 700 Hm

Schwierigkeit: anspruchsvoll

Von der Baumgartenhöhe wandert man immer in Kammnähe in östlicher Richtung auf die Winterstaude zu. Bei der Stongerhöhe Alpe geht es steil zu einem großen Kreuz hinauf. Nun folgt ein schwierigeres Stück, der Hasenstrick, bei dem Trittsicherheit gefordert ist. Kurz darauf ist man am Gipfel. Dann geht es zuerst ostseitig den Kamm entlang bergab, dann steil zur Alpe Lingenauere hinunter. Ab hier folgt man dem Güterweg zur Wildmoos Alpe und weiter zum Sonderdach und der Seilbahn.

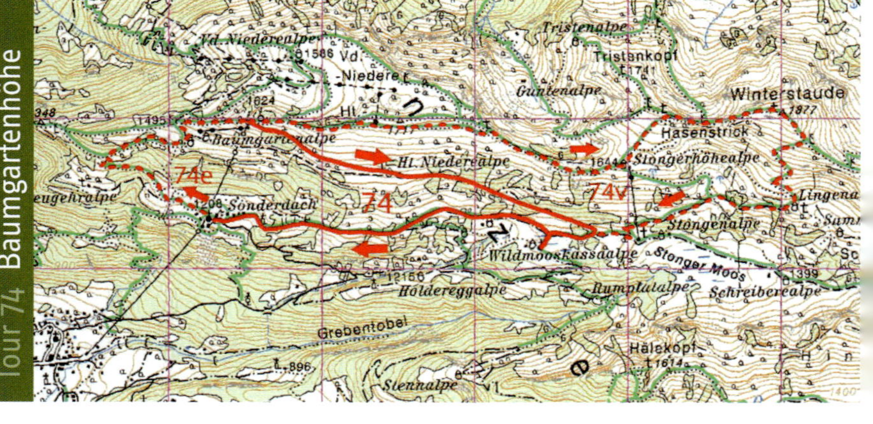

75 Hirschbergwanderung

Alpe Unterer Hirschberg 1.385 m
Alpe Oberhirschberg 1.582 m
Wölfersgunten Alpe 1.609 m

Gebirge:
Bregenzerwaldgebirge
Talort:
Bezau (650 m)
Bizau (681 m)

Tiefblick Richtung Kanisfluh und Mellau

Durch die Sesselbahn sind die Alpen des Hirschberges für jedermann leicht erreichbar. Besonders beliebt ist eine Bergabwanderung im Bereich der Bahn.

Anforderungen: wenig anstrengend
Zeiten: ↗ ↘ 1¾ Std.
Ausgangspunkt: Bizau – Bergstation Hirschbergbahn (1.436 m)
Zielpunkt: Bezau – Sonderdach (1.208 m)
Höhenunterschied: ↗ ↘ je 150 Hm
Karten: ÖK-Blatt 112, F&B-Blatt 364
Kinderwagen: durchgehend geeignet

Informationen für Mountainbiker
Start/Ziel: Parkplatz Hirschbergbahn (835 m)
Höchster Punkt: Hirschbergsattel (1.625 m)
Fahrzeiten: ↗ 2 Std. ↘ ¾ Std.
Anstieg: ↗ 8 km ↘ 11 km, 950 Hm Fahrt

Besonderheit: Der Hirschberg bietet sehr unterschiedliche Alpwanderungen. Die südseitige Wanderung ist besonders einfach. Die nord- und ostseitigen Routen sind anspruchsvoll und führen zu einer der verstecktesten Alpen im Lande, der Wölfersgunten Alpe.

Alpe Unterer Hirschberg 1.385 m

Sie liegt etwas unterhalb der Bergstation der Sesselbahn und wird bei einer Bergabwanderung passiert. Die Alpe ist vielfach unter anderen, früher gebräuchlichen, Namen bekannt: Alberschwendner Hirschberg Alpe oder Broses Alpe. Jetzt wurde sie neu übernommen und mit den neuen Pächtern kam auch neuer Schwung. Besonders Kinder sind willkommen. Ein Kinderspielplatz und die Ziegen und Hasen sind die Attraktionen. Neben köstlichem Kuchen bietet die Alpe auch Ziegenkäse mit Balsamico Essig und frisches Jogurt.

Besitzer: Alpgenossenschaft Schwarzenberg

Alpvieh: 40 Milchkühe, 10 Jungvieh, 5 Ziegen, Hasen

Alpprodukte: Bergkäse, Ziegenkäse, Butter

Zeitraum der Bewirtschaftung: Mitte Mai bis Mitte September

Alpe Unterer Hirschberg

Gaststube: Sennereivorraum

Verpflegung für Wanderer: Getränke, Jausenteller, Käse, Speck, Würste, Kuchen

Direkter Alpanstieg:
Die Alpe befindet sich nur wenige Gehminuten unterhalb der Bergstation der Sesselbahn.

Alpe Oberhirschberg 1.582 m

Sie liegt knapp unterhalb des Hirschbergsattels am Ende eines kleinen Alptales.

Besitzer: Gemeinde Schwarzenberg

Alpvieh: 60 Milchkühe, 15 Jungvieh

Alpprodukte: Bergkäse

Zeitraum der Bewirtschaftung: Ende Juni bis Mitte September

Verpflegung für Wanderer: Getränke, Hauswürste, Gamswürste, Bauernteller

Direkter Alpanstieg:
Der Anstieg ist ident mit der Wanderroute.

Wölfersgunten Alpe 1.609 m

Diese Alpe liegt versteckt nördlich unter dem Hirschberg. Sie besitzt keinen Güterweg und keine Materialseilbahn. Deshalb müssen der Hirte und seine Freunde alles selbst auf die Alpe tragen. Dafür ist das Flair der Alpe unvergleichlich. Der Platz strahlt eine besondere Energie aus. Dies scheint auch der Hirtenhund zu spüren. Er dreht unablässig in Formel 1 verdächtigem Tempo seine Runden um die Alphütte, sodass sich eine richtige Rennpiste ausgebildet hat. Die Alpe bietet besonders leckere Ziegenkäse an und dieser ist bis zum Ende der Alpsaison meist völlig ausverkauft.

Besitzer: Alpgenossenschaft Ostergunten
Alpvieh: 30 Melkziegen, 35 Geißen, 10 Rinder
Alpprodukte: Ziegenkäse
Zeitraum der Bewirtschaftung: Anfang Juni bis Ende September
Verpflegung für Wanderer: Getränke, Ziegenkäse mit Brot
Veranstaltungen, Besonderheit: Alpmesse in der 2. Augusthälfte

Direkter Alpanstieg:
Ausgangspunkt: Schönenbach Vorsäß (1.025 m)
Gehzeit: ↗ 2 Std. ↘ 1 ½ Std.
Höhenunterschied: 600 Hm
Schwierigkeit: **mittel**

Der Anstieg ist ident mit der Tour ab Schönenbach.

Weitere Alpe der Tour

Alpe Mittelhirschberg 1.440 m

Sie liegt etwas tiefer als die Alpe Oberhirschberg und ist eine Sennalpe mit etwa 37 Kühen, Ziegen und Schweinen. Das Sennen auf dieser Alpe erfolgt noch in alter Tradition. Der Verkauf der Alpprodukte an Wanderer steht nicht im Vordergrund, ist aber möglich.

Wanderroute: Von der Bergstation der Hirschbergbahn wandert man auf einem Güterweg südlich unterhalb des Berges entlang Richtung Osten. Dabei passiert man die Alpe Mittelhirschberg und gelangt zuletzt zur Oberhirschbergalpe. Die meisten Wanderer gehen noch bis zum Gipfel des Hirschberges weiter, denn er bietet eine umfassende Aussicht (siehe Gipfelergänzung). Der Rückweg ist ident mit dem Anstieg und kann bis zur Talstation verlängert werden (siehe Ergänzung).

Ergänzung/Variante:
Hirschberg bergab [75e1]
Ausgangspunkt: Bizau – Bergstation Hirschbergbahn (1.436 m)
Zielpunkt: Parkplatz Hirschbergbahn (835 m)
Gehzeit: ↘ 1 ½ Std.
Höhenunterschied: ↘ 600 Hm
Schwierigkeit: **mittel**

Besonders beliebt ist eine Bergabwanderung von der Bergstation zur Talstation. Diese wird oft auch im Anschluss an eine Hirschbergbesteigung begangen. Dazu folgt man zuerst dem bergabführenden Güterweg. Oberhalb der Unterhirschberg Alpe kann man rechts eine Kehre abkürzen. Ab der Alpe folgt man einem Wiesen- und Waldweg, der entlang der Sommerrodelbahn zur Talstation führt.

Ergänzung:
ab Talstation der Sesselbahn [75e1]
Ausgangspunkt: Parkplatz Hirschbergbahn (835 m)
Gehzeit: +3 1/2 Std.
Höhenunterschied: + 600 Hm
Schwierigkeit: mittel

Der Weg beginnt bei der Talstation der Sesselbahn und führt anfangs meist direkt neben der Sommerrodelbahn im Wald hoch. So erreicht man einen Güterweg, dem man bis kurz vor der Bergstation folgen kann. Bei der Unterhirschberg Alpe kann man über eine Alpwiese eine Kehre abkürzen. Kurz vor der Bergstation gabelt sich der Güterweg. Nach links erreicht man in wenigen Minuten die Bergstation, gerade aus geht es weiter zum Hirschbergsattel.

Alpe Oberhirschberg

Gipfelergänzung:
Hirschberg (1.834 m) [75e2]
Ausgangspunkt: Alpe Oberhirschberg (1.582 m)
Gehzeit: + 1 Std.
Höhenunterschied: + 250 Hm
Schwierigkeit: mittel

Von der Alpe ist man in wenigen Minuten am Hirschbergsattel. Von dort geht es über die grasigen Südhänge zum Gipfel hoch und auf gleichem Weg wieder zurück. Ein Abstieg nach Norden ist anspruchsvoll und wird als Variante in umgekehrter Richtung weiter unten beschrieben.

Variante mit Gipfel:
Wölfersgunten Alpe (1.609 m)
Hirschberg (1.834 m) [75v1]
Ausgangspunkt: Bizau – Bergstation Hirschbergbahn (1.436 m)
Gehzeit: ↗ ↘ 3 3/4 Std.
Höhenunterschied: ↗ ↘ 400 Hm
Schwierigkeit: anspruchsvoll

Für trittsichere Wanderer ist eine Rundwanderung mit Gipfel empfehlenswert. Von der Bergstation der Sesselbahn wandert man zuerst entlang eines Lehrpfades auf die Nordseite des Hirschberges. Dann führt der Weg ausgesetzt zur schön gelegenen Wölfersgunten Alpe (1.609 m). Von der Alpe geht es steil und anspruchsvoll hinauf zum Gipfel des Hirschberges. Der Weg ist teilweise felsig und bei Nässe kritisch. Knapp unterhalb des Gipfels trifft man am Ostgrat auf den Weg vom Süden. Der Abstieg erfolgt am besten nach Süden zum Hirschbergsattel und der darunter liegenden Alpe Oberhirschberg. Dann wandert man auf dem südseitigen Güterweg zurück zur Bergstation.

Variante ab Schönenbach: Wölfersgunten Alpe (1.609 m) Hirschberg (1.834 m) [75v2]

Ausgangspunkt: Schönenbach Vorsäß (1.025 m)
Gehzeit: ↗ ↘ 4 ½ Std.
Höhenunterschied: ↗ ↘ 800 Hm
Schwierigkeit: **anspruchsvoll**

Für trittsichere und ausdauernde Wanderer ist diese Variante ein Genuss. Vom „Zentrum“ des Schönenbach-Vorsäßes wandert man in südwestlicher Richtung ins Osterguntental. Nach der Überquerung des Baches zweigt rechts der Weg zur Wölfersgunten Alpe (1.609 m) ab. Zuerst führt er über einen Güterweg, den man bald nach links verlässt und auf einem steilen, teilweise mit Geländer versehenen Weg und durch einen verwunschen wirkenden Wald zur Alpe aufsteigt. Von der Alpe geht es steil und anspruchsvoll hinauf zum Gipfel des Hirschberges. Der Weg ist teilweise felsig und bei Nässe kritisch.
Vom Gipfel wandert man am besten südseitig hinab zum Hirschbergsattel. Hier folgt man dem teilweise nicht gut sichtbaren und steilen Weg ins Osterguntental hinab. In der Nähe der Ostergunten Alpe trifft man auf einen Güterweg, über den man gemütlich nach Schönenbach gelangen kann.

MTB-Route: Von Bizau fährt man zuerst nach Schnepfegg. Hier beginnt beim AV-Heim ein Güterweg, der zur Bergstation der Hirschbergbahn und weiter bis zum Hirschbergsattel führt. Sehr trittsichere Biker können das Fahrrad anschließend den steilen und grasigen Weg zur Ostergunten Alpe hinabtragen und dann über Schönenbach nach Bizau zurückfahren. Eine weitere Möglichkeit besteht darin, von der Ostergunten Alpe nach Süden über den Stoggersattel (1.415 m) nach Au-Rehmen hinab und dann über die Straße zum Ausgangspunkt zurück zu fahren.

Hirschbergsattel: Blick Richtung Diedamskopf

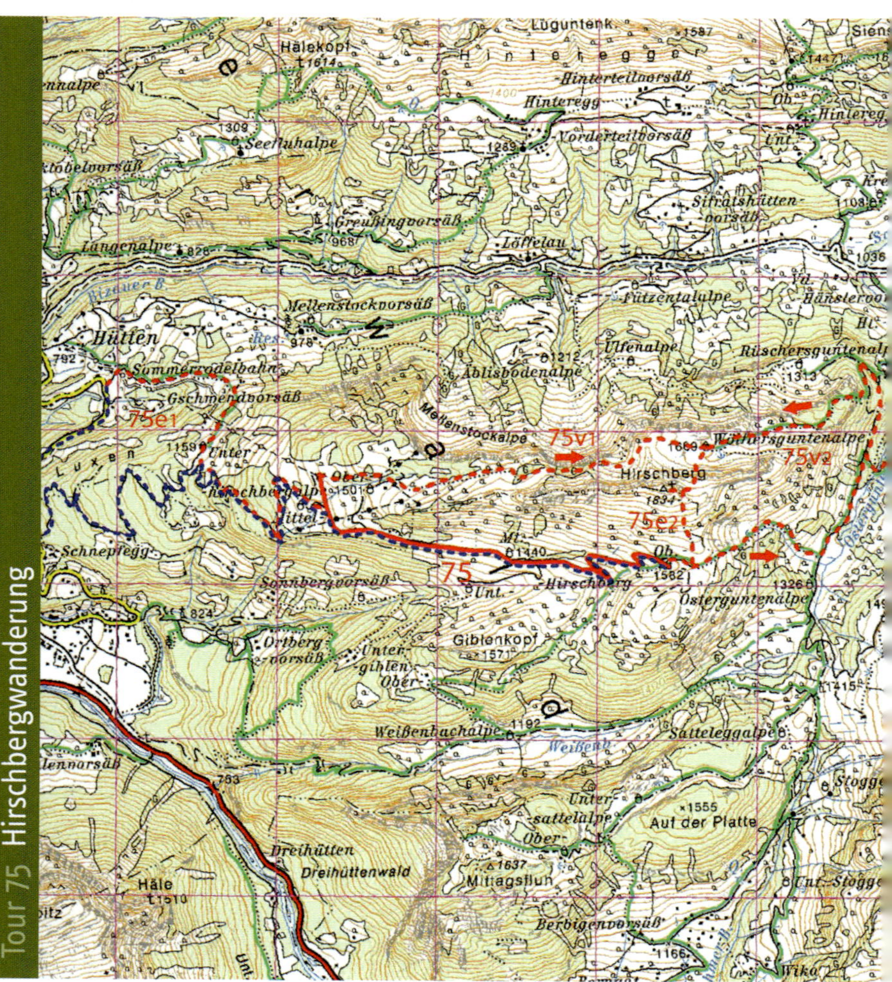

Hälekopf
Seefluhalpe
Greußingvorsäß
Langenalpe
Löffelau
Hinteregg
Vorderteilvorsäß
Hinterteilvorsäß
Sifratshütten-vorsäß
Mellenstockvorsäß
Hütten
Sommerrodelbahn
Gschwendvorsäß
Fützentalalpe
Ulfenalpe
Äblisbodenalpe
Rüschersguntenalpe
Mellenstockalpe
Wölfersguntenalpe
Hirschberg
Schnepfegg
Sonnbergvorsäß
Ostergunténalpe
Giblenkopf
Ortberg-vorsäß
Weißenbachalpe
Satteleggalpe
Auf der Platte
Dreihütten
Dreihüttenwald
Mittagsfluh
Häle
Berbigenvorsäß
75
75e1
75e2
75v1
75v2

76 Schönenbacher Alpwanderung

Ostergunten Alpe 1.326 m
Stoggertenn Alpe 1.498 m
Almisgunten Alpe 1.477 m

Gebirge:
→ Bregenzerwaldgebirge
Talort:
→ Bezau (650 m)
Bizau (681 m)

Stoggertenn Alpe und Diedamskopf

Der Diedamskopf beherrscht wie ein gewaltiger König die Szenerie des Schönenbach Vorsäß. Diese Rundwanderung führt an sehr unterschiedlichen Sennalpen vorbei und man kann die Vielfalt der Alpwirtschaft entdecken.

Anforderungen: etwas anstrengend

Zeiten: 3½ Stunden: ↗ 2 Std. ↘ 1½ Std.

Ausgangspunkt: Schönenbach Vorsäß (1.025 m)

Gehzeiten: Schönenbach – Ostergunten Alpe 1 Std.; Ostergunten Alpe – Stoggertenn Alpe ¾ Std.; Stoggertenn Alpe – Almisgunten Alpe ½ Std.; Almisgunten Alpe – Schönenbach 1¼ Std.

Höhenunterschied: ↗ ↘ je 550 Hm

Karten: ÖK-Blatt 112, F&BBlatt 364

Informationen für Mountainbiker

Start/Ziel: Schönenbach Vorsäß (1.025 m)

Höchster Punkt: Oberhalb der Stoggertenn Alpe (1.576 m)

Fahrzeiten: ↗ 1½ Std. ↘ ¾ Std.

Anstieg: ↗ ↘ je 11 km, 550 Hm Fahrt

Besonderheit: Das Schönenbach Vorsäß gleicht einem kleinen Dorf. Die Straße dorthin ist mautpflichtig und der Parkplatz befindet sich etwas vor dem Alpdorf. Das Vorsäß liegt auf einer großen Fläche, durch die sich ein schöner Bach schlängelt. Hier ist immer etwas los. Im Sommer sind hier viele Kinder in einem Ferienlager versammelt. In der Sennerei kann man immer Käse und Butter kaufen. Eine kleine Gastwirtschaft sorgt für das leibliche Wohl. Dabei sind besonders die Käsknöpfle weit bekannt. Neben einfachen Spaziergängen können mehrere Alpen erwandert werden. Auch der Hirschberg ist ein mögliches Ziel von Schönenbach.

Ostergunten Alpe 1.326 m

Sie liegt etwas unscheinbar am Rand des Waldes. Oberhalb von ihr ist der Hirschberg sichtbar.

Almisgunten Alpe

Besitzer: Alpgenossenschaft
Alpvieh: 50 Milchkühe, 30 Jungvieh
Alpprodukte: Bergkäse
Zeitraum der Bewirtschaftung: Anfang Juni bis Ende September
Verpflegung für Wanderer: Getränke

Stoggertenn Alpe 1.498 m

Sie ist die höchste Alpe der Runde und liegt direkt nordöstlich unter dem Diedamskopf. Die jährliche Alpmesse ist ein ganz besonderes Ereignis. Dann trifft man die Pächter aller umliegenden Alpen und viele Alpfreunde hier. Darunter befinden sich auch immer einige Musikanten, die ihre Künste zum Besten geben.

Besitzer: Gemeinde Bizau
Alpvieh: 45 Milchkühe, 5 Ziegen, 12 Schweine
Alpprodukte: Bergkäse, Bachensteiner, Ziegenkäse, Kräuterkäse
Zeitraum der Bewirtschaftung: Ende Mai bis Ende September
Verpflegung für Wanderer: Getränke, Käse- und Speckteller, Suppen
Veranstaltungen, Besonderheit: Alpmesse Mitte August

Almisgunten Alpe 1.477 m

Sie liegt etwas abgelegen unterhalb der steilen Nordflanke des Diedamskopfes in einem schönen Alpkar.

Besitzer: Genossenschaft
Alpvieh: 45 Milchkühe, 10 Jungvieh
Alpprodukte: Bergkäse
Zeitraum der Bewirtschaftung: Ende Juni bis Mitte September
Verpflegung für Wanderer: Getränke

Direkte Alpanstiege:
Die direkten Anstiege zu den Alpen entsprechen der Wanderroute, wenn auch teilweise in umgekehrter Richtung.

Weitere Alpe der Tour

Unterspitz Alpe 1.243 m
Sie liegt westlich und nördlich unterhalb des Mohrenkopfes und ist eine kleine Sennalpe (etwa 19 Kühe). Sie bietet keine Bewirtung.

Wanderroute: In Schönenbach startet man direkt bei den Häusern. Zuerst wandert man nach Süden auf den Waldrand zu. Hier beginnt ein Weg der zum Güterweg ins Osterguntental hoch führt. Diesem Güterweg folgt man nun in das Tal hinein. Man überquert nach rechts den Bach und nach einem längeren Waldstück kommt man in den Bereich der Ostergunten Alpe. Hier geht es gerade weiter bergauf. Bald darauf gabelt sich der Güterweg und man wählt den linken, der in Kehren bergauf führt. Bei der nächsten Gabelung bei einer Art Sattel und einer Steinmauer wählt man wieder den linken Weg und erreicht kurz darauf die Stoggertenn Alpe.
Links neben dem Alpgebäude geht es weiter. Der Weg über den Sattel zwischen dem Diedamskopf und dem Mohrenkopf ist nach Regenfällen oft schlammig. Vom Sattel (1.576 m) weg geht es über die Alpwiesen hinab zur Almisgunten Alpe. Ab der Alpe wandert man auf dem Güterweg in nördlicher Richtung talauswärts. Schließlich wendet sich der Weg Richtung Westen und man trifft auf die Unterspitz Alpe. Kurz darauf erreicht man wieder den Anstiegsweg, dem man nun bis Schönenbach folgt.

MTB-Route: Die Route ist ident mit der Wanderroute. Zwischen der Stoggertenn Alpe und der Almisgunten Alpe muss das Fahrrad kurz geschoben werden. Die meisten Biker werden in Bizau starten. Dies bedeutet noch zusätzlich je 8 Kilometer in jede Richtung.

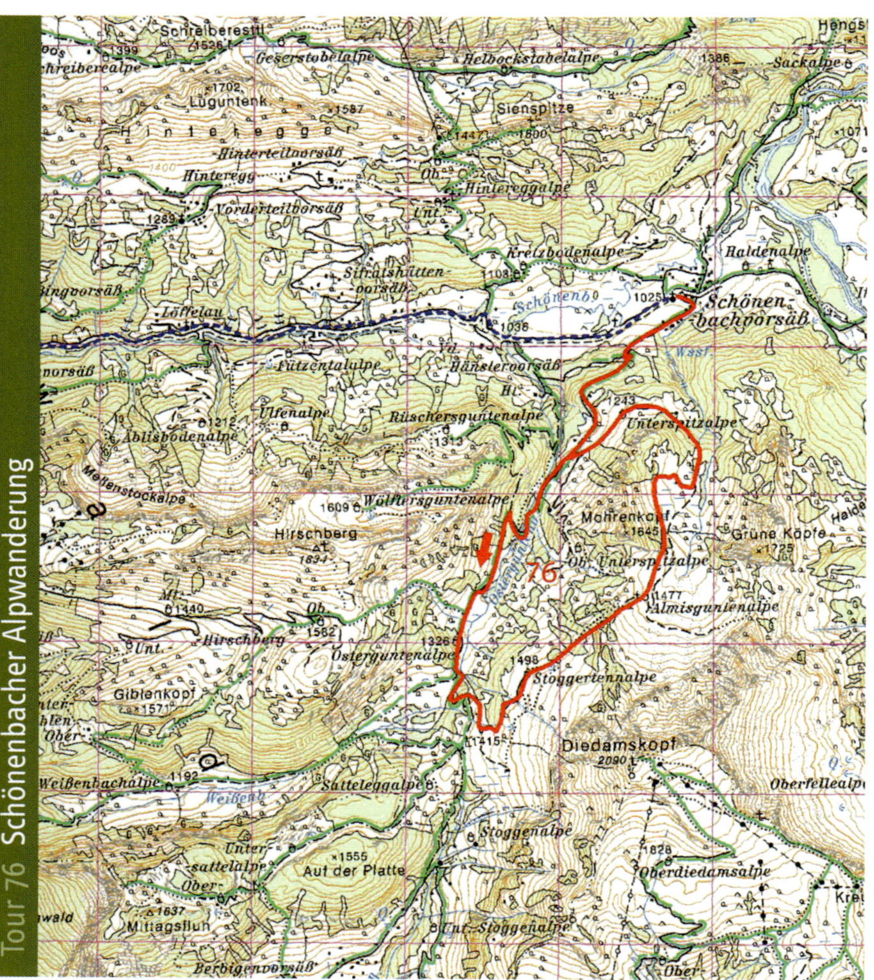
Schönenbachvorsäß
Unterspitzalpe
Mohrenkopf
Ob. Unterspitzalpe
Almisguntenalpe
Stoggertennalpe
Diedamskopf
Östergunterialpe
Hirschberg
Wölflersguntenalpe
Rüschersguntenalpe
Kretzbodenalpe
Haldenalpe
Grüne Köpfe
Siensspitze
Hinteregg
Stoggenalpe
Oberdiedamsalpe
Auf der Platte
Giblenkopf
Mittagsfluh
76

77 Gopfwanderung

Gopfalpe 1.140 m

Gebirge:
→ Bregenzerwaldgebirge
Talort:
→ Bezau (650 m)
Bizau (681 m)

Bizau Richtung Gopfberg

Der Rücken des Gopfberges, der vom Gipfel bis nach Schnepfegg reicht, bietet eine wunderbare, schattige und nicht ganz einfache Wanderung mit tollem Blick auf die dunkle Nordseite der Kanisfluh und über weite Bereiche des Bregenzerwaldes.

Anforderungen: wenig anstrengend
Zeiten: $3^1/_4$ Stunden: ↗ 2 Std. ↘ $1^1/_4$ Std.
Ausgangspunkt: Bizau Ortsmitte (681 m)
Höhenunterschied: ↗ ↘ je 640 Hm
Karten: ÖK-Blatt 112, F&B-Blatt 364

Alpe der Tour

Gopfalpe 1.140 m
Die Alpe dient als Vorsäß zur Körb Alpe und zur Althornbach Alpe. Sie wird deshalb nur kurz im Juni und September bestoßen und bietet keine Bewirtung.

Wanderroute: In Bizau wandert man durch Felder in südöstlicher Richtung auf dem Moosrundweg Richtung Schepfegg. Am Waldrand wendet man sich nach rechts und wandert auf einem Güterweg weiter, der schattig unterhalb des Gopfrückens ohne viel Steigung Richtung Westen verläuft. Schon bald muss man ihn nach links verlassen. Über einen Wanderweg gelangt man zum malerischen Gopf Vorsäß (910 m) und trifft hier auf den direkten Güterweg, der in Kehren zur Gopf Alpe (1.140 m) weiter führt. Anschließend wandert man von der Alpe weiter zum einem Sattel und nach links durch den Wald hinauf auf den Gopfberg (1.316 m).

Vom Gipfel wandert man über einen wunderschönen Waldweg, der einige felsige Stufen aufweist, den Kamm entlang etwas bergab und dann ohne viel Höhenunterschied nach Osten. Bei Rosenburg wendet man sich nach Norden (links) und über einen etwas steilen Waldweg kommt man wieder zum Moosrundweg und geradeaus zurück ins Dorf.

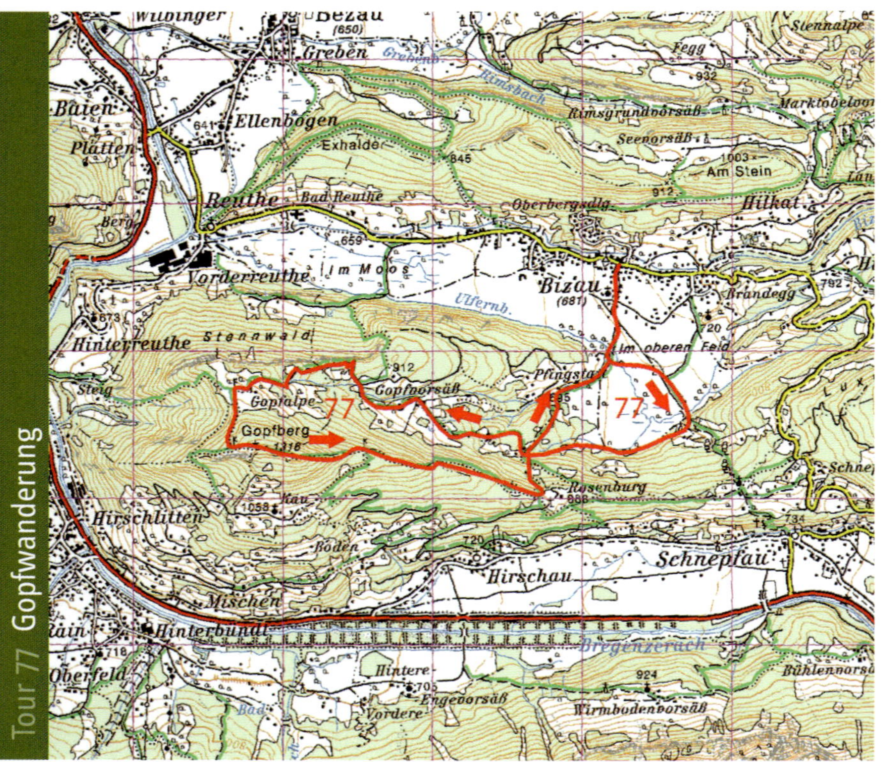

78 Rund um die Mittagsfluh

Sattelegg Alpe 1.446 m
Weißenbach Alpe 1.192 m

Gebirge:
→ **Bregenzerwaldgebirge**
Talort:
→ **Schnepfau (734m)**

Oberhalb von Au-Rehmen

Die Mittagsfluh scheint unnahbar. Sie kann jedoch wunderschön umrundet werden. Dabei erlebt man zwei sehr unterschiedliche Alpen und hat einen hervorragenden Überblick über den Bregenzerwald.

Anforderungen: anstrengend

Zeiten: 4¾ Stunden: ↗ 2¾ Std. ↘ 2 Std.

Ausgangspunkt: Schnepfau Ortsmitte (734 m)

Zielpunkt: Au (792 m)

Gehzeiten: Schnepfau – Ortbergvorsäß ¾ Std.; Ortbergvorsäß – Weißenbach Alpe 1 ¼ Std.; Weißenbach Alpe – Ostergunten Alpe ¾Std.; Ostergunten Alpe – Au 2 Std.

Höhenunterschied: ↗ 700 Hm ↘ 640 Hm

Karten: ÖK-Blatt 112, LKS-Blatt, F&BBlatt 364

Besonderheit: Der frühere schöne untere Teil des Weges durchs gesamte Tal der Weißenbach Alpe ist leider durch den großzügigen Ausbau des Steinbruches verloren gegangen. Deshalb ist es nun besser, einen Umweg über das Ortbergvorsäß zu wählen.

Weißenbach Alpe 1.192 m

Die Alpe liegt in einer ganz besonderer Lage im Weißenbachtal. Im Westen ragt die Kanisfluh auf, im Osten der Diedamskopf. Die beiden Berge scheinen das Tal oben und unten abzuschließen. Senn Ignaz erklärt gerne interessierten Besuchern die aufwändige Herstellung von Bregenzerwälder Alpkäse.

Besitzer: Agrargenossenschaft
Alpvieh: 50 Kühe, Kälber, Schweine
Alpprodukte: Bergkäse
Zeitraum der Bewirtschaftung: Anfang Juni bis Mitte September
Verpflegung für Wanderer: Getränke, Käsbrote

Direkter Alpanstieg:
Der Anstieg ist ident mit der Wanderroute.

Sattelegg Alpe 1.446 m

Sie liegt wunderschön in einer Art Sattel. Das Alpgebäude ist ein besonders typisches Bregenzerwälder Bauernhaus.

Besitzer: privat
Alpvieh: 20 Kühe, 20 Jungvieh
Alpprodukte: Bachensteiner, Bergkäse
Zeitraum der Bewirtschaftung: Anfang Juni bis Mitte September
Verpflegung für Wanderer: Getränke, Käsbrote

Direkter Alpanstieg:
Ausgangspunkt: Schönenbach Vorsäß (1.025 m)
Gehzeit: ↗ 2 Std. ↘ 1 1/2 Std.
Höhenunterschied: 430 Hm
Kinderwagen: durchgehend geeignet
Schwierigkeit: leicht

Der Anstieg ist zuerst ident mit der Wanderroute der Tour 76 zur Stoggertenn Alpe. Bei der Steinmauer oberhalb der Ostergunten Alpe wandert man nach rechts weiter zum Stoggersattel und hier wieder rechts um den Rücken herum zur Alpe hinauf.

Weitere Alpe der Tour

Ostergunten Alpe 1.326 m (siehe Tour 76)

Wanderroute: In Schnepfau wandert man zuerst entlang der Straße Richtung Osten (Schnepfegg). Bei der ersten Kehre zweigen rechts Güterwege ab. Man wählt den oberen, der zum Ortsvorsäß hinaufführt. Kurz unterhalb des Vorsäß kann man nach rechts zu einem Aussichtspunkt gelangen. Beim Vorsäß wendet man sich nach Süden und wandert zuerst unterhalb des Giblenkopfes leicht bergauf. Bei der nächsten Weggabelung wendet man sich nach rechts und muss kurz bergab. So gelangt man zum Güterweg ins

Weißenbachtal. Nach einigen Kehren wird es flacher und man wandert dem Bach entlang immer auf den Diedamskopf zu bis zur Alpe. Dann geht es weiter das Tal hinauf. Der Weg wird schmal und trifft etwas oberhalb der Ostergunten Alpe wieder auf einen Güterweg. Diesem folgt man Richtung Stoggertenn Alpe. Bei einer Steinmauer wählt man den rechten Weg, der zum Stoggersattel führt. Will man der Sattelegg Alpe einen Besuch abstatten muss man vom Sattel kurz rechts um einen Rücken herum ansteigen. Der Weiterweg nach Au führt vom Sattel direkt nach Süden hinab. Man bleibt immer auf dem Weg, der bald in eine Asphaltstraße übergeht. So gelangt man nach Berngat. Hier kann man auf der Straße bleiben und gemütlich auf dieser nach Au absteigen. Man kann auch rechts zur Kapelle abzweigen und über einen steilen Waldweg direkt nach Jagdhausen und zur Kirche von Au absteigen. Mit dem Bus kommt man wieder zurück zum Ausgangspunkt.

Sattelegg Alpe

Gipfelergänzung:
Mittagsfluh (1.637 m) [78e]

Ausgangspunkt: Stoggersattel (1.415 m)

Gehzeit: + 1 Std.

Höhenunterschied: + 220 Hm

Schwierigkeit: **mittel**

Will man einen exzellenten Überblick über den Bregenzerwald erleben sollte man die Besteigung der Mittagsfluh und des nahe gelegenen Liegsteines einplanen. Dazu wandert man beim Stoggersattel nach rechts zur Sattelegg Alpe und dann weiter nach Westen bis zum höchsten Punkt. Rechts von ihm ist der Aussichtspunkt Liegstein, der den besten Ausblick ermöglicht. Anschließend muss man wieder etwas zurück. Schon bald zweigt rechts ein steiler Weg zum Berbigen Vorsäß ab. Ab dort ist der Weg wieder ident mit der oben beschriebenen Route.

MTB-Route: Als Biker hat man hier mehrere Möglichkeiten. Die kürzeste Route führt von Schnepfau zwischen den Wiesen in Richtung Au. Direkt vor dem Tunnel der Bregenzerwälder Bundesstraße beginnt der Fahrweg ins Weißenbachtal. Man passiert den Steinbruch und in vielen steilen Kehren geht es bergauf. Später wird es flacher und nach der Alpe muss

das Bike kurz geschoben werden, bevor man wieder auf einen Güterweg trifft. Über den Stoggersattel fährt man nach Au-Rehmen hinab und auf dem Radweg zurück nach Schnepfau.
Eine Befahrung dieser Route in umgekehter Richtung ist weniger beliebt, da der Anstieg der Sonne voll ausgesetzt und somit schweißtreibend ist. Eine weitere Möglichkeit besteht darin, zuerst nach Bizau und weiter nach Schönenbach zu fahren. Über die Ostergunten Alpe kann man ins Weißenbachtal gelangen oder wie oben beschrieben nach Au abfahren.

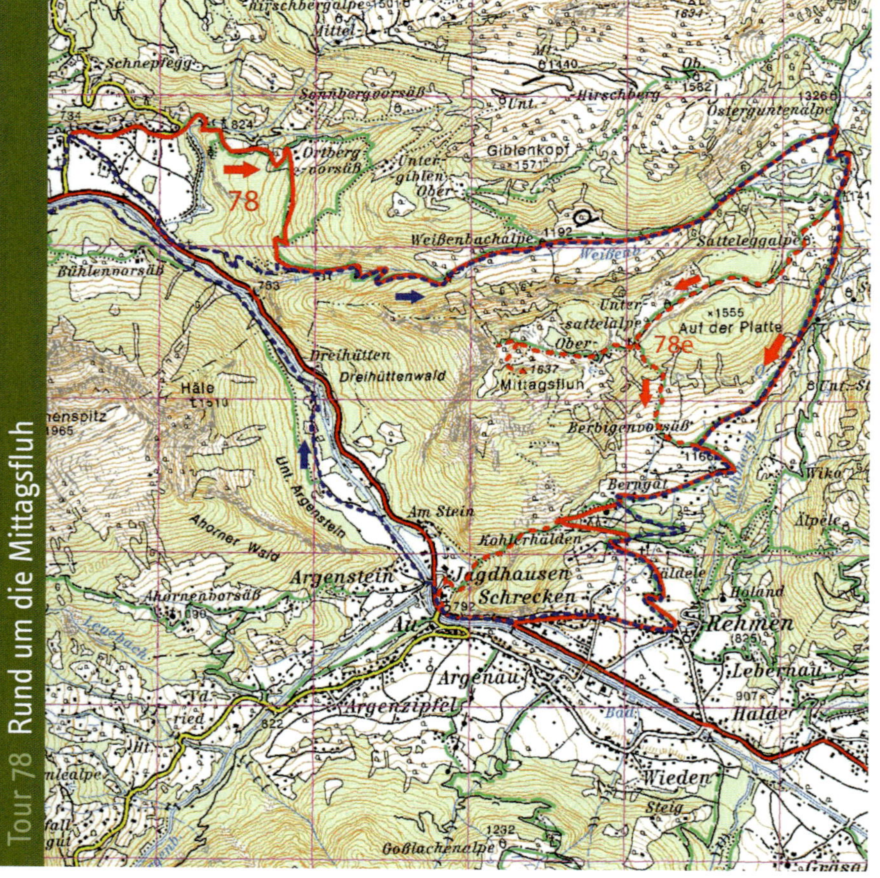

Mellau

Mellau, Damüls

Mellau ist ein zentraler Punkt für eine Vielzahl von Wanderungen. Die Ausgangspunkte liegen entweder im Mellental oder bei der Roßstelle. Die Roßstelle ist mit einer Sesselbahn leicht erreichbar. Die Touren aus dem Mellental haben teils lange Anstiege, die allerdings auch von Anfängern mit dem Mountainbike gemeistert werden können. Damüls ist ein liebliches Bergdorf, das sich, besonders für Wanderferien eignet. Die Anstiege sind nicht besonders lang und führen über sanfte Alpwiesen.

Damüls

Auf einen Blick

Gebirge: Bregenzerwaldgebirge
Talorte: Mellau (688 m), Au (792 m), Damüls (1.425 m)
Karten: ÖK-Blatt 111 + 112, LKS-Blatt 228, F&B-Blatt 364
Anreise: Von Dornbirn fährt man übers Bödele, von Bregenz übers Schwarzachtobel nach Bezau, und weiter bis Mellau Nach Damüls muss man noch weiter bis Au und hier rechts Richtung Furkajoch. Aus dem Walgau ist der Weg übers Großwalsertal und das Faschinajoch die bessere Wahl. Aus dem Rheintal gelangt man am schnellsten übers Furkajoch nach Damüls und nach Au.
Bus/Bahn: Mit dem Bus der Linie 35 ab Bregenz und der Linie 40 ab Dornbirn kommt man nach Bezau. Weiter geht es mit der Linie 40 bis Mellau oder Au und von hier mit Linie 43 nach Damüls.

79 Im Banne der Hangspitze

Dosegg Alpe 1.004 m

Gebirge:
→ **Bregenzerwaldgebirge**
Talort:
→ **Mellau (688 m)**

Bengath Kapelle

Die Wanderung zu dieser dorfnahen Alpe ist trotz der Kürze sehr abwechslungsreich und benötigt bei Nässe gutes Schuhwerk.

Anforderungen: wenig anstrengend

Zeiten: 2 3/4 Stunden: ↗ 1 1/2 Std. ↘ 1 1/4 Std.

Ausgangspunkt: Mellau Ortsmitte (688 m)

Gehzeiten: Ortsmitte – Bengath Kapelle 1/2 Std.; Bengath Kapelle – Dosegg 3/4 Std.; Dosegg – Hochvorsäß 1/4 Std.; Hochvorsäß – Mellau 1 1/4Std.

Höhenunterschied: ↗ ↘ je 350 Hm

Karten: ÖK-Blatt 112, LKS-Blatt 228, F&BBlatt 364

Besonderheit: Neben der „kleinen" Rundwanderung kann man direkt von Mellau aus auch eine umfangreichere Alpwanderung unternehmen, die herrliche Ausblicke beschert und an einsamen Alpen vorbeiführt. Allerdings braucht man dafür auch eine ordentliche Kondition.

Dosegg Alpe 1.004 m

Diese kleine Alpe liegt am Waldesrand unterhalb der markanten Hangspitze und bietet einen wunderbaren Ausblick.

Besitzer: privat
Alpvieh: 10 Kühe
Alpprodukte: Milch
Zeitraum der Bewirtschaftung: Mitte Mai bis Ende September
Verpflegung für Wanderer: Getränke, Jause

Direkter Alpanstieg:
Der Anstieg ist ident mit der Wanderroute.

Untergüntenstall Alpe 1.302 m

Die Alpe liegt östlich unterhalb des steilen Leuekopfes mit schönem Ausblick auf die Damülser Berge und die Kanisfluh.

Dosegg Alpe

Besitzer: privat
Alpvieh: 40 Kühe
Alpprodukte: Alpkäse
Zeitraum der Bewirtschaftung: Anfang Juni bis Mitte September
Verpflegung für Wanderer: Getränke, Jause

Direkter Alpanstieg:
Ausgangspunkt: Mellau Ortsmitte (688 m)
Gehzeit: ↗ 2 1/2 Std. ↘ 2 Std.
Höhenunterschied: 620 Hm
Kinderwagen: geeignet, Umweg nötig
Schwierigkeit: mittel

Zuerst wandert man etwa 4 Kilometer das Mellental hinein. Dann zweigt bei einem Bach rechts ein steiler Weg ab, der zur Waldalpe hoch führt. Mit dem Kinderwagen muss man den Güterweg nutzen, der etwas später abzweigt. Ab der Waldalpe folgt man dem Güterweg.

Alpe Buchen 858 m

Sie liegt etwa 3 Kilometer im Mellental seitlich des Hauptfahrweges. Die Alpe bietet als Jausenstation viele hauseigene bäuerliche Produkte an. Meist befinden sich auch verschiedene Jungtiere in der Nähe des Alpgebäudes. Sie lassen sich von Kindern gerne streicheln.

Besitzer: privat
Alpvieh: 15 Kühe, 100 Milchziegen
Alpprodukte: Bergkäse, Ziegenkäse
Zeitraum der Bewirtschaftung: Mitte Mai bis Anfang Oktober
Gaststube: ja
Kontakt: Rainer Held, +43/(0)664/3130658
Verpflegung für Wanderer: Getränke, bäuerliche Jausen, Jogurt

Direkter Alpanstieg:
Ausgangspunkt: Mellau Ortsmitte (688 m)
Gehzeit: ↗ 1 Std. ↘ 1 Std.
Höhenunterschied: 170 Hm
Kinderwagen: durchgehend geeignet
Schwierigkeit: leicht

Die Wanderung zur Alpe erfolgt über den Fahrweg ins Mellental.

Weitere Alpen der Tour

Köberle Alpe 1.412 m und Obergüntenstall Alpe 1.578 m

Die Köberle Alpe liegt etwas abseits der Wanderrouten unterhalb eines Steilabbruches, über dem sich die Obergüntenstall Alpe befindet. Die Stallalpe liegt knapp unterhalb des Dornbirner Firstes und wird bei einer Tour dorthin passiert. Auf diesen Alpen weiden abwechselnd etwa 100 Mutterkühe mit ihren Kälbern und es wird keine Bewirtung angeboten.

Waldalpe 1.124 m

Sie liegt schön in den Hang eingebettet unterhalb der steilen Ostabhänge der Mörzelspitze. Auf der Alpe weiden etwa 50 Kühe. Die Milch wird in die Molkerei im Tal gebracht. Die Alpe bietet keine Bewirtung.

Wanderroute: Vom Ortszentrum von Mellau wandert man dem Mellenbach entlang bis zum eigentlichen Eingang des Mellentales. Hier überquert man den Bach und gelangt zur schönen Bengath-Kapelle (720 m). Dann geht es durch den Wald entlang eines Baches und später über Wiesen hoch, bis man auf einen Fahrweg bei einzelnen Häusern trifft. Nach rechts gelangt man zum Sträßchen nach Dosegg. Dieser folgt man nach links bis zur Dosegg Alpe (1.004 m). Oberhalb der Alphütte wandert man noch leicht bergauf unterhalb der Hangspitze zum Hochvorsäß. Wenige Gehminuten

Untergüntenstall Alpe

vor dem Vorsäß (1.040 m) trifft man auf das Sträßchen zu diesem. Über dieses wandert man bergab nach Mellau zurück. Nach einer Viertelstunde trifft die Straße mit der zur Dosegg Alpe zusammen und in mehreren Kehren geht es ins Dorf zurück.

Variante: Hochalpwanderung unterm First [79v]

Ausgangspunkt: Mellau Ortsmitte (688 m)

Gehzeit: ↗ ↘ 5½ Std.

Höhenunterschied: ↗ ↘ 900 Hm

Schwierigkeit: mittel

Ausdauernde Wanderer werden eine längere Route bevorzugen. Dazu wandert man bei der Dosegg Alpe nach links über die Wiese auf den Waldrand zu. Durch den Wald geht es steil bergauf. Im Bereich der Oberen Hangalpe muss man nach links in westlicher Richtung weiter (der rechte Weg geht steil zur Hangspitze hinauf). Nun wandert man unterhalb des schroffen Kammes zwischen Hangspitze und Dornbirner First über die Alpwiesen weiter. Dabei geht es um einen ersten Rücken herum zu einem begrenzenden scharfen Grat, hinter dem sich die Obergüntenstall Alpe (1.550 m) verbirgt. Von hier kann man einen Abstecher zum First machen (siehe Gipfelergänzung).
Von der Alpe geht es auf einem breiteren Weg über die Alpflächen entlang eines Baches hinab. Auf etwa 1.400 m trifft man auf einen Güterweg. Nach links ist man in wenigen Minuten bei der Köberle Alpe. Die Wanderung folgt dem Güterweg nach rechts um einen Rücken herum. Man passiert in einer Kehre die Untergüntenstall Alpe (1.302 m) und kommt zur schön gelegenen Waldalpe (1.124 m) hinab. Hier kann man wählen. Entweder wandert man auf einem steilen Waldweg direkt ins Mellental hinab, oder man bleibt auf dem Güterweg und muss einen Umweg von etwa einer Viertelstunde in Kauf nehmen. Zuletzt geht es auf dem Fahrweg durchs Mellental entlang des rauschenden Baches hinaus nach Mellau.

Gipfelergänzung:
Dornbirner First (1.733 m) [79e]

Ausgangspunkt: Obergüntenstall Alpe (1.550 m)

Gehzeit: + 1 Std.

Höhenunterschied: + 180 Hm

Schwierigkeit: **mittel**

Von der Alpe geht es über die grasigen Hänge hinauf zum First. Der Ausblick von dort ist gewaltig. Im Norden glitzern die Boote auf dem Bodensee als kleine weiße Punkte.

80 Mörzelwanderung

Untermörzelalpe 1440 m

Gebirge:
→ Bregenzerwaldgebirge
Talort:
→ Mellau (688 m)

Blick von der Hauseralpe zur Mörzelalpe und Mörzelspitze

Bei dieser Wanderung hat man einen tollen Ausblick auf die Mellauer und Damülser Berge und weit in den Hinteren Bregenzerwald hinein. Man passiert dabei viele sehr unterschiedliche Alpen.

Anforderungen: sehr anstrengend

Zeiten: 8 Stunden: ↗ 4¼ Std. ↘ 3¾ Std.

Ausgangspunkt: Mellau Ortsmitte (688 m)

Gehzeiten: Ortsmitte – Kreuzbach 2 ½ Std.; Kreuzbach – Untermörzelalpe 1 ½ Std.; Untermörzelalpe – Sattel – Oberbruderthan Alpe ½ Std.; Oberbruderthan Alpe – Kreuzbach 1 Std.; Kreuzbach – Mellau 2 Std.

Höhenunterschied: ↗ ↘ je 1.000 Hm

Karten: ÖK-Blatt 111, LKS-Blatt 228, F&B-Blatt 364

Informationen für Mountainbiker

Start/Ziel: Mellau Ortsmitte (688 m)

Höchster Punkt: Untere Mörzelalpe (1.440 m)

Fahrzeiten: ↗ 2Std. ↘ 1 Std.

Anstieg: ↗ ↘ je 11 km, 800 Hm Fahrt

Besonderheit: Diese Wanderung gehört zu den längsten in diesem Führer. Dabei verschwimmt auch die Grenze zwischen Alpwanderung und Gipfelwanderung, denn man kommt so nahe an die wunderbare Mörzelspitze heran, dass

man unbedingt zum höchsten Punkt hinauf sollte.
Wegen des relativ langen Anmarsches durch das Mellental ist eine Kombination von Mountainbike und Wanderschuhen sehr empfehlenswert. Man spart dadurch etwa 4 Stunden und kann die Tour an einem Halbtag unternehmen.

Untermörzelalpe 1440 m

Die Alpe liegt in der Mitte des Mellentales unterhalb der Mörzelspitze. Der Ausblick ist sehr weitläufig. Das gesamte Mellental mit den Damülser Bergen sowie der Hohe Freschen können überblickt werden. Der Pächter ist als Diplom-Käsesommelier bekannt und ein Experte in alle Käsebelangen. Die Alpe ist eine der wenigen Alpen, die auf jegliche Art der Zufütterung verzichtet. Die Naturprodukte werden direkt vermarktet.

Besitzer: privat
Alpvieh: 50 Kühe, 25 Jungvieh, 15 Ziegen, Schweine
Alpprodukte: Alpkäse, Ziegenkäse, Butter
Zeitraum der Bewirtschaftung: Anfang Juni bis Mitte September
Übernachtung: 5 Lager
Kontakt: Martin Hager, +43/(0)650/278 2680, www.kaesewelt.net
Verpflegung für Wanderer: Getränke, Jause

Direkter Alpanstieg:
Ausgangspunkt: Mellau Ortsmitte (688 m)
Gehzeit: ↗ 4 Std. ↘ 3 Std.
Höhenunterschied: 770 Hm
Kinderwagen: durchgehend geeignet
Schwierigkeit: leicht

Der Anstieg entspricht der Wanderroute.

Weitere Alpen der Tour

Obermörzelalpe 1.664 m
Diese Jungviehalpe mit etwa 130 Stück Jungvieh befindet sich ganz knapp unterhalb der Mörzelspitze und bietet keine Bewirtung.

Oberbruderthan Alpe 1.486 m
Unterbruderthan Alpe 1.309 m
Die Alpen sind sogenannte „Galtalpen“, die mit Jungvieh bestoßen werden und keine Bewirtung anbieten. Das Alpgebäude der oberen Alpe wurde 2000 neu errichtet.

Schönenwald Alpe 1.392 m und Altenhof Alpe 1.600 m (siehe Tour 4)

Haslach Alpe 1.242 m
Sie liegt unterhalb der Waldgrenze im Nordosten des mächtig wirkenden Freschens. Sie ist die Voralpe zur Binnel Alpe (1.724 m), der höchsten Alpe dieses Gebietes. Auf den beiden Alpen weiden etwa 110 Stück Jungvieh, wobei die Haslach Alpe nur kurz am

Beginn und Ende der Alpsaison besetzt ist.

Kobelalpe 1.260 m
Die Alpe liegt unterhalb der Untermörzelalpe und soll in Zukunft nur mehr mit Jungvieh bestoßen werden. Die Alphütte wurde 2006 als Ferien- und Jagdhaus neu errichtet.

Wanderroute: In Mellau wandert man auf dem Güterweg durchs Mellental bis zur Weggabelung bei Kreuzbach (1.025 m). Auf dem rechten Güterweg kommt man kurz darauf zur nächsten Weggabelung bei der Oswald Alpe (1.135 m – 1971 abgebrannt und nicht mehr errichtet). Hier muss man wieder rechts und bald darauf kommt schon die nächste Gabelung, wo ebenfalls der rechte Weg zu wählen ist. Nun verliert man etwa 70 Höhenmeter, bevor es kontinuierlich aufwärts geht. Man passiert die Kobel Alpe (1.260 m) und nach einem weiteren Waldstück sieht man links auf einer kleinen Schulter die Untermörzelalpe (1.440 m).
Von der Alpe führt ein leider nicht mehr neu markierter Viehtriebweg zum Sattel (1.600 m) zwischen Salzbödenkopf (links) und Mörzelspitze (rechts). Vom Sattel führt ein weiterer nicht neu markierter Weg über die Alpwiesen zur schon sichtbaren Oberbruderthan Alpe (1.486 m) und weiter hinab zur Unterbruderthan Alpe (1.312 m). Ab hier führt ein Güterweg wieder zur letzten vorher genannten Weggabelung und damit zur Aufstiegsroute.

Gipfelergänzung:
Mörzelspitze (1.830 m) [80e1]
Ausgangspunkt: Untermörzelalpe (1.440 m)
Gehzeit: + 3/4 Std.
Höhenunterschied: + 200 Hm
Schwierigkeit: **mittel**

Der Anstieg zur Mörzelspitze zweigt kurz unterhalb der Untermörzel Alpe rechts ab. Man folgt einem Ziehweg, kann aber bald nach links abzweigen und eine langgezogenen Kehre abkürzen. Dann geht es wieder auf dem Ziehweg bis zur Obermörzelalpe (1.664 m) weiter. Nun ist es über den grasigen Grat nicht mehr weit zum Gipfel.
Vom Gipfel wandert man den Kamm entlang nach Südwesten. Eine Wegspur führt nach rechts zum schwierigen und heiklen Laubachgrat. Wanderer müssen aber einfach über die Wiese und treffen dann wieder auf einen klar erkennbaren Weg. Dieser führt steil hinab zum Sattel (1.600 m). Der Weiterweg ist ident mit der oben beschriebenen Route.

Gipfelergänzung:
Salzbödenkopf (1.765 m) [80e2]
Ausgangspunkt: Sattel (1.600 m)
Gehzeit: + 1 Std.
Höhenunterschied: + 170 Hm
Schwierigkeit: **mittel**

Vom Sattel unterhalb der Mörzelspitze ist man rasch auf dem unscheinbaren Salzbödenkopf und etwas steiler erreicht man die wunderschön gelegenen Altenhof Alpe (1.610 m). Von hier geht es gemütlich über die Schönenwald Alpe (1.392 m) zur Haslach Alpe (1.242 m) hinab. Auf einem Güterweg kommt man zur Weggabelung bei Oswald Alpe und damit zur Aufstiegsroute.

MTB-Route: Von der Ortsmitte Mellau fährt man einfach über den gut ausgebauten Güterweg ins Mellental. Nach etwa 7 Kilometer erreicht man Kreuzbach. Hier geht es rechts weiter bis zur Untermörzelalpe. Auf dieser Strecke gibt es noch 2 weitere Wegteilungen, bei denen man auch immer die rechte Variante wählt, um zur Untermörzelalpe zu gelangen.
Für eine Bike & Hike Tour lässt man das Fahrrad bei der letztgenannten Weggabelung vor dem Höhenverlust stehen und geht zu Fuß weiter.

Tour 80 Mörzelwanderung

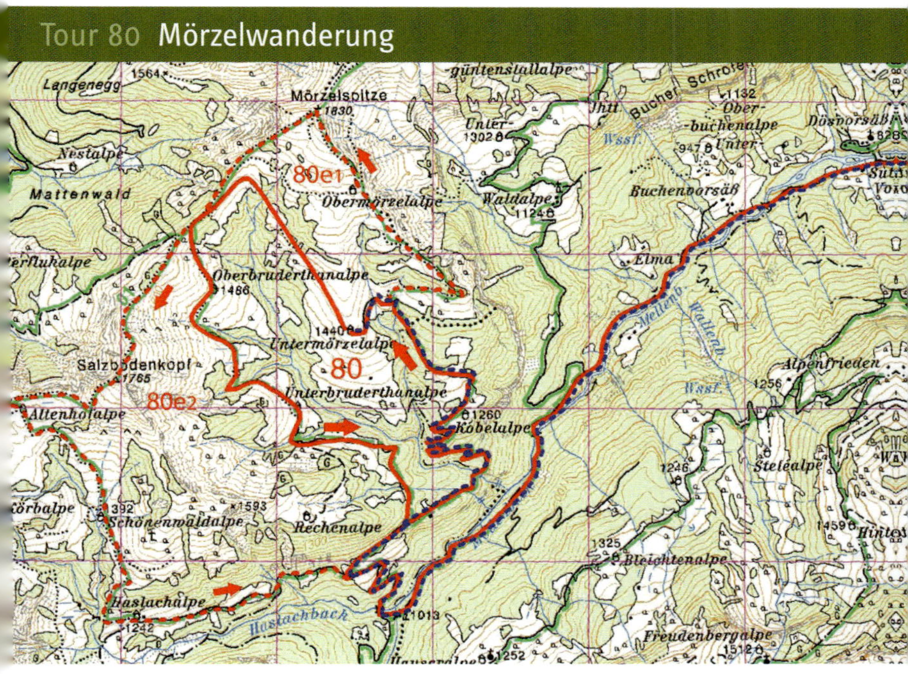

81 Roßstellenrunde

Wildgunten Alpe 1.610 m
Hintersuttis Alpe 1.459 m
Galtsuttis Alpe 1.654 m

Gebirge:
→ **Bregenzerwaldgebirge**
Talort:
→ **Mellau (688 m)**

Tiefblick vom Ragazer Blanken zur Galtsuttis Alpe

Die Wanderung erfordert viel Kondition und kann als Bergtour gelten. Dabei werden sechs eigenständige Alpen passiert und man hat einen wunderbaren Tiefblick in alle Richtungen.

Anforderungen: anstrengend

Zeiten: 6¾ Stunden: ↗ 3½ Std. ↘ 3¼ Std.

Ausgangspunkt: Mellau Roßstelle (1.390 m)

Gehzeiten: Roßstelle – Wildgunten Alpe ¾ Std.; Wildgunten Alpe – Freudenberg Alpe 1¼ Std.; Freudenberg Alpe – Hochblanken 1½Std.; Hochblanken – Wannenhöhe 1½ Std.; Wannenhöhe – Kanisalpe 1 Std.; Kanisalpe – Roßstelle ¾ Std.

Höhenunterschied: ↗ ↘ je 1.000 Hm

Karten: ÖK-Blatt 112, LKS-Blatt 228, F&B-Blatt 364

Besonderheit: Durch die Mellauer Bergbahn eröffnet sich dem Wanderer ein wunderbares Alpgebiet. Im Bereich der Roßstelle kann man kleine und größere Alpwanderungen unternehmen. Die Großartigste davon wird hier beschrieben.

Wildgunten Alpe 1.610 m

Die Alpe liegt in gemütlicher Spazierentfernung von der Bergstation der Mellauer Bergbahn an einem Übergang ins Mellental. Nördlich ragt der Kojenkopf auf, der einen herausragenden Aussichtspunkt darstellt.

Besitzer: Genossenschaft

Alpvieh: 50 Kühe, 40 Pferde, 8 Ziegen

Alpprodukte: Bergkäse, Ziegenkäse

Zeitraum der Bewirtschaftung: Mitte Juni bis Mitte September

Gaststube: ja

Verpflegung für Wanderer: Getränke, Jause mit Käse und Speck

Vordersuttis Alpe 1.453 m
Hintersuttis Alpe 1.459 m

Die beiden Alpen haben die gleichen Besitzer, werden aber getrennt bewirtschaftet. Die Vordersuttis Alpe liegt bei einem Schilift und liefert die Milch in die Molkerei ins Tal. Die südlich gelegene Hintersuttis Alpe ist hingegen eine Sennalpe.

Besitzer: Agrargenossenschaften

Alpvieh: Vordersuttis: 40 Kühe, Ziegen, Schweine; Hintersuttis: 60 Kühe, Ziegen, Schweine

Alpprodukte: Bergkäse, Ziegenkäse

Zeitraum der Bewirtschaftung: Mitte Juni bis Mitte September

Verpflegung für Wanderer: Getränke, Jause

Galtsuttis Alpe 1.654 m

Der Name Galtsuttis weist schon darauf hin, dass es sich um eine Jungviehalpe handelt. Sie liegt hoch unterhalb der Sünser Spitze und dem Ragazer Blankens in einem idyllischen Kessel. In der Nähe der Alpe sind oft Gemsen zu sehen.

Besitzer: Genossenschaft

Alpvieh: 140 Jungvieh

Zeitraum der Bewirtschaftung: Mitte Juli bis Mitte September

Verpflegung für Wanderer: Getränke, Käsjause

Direkte Alpanstiege:

Ausgangspunkt: Mellau Roßstelle (1.390 m)

Gehzeit, Höhenunterschied: Wildgunten Alpe 1.610 m: ↗ 3/4 Std. ↘ 3/4 Std. 220 Hm; Vordersuttis Alpe: ↗ 1 1/2 Std. ↘ 1 1/2 Std. 270 Hm; Hintersuttis Alpe: ↗ 1 3/4 Std. ↘ 1 3/4 Std. 280 Hm; Galtsuttis Alpe: ↗ 2 1/2 Std. ↘ 2 1/4 Std. 460 Hm

Kinderwagen: durchgehend geeignet

Schwierigkeit: leicht

Hochblanken

Die Alpen liegen in angeführter Reihenfolge entlang der beschriebenen Wanderroute. Mit dem Kinderwagen wird der Weg bis zur Glattsuttis Alpe sehr weit und mühsam.

Weitere Alpen der Tour

Freudenberg Alpe 1.512 m
Die Alpe liegt südlich der Hintersuttis Alpe an einer felsigen Einengung unterhalb des Ragazer Blankens. Hinter der Alpe öffnet sich Richtung Sünser Spitze nochmals ein kleines Hochtal. Die Alpe wird mit etwa 40 Stück Jungvieh bealpt und bietet keine Bewirtung.

Kanisalpe 1.463 m und Wannenalpe 1.797 m (siehe Tour 82)

Wanderroute: Von der Bergstation der Mellauer Bergbahn bei der Roßstelle wandert man in westlicher Richtung auf einem Güterweg zur Wildgunten Alpe (1.610 m) hoch. Die Alpe steht auf einer Art Sattel und es gibt leider keinen direkten Weg zur Hintersuttis Alpe hinab, obwohl ein solcher vom Gelände ohne weiters denkbar wäre. Deshalb muss man einen Umweg von mehr als einer halben Stunde machen. Dazu bleibt man auf dem Güterweg und muss westseitig etwa 200 Höhenmeter „verschenken", bevor man in einer Kehre bei der Suttisalpe (1.420 m) gerade aus nach Süden zur Hintersuttis Alpe (1.459 m) weitergehen kann. Etwas auf- und abwandernd wird die Freudenberg Alpe (1.512 m) erreicht, die zwischen Felsen eingeklemmt ist. Dahinter öffnet sich ein Hang und über einen Ziehweg geht es bergauf und nach links zur Galtsuttis Alpe (1.654 m), die abgeschieden unter dem steilen Nordabsturz des Ragazer Blanken (2.051 m) steht.
Nun wandert man das leicht ausgeprägte Tal über die Alpwiesen in östlicher Richtung hinauf zur Nordrippe des Hochblanken. Knapp unterhalb des Gipfels geht es gerade zum Hohen Licht weiter. Da der Gipfel nur wenige zusätzliche Minuten erfordert, ist seine Ersteigung zu empfehlen. Beim Hohen Licht kommt man auf die Damülser Seite. Nun umrundet man die Damülser Mittagsspitze auf einem nur schlecht erkennbaren Weg, der ohne viel Höhenverlust unter dem Berg vorbei führt. Man kann aber tiefer, weiter Richtung Uga Alpe, ab- und dann wieder aufsteigen. Dies ist vor allem dann interessant, wenn man bei der großen Gastwirtschaft eine ausgiebige Pause einlegen will.
Der Weiterweg führt auf die Ostseite der Mittagsspitze und ziemlich flach zur Wannenhöhe (1.900 m) hinüber. Auf der anderen Seite dieses Überganges geht es steil zur Wannenalpe (1.797 m) und weiter auf einem etwas rauhen

Weg unterhalb des Bettlerkopfes zur Kanisalpe (1.463 m) hinab. Hier trifft man auf den breiten Weg, der abschließend gemütlich wird und zur Roßstelle (1.390 m) zurückführt.

Ergänzung:

Ab Mellau (688 m) [81e]

Endpunkt: Mellau Talstation Bergbahn (700 m)

Gehzeit: + 1 Std.

Höhenunterschied: + 500 Hm

Schwierigkeit: mittel

Beginnt man die Wanderung im Tal, hat man zwar mehr Höhenmeter aufzusteigen, braucht aber nicht viel mehr Zeit, denn von der Talstation führt ein Güterweg, der im Winter die Talabfahrt darstellt, ziemlich direkt zur Vordersuttis Alpe. In der Kehre bei der Suttisalpe (1.420 m) trifft man auf den oben beschriebenen Weg. Wieder zurück bei der Roßstelle kann man direkt und steil entlang der Bahn zur Talstation absteigen.

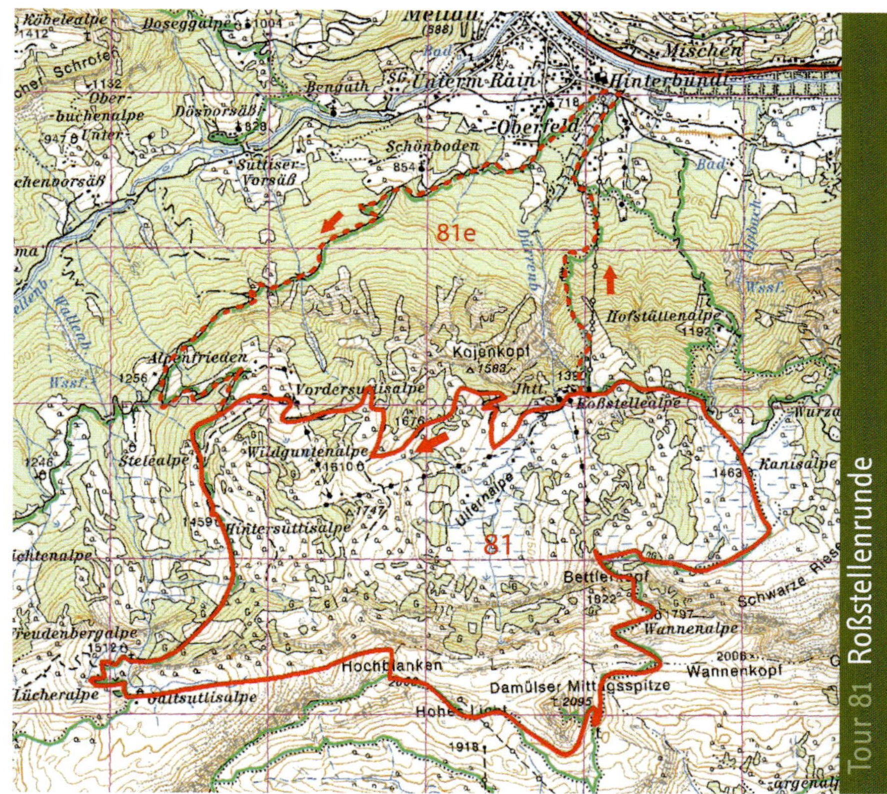

82 Vorbei an der Kanisfluh

Kanisalpe 1.463 m
Wurzach Alpe 1.622 m
Obere Alpe 1.593 m
Öberle Alpe 1.479 m

Gebirge:
→ **Bregenzerwaldgebirge**
Talort:
→ **Mellau (688 m)**
Au (792 m)

Bei der Vordersuttis Alpe

Die Kanisfluh ist das Wahrzeichen des Bregenzerwaldes. Die Wanderung führt an der Nordseite des Berges vorbei und ist auf Grund des geringen Anstieges als gemütlich einzustufen.

Anforderungen: wenig anstrengend
Zeiten: 4 Stunden: ↗ 2 1/4 Std. ↘ 1 3/4 Std.
Ausgangspunkt: Mellau Roßstelle (1.390 m)
Zielpunkt: Au-Argenstein (785 m)
Gehzeiten: Roßstelle – Kanisalpe 3/4 Std.; Kanisalpe – Wurzach Alpe 1 1/2 Std.; Wurzach Alpe – Edelweiß 1/2 Std.; Edelweiß – Argenfall 1 1/4 Std.
Höhenunterschied: ↗ 250 Hm ↘ 870 Hm
Karten: ÖK-Blatt 112, LKS-Blatt 228, F&B-Blatt 364
Kinderwagen: durchgehend geeignet

Informationen für Mountainbiker
Start/Ziel: Mellau – Talstation Bergbahn (700 m)
Höchster Punkt: Wurzach Sattel (1.622 m)
Fahrzeiten: ↗ 4 Std. ↘ 2 Std.
Anstieg: ↗ ↘ je 19 km, 1.650 Hm Fahrt

Besonderheit: Durch die Möglichkeit, mit der Bahn auf die Roßstelle zu gelangen, ist diese Wanderung sehr beliebt. Der Anblick der Kanisfluh und die schön gelegenen Alpen begeistern alle.

Kanisalpe 1.463 m

Die Alpe liegt in einen wunderbaren Kessel unterhalb des Wannenkopfes. Die Nähe zur Roßstelle macht einen Besuch sehr einfach.

Besitzer: Genossenschaft
Alpvieh: 50 Kühe, 20 Pferde, 20 Jungvieh, 10 Ziegen
Alpprodukte: Bergkäse, Ziegenkäse, Butter
Zeitraum der Bewirtschaftung: Mitte Juni bis Mitte September
Verpflegung für Wanderer: Getränke, Käsjause

Direkter Alpanstieg:
Ausgangspunkt: Mellau Roßstelle (1.390 m)

Wildgunten Alpe: Blick zur Kanisfluh

Gehzeit: ↗ 3/4 Std. ↘ 3/4 Std.
Höhenunterschied: 60 Hm
Kinderwagen: durchgehend geeignet
Schwierigkeit: leicht

Der Anstieg ist ident mit der Wanderroute.

Wurzach Alpe 1.622 m

Die Alpe liegt wunderschön unterhalb der mächtigen Kanisfluh am gleichnamigen Übergang von Mellau nach Au. Da die Wanderung von der Roßstelle nach Au nur geringe Konditionsanforderungen stellt, ist sie sehr beliebt. Auch von der anderen Seite, vom Parkplatz des Gh. Edelweiß, wird sie häufig besucht. Nach Ende der Alpbewirtschaftung bleibt die Alpe als Jausenstation geöffnet, bis auch die Bergbahn Mellau ihren Sommerbetrieb einstellt. Bei der Alpe können die dort erzeugten Produkte Käse und Butter gekauft werden. Das Tourismusbüro in Mellau bietet regelmäßig eine geführte Wanderung mit Sennereibesichtigung von der Roßstelle zur Alpe an.

Besitzer: Genossenschaft
Alpvieh: 65 Kühe, 25 Jungvieh, 7 Ziegen, 40 Schweine
Alpprodukte: Bergkäse, Ziegenkäse, Jogurt, Butter
Zeitraum der Bewirtschaftung: Mitte Juni bis Mitte September
Kontakt: Familie Bischof, +43/(0)664/797 4846

Verpflegung für Wanderer: Getränke, Jausebrote und Jausenteller, Wurst- und Kässalat, Jogurt, Eis, Kuchen

Obere Alpe 1.593 m

Die Alpe liegt auf der Auer Seite des Wurzachsattels und bietet einen direkten Blick auf die Kanisfluh.

Besitzer: Agrargenossenschaft
Alpvieh: 80 Kühe, 45 Schweine
Alpprodukte: Bergkäse
Zeitraum der Bewirtschaftung: Ende Juni bis Anfang September
Verpflegung für Wanderer: Jause, Käsbrote, Brettljause

Öberle Alpe 1.479 m

Sie liegt nur wenige Meter vom Parkplatz entfernt, direkt unterhalb des Gasthauses Edelweiß. Über ihr ragt die Kanisfluh auf.

Obere Alpe

Die Milch der Alpe wird in die Molkerei gebracht.

Besitzer: privat
Alpvieh: 70 Kühe, 8 Ziegen, Hühner, Katzen
Alpprodukte: Milch
Zeitraum der Bewirtschaftung: Anfang Juni bis Mitte September
Verpflegung für Wanderer: Milchgetränke, Käse- und Brettljause

Direkte Alpanstiege:
Ausgangspunkt: Parkplatz Gh. Edelweiß (1.465 m)
Gehzeit, Höhenunterschied: Öberle Alpe: ↗ ↘ 10 Min. 10 Hm; Obere Alpe: ↗ 1/2 Std. ↘ 1/2 Std. 130 Hm; Wurzach Alpe: ↗ 3/4 Std. ↘ 1/2 Std. 200 Hm
Kinderwagen: durchgehend geeignet
Schwierigkeit: leicht

Vom Parkplatz wandert man auf dem Güterweg Richtung Mellau Roßstelle und passiert dabei die Alpen.

Weitere Alpen der Tour

Roßstelle 1.390 m

Im Bereich Roßstelle weiden hauptsächlich Mutterkühe mit ihren Kälbern. Eine Bewirtung erfolgt beim Gasthaus bei der Bergbahn.

Wannenalpe 1.797 m

Sie liegt hoch über der Kanis Alpe und unterhalb des Wannenkopfes. Sie dient als Hochalpe für das Vieh der Roßstelle. Bei der kleinen Hütte wird keine Bewirtung geboten.

Wanderroute: Von der Bergstation der Mellauer Bergbahn, bei der Roßstelle, wandert man auf einem bequemen Wanderweg in östlicher Richtung. Es geht zuerst leicht bergauf und dann wieder bergab. So gelangt man in den Bereich der Kanisalpe, die sich in einer großen, fast runden Flachstelle unterhalb des Wannenkopfes befindet. Über einen Güterweg wandert man gemütlich zur Wurzach Alpe am gleichnamigen Sattel (1.622 m) weiter. Auf der anderen Seite des Sattels geht es auf dem Güterweg vorbei an der Oberen Alpe (1.593 m) hinab zum Gasthaus Edelweiß (1.492 m). Etwas unterhalb des Gasthauses kann man zwischen zwei Möglichkeiten wählen: Entweder wählt man den rechten Weg und wandert auf dem Zufahrtsweg des Gasthaus nach Argenfall und mit dem Bus Linie 43 nach Au oder man wandert auf dem linken Weg zum Ahornvorsäß hinab. Bis zum Feuerstein Vorsäß (nur kurz am Beginn und Ende der Alpsaison bewirtschaftet) ist der Weg noch ein Güterweg. Dann wird er schmal und führt steil durch den Wald hinab zum malerischen Ahorn Vorsäß (1.090 m). In einer Kehre beim Ahornen Berggut (990 m) geht man gerade weiter und durch einen weiteren Waldgürtel gelangt man nach Argenstein (785 m). Hier wandert man Richtung Kirche zur Bushaltestelle der Linie 40, mit der man wieder nach Mellau zurück kommt.

Gipfelergänzung:
Kanisfluh (2.044 m) [81e]

Ausgangspunkt: Bei Wurzach Alpe (1.622 m)
Gehzeit: + 1½ Std.
Höhenunterschied: + 400 Hm
Schwierigkeit: mittel

Bei der Wurzach Alpe wendet man sich dem Berg zu. In Kehren geht es steil über eine erste Stufe hoch und dann sanfter bis zu einer Art Sattel. Dann steigt man nach rechts entlang des steilen Kammes zum Gipfel hoch. Zurück geht es den gleichen Weg. Etwas oberhalb der Alpe kann man nach links

Öberle Alpe mit Kanisfluh

direkt über die Alpwiesen zum Gasthaus Edelweiß absteigen.

MTB-Route: Von Mellau fährt man durch das Mellental bis zur Lindach Alpe (1.135 m). Nach der Überwindung des Baches unterhalb der Alpe wird der Weg so steil, dass man zur Hauser Alpe (1.252 m) schieben muss. Anschließend geht es auf und ab bis zur Alpe Mösle (1.252 m) weiter. Hier trifft man auf den direkten Weg von Mellau herauf (dieser wäre auch möglich, allerdings ist er sehr steil und nicht besonders schön). Nun muss man rechts aufwärts bis zur Wildgunten Alpe (1.610 m) und dann hinab zur Roßstelle (1.390 m). Das folgende Stück sollte man aus Rücksicht auf die Wanderer schieben. Aber schon bald kann man wieder fahren, passiert die Kanisalpe (1.463 m) und kommt schließlich zum Wurzach Sattel. Auf der anderen Seite rollt man gemütlich zum Gasthaus Edelweiß und über das Zubringersträßchen zur Damülser Straße hinab. Auf dieser fährt man nach Au-Argenau (780 m) und auf dem Radweg entlang der Bregenzerach zurück zum Ausgangspunkt.

83 Argenwanderung

Uga Alpe 1.783 m
Mittelargen Alpe 1.688 m
Sackalpe 1.695 m

Gebirge:
→ **Bregenzerwaldgebirge**
Talort:
→ **Au (792 m), Damüls (1.425 m), Mellau (688 m)**

Hinterargen Alpe

Die Wanderung auf den Südhängen der östlichsten Damülser Berge führt meist bergab und ist somit nicht anstrengend. Zuletzt erblickt man die markante Kanisfluh.

Anforderungen: wenig anstrengend

Zeiten: ↗ ↘ 3 Stunden

Ausgangspunkt: Damüls Bergstation Uga-Express(1.830 m)

Zielpunkt: Bushaltestelle Argenfall (1.053 m)

Gehzeiten: Uga Alpe – Mittelargen Alpe 3/4 Std.; Mittelargen Alpe – Gh. Edelweiß 1 1/4 Std.; Gh. Edelweiß – Argenfall 1 Std.

Höhenunterschied: ↗ 180 Hm ↘ 960 Hm

Karten: ÖK-Blatt 112, LKS-Blatt 228, F&B-Blatt 364

Kinderwagen: bedingt geeignet

Besonderheit: Die Wanderung beginnt im Getümmel der Uga Alpe. Ruhesuchende Wanderer werden diesen Bereich rasch verlassen, denn sobald man nach Osten Richtung Argenalpe absteigt, wird es merklich ruhiger. Bis zur Korbalpe sind die Anforderungen sehr gering, da man sich auf gut ausgebauten Güterwegen bewegt. Der weitere Weg zum Gh. Edelweiß erfordert jedoch Bergerfahrung und deshalb muss man mit Kinderwagen wieder umkehren.

Uga Alpe 1.783 m

Diese Alpe besteht aus mehreren einzelnen Alpen. Durch den Uga-Express, einer leistungsfähigen Sesselbahn, herrscht an Schönwettertagen sehr viel Betrieb. Die Bewirtung wird sowohl im großen Gasthaus, in der Sennerei etwas oberhalb davon als auch in der Alphütte unterhalb des Gasthauses angeboten.

Besitzer: verschiedene Besitzer
Alpvieh: etwa 100 Kühe, Jungvieh
Alpprodukte: Bergkäse
Zeitraum der Bewirtschaftung: Mitte Juni bis Mitte September
Verpflegung für Wanderer: normale Gastronomiespeisekarten

Direkter Alpanstieg:

Die Alpe liegt unmittelbar bei der Bergstation des Uga-Express.

Bei der Mittelargen Alpe

Hinterargen Alpe 1.679 m
Mittelargen Alpe 1.688 m

Die Alpen liegen auf den sonnigen Südhängen des Wannenkopfes und des Gungern. Auf den Wannenkopf führt seit Winter 2007/08 eine Sesselbahn hinauf, die in der Zukunft einen Teil der Verbindung der Schigebiete Mellau und Damüls darstellen soll. Die beiden Alpen wurden Mitte der 70er-Jahre zu einer Großalpe zusammengeschlossen. Es blieben aber zwei Alpgebäude. Die Sennerei befindet sich bei der Mittelargen Alpe.

Besitzer: Genossenschaft
Alpvieh: 100 Kühe, 100 Jungvieh, 1 Pferd, Ziegen, Hühner, 40 Schweine
Alpprodukte: Bergkäse, Ziegenkäse
Zeitraum der Bewirtschaftung: Mitte Juni bis Mitte September
Verpflegung für Wanderer: Getränke, Käse- und Speckjause, Jogurt

Sackalpe 1.695 m

Die Alpe liegt direkt unterhalb des Klippern, der im Sommer kaum, im Winter aber sehr häufig bestiegen wird. Das 2005 neu errichtete Alpgebäude wurde mit einen modernen Laufstall ausgestattet.

Besitzer: Genossenschaft
Alpvieh: 40 Kühe, 15 Jungvieh, 10 Pferde, 35 Schweine, 2 Ziegen

Alpprodukte: Bergkäse, Ziegenkäse
Zeitraum der Bewirtschaftung: Mitte Juni bis Mitte September
Verpflegung für Wanderer: Getränke, Speck- und Käsejause

Direkter Alpanstieg zu den Alpen:
Ausgangspunkt: Straße nach Damüls – Argenwald (1.235 m) – Bushaltestelle, Parkplatz
Gehzeit, Höhenunterschied: Mittelargen Alpe: ↗ 1¾ Std. ↘ 1¼ Std. 450 Hm; Sackalpe: ↗ 2 Std. ↘ 1½ Std. 460 Hm
Kinderwagen: durchgehend geeignet
Schwierigkeit: leicht

In Argenwald beginnt ein Güterweg, der vorbei an der Argenwald Alpe (1.279 m) zur Mittelargen Alpe und zur Sackalpe führt.

Weitere Alpen der Tour

Öberle Alpe 1.479 m,
Obere Alpe 1.593 m,
Wurzach Alpe 1.622 m und
Kanis Alpe 1.483 m (siehe Tour 82)

Korbalpe 1.629 m
Auf dieser unscheinbaren Alpe – die Alphütte fällt gar nicht richtig auf – weiden etwa 100 Stück Jungvieh und es wird keine Bewirtung angeboten.

Argenwald Alpe 1.279 m
Auf dieser Galtalpe am direkten Anstieg zur Mittelargen Alpe weiden etwa 60 Stück Jungvieh und 10 Pferde und es wird keine Bewirtung angeboten.

Wanderroute: Von der Bergstation des Uga-Express wandert man nach Nordosten zum Wegkreuz im Sattel unterhalb der Station hinab. Dann geht es nach rechts unterhalb der neuen Sesselbahn ins Tal zwischen Elsenkopf und Wannenkopf hinab. Bei der Talstation der Bahn (1.611 m) geht es in östlicher Richtung auf dem Güterweg hinauf zur Hinteren Argenalpe (1.679 m). Der Güterweg führt anschließend noch etwas weiter bergauf und dann ohne viel Höhenunterschied zur Mittelargen Alpe (1.688 m) und weiter zur Sackalpe (1.695 m) und zur Korbalpe (1.629 m). Mit dem Kinderwagen muss man nun umkehren und ab der Mittelargen Alpe auf dem

Uga Alpe mit Damülser Mittagspitze

Güterweg hinab nach Argenwald zur Damülser Straße.
Der Weiterweg wird etwas schmaler und in Kehren geht es hinab zum Waldrand. Dann beginnt ein etwas schwierigerer Wanderweg. Er führt um eine Kante herum und unter den steilen Felsen der Korbschrofen durch schottriges Gelände nach Norden. Schon bald zweigt bei einem großen Stein rechts ein Weglein ab, das steil zur Unterhörnlealpe und zur Bushaltestelle bei Argenfall führt. Dieser Weg ist etwa 45 Minuten kürzer. Zum Gh. Edelweiß wandert man bei der Abzweigung geradeaus wieder leicht bergauf zu einem bewaldeten Rücken. Den Rücken entlang gelangt man zum Gh. Edelweiß. Vom Gasthaus geht es über den Fahrweg hinab zur Bushaltestelle (1.053 m).

Variante:
Ab Roßstelle (1.390 m) [83v]

Startpunkt: Mellau Roßstelle (1.390 m)
Gehzeit: ↗ ↘ 5½ Std.
Höhenunterschied: ↗ ↘ 800 Hm
Schwierigkeit: **mittel**

Von der Bergstation der Mellauer Bergbahn bei der Roßstelle wandert man in östlicher Richtung leicht bergauf um einen Rücken herum zur Kanis Alpe. Bei der Alpe geht es nach Süden gerade auf die steilen Berghänge zu. Am Rande der Alpfläche wendet der Weg nach Westen und führt unterhalb des Bettlerkopfes bergauf. Dann wendet er wieder nach Osten und man gelangt in den Bereich der Wannenalpe. Nach einem letzten Anstieg zur Wannenhöhe (1.900 m) geht es flach Richtung Damülser Mittagsspitze und östlich unter ihr vorbei zur Uga Alpe. Nun wandert man wie oben beschrieben bis zur Mittelargen Alpe. Kurz nach der Alpe zweigt links ein alpiner Weg ab, der in einer Stunde unterhalb des Klippern zur Oberen Alpe führt. Man kann aber noch weiter, wie oben beschrieben, bis zum Gh. Edelweiß und ab hier auf dem Güterweg in westlicher Richtung zur Oberen Alpe wandern (etwa 30 Minuten länger). Nun geht es auf dem Güterweg weiter über den Wurzachsattel (1.630 m) und hinab zur Kanis Alpe (1.483 m). Von dort ist es auf dem vom Anstieg schon bekannten Weg nicht mehr weit zum Ausgangspunkt.

Sackalpe

83v
83v
83
83
Kanisfluh
Sonnenspitz
Runder Kopf
Holenke
Hoher Stoß
Hofstättenalpe
Roßstellealpe
Wurzachalpe
Kanisalpe
Obere Alpe
Feursteinvorsäß
Oberlealpe
Alpenghf. Edelweiß
Bettlerkopf
Schwarze Riese
Klippern
Korbschrofen
Wannenalpe
Gungern
Wannenkopf
Korbalpe
Argenfall-Berggut
Sackalpe
Mittel-argenalpe
Hinter-
Wh. Ugaalpe
Vordere
Elsenalpstube
Elsenkopf
Breitfeld
Argenwaldalpe
Geißtobel
Metzleralpe
Brandalpe
Untertobel

84 Rund ums Portlahorn

Oberdamülser Alpe 1.670 m
Sünsalpe 1.764 m
Portlaalpe 1.730 m

Gebirge:
→ **Bregenzerwaldgebirge**
Talort:
→ **Au (792 m)**
Damüls (1.425 m)

Sünser See und Sünser Spitze

Die Wanderung ums Portlahorn ist eine der beliebtesten Alpwanderungen des Landes. Die wunderbare Aussicht und der schöne Sünsersee sind die Besonderheiten dieser Rundtour.

Anforderungen: wenig anstrengend
Zeiten: ↗ ↘ 4 Stunden
Ausgangspunkt: Gh. Jägerheim an der Furkajochstraße (1.614 m), Parkplatz etwa 100 m vom Gh. entfernt entlang der Straße
Gehzeiten: Gh. Jägerheim – Oberdamülser Alpe ½ Std.; Oberdamülser Alpe – Sünsalpe 1½ Std.; Sünsalpe – Portlaalpe ½ Std.; Portlaalpe – Gh. Jägerheim ½ Std.
Höhenunterschied: ↗ ↘ je 300 Hm
Karten: ÖK-Blatt 112, LKS-Blatt 228 F&B-Blatt 364

Oberdamülser Alpe 1.670 m

Die Alpe liegt am Rande einer großen Flachstelle unterhalb der Sieben Hügel – eines sanft zum Portlahorn ansteigenden Rückens. Eine uralte kleine Kapelle zeugt davon, dass diese Alpe schon seit urdenklicher Zeit existiert. Das Alpgebäude mit Sennerei und Käsekeller ist auf dem neuesten Stand. Neben der Alpe befindet sich ein kleiner Grillplatz. Hier erweitert sich ein Bächlein zu einem kleinen See, an dem Kinder wunderbar spielen können. Jeden Mittwoch um 9:30 kann nach Voranmeldung im Tourismusbüro von Damüls die Sennerei besichtigt werden. Senn German erklärt dabei genau die Herstellung von Alpkäse und bietet Kostproben an. Die erzeugten Alpprodukte werden auch im eigenen Verkaufsraum feil geboten.

Besitzer: Genossenschaft
Alpvieh: 30 Melkkühe, 170 Rinder, 30 Schweine, 2 Pferde
Alpprodukte: Bergkäse
Zeitraum der Bewirtschaftung: Anfang Juni bis Ende September
Kontakt: German und Anja Nigsch, +43/(0)664/1008336
Verpflegung für Wanderer: Getränke, Jausebretter mit Käse und Speck

Direkter Alpanstieg:
Ausgangspunkt: Damüls-Kirche (1.425 m)
Gehzeit: ↗ 3/4 Std. ↘ 1/2 Std.
Höhenunterschied: 250 Hm
Kinderwagen: durchgehend geeignet
Schwierigkeit: leicht

Von der Ortsmitte geht es auf einfachem Weg entlang von Wiesen zur Alpe.

Sünsalpe 1.764 m

Die Alpe liegt gut eingebettet in die bucklige und von Rinnen durchzogenen Landschaft am obersten Ende des Mellentales. Die Alphütte und der lange Stall sind aus Steinen massiv gebaut. Der Alpauftrieb zur Sünsalpe ist sehr aufwändig. Er beginnt in Schuttannen bei Hohenems und wird im Vorkapitel des Buches beschrieben.

Besitzer: Gemeinde Hohenems
Alpvieh: 270 Rinder, 3 Kühe (für Eigenbedarf), Ziegen
Zeitraum der Bewirtschaftung: Anfang Juli bis Ende August
Verpflegung für Wanderer: Getränke

Portlaalpe 1.730 m

Knapp oberhalb der Furkajochstraße, liegt direkt unter dem Portlakopf die Portlaalpe. Sie ist ein beliebter Rastplatz für Wanderer und Autofahrer, da sie in wenigen Minuten von der Straße erreicht werden kann. Die Alpe bietet auch Pferdetrekking zur Sünsalpe und zum Sünser See an.

Besitzer: Alpgenossenschaft Übersaxen
Alpvieh: 170 Rinder, 25 Mutterkühe, 3 Kühe (für Eigenbedarf), 20 Pferde
Zeitraum der Bewirtschaftung: Mitte Juni bis Mitte September
Kontakt: Anton Scherrer, +43/(0)664/ 4259787
Verpflegung für Wanderer: Getränke, Jausebrote und Jauseteller mit Speck, Käse und Verhacktes sowie Hauswürste
Veranstaltungen, Besonderheit: Alpmesse Ende Juli

Direkter Alpanstieg:

Ausgangspunkt: Furkajochstraße (1.700 m)

Gehzeit, Höhenunterschied: Portlaalpe: ↗ ↘ 10 Min.; Sünsalpe: ↗ 3/4 Std. ↘ 3/4 Std. 200 Hm

Kinderwagen: nur bis zur Portlaalpe geeignet

Schwierigkeit: **mittel**

Von der Straße erreicht man in wenigen Minuten die Portlaalpe und bald darauf das Portla Fürkele (1.810 m). Dahinter geht es sanft bergab und dann flach zur Alpe. Von der Alpe zahlt sich ein weiterer Anstieg zum Sünser See aus (1.810 m).

Wanderroute: Beim Gasthaus beginnt ein schmaler Wanderweg, der entlang des Hanges in östlicher Richtung zur Oberdamülser Alpe (1.670 m) führt. Dann geht es in nördlicher Richtung über die flache Wiese zu den „Sieben Hügeln“, wie ein sanft ansteigender Kamm, der von Damüls zum Portlahorn führt, bezeichnet wird. Nach kurzem Aufstieg auf diesen Rücken geht es flach zum Sünser Joch (1.900 m). Etwas bergab gelangt man zum Sünser See (1.810 m), der malerisch unterhalb der Sünser Spitze liegt. Leicht bergab erreicht man die Sünsalpe (1.764 m). Nach einigen Metern zurück am vorherigen Weg, wandert man zuerst leicht absteigend zu einem kleinen Bach und dann geht es leicht bergauf zum Portla Fürkele (1.810 m). Knapp unter diesem Übergang liegt die Portla Alpe (1.730 m). Von hier wandert man in östlicher Richtung über einen anfangs breiten Weg, der immer schmaler und rauher wird, knapp oberhalb der Furkajochstraße weiter. Zuletzt ist es am besten, man steigt zur Straße hinab und erreicht so wieder den Ausgangspunkt.

Tümpel unterhalb des Portlahornes

Ergänzung: Ab Damüls-Ortsmitte (1.425 m) [84e1]

Ausgangspunkt: Damüls (1.425 m)

Gehzeit: + ¾ Std.

Höhenunterschied: + 200 Hm

Schwierigkeit: leicht

Für Benützer der öffentlichen Verkehrsmittel und die Gäste von Damüls beginnt die Wanderung im Dorf. Über Wiesen erreicht man Oberdamüls und etwas oberhalb der Straße führt ein gemütlicher Weg zur Oberdamülser Alpe und damit zur beschriebenen Route. Zurück wählt der Wanderer den gleichen Weg ins Dorf.

Gipfelergänzung: Portlahorn (2.010 m) [84e2]

Ausgangspunkt: Oberdamülser Alpe (1.670 m)

Gehzeit: + ¼ Std.

Höhenunterschied: + 100 Hm

Schwierigkeit: mittel

Bei der Oberdamülser Alpe ist es verlockend und sehr empfehlenswert, über den „Aussichtsweg" entlang eines Rückens und teilweise auf ihm zum Portlahorn aufzusteigen. Auf diesem Weg überblickt man den gesamten Rätikon und auch viele wichtige Silvrettagipfel werden sichtbar. Piz Buin, Drei Türme, Zimba und Schesaplana sind nur ein Ausschnitt aus diesem Panorama der Spitzenklasse. Wenige Meter unterhalb des Portlahornes liegt ein malerischer kleiner Tümpel, der von Wollgras umrahmt wird. Nach kurzem, etwas felsigerem Abstieg nach Norden trifft man am Sünser Joch wieder mit der oben beschriebenen Route zusammen.

Gipfelergänzung: Sünser Spitze (2.061 m) [84e3]

Ausgangspunkt: Sünser Joch (1.900 m)

Gehzeit: + 1 Std.

Höhenunterschied: + 160 Hm

Schwierigkeit: mittel

Steht man am Sünser Joch ist es für konditionsstarke Wanderer reizvoll, „noch schnell" die Sünser Spitze „mitzunehmen". Der Anstieg führt gerade nach Norden zu einem kleinen Kopf hinauf und dann nach links in der Nähe des Kammes zum Gipfel. Hier hat man neben dem Blick Richtung Rätikon und Silvretta auch einen guten Überblick über große Bereiche des Bregenzerwaldes. Der Abstieg erfolgt über den Südrücken hinab zum Sünser See, wo man wieder auf oben beschriebene Route trifft.

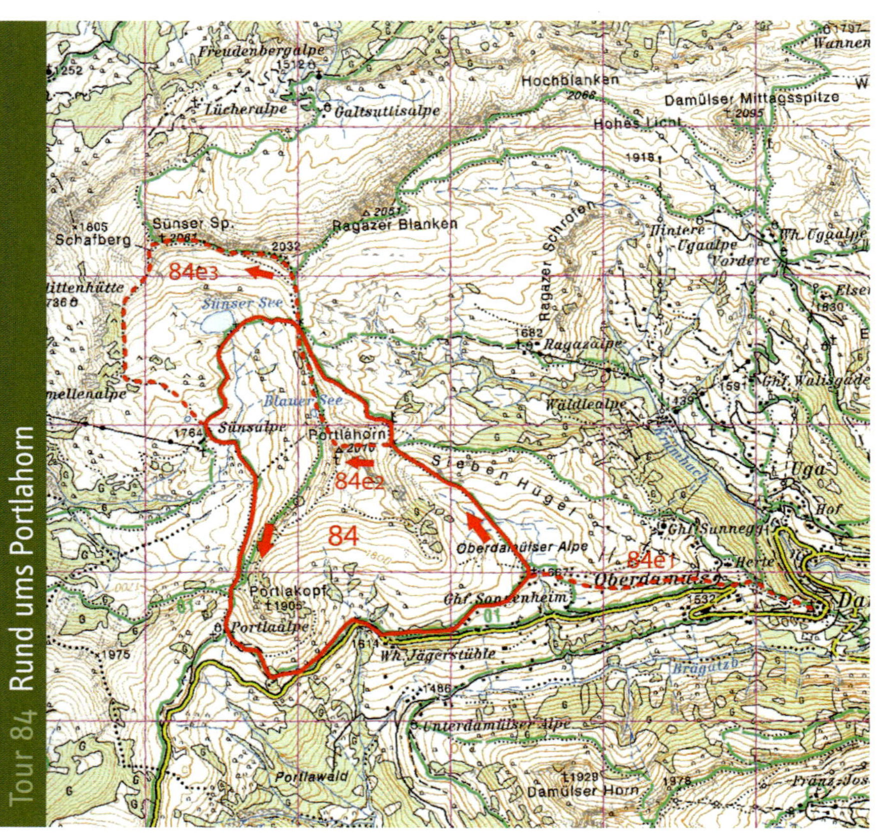
Freudenbergalpe
1512
1252
Lücheralpe
Galtsutlisalpe
Hochblanken
2068
Damülser Mittagsspitze
2095
Hohes Licht
1918
1805
Schafberg
Sünser Sp.
2061
2051
Ragazer Blanken
Ragazer Schrofen
Hintere
Ugaalpe
Vordere
Wh. Ugaalpe
2032
84e3
Sünser See
1682
Ragazalpe
1830
Blauer See
Wäldlealpe
Ghf. Walisgaden
1591
1439
1764
Sünsalpe
Portlahorn
2010
84e2
Sieben Hügel
Uga
Hof
84
Ghf. Sunnegg
Oberdamülser Alpe
84e1
Herte
Portlakopf
1905
Oberdamüls
Ghf. Sonnenheim
1532
Portlaalpe
1975
1614
Wh. Jägerstüble
1486
Unterdamülser Alpe
Portlawald
1929
Damülser Horn
1978
Tour 84 Rund ums Portlahorn

Hinterer Bregenzerwald

Au, Schoppernau, Hochtannberg

Au und Schoppernau liegen inmitten des Bregenzerwaldes, wunderschön umrahmt von Kanisfluh, Diedamskopf, Üntschenspitze und Künzelspitze. Die Diedamskopfbahn erschließt allen den gewaltigen gleichnamigen Berg. Auch die markante Kanisfluh kann dank einer hoch hinaufführenden Straße leicht erreicht werden. Viele Alpen bieten Möglichkeiten zur Einkehr. Mountainbiker finden ein Paradies vor, das viele anspruchsvolle Bike & Hike Möglichkeiten bietet.

Der Hochtannbergpass begrenzt das Arlberggebiet im Norden. Von der Erreichbarkeit her zählt er aber eher zum Bregenzerwald, den er auch ostseitig abschließt. Im Bereich des Passes können wunderbare Wanderspaziergänge unternommen werden. Alle umliegenden Gipfel haben klingende Namen. Ihre Anstiege sind jedoch anspruchsvoll und anstrengend.

Au

Auf einen Blick

Gebirge:	Allgäuer Alpen, Bregenzerwaldgebirge, Lechquellengebirge
Talorte:	Au (792 m), Schoppernau (852 m), Schröcken (1.269 m), Warth (1.497 m)
Karten:	ÖK-Blatt 112 + 142, LKS-Blatt 228, F&B-Blatt 364
Anreise:	Von Dornbirn fährt man übers Bödele, von Bregenz übers Schwarzachtobel nach Bezau und weiter zum jeweiligen Ausgangspunkt. In Au gibt es Parkplätze beim Gemeindeamt, in Schoppernau bei der Diedamskopfbahn, für die Schalzbach Alpe längs der Straße Richtung Hochtannberg. In Schröcken gibt es aber kaum (am besten bei der Kirche) und in Neßlegg keine öffentlichen Parkmöglichkeiten. Somit ist hier die Nutzung der öffentlichen Busse zu empfehlen. Am Hochtannbergpass gibt es ausreichend Parkmöglichkeiten. In Warth kann man bei der Talstation des Steffisalp-Express parken.
Bus/Bahn:	Mit dem Bus Linie 35 ab Bregenz und Linie 40 ab Dornbirn kommt man nach Bezau. Weiter geht es mit der Linie 40 bis zum jeweiligen Ausgangspunkt. Von Lech kann man mit Linie 42 bis Schröcken und mit dem Lecher Ortsbus Linie 3 bis Hochkrumbach gelangen.

85 Lugwanderung

Brendler Alpe 1.398 m
Säckelalpe 1.727 m
Annalpe 1.745 m
Tobelalpe 1.247 m

Gebirge:
→ **Bregenzerwaldgebirge**
Talort:
→ **Au (792 m)**

Annalperau Alpe mit Zitterklapfen

Der Name Lug kommt vom volkstümlichen „luega“ = schauen und gibt schon einen Hinweis auf die Besonderheit dieser Wanderung. Der 360°-Panoramablick auf fast alle Bregenzerwälder Berge begeistert alle Wanderer.

Anforderungen: anstrengend

Zeiten: 4¾ Stunden: ↗ 2¾ Std. ↘ 2 Std.

Ausgangspunkt: Au Gemeindhaus (810 m)

Gehzeiten: Au – Brendler Alpe 2 Std.; Brendler Alpe – Säckelalpe 3/4 Std.; Säckelalpe – Au 2 Std.

Höhenunterschied: ↗ ↘ je 920 Hm

Karten: ÖK-Blatt 112, LKS-Blatt 228, F&BBlatt 3644

Kinderwagen: geeignet

Informationen für Mountainbiker

Start/Ziel: Au Ortsmitte (810 m)

Höchster Punkt: Annalper Joch (1.997 m)

Fahrzeiten: ↗ 2 Std. ↘ ¾ Std.

Anstieg: ↗ 7,5 km ↘ 8,5 km, 900 Hm Fahrt + Gehstrecke

Besonderheit: Unter Einbeziehung des Annalper Jochs kann man eine Rundwanderung mit toller Aussicht auf Kanisfluh und Zitterklapfen erleben.

Godlachen Alpe 1.232 m
Brendler Alpe 1.398 m

Die beiden Alpen werden abwechselnd bewirtschaftet und Vieh und Alppächter wechseln mehrmals in der Saison zwischen den beiden Alpen. Die Entfernung beträgt nur etwa 20 Gehminuten. Die Godlachen Alpe liegt auf einer wunderschönen schrägen Fläche mit einem perfekten Blick auf die Kanisfluh. Die höhere Brendler Alpe liegt mitten am Ostrücken zur Lug, auch Brendler Lug genannt, und bietet einen Blick auf die markante Pyramide des Bregenzerwaldes, die Üntschenspitze.

Godlachen Alpe mit Kanisfluh

Besitzer: Gemeinschaftsalpe
Alpvieh: 43 Kühe, 50 Schweine, 10 Ziegen
Alpprodukte: Bergkäse, Ziegenkäse
Zeitraum der Bewirtschaftung: Mitte Juni bis Anfang September
Verpflegung für Wanderer: Getränke, Speck- und Käsejause

Säckelalpe 1.727 m

Die Alpe liegt knapp unterhalb des Kammes und das Alpgebiet erstreckt sich bis hinauf zum Annalper Joch. Vom Kamm und dem vorgelagerten Lug hat man eine traumhafte Aussicht in alle Richtungen.

Besitzer: Genossenschaft
Alpvieh: 64 Kühe, 2 Ziegen, 15 Schweine
Alpprodukte: Bergkäse
Zeitraum der Bewirtschaftung: Anfang Juli bis Anfang September
Gaststube: Stadel
Verpflegung für Wanderer: Getränke, Jause

Direkte Alpanstiege:
Ausgangspunkt: Au Gemeindhaus (810 m)
Gehzeit, Höhenunterschied: Brendler Alpe ↗ 2 Std. ↘ 1½ Std. 590 Hm; Säckelalpe ↗ 2¾ Std. ↘ 2 Std. 920 Hm
Kinderwagen: durchgehend geeignet
Schwierigkeit: leicht

Der Anstieg ist ident mit der Wanderroute.

Annalpe 1.745 m

Sie liegt hoch oben, knapp unterhalb des Kammes. Im Süden ragt der Annalper Stecken hoch. Zur Alpe gehört auch das Bodenvorsäß (1.220 m), wo sich auch das Wh. Bergkristall befindet.

Besitzer: Genossenschaft
Alpvieh: 90 Kühe, 30 Schweine
Alpprodukte: Bergkäse
Zeitraum der Bewirtschaftung: Annalpe: Anfang Juli bis Anfang September; Bodenvorsäß: Mitte Juni bis Anfang Juli und Anfang bis Mitte September
Verpflegung für Wanderer: Getränke, Speck- und Käsejause

Tobelalpe 1.247 m
Annalperau Alpe 1.364 m
Töbele Alpe 1.626 m

Die Tobelalpe liegt nur wenige Gehminuten von der Wanderroute entfernt und bietet neben Getränken auch zünftige Brotzeiten. Die Abzweigung zur Alpe liegt knapp oberhalb des Bodenvorsäß. Die Annalperau Alpe liegt etwas höher im Tal. Die Töbele Alpe liegt hoch oben unterhalb sehr steiler und schroffer Berge. Bei ihr ist der mächtige Zitterklapfen schon fast zum Greifen nah. Der Weg dorthin ist aber schwierig und sehr anstrengend.

Besitzer: Genossenschaft
Alpvieh: 80 Jungvieh, 2 Milchkühe, 10 Ziegen
Alpprodukte: Ziegenkäse
Zeitraum der Bewirtschaftung: Mitte Juni bis Anfang September
Gaststube: ja
Verpflegung für Wanderer: bei der Tobelalpe Getränke, Käs- und Speckjause, Hirtensalat (Ziegenkäse mit Balsamico Essig)

Direkte Alpanstiege:
Ausgangspunkt: Au Gemeindhaus (810 m)
Gehzeit, Höhenunterschied: Tobelalpe: ↗ 2¾ Std. ↘ 2 Std. 540 Hm; Annalpe: ↗ 4 Std. ↘ 3¼ Std. 940 Hm
Kinderwagen: durchgehend geeignet
Schwierigkeit: leicht

Zuerst startet man genauso wie bei der beschriebenen Wanderroute. Beim Bildstock (1.180 m) wählt man den linken Weg, der flach

Annalpe

zum Bodenmaisäß (1.215 m) und weiter zu den Alpen führt.

Wanderroute: In Au startet man Richtung Schoppernau. Schon nach etwa 100 Meter zweigt rechts der Weg zur Lug ab. Zuerst ist er eine schmale Asphaltstraße neben dem Schlepplift, dann muss man über ein Wiesenweglein zum Güterweg, der nun die Route vorgibt. Mit dem Kinderwagen muss man länger auf der Straße Richtung Schoppernau bleiben. Bei einer Straßengabelung hält man sich rechts. Kurz darauf kann man rechts auf den Güterweg einbiegen und trifft bald darauf auf die Einmündung des Fußweges. Auf dem Güterweg geht es bis zu einem Bildstock (1.180 m) unterhalb der Godlachen Alpe. Hier wählt man den rechten, bergauf führenden Weg, um zur Brendler Alpe (1.423 m) zu gelangen. Bei der Alpe kann man entweder am Güterweg bleiben und knapp vor die Säckelalpe nach rechts über eine Alpwiese zum Gipfel des Lug wandern oder man steigt einfach über den grasigen Rücken direkt auf die Lug. Vom Kreuz wandert man flach zur Säckel Alpe (1.727 m) und über den Güterweg kommt man wieder zurück nach Au.

Variante:
Dürrenbachtal – Tobelalpe (1.247 m) [85v1]

Ausgangspunkt: Au Gemeindhaus (810 m)
Gehzeit: ↗ ↘ 4¾ Std.
Höhenunterschied: ↗ ↘ 540 Hm
Schwierigkeit: leicht oder **anspruchsvoll**

Zuerst startet man gleich wie bei der Wanderroute. Beim Bildstock (1.180 m) wählt man den linken Weg, der flach zum Bodenmaisäß

Brendler Alpe: Blick zum Zitterklapfen

(1.215 m) führt. Hier wandert man noch einige Minuten das Tal weiter hinein. Dann zweigt links der Weg Richtung „Schoppernau / Au über Tobelalpe“ ab, die kurz darauf erreicht wird.
Von der Alpe wandert man entweder auf gleichem Weg zurück oder man wählt den anspruchsvollen Waldweg, der zuerst unterhalb des Toblermannes nach Norden und schließlich nach links steil hinab zum Dürrenbach führt. Später muss man scharf nach links und über den Bach, um auf einen Güterweg zu gelangen, der zur Dorfstraße führt. Nun wandert man nach links zurück zum Ausgangspunkt.

Variante: Rundwanderung Annalper Joch (1.997 m) [85v2]

Ausgangspunkt: Au Gemeindhaus (810 m)
Gehzeit: ↗ ↘ 7 Std.
Höhenunterschied: ↗ ↘ 1.200 Hm
Schwierigkeit: mittel

Am Annalper Joch werden auch noch die Braunarl Spitze und sämtliche Rätikonberge sichtbar. Deshalb zählt diese Runde zu den besonders schönen, aber auch konditionell anspruchsvollen.
Bei der Säckelalpe geht es bergauf zu einem Sattel, dem sogenannten First. Dann folgt man einem ausgewaschenen Weg, der nach Süden den Rücken entlang zum Annalper Joch (1.997 m) führt.
Auf der anderen Seite geht es steil hinab zu einem kleinen See, an dessen linker Seite vorbei und hinab zur Annalpe (1.745 m).
Von der Alpe wandert man auf dem Güterweg hinab ins Tal. Der Weg braucht viele Kehren, um den Höhenunterschied zu überwinden. Schließlich wendet er Richtung Norden und man gelangt zur Annalperau Alpe (1.364 m).
Anschließend führt er relativ flach talauswärts. Kurz vor dem Bodenvorsäß zweigt rechts der Weg zur Tobelalpe (1.247 m) ab, die nur wenige Gehminuten bergauf liegt.
Von der Tobelalpe wandert man wieder zurück zum Hauptweg und dann rechts weiter zum Bodenvorsäß (1.215 m). Nun geht es im Wald in nördlicher Richtung bergab, bis man wieder auf den Güterweg des Aufstieges trifft und auf dem schon bekannten Weg nach Au zurückwandern kann.

MTB-Route: In Au fährt man kurz Richtung Schoppernau. Bei einem Bach startet der Güterweg zu den Alpen. Die Tour mit dem Bike wird besser in Gegenrichtung zur Rundwanderung Annalper Joch gewählt, denn das Tragen des Fahrrades zwischen Annalpe und dem Annalper Joch ist bergauf angenehmer. Dazu wählt man beim Bildstock den linken Weg zum Bodenvorsäß und zur Annalpe.

Argenstein
Jagdhausen
Schrecken
Au
Argenau
Argenzipfel
Rehmen
Lebernau
Halder
Wieden
Steig
Goßlachenalpe
1232
Gräsalp
85v1
85
Brendleralpe
Lug
1767
Bodenvorsäß
Säckelalpe
Wh. Bergkristall
Tobelalpe
Hochalpe
85v2
Geißlitten
Annalper J.
Annalperaualpe
Annalpe
Annalper Grat
Littenalpe
Alfinalpe
Annalper Stecken
Hörnle
Töbelealpe
Neugunten
Grünes-
Gräshorn
Wildes-
Zitterklapfen
Kilkaschrofen
Schöneberg
Töbelejoch
Ruchwannek.
Toblermann
Bochalpe
Armengemä
Ahornenvorsäß
Ahorner Wald
Argenvorsäß
Berbigenvorsäß
Berngat
Kohlerhälden
Am Stein
Häldele
Höland
Älpele

86 Diedamskopf bergab

Diedamsalpen 1.436 m, 1.545 m und 1.828 m
Breitenalpe 1.650 m

Gebirge:
→ **Bregenzerwaldgebirge**
Talort:
→ **Schoppernau (852 m)**

Falzer Kopf

Die Bergabwanderung vom Diedamskopf ist ein alpiner Panoramaspaziergang in luftiger Höhe, der jedem möglich ist. Die Tour kann auch deutlich ausgebaut werden und bis ins Tal führen.

Anforderungen: wenig anstrengend
Zeiten: ↘ ¾ bis 1 Std.
Ausgangspunkt: Bergstation Diedamskopfbahn (2.020 m)
Zielpunkt: Mittelstation Diedamskopfbahn (1.670 m)
Höhenunterschied: ↘ 350 Hm
Karten: ÖK-Blatt 112, F&BBlatt 364
Kinderwagen: durchgehend geeignet

Informationen für Mountainbiker
Start/Ziel: Talstation Diedamskopfbahn (850 m)
Höchster Punkt: Bergstation (2.020 m)
Fahrzeiten: ↗ 2½ Std. ↘ 1 Std.
Anstieg: ↗ ↘ je 8,5 km, 1.200 Hm Fahrt

Besonderheit: Durch die, den ganzen Sommer in Betrieb befindliche, Gondelbahn kommt man einfach in Gipfelhöhe. Bei Wanderern mit Kinderwagen und noch sehr kleinen Kindern ist die Bergabwanderung zur Mittelstation sehr beliebt. Besonders reizvoll ist auch die Variante über die Breitenalpe.

Oberdiedamsalpe 1.828 m

Die Alpe liegt inmitten der ausgedehnten Alpflächen unterhalb des Diedamskopfes und bietet eine wunderschöne Aussicht auf fast alle Bregenzerwälder Berge. Die Alpe hat noch ein Unterlager in der Nähe der Mittelstation. Hier gibt es aber keine Bewirtung.

Besitzer: Gemeinschaftsalpe
Alpvieh: 50 Kühe
Alpprodukte: Milch (wird ins Tal gebracht)
Zeitraum der Bewirtschaftung: Mitte Juli bis 1. September
Verpflegung für Wanderer: Getränke, Jause

Direkter Alpanstieg:
Ausgangspunkt: Mittelstation Diedamskopfbahn (1.670 m)
Gehzeit: ↗ 3/4 Std. ↘ 1/2 Std.
Kinderwagen: durchgehend geeignet
Höhenunterschied: 160 Hm
Schwierigkeit: leicht

Entweder wandert man auf dem Güterweg von der Bergstation bergab oder von der Mittelstation in entgegengesetzter Richtung bergauf zur Alpe.

Mitteldiedamsalpe 1.545 m

Diese kleine Sennalpe liegt knapp unterhalb der Mittelstation der Gondelbahn und ist deshalb leicht zu erreichen.

Besitzer: Genossenschaft
Alpvieh: 30 Kühe
Alpprodukte: Alpkäse, Ziegenkäse
Zeitraum der Bewirtschaftung: Mitte Juni bis Mitte September
Verpflegung für Wanderer: Getränke, Käsbrote

Direkter Alpanstieg:
Sie ist von der Mittelstation über den Güterweg in wenigen Minuten bergab zu erreichen.

Unterdiedamsalpe 1.436 m

Die Sennalpe liegt an der Waldgrenze am Abstieg vom Diedamskopf zur Talstation. Die Familie Gassner ist schon 30 Jahre auf der Alpe. Johannes Gassner setzt sich auch sehr aktiv für der Vermarktung ursprünglicher Produkte von Vorarlbergs Bauern – den Ländle Bura ein (siehe auch *www.laendle.at*).

Besitzer: Genossenschaft

Alpvieh: 50 Kühe, 5 Ziegen, 20 Schweine

Alpprodukte: Ziegenkäse, Alpkäse, Alpbutter

Zeitraum der Bewirtschaftung: Ende Mai bis Mitte September

Verpflegung für Wanderer: Getränke, Jause, Jogurtdrinks

Direkter Alpanstieg:

Ausgangspunkt: Talstation Diedamskopfbahn (850 m)

Gehzeit: ↗ 2 Std. ↘ 1½ Std.

Höhenunterschied: 590 Hm

Kinderwagen: durchgehend geeignet

Schwierigkeit: leicht

Der Anstieg kann entweder gemütlich bergab von der Mittelstation der Diedamskopfbahn (siehe Ergänzung) oder von der Talstation erfolgen. Dazu startet man links der Talstation und wandert auf dem Güterweg zur Alpe hinauf.

Weitere Alpen der Tour

Kälberboden Alpe 1.113 m

Die Alpe liegt etwas oberhalb von Schoppernau. Sie dient im Frühjahr und im Herbst kurz als Voralpe zum Schalzbach Vorsäß (siehe Tour 88). Im Sommer weiden nur einige Stück Jungvieh auf der Alpe und es wird keine Bewirtung angeboten.

Breitenalpe 1.650 m (siehe Tour 87)

Wanderroute: Von der Bergstation der Diedamskopfbahn wandert man auf dem Güterweg bergab. Nach etwa 20 Minuten erreicht man die Oberdiedamsalpe. Der Güterweg führt wieder näher an die Bahn heran und man wandert zwischen schönen Alpwiesen weiter bergab. Bei einem Wasserschacht hält man sich rechts und erreicht kurz darauf die Mittelstation.

Gipfelergänzung:
Diedamskopf (2.090 m) [86e1]

Ausgangspunkt: Bergstation (2.020 m)

Gehzeit: + 20 Min.

Höhenunterschied: + 70 Hm

Schwierigkeit: mittel

Von der Bergstation ist man auf dem breit ausgetretenen Panoramaweg rasch am Gipfel, der eine fantastische Aussicht ermöglicht.

Bei der Oberdiedams Alpe: Blick zum Hohen Ifen

Ergänzung:
Abstieg nach Schoppernau (850 m) [86e2]

Ausgangspunkt: Mittelstation Diedamskopfbahn (1.670 m)
Zielpunkt: Talstation Diedamskopfbahn (850 m)
Gehzeit: ↘ + 2¼ Std.
Höhenunterschied: ↘ + 820 Hm
Schwierigkeit: leicht

Der Abstieg von der Mittelstation nach Schoppernau orientiert sich immer an der Bahn. Er führt entlang von Alpwiesen und durch kurze Waldpassagen in vielen Kehren bergab zur Talstation. Dabei passiert man die Unterdiedamsalpe (1.436 m) und tiefer die Kälberboden Alpe (1.113 m). Etwas tiefer, bei einem Stall auf 955 m, kann man entweder geradeaus weiter ins Dorf wandern (hier ist noch ein Umweg zu einem wunderschönen Wasserfall möglich (+ ¾ Std. + 100 Hm)) oder nach rechts direkt zur Talstation absteigen.

Variante:
Breitenalpe (1.650 m) [86v]

Gehzeit: ↘ 1½Std.
Höhenunterschied: ↘ 440 Hm
Schwierigkeit: mittel

Von der Bergstation der Diedamskopfbahn wandert man auf dem Güterweg in östlicher Richtung bergab. Bei der ersten großen Kurve nach rechts wandert man auf einem ausgewaschenen Wanderweg knapp unterhalb des Kammes gerade weiter. Zuletzt geht es wieder etwas bergauf zum Kreuzle (1.810 m), einem Übergang Richtung zur Schwarzwasser Hütte und ins Kleinwalsertal. Dann wandert man nach rechts, leicht bergab Richtung Süden und später nach Südwesten zur Breitenalpe. Von der Alpe geht es in nördlicher Richtung flach in eine Senke weiter und schließlich trifft man auf den Güterweg, der hier eine Kehre macht. Nun muss man ganz kurz leicht bergauf weiter. Bei der nächsten Weggabelung hält man sich links und erreicht kurz darauf die Mittelstation.

MTB-Route: Von der Ortsmitte in Schoppernau führt ein Güterweg Richtung Stocketenboden Alpe und Falzalpe. Auf etwa 1.200 m teilt sich der Weg. Zur Bergstation der Diedamskopfbahn wählt man den linken Weg. Ab der Mittelstation ist man über der Waldgrenze und die Fahrt kann sehr schweißtreibend werden.

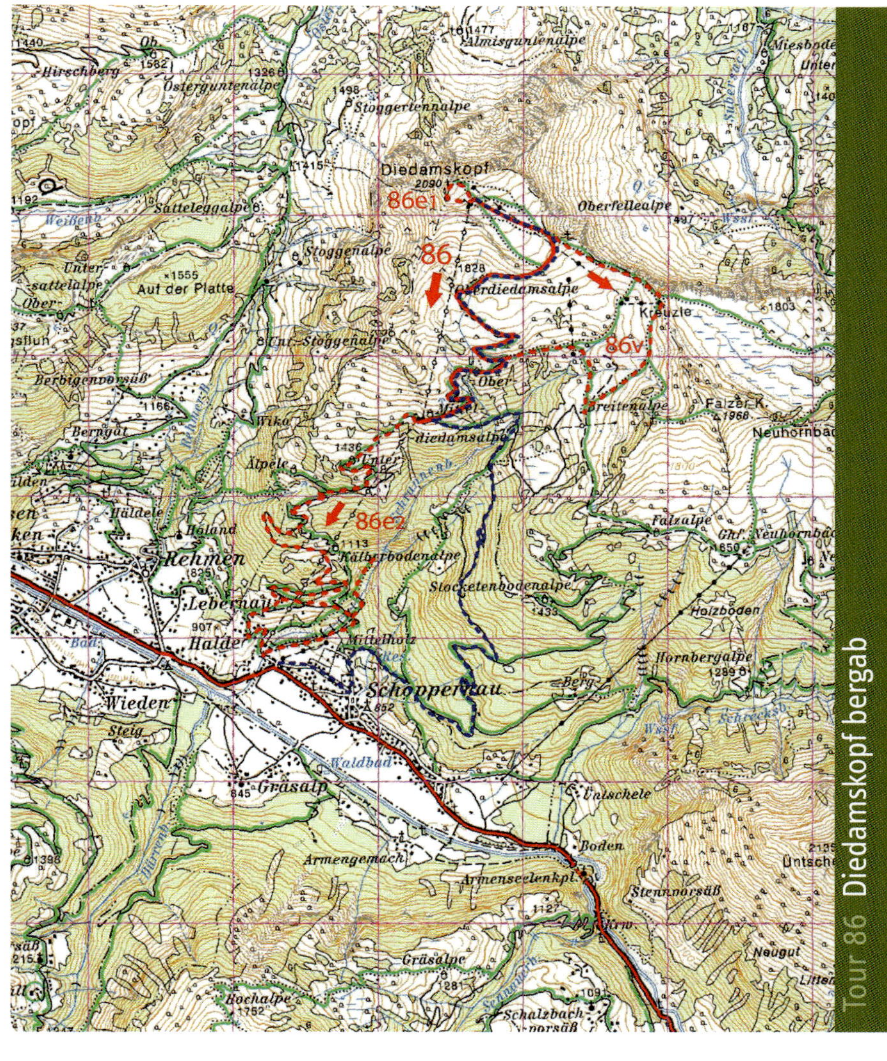
Diedamskopf
2090
86e1
86
Oberdiedamsalpe
Kreuzle
86v
Ober-
Mittel-
diedamsalpe
Unter
86e2
Kälberbodenalpe
Stocketenbodenalpe
Schoppernau
852
Lebernau
Halde
Mittelholz
Rehmen
Wieden
Grasalp
Stoggenalpe
Unt.-Stoggenalpe
Stoggertennalpe
Almisguntenalpe
Osterguntenalpe
Satteleggalpe
Aut der Platte
Oberfellealpe
Breitenalpe
Falzer K.
1968
Neuhornbach
Falzalpe
Holzboden
Hornbergalpe
Armengemach
Armenseelenkpl.
Boden
Unterschele
Gräsalpe
Hochalpe
Schalzbach-
vorsäß
Neugut
Stennnorsäß

87 Hornbachkamm

Breitenalpe 1.660 m
Falzalpe 1.620 m
Neuhornbach Alpe 1.639 m

Gebirge:
→ **Bregenzerwaldgebirge**
Talort:
→ **Schoppernau (852 m)**

Unterhalb des Falzer Kopfes

Im Bereich von Neuhornbach kann man wunderbar ohne viel Höhenunterschied von Alpe zu Alpe wandern.

Anforderungen: mäßig anstrengend

Zeiten: 3 Stunden: ↗ 3/4 Std. ↘ 2 1/4 Std.

Ausgangspunkt: Mittelstation Diedamskopfbahn (1.670 m)

Gehzeiten: Mittelstation – Breitenalpe 3/4 Std.; Breitenalpe – Neuhornbachhaus 1/2 Std.; Neuhornbachhaus – Schoppernau 1 3/4 Std.

Höhenunterschied: ↗ 200 Hm ↘ 1.020 Hm

Karten: ÖK-Blatt 112, F&BBlatt 364

Kinderwagen: bedingt geeignet

Informationen für Mountainbiker

Start/Ziel: Schoppernau Talstation Diedamskopfbahn (850 m)

Höchster Punkt: Breitenalpe 1.660 m

Fahrzeiten: ↗ 2 Std. ↘ 1 Std.

Anstieg: ↗ 8,5 km ↘ 9 km, 800 Hm Fahrt

Besonderheit: Neben einfachen Wanderungen von der Mittelstation zu den Alpen kann man auch über den Falzer Kopf wandern und dabei einen perfekten Rundumblick genießen. Besonders reizvoll ist eine Umrundung des Hornbachkammes, der zur Hälfte auf Kleinwalsertaler Gebiet verläuft und – für viele überraschend – relativ wenig Höhenmeter aufweist.

Breitenalpe 1.650 m

Die Alpe ist schon von weitem sichtbar und liegt unterhalb der Westabhänge des Falzer Kopfes. Von der Alpe kann man das ganze Gebiet des Diedamskopfes überblicken.

Besitzer: Genossenschaft
Alpvieh: 140 Jungvieh, 3 Ziegen, 1 Pferd, 3 Milchkühe
Alpprodukte: Frischkäse
Zeitraum der Bewirtschaftung: Anfang Juli bis Anfang September
Verpflegung für Wanderer: Getränke, Jausen, Kuchen

Falzalpe 1.620 m

Die Alpe liegt direkt über der Waldgrenze und unterhalb des Falzer Kopfes.

Besitzer: Agrargemeinschaft
Alpvieh: 70 Jungvieh, 10 Pferde, Ziegen
Zeitraum der Bewirtschaftung: Mitte Juni bis Mitte September
Verpflegung für Wanderer: Getränke, Käs- und Speckbrote

Direkte Alpanstiege:
Ausgangspunkt: Mittelstation Diedamskopfbahn (1.670 m)
Zur Breitenalpe:
Gehzeit, Höhenunterschied: ↗ 3/4 Std. ↘ 3/4 Std. 150 Hm
Kinderwagen: durchgehend geeignet
Schwierigkeit: leicht
Zur Falzalpe:
Gehzeit, Höhenunterschied: ↗ 1Std. ↘ 1 Std. 150 Hm
Kinderwagen: bedingt geeignet
Schwierigkeit: mittel

Der Anstieg ist ident mit der Wanderroute.

Neuhornbach Alpe 1.639 m

Das Alpgebiet breitet sich über die wunderschönen Flächen östlich unterhalb des Falzer Kopfes aus. Die Alpe steht direkt am Güterweg zum Neuhornbachhaus.

Am Vorgipfel des Falzer Kopfes

Besitzer: Agrargenossenschaft
Alpvieh: 54 Mutterkühe, 20 Pferde
Zeitraum der Bewirtschaftung: Mitte Juni bis Mitte September
Verpflegung für Wanderer: Getränke, Käs- und Speckbrote

Althornbach Alpe 1.666 m

Sie ist eine sogenannte Killianalpe. Dies bedeutet, dass der Alpauftrieb meist am 8. Juli, dem Namenstag von Killian, erfolgt. Die Alphütte liegt wunderschön in die Landschaft eingebettet unterhalb des Kreuzmandl, Steinmandl und Grashornes.

Besitzer: Genossenschaft
Alpvieh: 65 Kühe
Alpprodukte: Bergkäse
Zeitraum der Bewirtschaftung: Anfang Juli bis Mitte September
Verpflegung für Wanderer: Getränke, Jause

Direkte Alpanstiege:
Ausgangspunkt: Schoppernau (852 m)
Gehzeit ,Höhenunterschied: Neuhornbach Alpe: ↗ 2 Std. ↘ 1³/₄ Std. 790 Hm; Althornbach Alpe: ↗ 2¹/₄ Std. ↘ 2 Std. 820 Hm
Kinderwagen: durchgehend geeignet
Schwierigkeit: leicht

In Schoppernau wandert man zuerst auf der Dorfstraße den Hang entlang an das östliche Ende des Dorfes. Nach der Talstation der Materialseilbahn zum Gasthaus Neuhornbach beginnt der Güterweg, der zur Neuhornbach Alpe führt. Der Weiterweg zur Althornbach Alpe ist als Ergänzung beschrieben.

Weitere Alpe der Tour

Halden Hochalpe 1.735 m
Sie liegt knapp unter dem Gerachsattel. Wie der Name schon sagt, ist sie eine Hochalpe und deshalb nur im Hochsommer für einige Wochen beweidet. Der Viehzug beginnt in Schönenbach und führt durch das Tal der Subersach (den ganzen Sommer und Herbst ein Jagdsperrgebiet mit Wegegebot) unter Einbeziehung der Oberfellen Alpe bis zum Gerachsattel hinauf. Da kein Güterweg zur Alpe führt und die Hirten sich um etwa 420 Stück Jungvieh zu kümmern haben, gibt es keine Bewirtung.

Wanderroute: Von der Mittelstation wandert man zuerst auf dem Güterweg rechts der Bahn berauf. Nach etwa 10 Minuten geht man in einer Linkskehre gerade in östlicher Richtung weiter. In einem großen Bogen wandert man ohne wirklichen Höhenunterschied über Alpwiesen zur Breitenalpe. Dann geht es flach um einen Rücken herum zur Falzalpe und leicht bergab zum Neuhornbachhaus (1.650 m).

Dann folgt man immer dem Güterweg, der zuerst in östlicher Richtung zur Neuhornbach Alpe führt. Ab der Alpe führt er in Kehren hinab ins Schrecksbachtal. Schließlich sieht man rechts oberhalb des Weges die Hornbergalpe (1.289 m) und von links mündet der Güterweg von der Pisialpe ein. Der Güterweg führt nun in westlicher Richtung tiefer hinab nach Schoppernau, das man am östlichen Ende betritt. Zuletzt wandert man auf Nebenstraßen entlang des Hanges durchs Dorf zum Parkplatz der Bahn.

Gipfelvariante:
Falzer Kopf (1.968 m) [87v1]

Ausgangspunkt: Bergstation Diedamskopfbahn (2.020 m)

Zielpunkt: Schoppernau (850 m)

Gehzeit: ↗ ↘ 4 1/2 Std.

Höhenunterschied: ↗ 350 Hm ↘ 1.170 Hm

Schwierigkeit: mittel

Von der Bergstation der Diedamskopfbahn wandert man auf dem Güterweg in östlicher Richtung bergab. Bei der ersten großen Kurve nach rechts wandert man auf einem ausgewaschenen Wanderweg knapp unterhalb des Kammes gerade weiter. Zuletzt geht es wieder etwas bergauf zum Kreuzle (1.810 m), einem Übergang zur Schwarzwasser Hütte und ins Kleinwalsertal. Dann wandert man etwas nach Süden weiter, muss aber 10 Minuten später, auf etwa 1.730 m, links abzweigen. Nun geht es steil hinauf zu einem Kopf mit einem Kreuz (1.900 m). Dies ist erst der Vorgipfel und zum Falzer Kopf muss man noch kurz den Kamm entlang bergauf.
Vom Falzer Kopf wandert man ostseitig sehr steil den Grat entlang zum Neuhornbachjoch (1.820 m) hinab (Achtung bei Nässe). Dann erreicht man über sanfte Alpwiesen das Gasthaus Neuhornbachhaus (1.650 m). Über den Güterweg kann man wie oben beschrieben nach Schoppernau absteigen oder über Falzalpe und Breitenalpe zur Mittelstation der Diedamskopfbahn wandern.

Ergänzung:
Althornbach Alpe (1.666 m) [87e]

Abzweigpunkt: Neuhornbach Alpe (1.639 m)

Gehzeit: + 1/2 Std.

Höhenunterschied: +30 Hm

Schwierigkeit: leicht

Bei der Breitenalpe

Wählt man bei der Neuhornbach Alpe den linken, leicht bergauf führenden Güterweg gelangt man ohne viel Höhenunterschied zur wunderschön liegenden Althornbach Alpe. Anschließend wandert man wieder zur Neuhornbach Alpe und der oben beschriebenen Route zurück.

Variante: Umrundung des Hornbachkammes [87v2]

Ausgangs- und Zielpunkt: Mittelstation Diedamskopfbahn (1.670 m)

Gehzeit: ↗ ↘ 5 Std.

Höhenunterschied: ↗ ↘ 600 Hm

Schwierigkeit: mittel

Zuerst wandert man wie oben beschrieben von der Mittelstation zum Neuhornbachhaus (1.650 m) und weiter zur Althornbach Alpe (1.668 m). Dann geht es den Hang entlang hinauf zum Starzeljoch (1.887 m). Auf der anderen Seite führt der Weg zuerst kurz etwas schwieriger hinab und dann nach links zur Ochsenhofer Scharte (1.850 m). Nun kann man schon die Schwarzwasser Hütte (1.651 m) erkennen, die das nächste Ziel darstellt.

Bei der Breitenalpe

Von der Hütte wandert man über die Alpwiesen zum Gerachsattel (1.752 m) hoch. Der Weg ist zwischendurch ziemlich flach. Beim Abstieg zu einer großen flachen Senke (1.660 m) passiert man die Halden Hochalpe (1.735 m). In der Senke kann man nach links steil zum Neuhornbachjoch aufsteigen und zum Neuhornbachhaus weiterwandern. Will man zur Mittelstation der Diedamskopfbahn muss man zunächst in westlicher Richtung eine Stufe überwinden und kann dann durch ein flaches Tal hinauf zum Kreuzle (1.810 m) wandern. Vom Kreuzle geht wie in Tour 86 beschrieben zur Breitenalpe (1.660 m) hinab und ohne viel Höhenunterschied weiter zurück zur Mittelstation.

MTB-Route: Von der Ortsmitte von Schoppernau führt ein Güterweg Richtung Stocketenboden Alpe und Falzalpe. Auf etwa 1.200 m teilt sich der Weg. Nach links geht es zur Bergstation der Diedamskopfbahn, nach rechts zur Breitenalpe. Von der Breitenalpe vorbei an der Falzalpe bis zum Gasthaus Neuhornbach muss man das Rad meist schieben. Dann kann man auf dem Güterweg ins Schrecksbachtal hinab und zurück nach Schoppernau fahren.

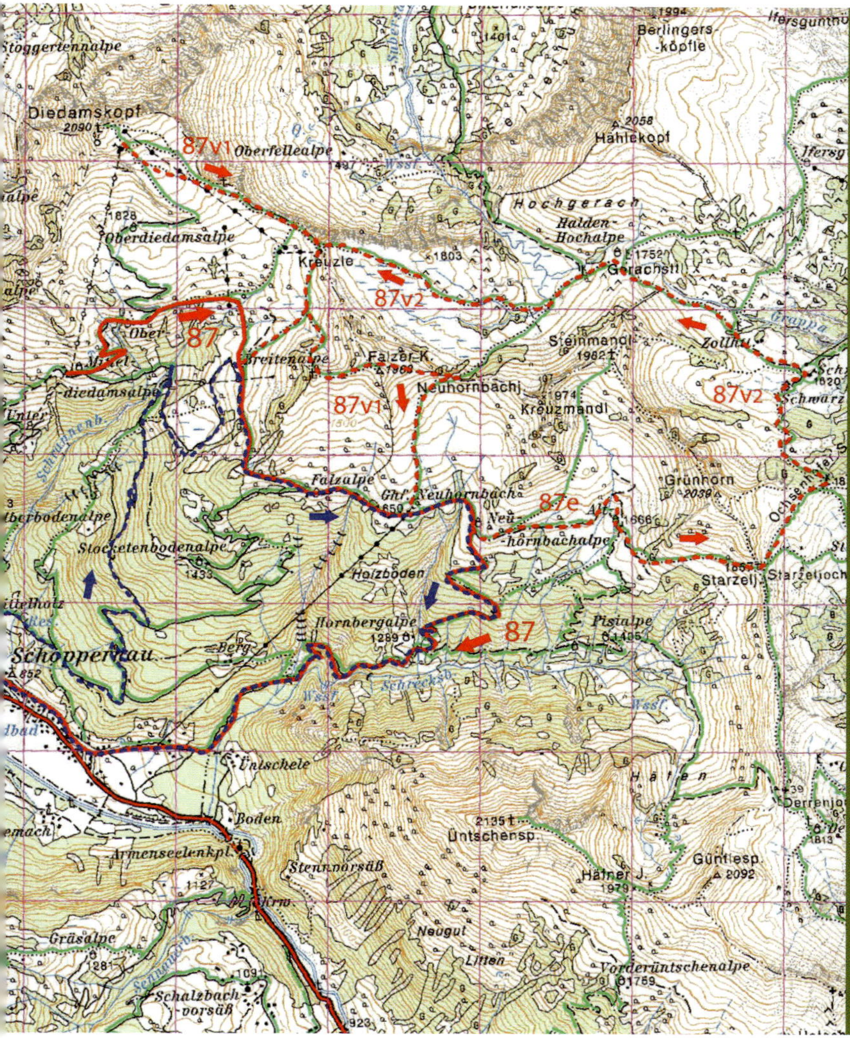
Diedamskopf
2090
87v1
Oberfellealpe
Berlingers-
-köpfle
2058
Hahlekopf
Hochgerach
Halden-
Hochalpe
1752
Gerachstl
Oberdiedamsalpe
1828
Kreuzle
1803
87v2
87
Breitenalpe
Falzer-K.
Steinmandl
1962
Zollhut
Neuhornbachj
Kreuzmandl
87v1
87v2
Falzalpe
Ghf. Neuhornbach
87e
Grünhorn
2039
Neu-
-hornbachalpe
Stocketenbodenalpe
1433
Holzboden
Starzelj.
Starzeljoch
Hornbergalpe
1289
87
Pisialpe
1405
Schoppernau
852
Berg
Schrecksb.
Wssf.
Ünschele
Boden
2135
Üntschensp.
Häfen
Armenseelenkpl.
Stennnorsäß
Hätner J.
1979
Güntlesp.
2092
Gräsalpe
Neugut
Litten
Vorderüntschenalpe
1759
Schalzbach
-vorsäß
923

88 Im Schatten der Künzelspitzen

Schalzbach Vorsäß 1.091 m
Oberschalzbach Alpe 1.296 m
Hochalpe 1.752 m

Gebirge:
→ **Bregenzerwaldgebirge**
Talort:
→ **Schoppernau (852 m)**

Hochalpe

Wer mit kurzer Wanderung eine gewaltige Umgebung erleben will, ist hier richtig. Die Oberschalzbach Alpe steht direkt unter der schroffen Niederen Künzelspitze.

Anforderungen: wenig anstrengend
Zeiten: ↗ ↘ 2 Stunden
Ausgangspunkt: Abzweigung Schalzbach (898 m), etwa 1,5 km nach dem Ortsende von Schoppernau
Höhenunterschied: ↗ ↘ je 400 Hm
Karten: ÖK-Blatt 112, F&BBlatt 364
Kinderwagen: durchgehend geeignet

Besonderheit: Die Wanderung ist sehr einfach und führt durchgehend über einen Güterweg. Das Schalzbach Vorsäß wirkt wie ein verstreutes Dorf mit einer kleinen Kapelle. Die prächtigen Häuser sind typisch für den Bregenzerwald. Will man eine größere Wanderung unternehmen, kann man den Toblermann anschließen und eine anstrengende Rundtour unternehmen.

Oberschalzbach Alpe 1.296 m

Die Alpe liegt direkt unterhalb der Niederen Künzelspitze, die gewaltig oberhalb der Alpe aufragt. Hinter ihr geht es noch in das Hochtal der Unteren Gautalpe weiter, die im Hochsommer etwa 4 Wochen beweidet wird. Der Hirte wohnt aber weiter auf der Oberschalzbach Alpe und pendelt täglich hinauf.

Besitzer: Agrargenossenschaft
Alpvieh: 80 Jungvieh, 6 Ziegen
Zeitraum der Bewirtschaftung: Anfang Juni bis Mitte September
Verpflegung für Wanderer: Getränke, Jause

Der Anstieg ist ident mit der Wanderroute.

Weitere Alpen der Tour

Schalzbach Vorsäß 1.091 m
Das Vorsäß wird im Juni und in der zweiten Septemberhälfte bewirtschaftet. Die Alphäuser gehören den verschiedenen Alpbesitzern und es wird keine Bewirtung angeboten. Das Vieh kommt im Sommer teilweise auf die Vorderüntschen Alpe und die Auenfeld Alpe (siehe Tour 89).

Gräsalpe 1.281 m, Hochalpe 1.752 m
Die beiden Alpen gehören zusammen und werden von etwa 200 Stück Jungvieh und einigen Pferden beweidet. Die Hochalpe ist nur zu Fuß erreichbar und den Wanderern kann keine Bewirtung angeboten werden.

Wanderroute: Von der Abzweigung wandert man auf dem Güterweg den Hang entlang bergauf. Bei den ersten Vorsäßhütte wendet der Weg nach Norden und man wandert auf eine kleine Kapelle zu. Man bleibt immer am Güterweg, der zwischen den Häusern durch immer höher führt. Oberhalb des Vorsäß geht es linkshaltend um einen Rücken herum in den Wald und durch diesen hinauf zur Oberschalzbach Alpe. Der Abstieg ist identisch mit dem Anstieg.

Gipfelvariante:
Toblermann (2.010 m) [88v]
Ausgangspunkt: Abzweigung (898 m)
Gehzeit: ↗ ↘ 6 Std.
Höhenunterschied: ↗ ↘ 1.100 Hm
Schwierigkeit: mittel

Kapelle beim Schalzbach Vorsäß

Zuerst wandert man wie oben beschrieben zur Oberschalzbach Alpe. Dann muss man oberhalb der Alpe über die Wiese bergauf und danach wird wieder ein Güterweg sichtbar, der nach Südosten das Tal hoch führt und am Talschluss endet. Nun steigt man entlang eines Baches steil zum winzigen Hirtenhüttchen der Unteren Gautalpe auf. Hier teilt sich der Weg. Man wendet sich nach rechts und gelangt über steile Wiesen zum Toblermannjoch (1.972 m) hinauf. Hier öffnet sich ganz plötzlich der Blick nach Westen zum Annalper Stecken und Zitterklapfen. Die Besteigung des Toblermannes selbst benötigt noch einige Minuten über einen grasigen Steilhang. Anschließend geht es in der Westflanke des Gipfels nach Norden zu einer Kuppe (1.911 m) hinab. Nun geht es den Kamm entlang nach Norden bergab. Man passiert die Hochalpe (1.752 m) und etwa 100 Höhenmeter tiefer wendet sich der Weg nach Osten (rechts) und führt schräg durch den Hang. Nach einem kurzen Flachstück mit einer Jagdhütte geht es über einen leicht ausgeprägten Rücken hinab zur Gräsalpe (1.281 m). Ab der Alpe folgt man dem Güterweg, der in vielen Kehren hinab zur Straße führt. Zuletzt muss man etwa 10 Minuten der Straße entlang zum Ausgangspunkt zurückwandern.

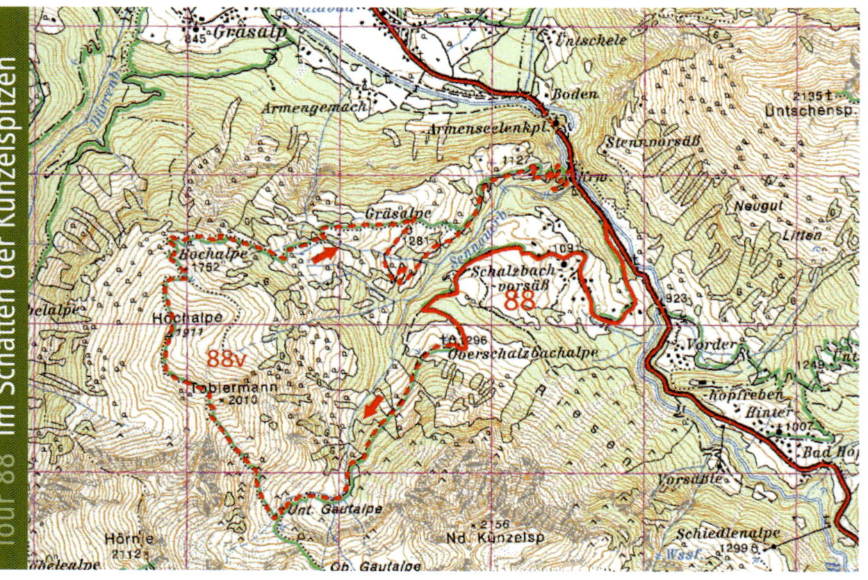

89 Im Banne des Karhornes

Bürstegg 1.719 m
Untere Auenfeldalpe 1.670 m
Batzenalpe 1.560 m
Körbalpe 1.670 m

Gebirge:
→ Lechquellengebirge
Talort:
→ Schröcken (1.269 m), Warth (1.497 m)

Körbersee mit Biberkopf

Das Karhorn beherrscht die Szenerie in Warth. Seine Besteigung ist schwierig. Eine Umrundung ist jedoch für jeden möglich und bietet vielfältige Eindrücke.

Anforderungen: wenig anstrengend

Zeiten: ↗ ↘ 4½ Stunden

Ausgangspunkt: Bergstation Steffisalp-Express (1.870 m)

Zielpunkt: Hochtannbergpass (1.676 m), zurück mit dem Landbus Linie 42 oder Ortsbus Lech Linie 3

Gehzeiten: Bergstation – Bürstegg 1½ Std.; Bürstegg – Untere Auenfeldalpe 1 Std.; Untere Auenfeldalpe – Batzenalpe ½ Std.; Batzenalpe – Körbersee ½ Std.; Körbersee – Hochtannbergpass 1 Std.

Höhenunterschied: ↗ 350 Hm ↘ 550 Hm

Karten: ÖK-Blatt 143 + 113, F&BBlatt 364

Informationen für Mountainbiker
Das Gebiet um das Karhorn würde sich hervorragend für Mountainbiker eignen. Fahrverbotstafeln verhindern aber die Befahrung.

Besonderheit: Das Karhorn bietet zwei Halb- und eine Dreiviertelumrundung. Die Dreiviertelumrundung startet bei der Steffisalp und führt über Osten auf die Südseite und weiter zum Hochtannbergpass. Die Halbumrundungen starten im Gemeindegebiet von Lech. Die eine beginnt in Oberlech und trifft beim Auenfeldsattel mit der „Dreiviertelumrundung" zusammen. Die andere startet bei der Bodenalpe an der Straße zwischen Lech und Warth und führt nordseitig, vorbei am Saloberkopf zum Hochtannbergpass. Der Vorteil dieser letztgenannten Variante ist, dass man auf Bürstegg zugeht und somit die Szenerie mit dem dahinter aufragenden Biberkopf mehr genießen kann.
Das Auenfeld, das bei zwei der Möglichkeiten durchwandert wird, ist ein einzigartiges Naturjuwel. Hier fließt die noch junge Bregenzerach 2 Kilometer fast eben durch ein breites Hochtal, das auf etwa 1.650 m Höhe liegt. Links ragt die Mohnenfluh und rechts das Karhorn auf.

Bürstegg 1.719 m

Bürstegg war einst die höchst gelegene Walsersiedlung Vorarlbergs. Der Name stammt vom harten Gras (Bürste) der Alpflächen. Die Siedlung hatte sogar ein eigenes Schulhaus und eine immer noch bestehende kleine Kirche. Ende des 19. Jahrhundert wurde die Dauerbesiedelung aufgeben und die meisten Gebäude abgebrochen. Seither dient Bürstegg als Alpe.

Besitzer: privat
Alpvieh: 18 Kühe, 51 Jungvieh

Bürstegg

Alpprodukte: Milch wird in die Molkerei geliefert

Zeitraum der Bewirtschaftung: Mitte Juni bis Ende September

Verpflegung für Wanderer: Getränke, Jausen

Veranstaltungen, Besonderheit: Bergmesse 15. August

Direkter Alpanstieg:

Ausgangspunkt: Lech Bodenalpe (1.240 m)

Gehzeit: ↗ 1½ Std. ↘ 1 Std.

Höhenunterschied: 480 Hm

Kinderwagen: durchgehend geeignet, Umweg über Güterweg, Start 1 km in Richtung Warth von der Bodenalpe entfernt

Schwierigkeit: **mittel**

Der Anstieg ist ident mit der Wanderroute der Variante 89v2.

Unterauenfeld Alpe 1.670 m

Die Alpe liegt mitten im Auenfeld, direkt neben dem breiten Weg. Sie ist eine attraktive Sennalpe, deren Sennerei auch besichtigt werden kann.

Besitzer: Genossenschaft

Alpvieh: 74 Kühe, Ziegen, Schweine

Alpprodukte: Alpkäse, Ziegenkäse

Zeitraum der Bewirtschaftung: Ende Juni bis Mitte September

Kontakt: +43/(0)664/5037146

Verpflegung für Wanderer: Getränke, Jausen

Veranstaltungen, Besonderheit: Bei größeren Gruppen sollte die Sennereibesichtigung angemeldet werden.

Batzenalpe 1.560 m

Die Alpe liegt in der Nähe des Körbersees. 1998 wurde ein neues Alpgebäude mit einer modernen Alpsennerei gebaut. Die alte Alphütte blieb erhalten und bietet als Museum Einblicke in eine Jahrhunderte alte Vergangenheit, welche unten im Tal bereits verloren ging.

Besitzer: privat

Alpvieh: 42 Kühe, 20 Jungvieh, Ziegen, Schweine

Alpprodukte: Alpkäse, Ziegenkäse

Zeitraum der Bewirtschaftung: Anfang Juli bis Mitte September

Kontakt: Info: Tourismusbüro Schröcken +43 5519 26710

Verpflegung für Wanderer: Getränke, Jausen

Veranstaltungen Besonderheit: Öffnungszeiten des Museums: Juli bis September jeden Sonntag 13 bis 16 Uhr. Siehe auch http://www.alpmuseum.at/.

Direkte Alpanstiege:

Ausgangspunkt: Schröcken (1.269 m)

Gehzeit, Höhenunterschied: Batzenalpe: ↗ ¾ Std. ↘ ¾ Std. 300 Hm; Unterauenfeld Alpe: ↗ 1½ Std. ↘ 1¼ Std. 400 Hm

Kinderwagen: durchgehend geeignet

Schwierigkeit: leicht

In Schröcken wandert man zuerst auf der alten Straße bergauf. Nach einigen Kehren und etwa einer Viertelstunde zweigt rechts der Weiterweg zur Batzenalpe und zum Auenfeld ab.

Körbalpe 1.670 m

Die Alpe liegt fast unmittelbar neben der Straße und dem großen Parkplatz am Hochtannbergpass.

Besitzer: Genossenschaft
Alpvieh: 70 trocken gestellte Kühe, 3 Milchkühe, 230 Jungvieh
Alpprodukte: Frischkäse
Zeitraum der Bewirtschaftung: 8. Juli bis Mitte September
Gaststube: ja
Verpflegung für Wanderer: Getränke, Jausen

Weitere Alpen der Tour

Krumbacher Alpe 1.936 m

Sie liegt knapp unterhalb der Jausenstation Hochalphütte am Weg zum Saloberkopf.

Gaisbühl Alpe 1.770 m

Nach Einstellung des Sennereibetriebes wurde die Alpe im ursprünglichen Zustand belassen und weiter gepflegt. Durchs Fenster kann man in das Gebäude hineinschauen und einen Blick auf den einfachen Lebensstil früherer Alpen werfen.

Felle Alpe 1.380 m

Sie liegt südlich oberhalb von Schröcken und nördlich unterhalb des steilen Hochberges und bietet dem Wanderer Getränke und Jausen.

Karhorn

Wanderroute: Bei der Bergstation des Steffisalp-Express wandert man zuerst unterhalb des Warther Hornes in südöstlicher Richtung zum Wannenkopf. Nach einer halben Stunde gelangt man zu einem schwach ausgeprägten Sattel mit dem ganz kleinen Wannensee. Ein kurzer Abstecher auf den Wannenkopf (1.941 m) ist empfehlenswert. Er kostet nur etwa eine Viertelstunde und ermöglicht einen guten Tiefblick auf Warth. Vom Sattel wandert man unterhalb der Steinigen Bühel über Alpwiesen nach Süden zur alten Walsersiedlung Bürstegg hinab.
Von Bürstegg geht es zuerst kurz auf dem Güterweg bergab. Dabei sollte man unbedingt noch einmal zurückschauen, denn hinter Bürstegg baut sich der Biberkopf mächtig auf. Nach etwa 10 Minuten zweigt man rechts auf den Wanderweg Richtung Auenfeldsattel ab und dieser führt bergauf (bis etwa 1.800 m) um den Karbühel herum. Beim Auenfeldsattel (1.710 m) trifft man auf einen breiten Güterweg und wandert nach rechts weiter. Man passiert die Untere Auenfeldalpe (1.670 m) und erreicht etwa eine halbe Stunde später die Batzenalpe (1.560 m). Kurz vor der Alpe kann man rechts über einen Wanderweg direkt zum Körbersee abkürzen.
Von der Batzenalpe wandert man bergauf um einen Rücken herum zum Körbersee und dem dort befindlichen Hotel (1.675 m). Vom Hotel führt ein einfacher Weg in nordöstlicher Richtung zum Hochtannbergpass. Zuerst geht es noch etwas bergauf, dann sanft bergab zum Pass.

Variante:
Oberlech – Hochtannberg [89v1]

Ausgangspunkt: Oberlech Schlößle (1.722 m) – hierher mit dem Ortsbus Linie 4
Zielpunkt: Hochtannbergpass (1.676 m)
Gehzeit: ↗ ↘ 3 Std.
Höhenunterschied: ↗ 330 Hm ↘ 380 Hm
Kinderwagen: geeignet
Schwierigkeit: leicht

Von der Bushaltestelle beim Schlößle wandert man das Sträßchen bergauf bis zu einer Kehre. Hier geht es rechts auf einem breiten Schotterweg weiter ins Kitzbachtobel und in den Bereich der Gaisbühlalpe, die rechts des Weges auf einer Kuppe liegt. Nun wandert man gemütlich leicht bergab zum Auenfeldsattel. Der Weiterweg zur Batzenalpe und zum Hochtannbergpass ist ident mit der oben beschriebenen Wanderroute.

Variante:
Lech-Bodenalpe – Hochtannberg [89v2]

Ausgangspunkt: Lech Bodenalpe (1.420 m), Haltestelle Ortsbus Linie 3 oder Landbus Linie 42
Zielpunkt: Hochtannbergpass (1.676 m)

Gehzeit: ↗ ↘ 4¼ Std.
Höhenunterschied: ↗ 600 Hm
↘ 350 Hm
Schwierigkeit: **mittel**

Gegenüber der Bodenalpe startet, etwas versteckt neben der Brücke, der Wanderweg Richtung Bürstegg und Auenfeld. Nach etwa 120 Höhenmetern folgt man kurz einem Güterweg, kann ihn aber bald wieder rechts verlassen und eine Kehre abkürzen. Dann folgt man wieder dem Güterweg, der in nordöstlicher Richtung nach Bürstegg (1.719 m) führt. Der Weiterweg beginnt links von den Gebäuden. Er führt als Wanderweg bergauf zum Sattel beim Wannenkopf. Dann muss man noch etwas nach links bergauf, bevor man unterhalb des Warther Hornes ohne viel Höhenunterschied zur Bergstation vom Steffisalp-Express wandern kann.
Bei der Bergstation (1.870 m) wählt man den mittleren Weg Richtung Saloberkopf. Dieser führt etwas bergauf und nach einer halben Stunde erreicht man den „Spitzigen Stein“ (1.950 m). Hier befindet sich ein Speichersee der Beschneiungsanlagen und man hat einen tollen Blick auf den Widderstein. Links haltend wandert man zur Hochalpe (1.936 m), einer Schihütte und Jausenstation weiter. Links der Alphütte geht es auf einem breiten Weg hinauf zum Saloberkopf (2.000 m), dessen höchster Punkt nur wenige Gehminuten neben der Wanderroute liegt. Dann wandert man auf einem Wiesenweg südseitig in Richtung Körbersee bergab. Im Bereich des Saloberkopfes wendet sich der Weg nach Norden und führt steil tiefer. Schließlich wird der Weg wieder breiter und führt oberhalb des Kalbelesees zur Talstation einer Sesselbahn und der dort befindlichen Bushaltestelle am Hochtannbergpass.

Variante:
Abstieg nach Schröcken [89v3]
Abzweigpunkt: Batzenalpe (1.560 m)
Endpunkt: Schröcken-Ortsmitte (1.269 m)
Gehzeit: Um ½ Std. kürzer
Schwierigkeit: **leicht**

Von der Batzenalpe kann man auch nach Schröcken absteigen. Dabei hat man nach etwa 20 Minuten die Auswahl zwischen einem direkten Abstieg oder einem kleinen Umweg über die Felle Alpe (1.380 m). Von der Alpe wandert man auf dem Güterweg ins Tobel hinab und gelangt direkt zur Kirche von Schröcken.

Gemstelpaß
Hochalppaß
Widdersteinalpe
Hochtannbergpaß
Ghf. Adler
Hirschgehrenalpe
Hoch-Krumbach
Ghf. Jägeralpe
Hölzbodenalpe
Haldenwangerk
Körbelpe
Kalbelesee
Witeleralpe
Neßlegg
Wolfegg
Krumbacher Alpe
Steffisalpe
89v2
89
Körbersee Hot.
Salobersattel
Saloberkopf
Saloberalpe
Körbersee
Warther Horn
Wannenkopf
Auenfelder Horn
Batzenalpe
Karhorn
Oberauenfeldalpe
Unter-
Auenfeld
Steinige Bühel
Auenfeldsattel
Karalpe
Bürstegg
Lech
Fürmeslemähder
89v1
Gaisbachtobel
Schöneberg
Mohnenfluh
Gaisbühlalpe
Gaisbachalpe
Mohnensattel
Zuger Hochlicht
Bergeralpe
Mohnenmähder
Schloßköpfe
Grubenalpe
Kitzbach
Bodenalpe
Göldenbod
Schwabw
Stubenbach
Steinmähder

90 Rund um den Widderstein

Obergemstel Alpe 1.694 m
Untergemstel Alpe 1.320 m
Bernhardsgemstel Alpe 1.310 m
Bärguntalpe 1.391 m

Gebirge:
→ Allgäuer Alpen
Talort:
→ Schröcken (1.269 m), Warth (1.497 m)

Widderstein Hütte und Widderstein

Der Widderstein ist das Wahrzeichen des Hochtannberges und schwierig zu besteigen. Eine Umrundung ist sehr eindrucksvoll und überraschend einfach.

Anforderungen: anstrengend

Zeiten: 6¼ Stunden: ↗ 1 + 2 ¾Std. ↘ 1¾+ ¾Std.

Ausgangspunkt: Hochkrumbach, Hotel Adler (1.670 m)

Gehzeiten: Hochkrumbach – Widdersteinhütte – Obergemstel Alpe 1 3/4 Std.; Obergemstel Alpe – Untergemstel Alpe 3/4 Std.; Untergemstel Alpe – Baad – Bärgunt Hütte 1 1/2 Std.; Bärgunt Hütte – Hochalppass – Hochkrumbach 2 1/4 Std.

Höhenunterschied: ↗ ↘ je 1.120 Hm

Karten: ÖK-Blatt 113, F&BBlatt 364

Besonderheit: Bei dieser Wanderung kann man einen Einblick ins Kleinwalsertal bekommen, ohne die lange Fahrt dorthin auf sich zu nehmen. Die Umrundung des Widdersteins ist weniger anstrengend, als manche Wanderer meinen. Die Anzahl der Alpen, die bei dieser Tour passiert werden, ist gewaltig.

Weitere Alpen der Tour

Alle Alpen, außer den Widdersteinalpen, bieten eine Bewirtung mit umfangreicher Speisekarte von Ende Mai bis Mitte Oktober an. Außer der Obergemstel Alpe weisen alle Alpen nur einen kleinen Viehbestand auf. Deshalb und wegen der Vielzahl wird, wie bei allen Kleinwalsertaler Alpen, auf die Nennung von genauen Alpdaten verzichtet.

Obergemstel Alpe 1.694 m
Sie ist die urtümlichste Alpe der Runde. Hoch oben liegend, kann man auf Mittelberg hinab blicken. Der Zugang ist eine zünftige Bergtour. Auf der Alpe weiden etwa 210 Stück Jungvieh, 2 Esel und 2 Kühe. Zwischen Alphütte und einem Stadel lädt eine schöne Terrasse zum Verweilen ein. Geboten werden Getränke, Brotzeiten und Suppen.

Untergemstel Alpe 1.320 m
Die Alpe liegt am Ende des flachen Teiles des Gemsteltales und heißt deshalb auch Hintergemstel Alpe. Mattias, der Wirt, ist im Winter Schilehrer und der Bruder des Bewirtschafters der Obergemstel Alpe. Neben seinen Späßen bietet er noch Getränke, Jausen, Suppentöpfe und verschiedene Mehlspeisen an.

Bernhardsgemstel Alpe 1.310 m
Die kleine Sennalpe liegt auf der orographisch linken Talseite. Die Alpe bietet neben verschiedensten Speisen auch einen Kinderspielplatz.

Alpe Gemstel-Schönesboden 1.310 m
Die Alpe bezeichnet sich zu Recht als Naturalp. Hier werden auf biologische Art und Weise Alpschinken, Butter und Ziegenkäse erzeugt. Täglich kann man ab 9 Uhr beim Käsen zuschauen.

Bärguntalpe 1.391 m
Die am Ende des flachen Teils des Bärgunttales gelegene kleine Alpe, auch Bärgunt Hütte genannt, bietet im Sommer wie im Winter Wanderern allerlei Brotzeiten, Suppen und hausgemachte Kuchen an. Der servierte Bergkäse und Bachensteiner wird in einer hauseigenen Minisennerei erzeugt (siehe auch *www.baergunthuette.de*).

Äußere und Innere Widdersteinalpe 1.289 m und 1.331 m
Auf der Alpe weiden nur wenige Jungtiere. Die Alphütte ist privat vermietet und deshalb ohne Bewirtung.

Wanderroute: In Hochkrummbach startet man rechts des Baches, der vom Widderstein herab kommt und wandert die Alpwiesen hinauf zur Widdersteinhütte (2.009 m). Von der Hütte geht es leicht bergab in östlicher Richtung zum Gemstelpass (1.972 m). Anschließend wandert man unterhalb der Ostflanke

des Widdersteins steil hinab zur Obergemstel Alpe (1.694 m). Der Weiterweg bleibt sehr steil. Teilweise erleichtern Holztritte und Geländer das Gehen. Schließlich erreicht man den flachen unteren Talboden und die Untergemstel Alpe (1.320 m).
Ab hier spaziert man auf einem Güterweg weiter. Bei der nächsten Wegteilung bleibt man auf der linken Talseite und passiert die Bernhardsgemstel Alpe (1.310 m). Man kann auch auf der rechten Talseite talauswärts wandern und später wieder auf die linke Seite wechseln. Dann wird auch ein Besuch der Alpe Gemstel-Schönesboden möglich, die wenige Gehminuten rechts neben dem Hauptweg liegt. Schließlich erreicht man beim Gemstelboden das Haupttal und die Breitach. Man überquert die Ache und wandert auf dem Breitachweg in etwa einer halben Stunde nach Baad (1.220 m). Man kann auch zur Straße hoch und dieses Stück mit dem öffentlichen Bus zurücklegen (die Wartezeit auf den Bus dauert meist so lange wie die gesparte Wanderzeit).
In Baad wendet man sich nach links dem Bärgunttal zu. Etwa 10 Minuten später teilt sich der Weg. Beide Wege treffen bei der Bärgunt Hütte wieder zusammen. Schöner ist der linke Weg, der als Panoramaweg angeschrieben ist und an den Widdersteinalpen vorbei führt. Bei der Bärgunt Hütte (1.407 m) muss man zuerst hinter der Hütte nach Westen hoch und dann das Tal entlang bis zu dessen Ende. Nun geht es steil zum Hochalppass (1.938 m) hinauf und abschließend wandert man durch ein kleines Tal in östlicher Richtung hinab nach Hochkrumbach.

Zustieg zur Obergemstel Alpe mit Widderstein

Alpenwald
Bödmen
Baad
Vorderboden
Breitach
Sattelalpe
Gemstelboden
Brunnenberg
Zügalpe
Bärenweidealpe
Tonisgemstelalpe
Äußere
Widdersteinalpe
Innere
Bärenkopf
2083
Feuersteinmähder
Bernhardsgemstelalpe
Untergemstelalpe
Wannenberg
Stierlochalpe
Kl. Widderstein
2236
90
Karlstor
Klamm
Widderstein
2533
2360
Obergemstelalpe
Hochalpsee
Weißer Schrofen
Widdersteinhütte
2009
Gemstelpaß
Hochalppaß
Höferspitze
Widdersteinalpe
Hochtannbergpaß
1670
Ghf. Adler
Hoch-Krumbach
Hirschgehrenalpe
Körbalpe
Kalbelesee
Wiselealpe
Neßlegg
Schmitte
Turaalpe
Lüchlealpe
Hennenalpe
Stutzalpe
Ghf. Bühlalpe
Siguntalpe
Erlenboden
Eggalpe
Spitalalpe
Stierhofalpe
Ghf. Jägeralpe
Holzbodenalpe
Schlößle

Mittelberg

Kleinwalsertal

Das Kleinwalsertal ist eine wichtige Tourismusregion, die von vielen Gästen besucht wird. Es ist ein Wanderparadies mit etwa 150 Kilometer Wanderwegen, die leichte bis schwierige Wanderungen ermöglichen. Fast alle Alpen bieten bis Mitte Oktober, also einen Monat über die Alpbewirtschaftung hinaus, hungrigen und durstigen Wanderern Speisen und Getränke an. Viele sind vollwertige Gastronomiebetriebe mit umfassender Speisekarte und großen Terrassen. Für die meisten Vorarlberger ist das Kleinwalsertal eine Terra inkognita, denn die Anfahrt vom Rheintal oder Walgau dauert lange. Deshalb wurden hier nur einige Touren ausgewählt und diese nur kurz beschrieben. Details können teilweise unter *www.kleinwalsertal.com* nachgelesen werden.

Auf einen Blick

Gebirge: Allgäuer Alpen
Talorte: Riezlern (1.086 m), Mittelberg (1.215 m)
Karten: ÖK-Blatt 112 + 113, F&B-Blatt 364
Anreise: Von Dornbirn nach Mittelberg sind es etwa 70 Kilometer, für die man etwa 1 1/2 Stunden benötigt.
Von Dornbirn oder Bregenz fährt man nach Alberschwende und weiter Richtung Egg. Bei Müselbach muss man links Richtung Hittisau und Sibratsgfäll fahren. Über Oberstdorf kommt man ins Kleinwalsertal.
Bus/Bahn: Die Anreise von Dornbirn nach Mittelberg dauert fast 3 Stunden.
Von Dornbirn mit dem Landbus Linie 40 und von Bregenz mit Linie 35 nach Egg. Weiter mit Linie 41 nach Hittisau. Die Linie 41 fährt 3x pro Tag auch direkt von Dornbirn. Von Bregenz ist Hittisau auch mit Linie 25 erreichbar.
Von Hittisau fährt man mit Landbus Linie 98 nach Oberstdorf und mit dem Ortsbus Linie 99 zu den Ausgangspunkten im Kleinwalsertal.

91 Widdersteingebiet

Gebirge:
→ Allgäuer Alpen
Talort:
→ Mittelberg (1.215 m)

Der Widderstein beherrscht nicht nur den Hochtannberg, sondern auch das Kleinwalsertal. An seinem Nordfuß gibt es wunderschöne Alpen und eine Umrundung dieses Felskolosses lockt ausdauernde Wanderer.

Rund um den Widderstein [91a]
Ausgangspunkt: Baad (1.244 m)
Gehzeit: 6 Stunden: ↗ 3 Std. ↘ 3 Std.
Höhenunterschied: ↗ ↘ 850 Hm
Schwierigkeit: mittel

Besonderheit: Der Widderstein ist von jeder Seite imposant und deshalb ist eine Umrundung sehr vielfältig und interessant.

Wanderroute: Die Route ist fast ident mit Tour 90. Der Start liegt aber in Baad und man wandert zuerst durchs Bärgunttal zum Hochalppass (1.938 m). Nach dem Pass muss man nicht zum Hochtannbergpass hinab, sondern kann ohne viel Höhenunterschied zur Widdersteinhütte wandern. Nun geht es über den Gemstelpass hinab zur Breitach und ihr entlang wieder nach Baad.

Bärgunttal [91b]
Ausgangspunkt: Baad (1.244 m)
Gehzeit: 1½ Stunden: ↗ ¾ Std. ↘ ¾ Std.
Höhenunterschied: ↗ ↘ 150 Hm
Schwierigkeit: leicht

Besonderheit: Im Bärgunttal unter der Westseite des Widdersteins kann man eine kleine Rundwanderung unternehmen.

Wanderroute: In Baad wandert man Richtung Süden das Bärguntttal hinein. Schon bald teilt sich der Weg. Beide Möglichkeiten treffen bei der Bärgunt Hütte wieder zusammen. Am besten wandert man zuerst den linken Weg, der auch als Panoramaweg angeschrieben ist und an den Widdersteinalpen vorbei führt, zur Bärguntalpe und auf der anderen Seite wieder hinaus.

Gemsteltal [91c]

Ausgangspunkt: Bödmen bei Mittelberg (1.165 m), Haltestelle Gemse

Gehzeit: 1½ Stunden: ↗ ¾ Std. ↘ ¾ Std.

Höhenunterschied: ↗ ↘ 160 Hm

Schwierigkeit: leicht

Besonderheit: Das Gemsteltal glänzt mit einer Vielzahl von verschiedenen urtümlichen Alpen.

Wanderroute: Von der Bushaltestelle wandert man zur Breitach hinab. Dann wandert man einfach das Tal hinein bis zur Untergemstel Alpe. Zurück wählt man den östlichen Weg.

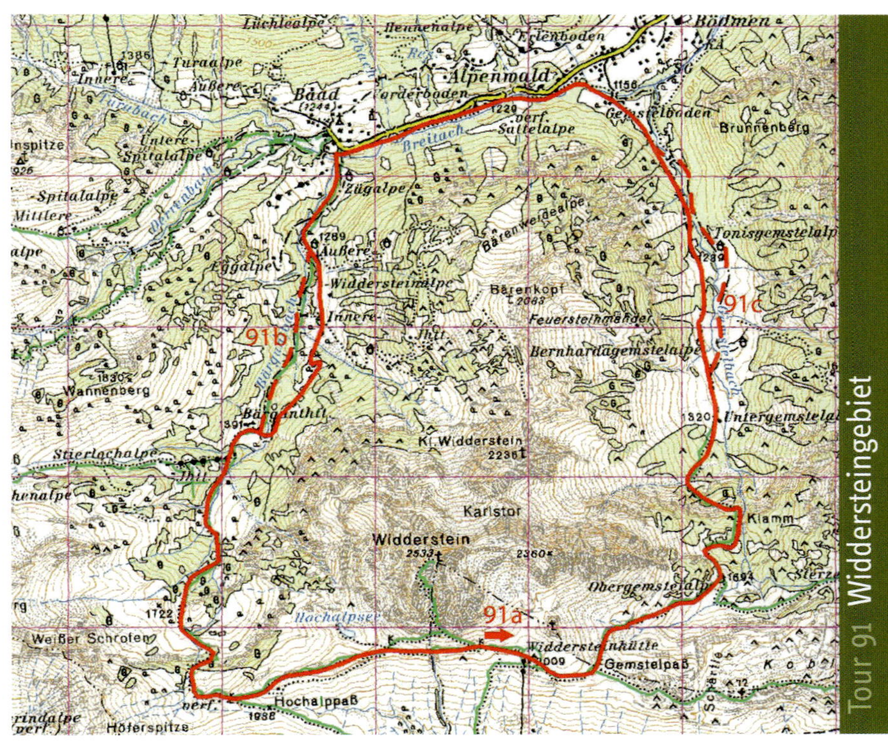

92 Wildental

Gebirge:
→ Allgäuer Alpen
Talort:
→ Mittelberg (1.215 m)

Innere Kuhgehrenalpe

Das liebliche Wildental lockt Spaziergänger und Wanderer gleichermaßen. Dabei sind nicht nur das Tal, sondern auch die angrenzenden Höhen interessant.

Wildentalumrundung [92a]
Ausgangspunkt: Mittelberg-Höfle (1.130 m)
Gehzeit: 4¼ Stunden: ↗ 2¼ Std. ↘ 2 Std.
Höhenunterschied: ↗ ↘ 700 Hm
Schwierigkeit: mittel

Besonderheit: Das Wildental ist durch die Nähe zu Mittelberg und die zur Gastwirtschaften ausgebauten Alpen sehr beliebt. Nimmt man einen größeren Anstieg in Kauf, kann man ein wunderbares Hochalpgebiet erleben.

Wanderroute: Zuerst wandert man auf einem Güterweg das Wildental hinein zur Oberen Wiesalpe (1.298 m), die in etwa einer halben Stunde erreicht wird. Hier wendet man sich nach links und wandert auf dem neuen Güterweg in nördlicher Richtung bergauf. Bald darauf verlässt man ihn rechts und über einen steilen Waldweg gelangt man zur Inneren Kuhgehrenalpe (1.673 m), die einen herrlichen Ausblick über das Kleinwalsertal bietet.
Oberhalb des Alpgebäudes beginnt ein schmaler Weg, der in südöstlicher Richtung auf die schroffen Spitzen der Schafalpenköpfe zu

geht. Nach einem flachen Teil geht es in Kehren bergauf zur Wannenalpe (1.821 m) (kleine Alphütte ohne Bewirtung). Kurz darauf teilt sich der Weg. Der linke führt zur Fiderepasshütte hinauf, der rechte führt wieder bergab. Dabei gelangt man auf einen Rücken und diesem entlang wandert man steil hinab zur Fluchtalpe (1.380 m). Auf dem breiten Güterweg gelangt man wieder zur Oberen Wiesalpe und nach Mittelberg hinaus.

Kanzelwand bergab [92b]

Ausgangspunkt: Kanzelwand Bergstation (1.949 m)

Zielpunkt: Mittelberg-Höfle (1.130 m)

Gehzeit: ↗ ↘ 2¼ Stunden.

Höhenunterschied: ↗ 100 Hm ↘ 920 Hm

Schwierigkeit: mittel

Besonderheit: Der Reiz der Tour liegt im hohen Ausgangspunkt und im Abwechslungsreichtum. Hoch oben erlebt man die unverfälschte Berglandschaft mit traumhafter Aussicht, im Tal trifft man auf viele Spaziergänger und gut besuchte Alphütten mit reichhaltigen Speisekarten.

Wanderroute: Von der Bergstation Kanzelwand wandert man ohne viel Höhenunterschied in einem großen Bogen unterhalb der Kanzelwand und Hammerspitze zum Kuhgehrensattel (1.853 m). Von dort geht es hinab zur Inneren Kuhgehrenalpe (1.673 m) und weiter zur Wiesalpe (1.298 m)) im Wildental. Auf einem gemütlichen Güterweg erreicht man Mittelberg.

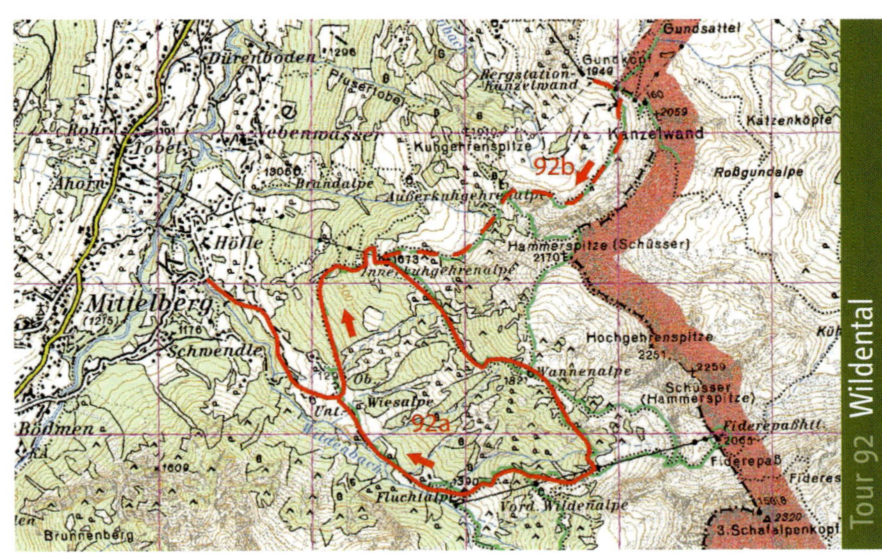

93 Hoher Ifen – Walmendinger Horn

Gebirge:
→ **Allgäuer Alpen**
Talort:
→ **Mittelberg (1.215 m)**
Riezlern (1.086 m)

Hoher Ifen von oberhalb der Ifersgunten Alpe aus gesehen

Das Walmendinger Horn steht mitten im Kleinwalsertal und bietet die umfassendste Aussicht. Der Hohe Ifen ist von allen Seiten aus sehr großer Entfernung zu erkennen und bietet auch einen dementsprechenden Weitblick.

Hoher Ifen – Ifersgunten Alpe [93a]

Ausgangspunkt: Ifenhütte (1.586 m), hierher mit der Ifen-Sesselbahn ab dem Gh. Auenhütte

Zielpunkt: Gh. Auenhütte (1.273 m)

Gehzeit: 5¼ Stunden: ↗ 2 Std. ↘ 3¾ Std.

Höhenunterschied: ↗ 650 Hm ↘ 1.000 Hm

Schwierigkeit: **anspruchsvoll**

Besonderheit: Die Ifen-Sesselbahn bringt Wanderer hoch hinauf, so dass der Anstieg nicht mehr so anstrengend ausfällt. Was liegt also näher als diesen Gipfel in eine Alpwanderung einzubeziehen.

Wanderroute: Von der Ifenhütte wandert man entlang des oberen Sesselliftes bis zur der Bergstation, wo sich ein Restaurant befindet. Hier wendet man sich dem Hohen Ifen zu und erreicht nach links durch den Felsriegel aufsteigend das Gipfelplateau dieses markanten Berges. Nun ist es nicht mehr weit zum höchsten Punkt (2.230 m). Beim Abstieg zweigt man kurz unterhalb des Gipfels rechts ab und wandert über den Eugen Köhler Weg (anspruchsvoll und bei Nässe kritisch!) nach Südwesten zur Ifersgunten Alpe (1.760 m) hinab. Von der Alpe geht es in südlicher Richtung zur Schwarzwasser Hütte (1.620 m). Dann wandert man entlang des Schwarzwasserbaches teilweise über große Holzstufen bergab zur Melköde (1.346 m). Von hier folgt man dem Güterweg, der nun ohne viel Gefälle zum Gh. Auenhütte hinaus führt.

Rund ums Walmendinger Horn [93b]

Ausgangspunkt: G. Auenhütte (1.273 m), hierher mit dem Bus

Gehzeit: 6 Stunden: ↗ 2½ Std. ↘ 3½ Std.

Höhenunterschied: ↗ ↘ 900 Hm

Schwierigkeit: mittel

Besonderheit: Eine Umrundung des Walmendinger Hornes bietet die unterschiedlichsten Landschaften und Ausblicke. Zuerst ist der Hohe Ifen der Hauptblickfang, dann der Widderstein.

Wanderroute: Von der Auenhütte wandert man das flache Tal hinein bis zur Melköde. Dann wird es steiler und über teilweise große Holzstufen gelangt man zur Schwarzwasser Hütte (1.620 m). Von der Hütte wandert man nach Süden zur Ochsenhofer Scharte (1.850 m) hinauf und auf der anderen Seite zur Starzel Alpe (1.678 m) hinab. Dann geht es gemütlich ohne viel Höhenunterschied zur Inneren Stierhofalpe (1.700 m) weiter. Kurz darauf hat man bei der Äußeren Stierhofalpe (1.710 m – keine Alphütte) die Wahl. Nach rechts geht es über einen schönen Waldweg zur Unteren Lüchle Alpe (1.571 m) und weiter nach Baad (1.244 m – Bushaltestelle). Dadurch wird die Tour etwa um zwei Stunden verkürzt und man kann mit dem Bus die Runde schließen. Gerade aus geht es auf einem Höhenweg weiter zur Oberen Lüchle Alpe (1.750 m). Dann wandert man leicht bergab zum nächsten Graben und dann hinab zur Stutzalpe (1.480 m). Kurz vor der Alpe trifft man auf einen flachen Weg, dem man nach links folgt. Auf diesem gelangt man ohne viel Höhenunterschied zum Berggasthaus Bühlalpe (1.422 m), dann zur Zaferna Bergstation (1.420 m) und zur Heuberg Bergstation (1.380 m). Bei den Häusern von Schöntal (1.325 m) zweigt links ein schmalerer und steilerer Weg ab, der hinab zur Auenhütte führt, wobei man zuletzt noch kurz neben der Straße wandern muss.

Walmendinger Horn bergab [93c]

Ausgangspunkt: Walmendinger Horn (1.940 m), hierher mit Seilbahn ab Mittelberg

Zielpunkt: Baad (1.222 m)

Gehzeit: Stunden: ↘ 1½ Std.

Höhenunterschied: ↘ 720 Hm

Schwierigkeit: mittel

Besonderheit: Der Reiz der Wanderung liegt im fehlenden Abstieg und der Aussicht in alle Richtungen.

Wanderroute: Von der Bergstation ist man in etwa einer Viertelstunde am Gipfel des Walmendinger Hornes, das mitten im Kleinwalsertal steht. Wieder bei der Bergstation zurück, wandert man bergab Richtung Baad. Nach wenigen Minuten wendet man sich nach rechts und gemütlich geht es hinab zur Oberen Lüchle Alpe (1.750 m). Hier wandert man auf dem Güterweg hinab zur Unteren Lüchle Alpe (1.571 m) und durch den Wald nach Baad (1.220 m). Mit dem Bus kommt man wieder zum Ausgangspunkt.

Alles Käse

Milch ist durch ihren Eiweiß- und Fettgehalt ein optimales Nahrungsmittel. Käse könnte man als natürlich haltbar gemachte Milch bezeichnen. In früherer Zeit schwankte die Milchleistung der Kühe übers Jahr sehr stark. Im Sommer, während der Weide auf den saftigen Wiesen und Alpen, gaben die Kühe mehr Milch, im Winter mit dem mageren Heufutter sank die Milchleistung sehr stark. Käse, der sehr lange haltbar ist, diente der Überbrückung, damit in der mageren Winterzeit ebenfalls eiweiß- und fettreiche Nahrung zur Verfügung stand.

Bergkäse erfüllt dieses Ideal der Konservierung perfekt, denn er ist auch ohne Kühlschrank bis zur nächsten Alpsaison haltbar. Die Ursprünge liegen in der Schweiz, ab dem 17. Jahrhundert entstand die Käsekultur der Vorarlberger Alpen. Inzwischen wird auch verstärkt schnell reifender Frischkäse hergestellt, damit auch während der Alpsaison schon Käse zur Verfügung steht. Der auf Alpen verkaufte Bergkäse stammt logischerweise vom Vorjahr.

Im Montafon hat eine ältere Käseherstellungsart überlebt. Laut Literatur kannten schon die Kelten den Sura Kees, der aus sauer gewordener Milch hergestellt wird. Da er in der Haltbarkeit nicht mit Hartkäsesorten mithalten kann, wurde er von diesen stark zurückgedrängt. Inzwischen erlebt er eine leichte Renaissance und ist als Spezialität geschätzt.

Lager von Bergkäse (Zamang Alpe)

Käseherstellung

Die Käseherstellung erfordert sehr viel Erfahrung und Fingerspitzengefühl. Die folgende Beschreibung ist deshalb nur grob gehalten und soll den Aufwand etwas beleuchten.

Bergkäse

In der Früh wird die entrahmte Milch des Vorabends mit der frischen Morgenmilch in einem kupfernen Sennkessel gemischt. Anschließend wird sie auf 32°C erwärmt und Milchsäurebakterienkulturen sowie Lab hinzugefügt, damit die Milch stockt. Diese eingedickte Masse wird dann mit einer Käseharfe in kleine Stücke geschnitten, damit Körner (Bruch) entstehen.

Der Bruch wird mit Hilfe eines Tuches händisch dem Kessel entnommen. Dies ist echte Schwerarbeit. Der Bruch wird anschließend auf etwa 52°C erhitzt, in runde Formen gefüllt und ungefähr 20 Stunden gepresst. Der verbleibende Milchrest kann zur Sennsuppe und zu Zieger (mit Kräuter gewürzter Brotaufstrich) weiterverarbeitet werden oder wird an die Alpschweine verfüttert.

Nach der Pressung kommen die Käselaibe für etwa 3 Tage in eine Salzlösung. Danach beginnt der Reifungsprozess in den Regalen des Käsekellers. Dabei werden die Laibe jeden zweiten Tag gewendet und mit einer Salzlösung eingerieben. Im Käsekeller werden hohe Luftfeuchtigkeit von 95% und eine konstante Temperatur von 15°C benötigt. Nach dem Alpabtrieb wird noch vor Beginn der Schneefälle der Käse in Käsekeller im Tal umgelagert.

Käsepresse (Zamang Alpe)

Die Herstellung erfolgt aus Magermilch, die nach etwa 2 Tagen gesäuert und in einen Sennkessel umgefüllt wird. Der Bruch wird anschließend in eine besondere Form (leicht kegelförmig mit etwa 2 kg oder quaderförmig mit ½ kg) gefüllt. In dieser verbleibt er etwa einen Tag und wird dabei gewendet, damit die restliche Molke abfließen kann. Das Pressen geschieht ausschließlich durch das Eigengewicht.

Danach werden die Käslaibe der Form entnommen, mit Salz und teilweise mit Paprika eingerieben und für etwa 3 Wochen in den Käsekeller gebracht. Anschließend werden die Käse gewaschen und nochmals mehrere Wochen zur weiteren Reifung im Käsekeller bei etwa 18°C gelagert.

Käsesorten der Vorarlberger Alpen

Bergkäse – Alpkäse

Der Begriff „Bergkäse“ steht für die Herstellart. Wird dieser ausschließlich auf einer Alpe hergestellt, darf der geschützte Begriff „Alpkäse“ verwendet werden.

Eigenschaften:	Mild bis würzig, feste dunkle Rinde, die vor Verzehr weggeschnitten wird. Der Geschmack variiert durch die verschiedenen Kräuter, die im Tierfutter waren. Mancherorts werden auch in kleinen Mengen Spezialsorten mit beigemengten Kräutern hergestellt.
Fett (F.i.T.)	Etwa 45 % F.i.T. (= Fett in der Trockenmasse)
Reifung:	4 bis 7 Monate (je länger, desto kräftiger im Geschmack)
Haltbarkeit:	Gekühlt und eingeschweißt etwa 2 Monate, sonst 2 bis 3 Wochen (eventuell mit feuchtem Tuch umwickeln)
Art des Verzehrs:	Bergkäse gehört inzwischen zu den renommierten Käsesorten und darf auf keiner Käseplatte fehlen. Er wird meist auf Butterbroten und belegten Broten genossen. In Vorarlberg ist er auch ein wichtiger Bestandteil jeder Käsknöpflemischung. In diese Käsemischung wird je nach Geschmackswunsch noch Emmentaler, Räskäse und Sura Kees beigemischt. Die „ideale“ Mischung variiert je nach Region und Koch oft beträchtlich.

Sura Kees

Sura Kees ist fast niemandem außerhalb von Vorarlberg bekannt, obwohl es in Tirol einen ähnlichen Käse, den Tiroler Graukas, gibt. Trotzdem erfreut er sich vor allem in der heimischen Gastronomie zunehmender Beliebtheit. Fährt man durchs Montafon, trifft man auf mehrere Werbetafeln, die auf diesen besonderen Leckerbissen hinweisen.

Eigenschaften:	Mild säuerlich, keine Rinde. Mit zunehmendem Alter wird er würziger und wird von außen beginnend gellertartig.
Fett (F.i.T.)	1% bis 10% (Sura Kees von der Alpe ist fettreicher)
Reifung:	3 bis 6 Monate
Haltbarkeit:	Gekühlt 2 bis 3 Wochen, danach beginnt eine rasche Reifung hin zu einem sehr pikanten Käse.
Art des Verzehrs:	Sura Kees wird oft mit Zwiebeln, Essig und Öl gegessen. Andere Genussmöglichkeiten sind auf einem Stück Schwarzbrot mit Butter oder zu gekochten Kartoffeln, die noch heiß während dem Mahl geschält werden.

Backsteiner (Bachensteiner)

Obwohl in Vorarlberg fast immer als Bachensteiner bezeichnet, dürfte Backsteiner die richtige Bezeichnung sein. Der Name steht für die Form und die äußerliche Farbe dieses Käses und die gleicht einem alten Backstein. Durch seine mittlere Reifezeit stehen die ersten Käse schon bald nach Beginn der Alpung zur Verfügung.

Sennkessel (Alpe Unterer Hirschberg)

Eigenschaften:	Mild, cremig weich, bräunliche Rinde, die mitgegessen wird. Mit zunehmendem Alter wird er fester und würziger im Geschmack.
Fett (F.i.T.)	45 %
Reifung:	3 bis 4 Wochen
Haltbarkeit:	Gekühlt 2 bis 3 Wochen
Art des Verzehrs:	Backsteiner wird meist auf Butterbroten genossen.

Frischkäse

Frischkäse werden aus Kuh- und Ziegenmilch hergestellt. Sie sind ungepresst und weisen einen hohen Wassergehalt auf. Teilweise gibt es verschiedene Variationen mit diversen Kräutern. Durch die kurze Reifung und einfache Herstellung werden sie während der gesamten Alpzeit angeboten.

Eigenschaften:	Mild, leicht körnig bis glatt, weiß und ohne Rinde.
Fett (F.i.T.)	Etwa 16 % F.I.T.
Reifung:	3 Tage
Haltbarkeit:	Gekühlt etwa 14 Tage
Art des Verzehrs:	Die einfachste Art des Verzehrs besteht darin, den Käse in kleine Stücke zu schneiden und frischen Pfeffer darüber zu mahlen. Dazu isst man verschiedene Brotsorten. Frischkäse werden inzwischen immer häufiger ähnlich dem italienischen Mozzarella genossen. Tomaten, Basilikum und Balsamico-Essig sind dabei beliebte Zutaten. Aber auch das steirische Kernöl wird gerne beigegeben.

Vorarlberger Alpkäse: Bergkäse und davor v.l.n.r.: Sura Kees, zwei verschiedene Frischkäsle, Backsteiner

Making Of – Schlusswort des Autors

Am Anfang dieses Buches stand der Wunsch, als Ergänzung zum Führer „Die schönsten Bergwanderungen in Vorarlberg“ ein Buch über einfache Wanderungen zu den schönsten Alpen Vorarlbergs zu schreiben. Also sollten laut ursprünglichem Konzept etwa 70 schöne Alpen herausgepickt werden und der Anstieg und die Besonderheiten der Alpe beschrieben werden. Doch bei genauerer Betrachtung zeigte sich, dass erst dann, wenn man Alpwandern als Wanderung von Alpe zu Alpe versteht, wunderschöne und einfache Wanderungen entstehen.

Für mich als Autor hatte dies weitreichende Konsequenzen. Die Wege waren zwar bekannt und beschreibbar. Die Alpen stellten aber bisher für mich nur geografische Punkte ohne weiterreichende Bedeutung dar. Deshalb war mein Wissen über diese Alpen sehr gering. In der Folge versuchte ich, möglichst alle mir noch unbekannten Alpen zu besuchen, um deren Lage zu erkunden und die Charakteristik zu erleben. Dabei erkannte ich sehr bald, dass es viel mehr schöne und interessante Alpen gibt, als ich mir jemals vorgestellt hatte. Mit der Zeit entstand fast eine Art Alpfieber, das den Wunsch mit sich brachte, immer noch mehr kennenzulernen.

Die Recherchen dauerten weit über die Alpsaison hinaus bis zu den ersten Schneefällen. Bei etlichen Alpen mussten deshalb die Daten nachträglich telefonisch ermittelt werden. Dabei stieß ich auf viele weitere interessante „Älpler" und ich denke, ich muss im Sommer, nach der Veröffentlichung des Buches, noch viele persönliche Besuche abstatten.

Mit dem Fortschreiten der Arbeiten am Buch wurde bald klar, dass das vorhandene Material so umfangreich war, dass wieder ein sehr dickes und schweres Buch im Entstehen war. Somit entstand natürlich auch die Diskussion, wie dick so ein Buch sein darf. Dabei gehen die Meinungen weit auseinander.

Dünne Büchlein kann man auf die Tour mitnehmen und während der Tour den weiteren Verlauf nachlesen. Für solche Büchlein muss aber die Information so reduziert werden, dass, außer den beschriebenen Routen, kaum zusätzliche Informationen Platz finden und Variationsmöglichkeiten somit unbeschrieben bleiben. Zusätzlich braucht man im Falle von Büchlein meist mehrere, um das gesamte Berggebiet von Vorarlberg abzudecken. Insgesamt ergeben sich meist ähnlich viele Seiten wie bei einem einzigen, umfassenden Führer und man benötigt mehr Geld, diese Informationsquellen zu erstehen.

Mit dem vorliegenden Buch wurde daher wieder ein umfassendes Werk geschaffen, das fast alle relevanten Touren zwischen 900 m und 1.800 m umfasst. Dabei hilft das in Vorarlberg vorbildlich umgesetzte Markierungssystem sehr. Deshalb sollte es ausreichen, wenn man als Wanderer nach Auswahl der Tour einige wichtige Zwischenzielpunkte notiert und sich dann mit Hilfe der Wegweiser orientiert. Wenn dies irgendwo misslungen ist, bitte ich um sofortige Meldung. Ich werde dann auf der im Impressum angegebenen Homepage diese Informationen sofort allen Lesern zur Verfügung stellen.

Damit bleibt mir nur mehr übrig, Dir, lieber Alpwanderer, viel Spaß in Vorarlbergs Alpwelt zu wünschen.

Rudolf Mayerhofer

Ergänzende Informationen

Kartenwerke

VOGIS	www.vorarlberg.at/wanderwege/ zeigt die markierten Wanderwege, aber wenig Geländedetails. Die Standardeinstellung ergibt im Ausdruck eine Karte im Maßstab 1:25.000.
Österreichkarte 1:50.000 und 1:25.000 (ÖK)	Sie deckt als einziges Werk das gesamte Vorarlberger Gebiet ab. Die 1:25.000-er Karten sind vergrößerte 1:50.000-er ohne zusätzliche Details. Mittels der elektronischen Version (AustrianMap) können passende Karten unabhängig von Blattgrenzen ausgedruckt werden.
Alpenvereinskarte 1:25.000 (AVK)	Die AV-Karte ist inzwischen auch elektronisch verfügbar. Sie ist detailreicher als die ÖK. Leider deckt sie aber nur einen kleinen Teil von Vorarlberg ab.
Landeskarte Schweiz 1:50.000, 1:25.000 (LKS)	Sie deckt logischerweise nur einen Teil von Vorarlberg ab. Sind schon die 1:50.000-er Schweizer Karten sehr gut so sind die 1:25.000-er im Hinblick auf Detaildarstellung nicht überbietbar.
Freytag & Bernd 1:50.000 (F&B)	Sie eignen sich sehr gut für den Überblick und enthalten auch aktuelle touristische Informationen wie z.B. Bushaltestellen. Bezüglich der Geländedetails können sie mit den anderen Kartenwerken nicht mithalten.

Kartenblätter für Vorarlberg

Mit folgenden Blättern der verschiedenen Kartenwerke kann man das Gebiet abdecken:

Österreichkarte 1:50.000 und 1:25.000 (ÖK)	*Gauß-Krüger-Blattschnitt (klassische ÖK):* Blatt Nr. 111 Dornbirn, 112 Bezau, 113 Mittelberg, 141 Feldkirch, 142 Schruns, 143 Sankt Anton, 169 Partenen, 170 Galtür *UTM-Blattschnitt (neue ÖK):* Im Zuge internationaler Harmonisierungen werden die ÖK derzeit auf das UTM-System umgestellt. Dies hat andere Schnitte und Blattnummern zur Folge. Derzeit hat noch fast niemand solche Karten und im Frühjahr 2008 waren einige der Karten noch nicht erschienen: Blatt Nr. 1106 Gargellen, 1218 Bregenz, 1223 Feldkirch, 1224 Hohenems, 1229 Vaduz, 1230 Bludenz, 2101 Gaschurn, 2213 Sonthofen, 2219 Lech, 2225 St. Anton am Arlberg Die 1:25.000-er Karten sind auf 2 Blätter aufgeteilt und haben noch die Zusatzbezeichnung ...-West oder ...-Ost und eventuell einen anderen Nahmen (z.B. 1230-West Bludenz und 1230-Ost Schruns).
Alpenvereinskarte 1:25.000 (AVK)	Blatt Nr. 3/2 Lechtaler Alpen, Arlberggebiet, Nr. 26 Silvrettagruppe
Landeskarte Schweiz 1:50.000 (LKS)	Blatt Nr. 228 Hoher Freschen, 238 Montafon, 239 Arlberg, 248 Prättigau, 249 Tarasp
Landeskarte Schweiz 1:25.000 (LKS)	Blatt Nr. 1096 Diepoldsau, 1136 Drei Schwestern, 1156 Schesaplana, 1157 Sulzfuh, 1177 Serneus, 1178 Gross Litzner, 1198 Silvretta
Freytag & Bernd 1:50.000 (F&B)	Blatt Nr. 364, 371, 372, 373

Ausrüstung

Ungenügende Ausrüstung ist beim Bergwandern heute kaum mehr ein Thema, eher schon, dass Rucksäcke wegen zu viel Ausrüstung zu schwer werden. Deshalb hier eine Liste der sinnvollen Ausrüstung für Bergwanderungen:

Bekleidung

Allgemein
- Leicht trocknend und schweißdurchlässig
- Schichtenprinzip mit windfester Außenschale

Konkret
- Funktionelle Unterwäsche (schweißtransportierend)
- Socken (nicht zu dick !)
- Dünner Fleecepulli oder Hemd (windfest) + Fleecejacke
- Lange, lockere und leichte Berghose, für Wanderungen eventuell mit abnehmbaren Beinteilen
- Atmungsaktive, wasserfeste Überjacke (z.B. aus Goretex)
- Atmungsaktive, wasserfeste Überhose (muss bei angezogenen Bergschuhen anziehbar sein = durchgehender seitlicher Reißverschluss)

Schuhe – optimale Passform und gute Sohle wichtig !!
- Leichter Wanderschuh mit profilierter Sohle für „leichte und mittlere" Touren
- Stabiler Wanderschuh mit Bergsohle für „anspruchsvolle" Touren
- Mittelschwerer Bergschuh (Kategorie „bedingt steigeisenfest") für „schwierige" Touren

Sonstiges
- Rucksack ca. 30 l
- Biwaksack für 2 Personen, evtl. Sitzmatte
- Gletscherbrille, Sonnencreme (Faktor mindestens 20), Lippenschutz
- Trinkflasche (mindestens 1 Liter, am besten aus Metall)
- Wollhandschuhe (gewalkt), Wollhaube + Stirnband
- Karte, Kompass, Höhenmesser, vollständige Bergapotheke mit zusätzlich Bleistift, Papier, Trillerpfeife und Spiegel für SOS-Signal
- Handy

Kontaktadressen

Informationen

Wetterlage

Alpenwetter: 0900 91 1566 80
Regionalwetter: 0900 91 1566 81
Im Internet:
http:// www.alpenverein.at
http:// www.nzz.ch/wetter/index.html

Notrufe

Euro-Notruf Telefon: 112
Allgemeiner Notruf + Bergrettung: 144
Notrufsäulen
In den immer offenen Winterräumen folgender Hütten befinden sich Notrufsäulen. Diese sind sehr einfach zu bedienen und direkt mit der Landes-Rettungsleitzentrale verbunden:

- Freschenhaus
- Frassen Hütte
- Douglas Hütte
- Totalp Hütte
- Heinrich Hueter Hütte
- Tilisuna Hütte
- First Hütte
- Freiburger Hütte
- Tübinger Hütte
- Heilbronner Hütte

Bergrettung

http:// www.bergrettung-vorarlberg.at/

Öffentliche Verkehrsmittel

- Vorarlberg: www.vmobil.at
- Liechtenstein: www.lba.li

Tourismusverbände

Fast jede Ortschaft hat ihr Tourismusbüro. Über den Landesverband Vorarlberg Tourismus kann man zu den lokalen Informationsstellen gelangen:

Tourismusverband Vorarlberg
Bahnhofstraße 14/4,
Tourismushaus,
6901 Bregenz,
Tel. +43/(0)5574/42525-0
Fax: +43/(0)5574/42525-5
http:// www.vorarlberg-tourism.at/

Liechtenstein Tourismus
Städle 37
FL 9490 Vaduz
Tel. +423/(0)239/6300
Fax +423/(0)239/6301
www.tourismus.li

Alpenregion Bludenz
(Walgau, Großwalsertal, Brandnertal, Klostertal)
Rathausgasse 12,
A 6700 Bludenz,
Tel. +43/(0)5552-30227,
Fax +43/(0)5552-302273,
www.alpenregion.at

Montafon Tourismus
Montafonerstr. 21
A 6780 Schruns
Tel. +43/(0)5556/72253-0
Fax +43/(0)5556/74856
www.montafon.at

Lech-Zürs Tourismus
A 6764 Lech
Tel. +43/(0)5583/2161,
Fax +43/(0)5583/3155
www.lech-zuers.at

Bregenzerwald
Impulszentrum 1135
A 6863 Egg
Tel. +43/(0)5512/2365
Fax +43/(0)5512/3010
www.bregenzerwald.at

Kleinwalsertal Tourismus
Im Walserhaus
A 6992 Hirschegg
Tel. +43/(0)5517/5114-0
Fax +43/(0)5517/5114-419
www.kleinwalsertal.at

Wanderführer, Bergführer, Alpinschulen

Vorarlberger Bergführerverband
Gantschierstr. 74,
A 6780 Schruns,
Tel. +43/(0)664/2234935
Fax +43/(0)5556/72266
www.bergfuehrer.at/vorarlberg

Bergbahnen

Rheintal + Laternsertal

Karrenseilbahn
ganzjährig in Betrieb
tägl. 9:00–23:00 Uhr, Fr. + Sa. bis 24:00
Tel. +43/(0)5572/22140
www.karren.at

Sesselbahn Sareis (FL)
Anf. Juli bis Mitte Oktober,
tägl. 8:00–12:15, 13:15–16:50Uhr
Juni – nur an schönen Wochenenden
Tel. +423/(0)265/4000
www.bergbahnen.li

Walgau

Seilbahn Schnifisberg
Anf. April bis Ende Oktober
tägl. 9:00–18:00 Uhr
Tel. +43/(0)5524/5161
www.schnifis.at

Muttersbergbahn Bludenz-Nüziders
1. Mai bis 30. Oktober,
Mi. bis So. 9.00–18.00 Uhr
Tel. +43/(0)5552/68035
www.muttersberg.at

Großwalsertal

Seilbahn Sonntag-Stein
Anf. Mai bis Ende Oktober Sa + So + Feiertags,
Mitte Juni – Mitte Oktober
tägl. 8.30–12.00 Uhr, 13.00–17.30 Uhr,
Mitte Juli bis Mitte Aug. jeden Freitag
Abendfahrt bis 22.00 Uhr,
Tel. +43/(0)5554/5281,
www.seilbahn-sonntag.at

Brandnertal

Dorfbahn und Panoramabahn Brand
Mitte Mai bis Anf. Oktober,
tägl. 8.30–12.30 Uhr, 13.30–16.30 Uhr,
Tel. +43/(0)5559/224-0,
www.bergbahnen-brandnertal.at

Lünerseebahn Brand
Ende Mai bis Ende Oktober,
tägl. 8.00–12.20 Uhr, 13.10–16.55 Uhr,
bei Bedarf durchgehender Betrieb,
Tel. +43/(0)5556/72444,
www.illwerke-tourismus.at

Klosteral

Sonnenkopfbahn Klostertal
Anf. Juli bis Anf. Oktober,
tägl. 8.30–12.00 Uhr, 13.00–16.30 Uhr,
Tel. +43/(0)5582/292-0
www.sonnenkopf.com

Arlberg

Bergbahnen Lech-Zürs
Tel. +43/(0)5583/2161-0
www.lech-zuers.at

Rüfikopf Seilbahn
Ende Mai bis Anf. Oktober,
tägl. 8:30–17:30 Uhr

Bergbahn Oberlech
Ende Mai bis Ende September,
tägl. 8:30–18:00 Uhr

Schlegelkopf Sesselbahn
Ende Mai bis Mitte September
tägl. 8:00 bis 16:30 Uhr

Petersboden Sesselbahn
Anf.g Juli – Ende September
tägl. 8:30–17:00 Uhr

Montafon – Silvretta

Kristbergbahn
Mitte Mai bis Ende Oktober
tägl. 7:50–8:30 Uhr
Tel. +43/(0)5556/74119
www.silbertal.at

Hochjochbahn
Ende Juni bis Mitte Oktober
tägl. 8:30 17:00
Tel. +43/(0)5556/72126-0
www.hochjoch.com

Golm
Anf. Juni bis Mitte Oktober
davor und danach Wochenendbetrieb bei Schönwetter
tägl. 8:30–16:40 Uhr
Tel. +43/(0)5556/72175-0
www.golm.at

Schafbergbahn
Ende Juni bis Anf./Mitte Oktober
tägl. 8:30–16:30 Uhr
Tel. +43/(0)5557/6310
www.schafbergbahnen.at

Versettlabahn
Mitte Juni bis Mitte Oktober
tägl. 8:30–17:15 Uhr
Tel. +43/(0)5557/6300-0
www.silvrettanova.at

Vermuntbahn
Ende Juni bis Anfang Oktober
davor und danach Wochenendbetrieb bei Schönwetter
tägl. 8:30–16:45 Uhr
Tel. +43/(0)5556/701-85231
www.vermuntbahn.at

Tafamuntbahn
Anf. Juni bis Mitte Oktober
davor und danach Wochenendbetrieb bei Schönwetter Fahrten bei Bedarf
Tel. +43/(0)5556/701-85247
www.tafamuntbahn.at

Bregenzerwald

Hirschbergbahn
Mitte Juni bis Mitte September
davor und danach Wochenendbetrieb bei trockener Witterung
tägl. 9:00–17:00 Uhr
Tel. +43/(0)5572/25079
www.hirschberg.at

Diedamskopfbahn
Anf. Juni bis Anfang Oktober
tägl. 8:45–16:15 Uhr
Tel. +43/(0)5515/4110-0
www.diedamskopf.at

Bergbahnen Bezau
Anf. April bis Anf. November
tägl. 9:00–16:45 Uhr
Tel. +43/(0)5514/2254
www.bergbahnen-bezau.at

Bergbahnen Andelsbuch
Ende April bis Mitte Oktober
davor und danach Wochenendbetrieb
tägl. 9:00–16:30Uhr
Tel. +43/(0)5512/2540
www.bergbahnen-andelsbuch.at

Damülser Bergbahnen
Mitte Juni bis Mitte Oktober
davor und danach Wochenendbetrieb
tägl. 9:00–16:45 Uhr
Tel. +43/(0)5510/600
www.seilbahnendamuels.at

Warth Steffisalp-Express
Ende Juni bis Mitte September
tägl. 9:00–12:15 Uhr
Tel. +43/(0)5583/3601
www.warth-schroecken.com

Kleinwalsertal

Ifen Sesselbahn
Mitte Juni bis Anfang Novenber
nur bei guter Witterung
tägl. 8:15–12:00 und 13:15–16:30Uhr
Tel. +43/(0)5517/5334-0
www.ifenbahn@vol.at

Walmendingerhornbahn
Anfang Mai bis Anfang Novenber
tägl. 9:00–16:15 Uhr, ab Juli 8:30–16:45
Tel. +43/(0)5517/5674-0
www.walmendingerhornbahn.de

Kanzelwand
Mitte April bis Ende Oktober
tägl. 9:00–16:15 Uhr, ab Juli 8:30–16:45
Tel. +43/(0)5517/5674-0
www.walmendingerhornbahn.de

Tourenübersicht

Bis 2 Stunden

Kapitel	Alpe	Ausgangspunkt	Seite	Hm	Dauer Gesamt	Schwierigkeit	Kinderwagen	Bike	Rundwanderung
86	**Diedamskopf bergab**	Bergstation Diedamskopfbahn 2.020 m	435	–350	00:45	leicht	ja	mittel	
44	**Sonnenkopf**	Sonnenkopf 1.841 m	239	110	01:00	leicht	ja	mittel	
64	**Schafbergwanderung**	Bergstation Schafbergbahn 2.120 m	330	–675	01:30	mittel	bedingt	mittel	ja
74	**Baumgartenhöhe**	Baumgartenhöhe 1.620 m	377	–240	01:30	leicht	ja		ja
91b	**Bärgunttal**	Baad 1.244 m	462	150	01:30	leicht			ja
91c	**Gemsteltal**	Bödmen 1.165 m	463	160	01:30	leicht			ja
93c	**Walmendinger Horn bergab**	Walmendinger Horn 1.940 m	467	–720	01:30	mittel			
9	**Letzewanderung**	Viktorsberg 879 m	59	300	01:45	mittel	bedingt	mittel	ja
41	**Rund um den Lünersee**	Douglass Hütte 1.980 m	228	150	01:45	mittel			ja
48	**Oberlechwanderung**	Oberlech Schlössle 1.722 m	258	270	01:45	leicht	ja	mittel	ja
75	**Hirschbergwanderung**	Hirschberg Bergstation 1.436 m	381	150	01:45	leicht	ja	mittel	
24	**Schnifner Sagenwanderung**	Bergstation Schnifner Bergbahn 1.334 m	137	300	02:00	mittel		anspruchsvoll	ja
73	**Schetteregger Alpwanderung**	Schetteregg 1.060 m	373	250	02:00	leicht	ja		ja
88	**Im Schatten der Künzelspitzen**	Abzweigung B200 898 m	446	400	02:00	leicht	ja		ja

2 bis 3 Stunden

Kapitel	Alpe	Ausgangspunkt	Seite	Hm	Dauer Gesamt	Schwierigkeit	Kinderwagen	Bike	Rundwanderung
40	**Zalimtal**	Brand Talstation Palüdbahn 1.065 m	224	410	02:15	leicht	ja	mittel	
47	**Unter der Rüfispitze**	Zürs 1.717 m	254	280	02:15	leicht	ja		ja
59	**Kleine Hochjochrunde**	Sennigrat 2.278 m	309	50	02:15	mittel		mittel	ja
66	**Garneratal**	Mittelstation Versettlabahn 1.480 m	338	130	02:15	leicht	ja	mittel	ja
70	**Lecknertal**	Hittisau-Lecknertal 980 m	357	300	02:15	mittel	bedingt	mittel	ja
92b	**Kanzelwand bergab**	Mittelberg-Höfle 1.130 m	465	100	02:15	mittel			ja
5	**Rund um den Staufen**	Bergstation Karrenseilbahn 976 m	44	250	02:30	mittel		anspruchsvoll	ja
6	**Unterm Schöner Mann**	Ebnit 1.075 m	48	350	02:30	leicht	ja	mittel	ja
8	**Treietwanderung**	Fraxern-Sportplatz 1.000 m	55	500	02:30	mittel	ja	mittel	ja
62	**Im Schatten der Valisera**	Gargellen 1.445 m	324	400	02:30	mittel			
63	**Vergaldnertal**	Gargellen 1.445 m	326	375	02:30	leicht	ja	leicht	
50	**Steinernes Meer**	Formarinsee 1.796 m	266	300	02:45	mittel			ja
51	**Um den Spuller Schafberg**	Dalaaser Staffel 1.746 m	269	280	02:45	mittel		mittel	ja
52	**Im Angesicht der Zimba**	Rellskapelle 1.467 m	276	500	02:45	mittel			ja
79	**Dosegg Alpe**	Mellau 688 m	399	350	02:45	mittel			ja
1	**Hochälpelewanderung**	Bödele 1.140 m	26	320	03:00	mittel			ja
7	**Kugelwanderung**	Ebnit 1.075 m	51	500	03:00	mittel			ja
10	**Fürstensteig**	Gaflei 1.483 m	64	600	03:00	anspruchsvoll		mittel	ja

11	**Rund um den Schönberg**	Malbun 1.599 m	69	300	03:00	mittel		anspruchsvoll	ja
14	**Im Schatten des Walserkammes**	Innerlaterns 1.048 m	84	300	03:00	mittel		mittel	ja
71	**Hittisbergrunde**	Hittisau 790 m	363	450	03:00	leicht	bedingt		ja
83	**Argenwanderung**	Bergstation Uga-Express 1.830 m	417	180	03:00	mittel	bedingt		ja
87	**Hornbachkamm**	Mittelstation Diedamskopf-bahn 1.670 m	440	200	03:00	mittel	ja	anspruchsvoll	ja
38	**Rund um den Loischkopf**	Tschengla 1.220 m	213	600	03:00	leicht	ja	mittel	ja

3 bis 4 Stunden

Kapitel	Alpe	Ausgangspunkt	Seite	Hm	Dauer Gesamt	Schwierigkeit	Kinderwagen	Bike	Rundwanderung
45	**Nenzigastwanderung**	Klösterle 1.073 m	242	500	03:15	leicht	ja	mittel	ja
61	**Hochjoch – St. Gallenkirch**	Sennigrat 2.278 m	318	50	03:30	mittel		anspruchsvoll	ja
77	**Gopfwanderung**	Bizau 681 m	391	640	03:15	mittel			ja
4	**Salzbödenkopf**	Unterfluh Alpe 1.180 m	39	600	03:30	mittel		mittel	ja
12	**Im Bereich des Augstenberges**	Malbun 1.599 m	73	460	03:30	mittel		mittel	ja
15	**Frutzursprung**	Bad Laterns 1.147 m	89	600	03:30	mittel			ja
25	**Im Banne der Elser**	Muttersbergbahn Bergsta-tion 1.402 m	142	200	03:30	leicht	ja	mittel	
31	**Sonntag-Stein**	Sonntag-Stein 1.306 m	178	400	03:30	mittel		mittel	ja
37	**Rund ums Zafernhorn**	Faschinajoch 1.486 m	206	500	03:30	mittel		m ittel	ja

Kapitel	Alpe	Ausgangspunkt	Seite	Hm	Dauer Gesamt	Schwierigkeit	Kinderwagen	Bike	Rundwanderung
67	**Schafboden**	Bergstation Vermuntbahn 1.730 m	342	250	03:30	mittel			ja
72	**Rund um den Feuerstätterkopf**	Sibratsgfäll 929 m	367	720	03:30	mittel			ja
76	**Schönenbacher Alpwanderung**	Schönenbach 1.025 m	387	550	03:30	mittel		mittel	ja
22	**Gamperdonarunde**	Nenzinger Himmel 1.370 m	128	500	03:45	leicht	bedingt		ja
27	**Zur Sera Alpe**	Blons-Valentschina 1290 m	156	280	03:45	leicht	ja	mittel	
46	**Albonawanderung**	Alpe Rauz 1.600 m	248	500	04:15	mittel			ja
65	**Sivretta Nova**	Bergstation Versettlabahn 2.010 m	334	800	04:00	mittel		mittel	ja
69	**Hochhädrich**	Hittisau 790 m	353	770	04:00	mittel		leicht	ja
82	**Vorbei an der Kanisfluh**	Roßstelle 1.390 m	412	250	04:00	leicht	ja	anspruchsvoll	ja
84	**Rund ums Portlahorn**	Furkajochstraße 1.614 m	422	300	04:00	mittel			ja

4 bis 5 Stunden

Kapitel	Alpe	Ausgangspunkt	Seite	Hm	Dauer Gesamt	Schwierigkeit	Kinderwagen	Bike	Rundwanderung
17	**Nobrundwanderung**	Innerlaterns-Seeselbahn 1.145 m	101	750	04:15	mittel	ja	mittel	ja
18	**Im Schoß der Drei Schwestern**	Amerlügen 763 m	108	700	04:15	mittel	bedingt	mittel	ja
43	**Gavarweg (Braz – Dalaas)**	Innerbraz 710 m	236	410	04:15	mittel			ja
53	**Alpwanderung Golm**	Golm-Grüneck 1.890	280	500	04:15	mittel		mittel	ja

56	**Im Westen des Itonskopfes**	Batholomäberg 1.087 m	298	830	04:15	leicht	ja	schwierig	ja
92a	**Wildentalumrundung**	Mittelberg-Höfle 1.130 m	464	700	04:15	mittel			ja
19	**Gurtisspitzrunde**	Gurtis 904 m	113	900	04:30	mittel			ja
20	**Gampwanderung**	Nenzing-Laz 710 m	117	850	04:30	mittel	ja	anspruchs-voll	ja
21	**Nenzinger Berg**	Nenzing-Ortsmitte 530 m	123	460	04:30	mittel	ja	mittel	ja
32	**Garmilrunde**	Klesenza Alpe 1.589	182	450	04:30	mittel		schwierig	ja
35	**Schadona – Ischgarnei**	Metzgertobel Alpe 1.205 m	196	650	04:30	anspruchs-voll		mittel	ja
42	**Im Schatten der Zimba**	Brand-Dorfbahn 1.037 m	231	660	04:30	mittel			
57	**Wasserstubental**	Kristberg 1.439 m	303	500	04:30	leicht	ja	mittel	ja
89	**Im Banne des Karhornes**	Bergstation Steffisalp-Express 1.870 m	449	350	04:30	mittel			ja
3	**Unterm First**	Ebniterstraße-Niedere 725 m	34	800	04:45	mittel	bedingt	anspruchs-voll	ja
30	**Rund ums Breithorn**	Laguz Alpe 1.584 m	170	350	04:45	mittel		mittel	ja
33	**Wangspitze**	Rinderer Alpe 1.242 m	187	550	04:45	mittel			ja
13	**Hoch überm Rheintal**	Steg – Parkplatz am See 1.303 m	78	600	04:45	mittel		mittel	ja
39	**Niggenkopfrunde**	Brand-Dorfbahn 1.400 m	219	630	04:45	mittel			ja
60	**Hochjoch – Silbertal**	Sennigrat 2.278 m	313	150	04:45	mittel		anspruchs-voll	ja
78	**Rund um die Mittagsfluh**	Schnepfau 734 m	393	700	04:45	mittel		mittel	ja
85	**Lugwanderung**	Au 810 m	429	920	04:45	leicht	ja	anspruchs-voll	

Kapitel	Alpe	Ausgangspunkt	Seite	Hm	Dauer Gesamt	Schwierigkeit	Kinderwagen	Bike	Rundwanderung
54	**Gauertal**	Latschau 983 m	286	760	05:00	leicht	ja	leicht	
58	**Alpenwanderung Fellimännle**	Silbertal – Fellimännle 1.104 m	306	1.100	05:00	mittel			ja

Über 5 Stunden

Kapitel	Alpe	Ausgangspunkt	Seite	Hm	Dauer Gesamt	Schwierigkeit	Kinderwagen	Bike	Rundwanderung
68	**Unter der Versallspitze**	Bergstation Tafamunt 1.530 m	345	420	05:00	mittel		anspruchsvoll	ja
93a	**Hoher Ifen**	Ifenhütte 1.586 m	466	650	05:15	anspruchsvoll			ja
16	**Garnitzarundwanderung**	Bad Laterns 1.147 m	95	800	05:30	mittel			ja
23	**Augstenberg**	Nenzinger Himmel 1.370 m	133	1.000	05:30	mittel			ja
26	**Unterm Walserkamm**	St. Gerold 917 m	150	850	05:30	mittel		mittel	ja
28	**Naturschutzgebiet Faludriga**	Laguz Alpe 1.584 m	161	620	05:30	mittel			ja
2	**Kehlegg – Gütle**	Kehlegg 794 m	30	600	05:45	mittel	bedingt	mittel	ja
36	**Unterm Zitterklapfen**	Buchboden 910 m	201	800	06:00	mittel			ja
55	**Rund um die Tschaggunser Mit-tagsspitze**	Latschau 983 m	289	1.300	06:00	mittel			ja
91a	**Rund um den Widderstein**	Baad 1244 m	462	850	06:00	mittel			ja
93b	**Rund ums Walmendinger Horn**	Gh. Auenhütte 1.273 m	467	900	06:00	mittel			ja
90	**Widdersteinrunde**	Hochkrumbach 1.670 m	456	1.120	06:15	mittel			ja

81	**Roßstellenrunde**	Roßstelle 1.390 m	408	1.000	06:45	mittel			ja
29	**Rund um die Rote Wand**	Laguz Alpe 1.584 m	166	850	07:00	mittel			ja
49	**Rund um die Rote Wand**	Parkplatz Formarinsee 1.875 m	263	850	07:00	mittel			ja
80	**Mörzelwanderung**	Mellau 688 m	404	1.000	08:00	mittel		mittel	ja
34	**Rund um den Feuerstein**	Buchboden 910 m	191	1.200	08:30	mittel			

Alpenübersicht

Die Originalausgabe erschien 2008 bei Löwenzahn (ISBN 978-3-7066-2424-4).
Die vorliegende Ausgabe ist ein unveränderter Nachdruck der 2. Auflage von 2015.

Universitätsverlag Wagner Ges.m.b.H., Erlerstraße 10, A-6020 Innsbruck
E-Mail: mail@uvw.at
Internet: www.uvw.at

Bibliografische Information der Deutschen Nationalbibliothek
Die Deutsche Nationalbibliothek verzeichnet diese Publikation in der Deutschen Nationalbibliografie; detaillierte bibliografische Daten sind im Internet über <http://dnb.dnb.de> abrufbar.

ISBN 978-3-7107-6703-6

Fotos: Rudolf Mayerhofer

Kartenunterlagen: © BEV 2008, Vervielfältigt mit Genehmigung des BEV – Bundesamtes für Eich- und Vermessungswesen in Wien, T2008/46795
Einzeichnen der Routen: Rudolf Mayerhofer

Buchgestaltung nach Entwürfen von himmel. Studio für Design und Kommunikation, Innsbruck/Scheffau – www.himmel.co.at
Layout, Satz und Umschlag: Michael Wagner Verlag / alpengluehen, Innsbruck

Gedruckt auf umweltfreundlichem, chlor- und säurefrei gebleichtem Papier.

Hinweis:
Die einzelnen Angaben wurden vom Autor sorgfältig nach bestem Wissen und Gewissen zusammengestellt. Für die Richtigkeit der Angaben kann keinerlei Haftung übernommen werden. Wandern im alpinen Gelände erfolgt stets auf eigene Gefahr. Eine Haftung der Autoren oder des Verlages für selbst erlittene oder anderen zugefügte Schäden ist ausgeschlossen.